作者近照（攝於2011年2月）。

◀作者於1972年獲美國伊利諾大學法學博士（S.J.D.）時所攝。

▼作者率團攀登玉山時攝於玉山北峰登山口（2008年11月）。

馬英九總統贈送作者之七十歲壽誕祝賀壽屏（2011年3月）。

作者於2004年9月訪西藏時，在位於納木錯湖附近海拔5190公尺之那根拉山口所攝；為作者迄今所到最高之處。

作者攻頂玉山後所攝（2008年11月，時年67歲）。

作者平生第一張照片，一歲多與母親合影。

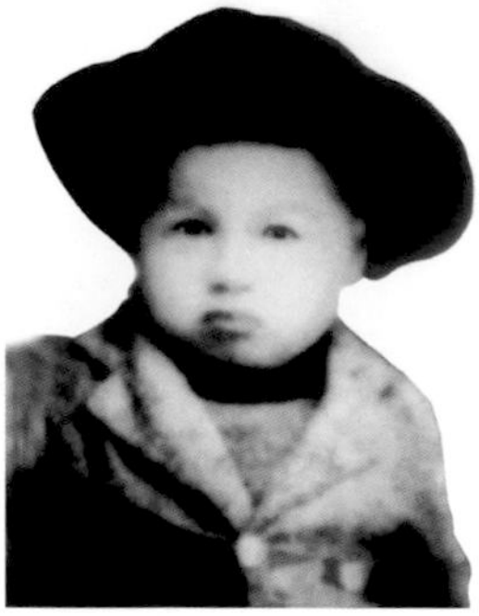

作者三歲多之照片。

作者於台中一中高中三年級時攝（1959年5月）。

作者於台中一中初中三年級時攝（1956年5月）。

作者（前排右一）小學六年級時與躲避球隊之老師及同學合影，每個學生都是打赤腳（1953年5月）。

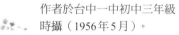

作者服役擔任預備軍官少尉時攝於高雄（1964年10月）。

作者代表中央警官學校參加第一屆全國青年代表會議時與救國團蔣經國主任合影（1961年12月，時作者為大二）。

作者夫婦之結婚照（1974年2月）。

作者（後排右二）於赴美就讀前與父母弟妹合拍之全家福照片（1966年11月）。

作者（後排左四）祖父（前坐者右二）九十整壽慶生時，作者父親（前坐者右一）這一房之兒孫與祖父母合影；作者祖父享年92歲，祖母享年96歲，均具長壽基因。

作者夫婦合攝於作者台灣省主席任內（1998年12月）。

作者夫婦（右一及右二）與兩子陪同父母親遊日本，攝於廣島原爆紀念公園（1983年7月）。

作者母親榮獲當選彰化縣模範母親赴省府接受林洋港主席表揚（1981年5月）。

作者探視台大畢業後在北京大學法學院攻讀碩士學位之長子世聰（2004年12月）。

2010年8月作者夫婦及女兒婉寧（左一）在德州理工大學參加次子世琦（右二）獲觀光暨餐旅管理博士學位之畢業典禮，次媳（右一）陳彥安亦於同年三月獲該校視覺創意藝術之博士學位。

作者探視於美國密西根大學公共衛生研究院進修之女兒婉寧（2005年9月）。

作者（左二）在其鹿港住家與長年照顧其父母健康之秀傳醫療體系總裁黃明和表兄（右二，前立委）、卓伯源縣長（右一，時任副縣長）及長子世聰（左一）合影1999年2月。

作者（左二）於台灣省政府新聞處長任內陪同謝東閔主席（左一）向記者說明其手被炸傷及治療復原之經過（1976年11月）。

作者（右一）於勞委會主委任內陪同李登輝總統巡視高雄碼頭並探視碼頭工人，李登輝總統在此場合宣佈政府將興建六萬元一坪之勞工住宅，並強調六萬元一坪絕對不是夢（1994年6月17日）。

作者（左一）於省社會處處長任內探視仁愛之家之老人（1982年）。

作者（左二）於省府委員任內陪同省府林洋港主席接待美國阿肯色州州長柯林頓（右一）（1979年9月，柯林頓後為美國總統）。

作者（中間）於勞委會主委任內應邀訪問菲律賓，受該國勞工之熱烈歡迎（1994年8月）。

作者任行政院勞委會主委時進入瑞芳礦坑瞭解礦工作業情形（1989年3月）。

作者任行政院秘書長時與連戰院長討論公務（1996年2月）。

作者（右一）於行政院秘書長任內陪同連戰院長（右二）舉行記者會，左一為行政院新聞局長蘇起，左二為行政院徐立德副院長。（1996年）。

作者（站立者）任行政院秘書長時於行政院會議發言（1994年12月）。

作者（右四）於行政院政務委員任內率行政院公安考察團訪問法國原子燃料公司核廢料高階處理廠；右二為內政部消防署署長陳弘毅（1998年6月）。

作者（左三）於行政院政務委員任內應邀訪問西非之塞內加爾，會見其總統狄伍夫（Abdou Diouf）並探視我國駐當地之農技團，左二為我駐塞國大使杜筑生（1997年9月）。

作者宣誓就任台灣省政府主席後發表講話，強調要本「大刀闊斧、小針密縫」之精神做好「精省」工作（1998年12月21日）。

作者（右三）於台灣省政府主席任內勘察東西向快速公路平鎮交流道施工進度（1998年12月）。

作者（右二）於台灣省政府主席任內在屏東勘察瑪姬颱風之災情，右一為屏東縣縣長蘇嘉全（1999年6月）。

作者（站立者）於國民黨中央組工會主任任內在彰化縣說明黨員總登記之工作並號召黨員儘速辦理黨籍重新登記（2000年9月）。

作者於李登輝先生之鴻禧山莊公館為其辦妥國民黨黨籍重新總登記手續（2000年9月）。

2003年作者（右二）於獲頒世界童軍運動最高榮譽之銅狼獎，於在台特別舉行之頒獎典禮與觀禮之國內外曾獲此獎之貴賓合影，右三為作者之亦師亦友的謝又華先生，左一為高銘輝（2004年7月）。

作者與其為哈佛大學法律學院圖書館所收藏之博士論文合影（2003年2月）。

作者於其兩本新著「歐洲日記」、「與青年有約」出版時之新書發表會上講話（2005年12月）。

蔣中正總統於1962年青年節慶祝大會後召見文武大專院校學生代表後合影，站於蔣總統右邊穿黑色制服者為作者，右三為李煥，右六為作者老友林登飛。

作者獲蔣經國總統接見（1979年9月）。

作者（左二）於陽明山國民黨革命實踐研究院受訓時參加蔣經國主席主持之餐會，左一為國民黨中央黨部秘書長蔣彥士（1980年12月）。

作者夫婦於謝東閔副總統卸任前在總統府與謝副總統合影（1984年5月）。

作者（左二）與有關部會首長陪同行政院李煥院長在日月潭接待來訪之瓜地馬拉總統席雷索，院長與總統均著原住民頭目服裝（1989年8月）。

作者（右一）邀請考試院邱創煥（左六）及許水德（左五）兩位前院長、總統府張祖詒前副秘書長（右五）等伉儷及總統府丁懋時前秘書長（右三）、蘇振平前審計長（右二）等訪問鹿港，合攝於作者在鹿港鄉下住家（2010年7月）。

作者（前排左二穿紅夾克者）邀請行政院俞國華前院長（前排右四）率同週二隊高爾夫球隊（成員多為前部會首長）隊友財政部陸潤康前部長（前排左一）、行政院前秘書長錢純（前排右三）、為心臟權科威姜必寧醫師伉儷（前排右一及右二）等訪問南投中興新村省府時合影（1999年4月）。

作者於行政院勞委會主委任內陪同行政院郝柏村院長訪問新竹地區之工廠女工（1991年4月）。

作者（左三）於省主席任內向行政院蕭萬長院長（左一）說明南投中興新村未來建設之構想。（1999年7月）。

作者首次訪問大陸時會見中共錢其琛副總理（2001年12月）。

作者於勞委會主委任內應邀訪問南非，拜會其總統戴克拉克（後獲諾貝爾和平獎），戴克拉克曾利用此機會與作者共同會見新聞界公開表示與中華民國之外交關係不會改變（1992年2月）。

作者於勞委會主委任內接待訪問台中市勞委會中區職業訓練中心之南非國大黨主席諾貝爾和平獎得主曼德拉（1993年7月）。

作者於波蘭格坦斯克拜會諾貝爾和平獎得主、波蘭前團結工聯主席及前總統華勒沙（2003年8月）。

作者於台灣省主席任內在印度會見諾貝爾和平獎得主達賴喇嘛（2000年3月）。

任憑風浪急

趙守博
人生回顧暨論述・散文**自選集**

趙守博 著

目錄 Contents

第三篇　議論與評述

目錄 Contents

第四篇 國是建言

連序　至情至性愛鄉愛國的好朋友

連戰

我印象中非常有活力、充滿朝氣幹勁而樣子又很年輕的守博兄，居然也到了七十之齡了，實在不能不令人感嘆光陰之似箭。

守博兄自美學成歸國之後，先後受知於蔣彥士、李煥和謝東閔諸先生，並為蔣經國先生所賞識，從而於三十幾歲就出任政府機關首長，以後歷任黨政要職。他於從事公職之餘，不忘教學，長期以來，在國內許多著名之公私立大學任教，作育英才，桃李滿天下。他的學生和舊屬，為慶祝他滿七十大壽，特編印出版一本《刑事司法．社會公平暨勞動正義——趙守博教授七秩華誕祝壽論文集》，實在可賀可喜。

守博兄也應其學生之請，出版一本類似自傳與回憶錄的《任憑風浪急》。書中，守博兄回顧他的求學及在政府和國民黨中央黨部服務的經過及感想，也談近年來他所致力推動的職棒及童軍運動。內容十分精彩生動，而且極具史料參考價值。

守博兄是我多年的老同事和好朋友。我於行政院院長任內，他擔任行政院秘書長，輔佐我推動政務，對我幫助很多。以後我出任國民黨主席，守博兄改任國民黨中央組工會主任及組發會主委之職，協助我推動黨務，盡心盡力，任勞任怨，極有貢獻。

在《任憑風浪急》一書中，守博兄花了相當大的篇幅談他於行政院秘書長及台灣省政府主席任內的工作和感想。引起了我很大的感觸。他提起於任秘書長時如何參與和立法院及中央黨部的黨政協調，特別談到核四覆議案；也提到行政院政務會談的如何產生，暨白曉燕命案的衝擊等等，均勾起我對當年的回憶。我感謝守博兄當年的辛勞與貢獻，也很懷念當年和守博兄及行政院有關同仁一起打拼努力的日子。「精省」是守博兄出任台灣省政府主席所擔負的主要任務，其過程十分複雜而艱辛。守博兄憑其智慧、耐心和溝通協調的長才，本諸「大刀闊斧，小針密縫」的理念，終於順利完成，令人敬佩。

守博兄到國民黨中央黨部服務，可說「受命於為危難之時」。他到職之後，不分晝夜，南北奔波，殫精竭慮，任勞任怨又任謗，十分辛苦，本人點滴在心，非常感謝。

《任憑風浪急》所蒐集的文章，也包括了守博兄對其雙親、師長和長官的懷念感謝之作；也有他就國家社會的重大議題，以及相關人物所發抒的高見和議論；並有他強調本於「恨鐵不成鋼」的心情，對馬英九總統和政府所提出的國是建言。不但內容充實精采，而且充滿感情，在在顯示守博兄尊敬長上孝順親長的至情至性，以及他愛鄉愛國的可敬情操。

守博兄對國家社會的服務與貢獻是多方面的，歸納而言至少可以涵蓋下列幾個面向：（一）獻身教授工作，為國作育英才：守博兄數十年來從未間斷在各大學之教授工作，所教出之學生，在各界有傑出貢獻者甚多。（二）革新我國勞工法制，確立我國勞工行政體系，增進勞工之福祉與權益。（三）參與並負責推動社會福利行政，為我國社會福利工作之推廣和創新做貢獻。（四）於美國與我國斷交後，曾奉派參與關係台灣安全之調整雙方新關係的談判；復於各種職務上，積極投入增進我國實質外交關係的工作，對我國之外交做出不少貢獻。（五）參與國民黨中央黨務工作，積極投入國民黨黨務的革新與改造。（六）推廣童軍運動嘉惠青少年。（七）領導職棒，導正我國國球棒球之健全發展。（八）領導國際國內重要宗親組織，倡導敦親睦族及傳統孝道之美德，增進社會之祥和。

在我印象中，守博兄持身方正、任事忠勤、見解及器識十分不凡，而服務又熱忱，為人厚道，做事積極認真，是我非常喜愛敬重的好朋友。他說：「人生七十又開始」。我祝他有一個非常充實、非常精采的「又開始」。也祝他的大作《任憑風浪急》的出版，並鄭重向大家推薦這一本非常有份量、非常有內容、非常有見地而可讀性又非常之高的好書。

中華民國一百年三月於台北

（連戰先生，現任中國國民黨榮譽主席；曾任中國國民黨主席，中華民國副總統、行政院院長及副院長、外交部部長、交通部部長、駐薩爾瓦多大使，台大教授等職。）

王序　精彩的七十人生

王金平

守博兄與我同庚，和我有超過三十年的交情和友誼。是我非常敬重喜愛的好友。

守博兄早年受知於謝東閔和李煥兩先生，是蔣經國先生當年所刻意栽培提拔的青年才俊之一。他先後擔任救國團總團部的組長，台灣省政府的新聞處長、省府委員和社會處長，國民黨中央社工會主任，行政院勞委會主委，行政院秘書長、政務委員，台灣省政府主席，和國民黨中央組委會主委等黨政要職。在每一職務上，他都盡心盡力，表現出色，極有貢獻，廣受讚許。

守博兄任職行政院秘書長期間，我適擔任立法院副院長，常常必須和他及其他行政、立法兩院的重要首長，暨國民黨中央有關主管，一起從事關於兩院事務和互動的黨政協商，因而來往非常密切、互動溝通聯繫至為頻繁，使我深深覺得他是一位忠於長官、忠於職務，熱愛國家，崇尚法治，而有為有守的首長，令人敬佩。

二〇〇二年，守博兄離開黨政實際負責職務，轉任中國廣播公司董事長，並先後獲選擔任中華職業棒球大聯盟會長及中華民國童軍總會理事長。不問從事廣播事業，或負責推動職業棒球和童軍運動，守博兄均一如以前，充滿活力與幹勁，而且積極任事，極有表現，貢獻甚多。

所以，守博兄實在有一個非常精彩的七十人生。

守博兄長期以來，除了擔任公職之外，也持續在大學裡從事教學，因此桃李滿天下，為國家培育不少優秀人才。他的學生和舊屬，為了慶祝他七十華誕，特別為他編印了一本祝壽論文集。守博兄也應其學生之請，撰寫出版了一本叫《任憑風浪急》的大作，其中有他就他七十人生的重要經歷的回顧，有對他的雙親、師長、長官的懷舊憶往，也有對於重要國家社會議題的論述，及他對馬英九總統和政府的國是建言，內容非常之充實豐富，字行之間，不僅顯現他卓越的才華與見解，也流露出他的至情至性和感恩惜福。書中他所描述的人物，很多都是中華民國現代史上的重要關鍵人士；他所透露的資料，很多也是涉及中華民國這三十多年來的政治發展與變遷，非常具有史料研究的參考價值。

所以，本書值得每一位關心中華民國現代與未來發展的人，一讀再讀。

守博兄希望我為本書作一序言，我深感榮幸。特就我對守博兄的認識瞭解，以及我對本書的一些讀書心得，撰成本文。敬請各界指教。

中華民國一百年三月於立法院

（王金平先生，現任中華民國立法院院長、曾任中國國民黨副主席，立法院副院長，立法委員。）

自序　滿懷感恩走向人生的又開始

這本書的出版問世，實屬偶然，因它本不在我的計畫之內。

去年，我的一些學生和老同事，發起要為我今年的七十滿壽，編印一本祝壽論文專集，我甚為感動、感激。不過，有幾位學生建議說：「我們為您出書，您自己也應出一本供大家拜讀，以後可留作紀念和隨時參考。」我想也對，我必須寫一本東西，以答謝他們。因而，決定將近年來我應邀在各處演講的講話文稿，暨在有關書報雜誌和專刊所發表過的文章，加以整理、篩選彙集成冊，付印出版。

不過，就在整理當中，我又覺得，人生並非七十才開始，而是人生七十又開始；在此人生邁入生命另一新的階段的時候，我似乎也應該將自己七十年來的過往歲月中，的一些比較重要的經歷和感觸，做一歸納敘述，讓一路關心我、愛護我和支持我的親友，也能認識、瞭解。於是，我於去年年底開始蒐集相關資料，並下筆撰寫了原本訂名為「談我七十人生的關鍵時刻和重要感觸」的一篇長文。最初只想寫個一、二萬字。不想很多塵封往事，一經回憶，便如同潮水般一波一波地湧現出來，不寫也難，也就越寫越多。雖經一再濃縮刪減，最後也有六、七萬字之多。有一天，我想起我曾看到一個「任憑風浪起，穩坐釣魚船」的成語，對於其描述的那種面對風雨還能從容應付，遇到風浪依然處變不驚的境界，十分嚮往；又想到我七十年來的人生當中，的確碰到不少的風風雨雨，我也努力在風雨之中保持鎮定接受考驗。所以，就想把這句成語中的「任憑風浪起」借用來作我的此一長文的篇名。但是，我又想到，我所遭遇過的挑戰和考驗，不算很小，因而把「起」改為「急」；文章的名字，就變為「任憑風浪急」了；而原本的題目，則改做為副標題了。

我在「任憑風浪急」一文中，從我離開鄉下進城到台中一中就讀時談起。談到我的如何遭遇八七大水災而捨台大進中央警官學校，以及以後又如何赴美留學，接著述及自美回國後的教學和從政經歷。之後，我描述了我在台灣省政府擔任處長、在社工會任主任、在勞委會任主委、在行政院任秘書長和政務委員、在省政府任主席，以及國民黨於二〇〇〇年總統大選挫敗後，我如何去任黨職，又如何離開黨職；和以後到中廣任董事長、在中華職棒任會長和在童軍總會任理事長的經過、心路歷程及所思所感。我也談到了我的教學、社團服務和旅遊生活。涵蓋的範圍，相當之廣。

在這篇回顧文章的撰寫過程中，我不時地感到，這七十年來，我不敢說我有什麼了不起的成就。但我自認為我還算沒有浪費時間、虛擲歲月。而我以一個出身於家道中落的清寒農村子弟，能夠在國內接受完整的教育，隨即出國留學取得博士學位，並於回國後獲得了不少難得的機會，為社會和國家服務；也能夠行走四海，壯遊天下。我實在滿懷感恩，知福惜福。也懷抱著這樣的心情，走向我人生七十的又開始。

我的這本書中，還蒐集有其他的散文和論述。散文中有不少懷舊憶往之作。其中，有談我雙親、談我母校、談我的師長和長官的，也有對於若干過往經歷的敘述，還有談我的讀書和旅遊生活的文章。至於論述方面，則有我對某些人物、事件和主題的討論和評述，以及我對馬英九總統和政府所提的國是建言。

我要特別說明，本書所有憶往懷舊的作品，都是出自於我衷心的感念與感謝；而所有對事、對人的議論和建言，無不本諸於我愛鄉愛國和對我們台灣、對我們社會「恨鐵不成鋼」的情懷。

由於「任憑風浪急」一文，在本書中占有最大的分量，這本我的自選集，就叫《任憑風浪急》。在本書撰寫和整理的過程中，因為時間過於匆促，實在有些急就章。談論或評述，因而不免會有不夠周延或疏漏、甚或錯誤之處，敬請各界好友讀者，多予指正。

本書很多文稿，承陳惠慧小姐協助繕打，封面承黃聖文先生設計，並承簡伯儒先生幫忙校對，特此一併誌謝。

民國一百年（二〇一一年）於中華民國台北

第一篇

人生回顧

任憑風浪急

——談我七十人生的關鍵時刻及重要感觸

不知不覺地竟年已七十

不知不覺地，我竟已到了屆滿七十、孔子所謂的「不踰矩」的年齡了！

十年前，一些老同事和學生，為我的六十整壽慶生。當時那種熱鬧愉悅的氣氛，及大家誠摯向我祝福的洋溢熱情，現在想起來，依然歷歷在目，恍如昨日之事。然而，轉眼之間，春去秋來竟已十易寒暑！

十年來，我的生活與健康，幾乎和以前沒有什麼兩樣。

十年來，我還是每天忙進忙出，過得不亦樂乎！

十年來，親友們依然可以看到我還是健步如飛；

十年來，我的體態和體重還是維持在四十五歲左右時的模樣和水平。

十年來，我的血壓、膽固醇、脂肪肝等均保持在正常的範圍之內。

因此，我絲毫感覺不出，自己已是屬於「七十老人一族」了！

也就是，我真的不知不覺地，就跨進了人生七十的大關。

當然，我必須感謝上蒼對我特別的眷顧和父祖輩給予我的遺傳，讓我到現在還可以享有如此的健康。目前，我們台灣地區的國民，平均壽命已達七八・九七歲，男性為七五・八八歲，女性更高達八二・四六歲；而社會上七、八十歲的資深國民，更是隨處可見，而且大多還可四處走動，到處「趴趴走」。所以，活到七十，儘管在上個世紀五十年代以前，還算是古稀，但目前已經一點兒也不稀奇了。

然而，我們法定老人的年齡是六十五。而人到了七十，事實上，在一般人的認知上，再也不能是屬於青壯階段，應該就是老年人口的一份子了。

所以，人生七十，也是一個應該回頭看一看、想一想過往歲月的時候了。目前，我還沒有著手寫回憶錄的想法。所以，就在這滿七十歲的年頭，先談一談，我七十人生的一些使我成為現在之我的幾個關鍵時刻和經歷。而這些時刻和經歷，對我而言，都是挑戰和考驗，我也大致都還能秉持著「任憑風浪起，穩坐釣漁船」的不怕風、不怕雨、不驚嚇、不慌亂的心情和態度去面對。因此，我就借用了這個成語典故，來形容我的這一段回首來時路的陳述。只是我在人生的路上，所碰到和經歷過的風風雨雨，很多考驗不小、挑戰不小，因此我就把「風浪起」改為「風浪急」。

考上台中一中走出農村

一九五三年（民國四十二年），我自小學畢業並考上了台中一中的初中部（台中一中當時正式名稱為「台灣省立台中第一中學」，係完全中學；現已改名為「國立台中第一中學」，並只辦高中部），從此我離開了農村，進入人生一個嶄新的階段。

作者（三排右四）於台中一中高三時所拍團體照（1959年3月）。

在那個年代，鄉下小孩小學一畢業，大多數，或者留在家鄉務農，或者到都市去當童工或做學徒。不少人小學甚至未畢業就輟學去工作。我很幸運地考上並進入台中一中就讀，使我走上了讀書升學之途，並使我不必跟著父祖輩的腳步在鄉下務農當農夫，而進入一個與農村可說截然不同的世界。

當然，在那個台灣城鄉差距還相當之大的一九五〇年代，從淳樸偏僻的農村，隻身走進繁華複雜的都市，對我當時這一個只有十二、三歲的鄉下小孩而言，一方面是非常之新鮮有趣，另一方面則有適應上的考驗。好在沒多久，我就融入了所面對的新環境。

一中的薰陶

台中一中從建校以來，一直是我們台灣特別是中部地區的一所非常優秀並享有盛名的中等學校。我的在台中一中就讀，不但使我能夠接受台灣第一流的中學教育，得到很多中學名師的陶冶、教誨和指導，並使我有機會與可說是中部地區最優秀的小學和初中畢業生同窗共讀，一方面強化了我讀書求學的自信，另一方面，也在學校的薰陶下，激勵我養成做什麼都應該儘可能有「第一等的志向、第一等的抱負、第一等的努力」和做「第一等的追求」的人生態度。

但是，就在我於台中一中就讀的六年期間之內（台中一中初中畢業後，我又考入台中一中高中部），也是我那原可稱之為富農的家庭，因家道中落境況最艱難、最困窮的階段，因此，六年的台中一中求學生活，讓我也飽嘗了做為一個窮學生的苦楚和辛酸。

窮學生的辛酸

記得，我小學畢業考上台中一中，在鄉下固然引起轟動，不少親友也都前來祝賀，但由於那時我家家境漸差、日益窮困，因而也有少部分的族人，在背後風言風語，語帶譏刺地說些什麼「有什麼好高興的！考得起，不見得就唸得起！」生性好強的母親以及最受不住人家冷嘲熱諷的父親，聽到了之後就毅然決然地下定決心再怎麼苦也要讓我到台中一中就讀，而且決定要我到台中住校。所以，初中一年級和二年級，我是住在學校的學生宿舍當住宿生的學生。

然而，住校除了每學期應繳住宿費外，每個月還要繳伙食費，這種每個月的支出，對於當時我那個已經捉襟見肘、務農維生的家庭，是一個相當沉重的負擔。我的母親因此吩咐我，一定要在繳伙食費的截止日期前至少二個禮拜先告訴她，好讓她預先去張羅。所謂張羅籌錢，不外賣家禽（即家裡養的雞鴨）、賣稻青（稻穗未收成前先賣給穀商稻販，任由對方殺價），或告貸。有時無法如期繳交，我還要被學校的承辦人員數落一番。對父母、對我而言，都是一種煎熬。能夠住校的同學，絕大部分家境都不錯，有不少人週末回家還會帶來家裡為他們準備的像肉鬆之類的私房菜，並且還會與我們分享。可是，我就從來帶不起這種私房菜，只能吃人家的而不能還人家，在我年少的心靈上，不禁會生起一股自卑之感。

因此，到了初中三年級，我便決定放棄住校，改用通學。

通學生及牧童博士的由來

我唸台中一中時的通學必須經過二段路，第一段路由我鹿港鄉下的所在即草港搭乘彰化客運公司的汽車，由草港到彰化；再由彰化搭火車到台中，然後由台中火車站走路到學校，這是第二段路。每天，必須早上五點多起床，匆匆吃過早飯後，搭六點三十分的汽車到彰化再轉乘火車，晚上回到家裡最早也已經是七點多了。這樣子通學來回，每天花在坐車、等車的時間，至少要三個小時，能夠準備和溫習功課以及做作業的時間，實在非常有限。因之，從初中三年級到高中三年級整整四年的時間，我都是在經常擠滿乘客（大部分為學生和小商販）並相當吵雜的汽車和火車內背功課（大多是背英文和國文），並於等車時在台中和彰化的火車站寫作業；有時火車乘客少的時候，我也會在車廂內寫功課。這一段由鹿港鄉下到台中的通學生活，使為家事、農事和照顧小孩已極操勞的母親幾乎天天要起早摸黑，為我準備早晚餐和做便當。現在回想起來還是非常不捨和充滿感激。提起便當，也勾起我不少心酸。當年因為家窮，儘管父母已盡了力，但我所能帶的便當菜，大多是自己家裡醃製的醬瓜或蘿蔔乾，有時還帶地瓜飯。每到中午吃便當的時候，由於強烈自尊心的作祟，我常故意躲在教室的角落裡去吃，不願意和同學並座而食，生怕受同學的譏笑，也不想讓同學知道或憐憫我家的窮困。而在高中那個必須穿制服的年代，我經常一學年只有一套制服，不小心弄髒了，就必須晚上回家後交給媽媽去洗，我家既無熨斗，如果上學前還無法晾乾，就只有靠燒飯的柴火去烘乾。

上述的通學生活，四年下來，訓練我一直到現在為止，可以在車上看東西、寫東西，也使我能在非常吵鬧喧嚣的環境裡，集中精神讀東西、看東西。算是一項不得已當中的收穫。

從我上初中二年級到高中三年級這一段期間，父親為了貼補家用，買了一頭水牛為人代耕；割草養牛和放牛吃草，便成了這時我在上學前、放學後以及星期假日的一項工作。我因此常常一邊放牛一邊看書。這就是以後有人稱我為「牧童博士」的由來。

八七水災改變了人生道路

大專聯考考上台大

民國四十八年（一九五九年），我從台中一中高中部畢業，參加大專聯考（即「大學及專科學校聯合招生入學考試」之簡稱）及中央警官學校（現改制為中央警察大學）的入學考試，並同時被錄取。在大專聯考，我考上了國立台灣大學理學院動物學系。

碰上了八七大水災

就在這一年的八月七日，台灣中部地區發生了一場六十年來最大的水災而被稱之為「八七大水災」的自然災害，造成彰化縣、南投縣和台中縣等地很大的人員傷亡和財物損失。我的家鄉鹿港鎮草港地區，損害也非常之大，房屋倒塌，稻田或淹沒或流失或被泥漿所掩埋。我們家因此沒有任何的收成，經濟受了可說致命性的打擊。

本來已經相當困難只能勉強支撐的家境，經此雪上加霜實在無力再支持我在台北上大學。就這樣，我在幾經掙扎之後，選擇就讀一切公費（生活、住宿、學雜費用及書籍全部由學校負責，且有零用錢）的中央警官學校，而放棄進台灣大學就讀的機會。

這樣的決定，使我的大學階段的教育以及以後的進修、研究，便集中聚焦於法律、行政、社會和政治等有有關的領域，也使我選擇公務員做我事業發展的重心。我的人生道路，因此而有所不同，而有了很大的改變。

一陣閒聊後報考警官學校

我會去投考當年的中央警官學校，說起來可說非常之偶然。那時，我們鹿港鎮草港鄉下的警察派出所，其中一位管區警員，恰巧是我在台中一中初中部的一位施姓同年級同學的父親。當年，鄉下物資普遍匱乏，全派出所的三個里轄區內大概只有小學、派出所和里長、醫生及極少數幾位有錢人家家裡訂有報紙。因此，在我高中畢業參加大專聯考之後等放榜的這一段不必到學校的期間，我常常到派出所找我那一位同學聊天，並且借閱報紙以了解國內外大事。有一天，我照例於幫忙完家中農事洗完澡後去找這位施同學；我們閒談之中，他突然問我要不要報考中央警官學校。在這之前，我從未聽過中央警官學校，就問他這是什麼性質的學校，畢業之後幹什麼。他是警察之子，非常內行就告訴我中央警官學校是一切公費的學校，和一般大學一樣授有學位，並且主修警政和法學，畢業之後就派任為巡官。我說巡官是什麼，他說巡官階級是一毛四（制服佩帶一線四星官階肩徽）的警官，比派出所主管的一毛三和他爸爸的一毛二的警員還大。他還說：「如果你要考，我有現成的報名表，你馬上就可以拿去辦通訊報名！」我又問他自已為什麼不去考呢？原來他高中（後來高中他到他校就讀）曾經休學，還不能考。我那時一直沒有去過台北，心想有機會到台北參加警官學校入學考試後順便看看台北也不錯。我把這個想法告訴我母親之後，她十分贊成。記得我從彰化到台北來回的火車車資，還是她先向鄰居告借而來的。我也記得，為了報考警官學校，我還專程趕到台中去向編輯畢業紀念冊的同學要回畢業照底片去加洗照片。這就是為什麼我的台中一中高中畢業紀念冊上只印有我的姓名而沒有附上照片的原因。可是，我萬萬沒想到，碰上了八七水災，我被迫放棄台大而進入了警官學校就讀。一陣偶然的閒聊加上一場意外的大水災，就使我的一生有了重大的改變！

年紀愈大，回想起來，有時不得不覺得人生當中往往有股我們所不可知的力量，在冥冥之中左右著我們；儘管我一直不相信命運的說法。

捨台大讀警官校的掙扎與選擇

前面提到，我決定進入中央警官學校就讀曾經經過了一番掙扎。事情的原委是這樣的：

民國四十八年（一九五九年）的中央警官學校及大專聯考先後放榜之後，我很快地就接到了中央警校的入學報到通知，而臺大的報到註冊通知則尚未收到。這時，我們家裡正還和其他水災的受災戶一樣，面對滿目瘡痍的災情正在忙於災後的辛苦重建，實在沒有一點兒我考試及格榜上有名的喜悅。在研究到底要不要去警官學校報到的時候，我和父母親必須考慮一個嚴酷的現實：如果我不到一切公費的警官學校報到，那就必須準備再花四年的學雜費和在台北的生活費到台大就讀。而我家那時已負債纍纍的財務情況，實在負擔不起。結果，我決定一切靠自己，就到一切公費的警官學校入學。就這樣，我於九月中旬到台北進入中央警官學校報到，當起該校正科二十八期的學生。

就在我報到不久，我的一些台中一中同班同學和若干親友，到了我鹿港鄉下的家裡對我之放棄台大就讀警官學校，向我父母表示深不以為然；有的寫信到台北來鼓勵我應該馬上捨警官校而去就讀台大。其中，我台中一中同班同學游正德和陳明宗兩兄，暨堂伯父趙進丁先生及姨丈張汝忠先生表達我應唸台大而不應唸警官學校的意見，對我和父母親影響最大；堂伯父和姨丈當時都是現職的警官，也都很關心我。就在這時，我自己也對於是不是就留在警官學校就讀，重又加思考。就這樣子，父母親和我之間靠著書信來來往往反覆討論，而在鄉下老家，親友們也分成反對與贊成兩派不斷地去遊說父母。熱心的堂伯父還自告奮勇地設法取得家族中的一位長輩可以資助我進台大的承諾。不久，母親帶著年僅四歲的幼弟到台北在二舅黃聖峰先生的陪伴下，到警官學校來與我懇談。她說儘管有長輩承諾要資助你，但四年是很長的時間，萬一斷了怎麼辦？還有，靠人家資助就欠了人家很大的人情，一輩子還都還不完，如果靠自己，就沒有這些顧慮和人情負擔了。她的意思很明白，就是希望我不要放棄在警官學校就讀的機會。而我自己回想在台中一中六年求學過程中，因為家貧所承受的苦楚，和父母親日益加重的家累；以及母親為了籌我的學雜費用，向親友告貸所經歷的辛酸，我實在不願意再增加家裡一絲一毫的經濟負擔。同時，我這時剛好讀了沈宗瀚先生所寫的「克難苦學記」，頗受啟發和鼓舞，覺得自己的一生應該自己去努力去奮鬥；就讀的學校有名氣也好，不太有名氣也好，自己不努力，還是不會有什麼好前途，但如果自己肯努力、肯打拼，還是會有出頭之日。加上那時警官學校那一位非常年輕、有留美學歷而又能言善道的教育長梅可望先生，又剛剛對我們這些新生做了一席極具說服力的精神講話，為警官學校學生描繪了一幅相當不錯的前景，我頗受感動。於是，我們母子幾經商討研究之後，就決定我還是繼續留在警官學校就讀，台大那邊也沒去辦理保留學籍的手續，可說下了破釜沉舟的決心。我的人生之路，就此踏上了一條不同於就讀台大可能行走的途徑了。

警官學校對我的影響

那時的中央警官學校，非常重視法學教育的薰陶，很多當時名重一時的法學專家像梅仲協教授、俞叔平教授、王建今教授、林紀東教授等等都在警官學校任教。同時，警官學校在生活上實施軍事管理、重視生活規律訓練；強調體能教育，每位學生必修摔角或柔道，而學柔道必須達到初段的實力，我選修柔道也獲得可佩黑帶的初段資格。另一方面，警官學校還非常注重領導統御能力的陶冶；對外文教學也很重視，開有英語和德語的課程，其中英語一門，從大一到大四都有英文課並且另聘有美籍老師教授會話。這些都對我以後產生了很大的影響。我之能克服在中學時代始終困擾著我的害羞，一直維持相當有規律的生活習慣，保持還算不錯的健康狀態，能夠有足可應付日後擔任首長所需的表達能力，和懂得一些領導之道，並且在外語特別是英語的精進上維持一定的水準，都是中央警官學校四年教育之所賜！我因此也體驗出一個道理：如果你不能改變環境，那麼就好好利用所處的環境去追求和創造最有利的結果。

在此，我要特別指出，現在的中央警察大學，即我們那時候的中央警官學校，這三十多年來，辦學績效十分良好，而且人才輩出，已經成為很多青年學子極為嚮往的學府；不少同時考上台灣大學、政治大學之類的學校的學生，都選擇就讀警察大學。對此我深感欣喜。

留學美國拓廣了事業發展途徑

為什麼會留學？

留學美國，是我一生中的大事，也是我之所以成為今日之我的一個極大的關鍵。

我有留學外國的想法，起自於就讀台中一中之時。在我們讀中學的一九五〇年代，留學外國已被視為一種求學的最高榮譽。就在我們讀高一的時候，擔任我們導師的何祥墀先生，常常灌輸我們留學的必要性和重要性。這位畢業於台灣師大、來自天津隻身在台的年輕生物老師，一有機會就向我們這些十五、六歲的青少年強調應該留洋去追求更高深的學問，他還要和我們比賽到底誰能先出國（後來，我們聽說何老師最終也出國了，但似乎不是去唸書，而是到南美工作，且不幸在那裡病故）。他的耳提面命，或多或少使我啟動了出洋留學之念。

作者出國赴美留學離台時親友在台北松山機場送別（1966年12月）。

我唸大學的時候，台灣的青年正處在一個「來，來，來台大！去，去，去美國！」的留美熱潮年代。恰巧我在中央警官學校就讀時的教育長梅可望先生，他本身留美，常常鼓勵我們要把外語學好有機會應該出國進修，他並且說到國外留學，是警官學校學生畢業之後應該有的出路選項之一。由於梅老師的鼓勵，我也積極作了留學的準備。

只能靠公費

我家的家境不好，當然不能靠自費留學。要留學就得靠公費。我大一時，警界先進時任我國駐原子能總署代表的俞叔平博士為警官學校學生爭取到公費留德的四個名額，並且好像要從我們這一屆開始實施。因此，我就也選修德文，準備去考這個留德的機會，當然，我還是沒有放棄我從初中三年級以來就很有興趣也有相當程度的英文，依然繼續加以選修和自修。到了大三時，才知道，要留德應先服完兵役，我已經來不及考第一次的警官留德了。於是，我繼續準備留學美國。

那個年代，所有要到外國唸書的人，都必須先通過教育部所辦的自費留學考試，我在服完預備軍官役後就通過了此一考試。事實上，那時的我，把留學當做發展出路的選項之一，所以，除了考留學考試之外，我在警官學校畢業之後，也先後通過了兩個等同於高等考試的乙等特考和一個高等考試，而取得國家公務員的任官資格。

民國五十四年年底，中山獎學金公費留學考試辦理公開招考，我報名參加法律學門的考試，並以總成績列所有學門的第一名而獲錄取留美。從此而走上了留美之路。

報考留學獎學金的一段波折

我之報考中山獎學金，有一段有趣的經過。我在服兵役時曾被選擔任三民主義巡迴教官，在台灣及外島對部隊及民間社團進行有關國家政策及建設的宣導工作。與我同組的陳維德兄（中興大學社會系畢業，以後留美獲社工博士，留在洛杉磯工作）一直積極作留美的準備；民國五十四年（一九六五年）夏，我們退伍後，和我一直保持聯繫，那年十一月前後，他打電話告訴我中山獎學金報考的消息，並相約一起去報考。報考時應繳驗退伍證，臨報考前幾天我申辦的退伍證發下來了，但卻把我的名字誤寫為「趙守傳」，於是我向國防部人力司申請更正，該司承辦人卻要我回彰化縣原籍地的團管區去申辦；到了彰化團管區，其承辦人卻要我向國防部申請，中央與地方互相踢皮球。眼看報考日期就要截止，我又氣又急，於是向國防部人力司表示，名字誤寫，不是我的錯，是你們寫錯，我要求更正，你們卻互相推諉，我這個退伍證很重要，要報考留學，如果你們不能及時改正給我，一切後果要你們負責，我也要把此一狀況向你們的蔣部長反映。蔣部長即蔣經國先生，當時他在軍中一言九鼎，很有威望，頗為軍中上下所敬畏，而他又有改革的好名聲。對方一聽，才把更正的退伍證發了下來。但是，經過這一折騰，我是在中山獎學金報考的最後一天的下午截止前的最後一個小時之內，才完成報考手續，差一點就趕不上。事後我想，假定我沒有向國防部人力司承辦人說了些重話，我一定無法及時拿到錯不因我而起的更正證件，也就無法報考此一公費留學考了。如果，真的發生此種情況，在當時，也只能自認倒楣了。這一經驗，也使我對於「官僚主義」、「科員政治」頗為反感。也因此，在我留美回國之後，對於蔣經國先生倡導的十大行政革新非常擁護支持，也使我在擔任政府首長期間，時時刻刻要求同仁應隨時隨地注意便民、萬不可為難民眾，而要切切實實做到「為民服務」。

談談中山獎學金

在此，我要談一談中山獎學金的留學考試。近年來，因為也獲中山獎學金去留美的馬英九先生競選公職特別是競選總統，有人就惡意地把獲中山獎學金留學外國的人，說成是國民黨派在海外的「職業學生」和「特務份子」。這是一種完全與事實違背的不公不義的污衊。中山獎學金是國民黨為紀念孫中山先生而設的培植人才的一項考試，目的很單純，就是為黨為國培育後起之秀，也是為那些財力上無法出國留學的清寒青年開闢一條深造之路。獲選出國的人，唯一的任務，就是唸書，在所選的學門好好進修深造。記得那時我們還要每學期寄回選課和成績報告，如此而已。我還記得，我們在考試的時候，有一位同考者還告訴我，考取了就如同中第一特獎的愛國獎券（民國五十年代，政府辦理叫愛國獎券的彩券，以增加收入，第一特獎獎金為新台幣二十萬，而一般公務員每個月的薪水只有新台幣四、五百元而已），因為那時中山獎學金負責二年的所有生活費（我們那時每個月最初一百五十美元，後來調升到二百美元）、書籍費和學雜費，並且還包括來回機票和治裝費，算起來與中第一特獎差不多。如果不是中山獎學金的支持，像我這樣的清寒子弟絕對沒有機會留美。順便一提的是，報考中山獎學金的資格為擔任國民黨的小組長或經考核的優秀黨員。我沒擔任過小組長，但服兵役擔任過三民主義巡迴教官算是優秀黨員，我是以這樣的條件去報考的。當年約我一起去報考的陳維德兄，結果因拿到了美國大學的入學許可先行赴美，最後他自己並沒有參加考試。

在伊利諾大學就讀

民國五十六年（一九六七年）二月，我進入美國伊利諾大學法律學院（University of Illinois College of Law）就讀，攻讀比較法碩士（Master of Comparative Law），一九六八年九月，我拿到碩士學位後，獲准繼續進修法學博士學位（Doctor of the Science of Law, S.J.D. 或J.S.D.），一九七一年修畢所有課程，一九七二年二月通過博士學位口試，一九七二年六月正式畢業。一九七二年九月返國服務。

作者重返伊利諾大學攝於法律學院大樓前（1995年4月）。

我的碩士論文是以那時相當熱門的少年法為主題，以少年法制的理論作基礎，將台灣的少年事件處理法與美國有關各州的少年法庭法作比較研究，題目叫"A Critical Study of the Chinese Juvenile Court Act"（中華民國少年事件處理法之批判研究）。博士論文探討的主題，則為國際私法（美國人稱之為法律衝突），以法律衝突（Conflict of Laws）之理論，運用比較研究的方法，研析在親屬關係法中，於遇到相關之法律規定有所衝突時，歐洲主要國家及美國相關之州和台灣之法制，如何決定應適用之法律，以及如何決定是否承認外國之判決或法律關係；論文的題目為"Comparative Aspects of Conflict of Laws in Domestic Relations"（親屬關係法中之法律衝突的比較研究）。我的碩士論文的指導教授是拉費夫教授（Wayne R. LaFave），為美國極負盛名的刑事訴訟法專家，著作頗豐。博士論文的指導教授為黑彼得教授（Peter Hay），他是國際私法（亦稱為法律衝突法）、歐盟法、契約法、比較法和法律哲學方面的專家，在美國與德國的法學界，相當有名氣。這兩位教授對我在伊利諾大學法律學院的深造進修和研究，幫助很大、影響很大。我的博士論文也被美國哈佛大學法律學院的圖書館所收藏，這是馬英九先生告訴我的。因之，我於二〇〇三年二月適有訪問波士頓之行，就特地到哈佛大學去看一看我這一本博士論文。

我的美國體驗和留美收穫

我是於一九六六年十二月抵達美國，一九七二年九月離美返台的，前後在美國有五年九個月之久，其中在伊諾利大學停留求學的時間還不滿五年，其餘時間，就是打工、旅遊和就業。那時的美國，一切物質條件、生活設施和公共建設，都遠遠超過台灣，說到美國就如同到一個完全不同的先進世界，一點也不為過。所以，到美國留學，大大地開拓了我的視野；也使我體驗了在那時屬於世界第一強第一富的國家的生活；更讓我深切體會了，美國這個從沒有出現過君主帝王，而由人民選出民意代表、市長、州長和總統的國家，其社會的結構和運行，以及它的政治制度的發展和運作情形，因而令我深深瞭解到法治、民主和人權的可貴。

作者重返伊利諾大學與博士論文指導教授黑彼得（Peter Hay）（左）合影（1984年2月）。

我留美期間，我的三個弟弟和兩個妹妹都分別就讀於大專及中學，為了幫忙父母親減輕經濟負擔及貼補家用，我一方面省吃節用，一方面利用時間打工兼差，按月寄給父母親五十到一百元美金。同時，由於我在留美時有一些積蓄，加上我返台之後就馬上獲得在當時可算是相對高薪的職務，因而在回國之後不久，我就幫忙父母親償還了家中長期所負的債務，並使他們開始可以過一個不愁吃穿、不必為生活憂慮的日子。可說是我留美生活的另一個經驗和收穫。

也就在我留美期間，我認識了曾一起在伊利諾大學法律學院同過學的呂秀蓮女士，而經由她的介紹牽線，我與她的堂妹呂妙慎女士相識相知，最後結成連理。

在我於美國居留的這段期間，美國陷入了越戰的和戰兩難和學生的大規模反戰運動的窘境，創造了將人類送上月球的科技成就，發生過黑人民權領袖金恩博士（Martin Luther King, Jr.）的遇刺死亡以及因之而引起的黑人暴動事件，和民主黨重要領袖爭取總統提名的羅伯．甘迺迪參議員（Sen. Robert F. Kennedy，前總統約翰．甘迺迪 John F. Kennedy 之弟）的於競選中被槍殺身亡的不幸事故。也是在這一期間之內，一向被台灣視為中華民國忠實友人的尼克森總統（Richard M. Nixon）改變對華政策，於一九七二年二月訪問中國大陸，並使中共因之於一九七一年秋進入聯合國取代中華民國的一切席位。我也在這一段期間，觀察目睹了美國一九六八年和一九七二年兩次總統大選的進行情形。

由於這一留美和取得法學博士的資歷，使我於一九七二年九月返台之後，以副教授資格應聘在大專任教，以後並取得教授資格，也使我迄今仍能在公私立大學的研究所從事教學的工作。而正由於此一留美和獲有法學博士的經歷，讓我回國之後，在那黨政機關以進用「青年才俊」為政策，並且把獲有國外博士學位的年輕學者，也列為青年才俊的條件之一的年代，取得了一個受重視、被推薦的機遇，也可以說是為我日後的從政和事業發展，奠下了一個相當穩固的基礎。

回國服務及擔任省新聞處處長展開從政生涯

從任客座副教授開始

一九七二年九月，我自美返國後，應聘在中央警官學校擔任國家客座副教授（前後二年，國家客座副教授之薪水由行政院國家科學委員會支應），在大學部、二年制專科部及警政研究所均開有課程，講授的科目包括刑事法學、憲法、刑法、國際法和刑事政策，並被當時的梅可望校長聘兼警官學校的一級主管編譯處處長。我在警官學校一直任教至一九七六年六月，也升為教授。在這段期間我所教的學生很多後來都做到直轄市或縣市警察局局長或消防局局長；也有不少人在學術界、政府其他部門有相當傑出的成就和表現，像現任行政院海巡署署長王進旺及副署長鄭樟雄、前中央警察大學校長蔡德輝、前台灣省農工企業公司董事長洪復琴、前台灣省政府副秘書長彭衍斌、司法院大法官李震山、考試委員黃富源、台灣警察專校校長陳連禎及副校長戴天岳、前立法院法制局局長羅傳賢、中山大學教授勞工運動領袖鄧學良、駐甘比亞共和國大使石瑞琦、駐俄羅斯國代表陳俊賢、駐舊金山辦事處處長江國強等等都是。而獲有國內外博士學位的也相當不少，除了前面提到的蔡德輝、李震山、黃富源、羅傳賢、鄧學良之外，還有范國勇、唐雲明、許春金、梁添盛、馬振華、陳明傳、朱金池等位。對於他們的成就，身為在他們學生時代曾對他們授過課的人，我實在深感欣慰也覺得與有榮焉。這應該也是為人師的一樂吧！

於警官學校任教的同時，我也經常應邀到有關機關學校演講。

就這樣，開始我了服務國家社會的一個新歷程。

博採眾議・巨細不遺
蔣院長一心求治
摒棄落伍觀念加速革新進步
趙守博文章印發公務員閱讀

蔣總統頒勳太完善
昨天由蔣院長代表贈予

申請貸款人員須任職滿五

唐榮公司
提供

博採眾議・巨細不遺
蔣院長一心求治
摒棄落伍觀念加速革新進步
趙守博文章印發公務員閱讀

聯合報以二版頭條新聞報導蔣經國院長印發作者談革新之專文供公務員閱讀之情形（1973年9月11日）。

謝主席勉文復會工作人員
要以新觀念新做法
革新國民生活習慣
實踐國民生活須知下月舉行競賽

【本報中興新村十五日電】臺灣省政府主席謝東閔，今天上午九時半，在臺中教師會館，主持中華文化復興運動委員會臺灣省分會六十二年工作研討會，勉勵來自全省一百五十多位推行工作人員，要以新的觀念，新的做法，喚起全國國民，實踐新的生活，以建設現代化的國家。

謝主席強調，實行三民主義就是復興中華文化；因為，三民……傳統，但是不要迷信傳統，有了詳盡的計劃，還要研究有效的辦法，徹底的推行。

謝主席今天向與會人員特別推薦最近返國的學人趙守博博士，五月十一日在中央日報發表的一篇文章「摒棄落伍觀念，加速革新進步」，認為足資供作推行文化復興運動的參考。

【本報霧峰十五日電】文復會臺省分會，決自下月份起，舉

中央日報報導謝東閔主席推薦作者所著「摒棄落伍觀念，加速革新進步」一文情形（1973年）。

一篇文章深受謝主席及蔣院長的共鳴

一九七三年五月，我因感於改革、創新對國家、社會的重要性、迫切性，想到了當時國家因外交挫折所處的困境，乃本於「恨鐵不成鋼」的心情，寫了一篇含有批判性並建議深化改革的長文，投稿中央日報海外版的國是論壇，題目叫「摒棄落伍觀念加速革新進步」。以後中央日報國內版加以全文轉載，引起了很大的迴響。當時的台灣省政府主席謝東閔先生看了之後，大力推薦，印發省府全體省府委員及廳處首長閱讀。他並推薦給行政院長蔣經國先生。蔣院長也批示印交出列席行政院院會的全體政務委員和部會首長參閱，另交代印送全國公教人員閱讀。因為這一篇文章的關係，謝東閔先生開始注意

作者（右二）率首次辦理之中華青年友好訪問團訪美拜會紐約市長賓恩（Abraham D. Beame）（左四）時攝（1974年3月）。

我、認識我，並促使他於一九七六年六月找我擔任台灣省政府的新聞處處長。

到救國團兼職並多次帶團出國活動

一九七三年以後，由於一直對我很關心而我視之為亦師亦友的謝又華先生的引薦、推介（我考上中山獎學金後謝先生開始認識我，那時他是中央黨部主管總幹事；我回國當時他擔任教育部社教司司長，以後曾任華視總經理和省教育廳長、國民黨省黨部副主委等職），我逐漸認識了一些黨政人士。我另並於教職之外，參加了一些黨政和救國團的活動。一九七三年六月，我和當時的省社會處長陳時英先生代表我國赴印尼參加亞太地區社區童軍研討會，這是我學成返國之後第一次代表國家參加國際活動。

一九七四年年初，在中央警官學校前後任校長梅可望和李興唐兩先生的出面推薦下，當時極具影響力、同時擔任國民黨中央組織工作會主任和中國青年反共救國團（現改稱為中國青年救國團，以下簡稱救國團）主任、革命實踐研究院主任的李煥先生，任命我兼任救國團海外青年服務組的副組長。同一年的二月到五月，也是由於謝又華先生的推薦，經教育部長蔣彥士先生的核定，我擔任教育部首次辦理的中華青年友好訪問團的美東團的領隊，率領經過精選的大專在學學生赴美國以表演、座談的方式，訪問美東的五十幾個大學的我國留學生、學人和美國大學相關負責人。當年十月，我又受教育部之聘，率中華民國綜合藝術訪問團赴美國華盛頓州史波建市（Spokane, Washington）的世界博覽會（World Fair）於中華民國日作表演訪問。一九七五年元月，我出任救國團總團部學校青年服務組組長，主要負責大專青年的連繫和服務工作，也主辦當年很受大專青年歡迎的「歲寒三友研習會」及「大專社團負責人研習會」。我在辦理這兩個研習會時，特別敦請一些剛回國服務的年輕副教授來擔任輔導老師，他們都和參加研習的同學打成一片，並以他們的學識、見解和熱情贏得了同學的歡迎與尊敬，也對研習的同學產生鼓舞及積極影響。這批年輕副教授包括有黃俊英先生（當時任教於政大、現任考試委員）、郁慕明先生（時在國訪醫學院任教、現為新黨主席）、陳倬民先生（那時係於清華大學任教、後曾任省教育廳長、彰師大校長）和張一蕃先生（時為中央大學副教授、曾任教育部技職司長、現任輔英科大校長）等位。我在救國團總團部學校青年服務組長任內，參加我們所主辦的研習會和相關活動的大專學生，不少人後來在事業上都很有成就或成為知名人士，例如李念祖律師、丁庭宇教授、林鴻池立委及其夫人景玉鳳律師、秦慧珠立委、陳顯宗教授（曾任體委會副主委）、黎拔佳先生（曾任加拿大溫哥華市議員）和朱立熙先生（韓國問題專家、曾任聯合報駐漢城特派員、英文「台北時報」總編輯）等等即是。

一九七五年七月，我應邀率團赴挪威代表我國參加第十四屆世界童軍大露營。一九七六年年初，在李煥先生的推薦及蔣經國主席的核可下，我參加了當時頗受重視的革命實踐研究院國家建設研究班第一期的訓練，為期三個月。同年七月一日，我出任台灣省政府新聞處處長。當時是有史以來最年輕的廳處首長，那一年我剛滿三十五歲。

出任省新聞處處長的經過

我出任省政府新聞處處長的過程，頗值得一提。民國六十五年五、六月間，報界傳出省政府將局部改組的消息，並推測部分縣市長將轉任省府的廳處首長。六月間，有一天我搭救國團總團部的交通車要上班，車上大家閒聊省府的人事改組，我也參與討論。那時，我絕對沒有想到在這一波的改組中，我竟也是當事人之一。幾天之後的一個大清早，我記得是星期四，有人在我家猛按門鈴，那時常常有來自家鄉的親友會為著跟公家機關打交道的事情，不請自來地找上門來求我從旁幫忙。這麼早，還只是六點多就來找，大概又是此類的請托。所以，我先叫我內人去答覆。結果，按門鈴的竟是當時擔任謝東閔主席的隨扈警官傅端拱學長（他是警官學校正科二十六期畢業，我的前期學長，以後他曾任省府交際科長和內政部總務司長）。他從我住的公寓一樓爬上了我家所在的四樓，一見我就上氣不接下氣地告訴我：「快！快！謝主席要找你當新聞處處長，趕快寫一份履歷表，在八點左右到中山南路謝主席的公館來！」我說：「報上不是說已有人選定案了嗎？履歷表我手頭沒有，怎麼辦？」他說：「那是報紙的猜測，現在才有眉目，履歷表街上書店有得賣啊！」那麼早，書店根本還沒開，於是我找了一張十行紙，叫我太太好好謄一謄，就依約到謝東閔主席的公館見他。

謝主席一看到我來，就問我進來時有沒有記者看到，我那時並不認識多少記者，也沒看到像記者的人，就報告說好像沒有。他聽了就親自倒茶給我（那時他極力推動一切能自己來就要自己來，他常喜歡用英文說Do it yourself！也就是現在的ＤＩＹ），並且連徵詢我要不要接受都沒有，就直接了當地說：「這件事（指要我擔任新聞處長）還要向蔣院長報告，所以，還不能算定案，你就等候消息吧！」我看他忙著要到行政院開會，就說：「不管怎麼樣，都很謝謝主席的提拔栽培！」接著，我就到松江路救國團總團部參加學校青年安定工作會報（由李煥主任召集，參加的有教育部政務次長朱滙森先生和調查局副局長趙作棟先生等人），我以救國團總

作者（右二）於省新聞處處長任內陪同美國奧克拉荷馬州州長波倫（David Boren）（右三）及愛我華州州長雷伊（Robert Ray）（右一）參觀台灣省議會，左一為省議長蔡鴻文（1977年10月）。

團部學校青年服務組組長身分擔任執行秘書，會報本身在討論大專校園內的各種情勢以及如何維護校園的安定確保學生的正常求學權益。會後李主任找我單獨談話，告訴我他剛剛接到謝主席的電話，要我出任省新聞處處長，並且已經獲得蔣院長的同意。因而，我將稍早謝主席找我見面的經過向他報告，並說：「我並非學新聞出身，也沒有做過新聞的工作（雖然，在此之前我曾擔任過與海外青年學者共同合辦的「人與社會」雜誌的總編輯）恐怕難以勝任。」他用一句我永遠忘不了，而且在政壇上頗富哲理也頗能應驗的話勉勵我說：「不必擔心，努力做，做了就像！」

新聞處時期常接待外賓

台灣省政府新聞處處長同時也是省政府的發言人，只有碰到極重大的事情，才會鄭重其事地由新聞處處長親自正式代表省政府發言。我在省新聞處長任內，記憶中只有兩件事，由我特別以發言人身分正式出面說明，一是民國六十五年十月謝東閔主席左手掌被郵寄爆炸品炸傷事件，另一則是民國六十八年元月台灣省政府以桃園縣縣長許信良先生因參加該月二十二日於高雄縣橋頭鄉舉行的聲援因涉叛亂罪案被捕的余登發先生父子的遊行示威活動，而將他移送監察院查辦的事件。謝東閔主席被炸後醫治和復原的情形，我都隨時向新聞界說明，並於謝主席出院後安排省府記者與他見面，由他當面說明受炸傷及療傷的經過，也回答新聞界相關的問題。至於許信良縣長被移送案，我只是代表省政府向新聞界說明他為何被移送，以及所據何法而已。

我在省新聞處的期間，我們政府正在加強對美的關係，很多美國的參眾議員及州長和國會議員助理，都應邀訪台。而他們到了台灣，也一定被安排到中興新村及附近經建設施進行訪問參觀。對於這些來訪外賓，我總是陪同省主席或代表省政府接待。因為來訪者眾，接待此等外賓，也成了我的重點工作之一。我接待過的重要美國客人，包括有「台灣之友」雅號曾代表共和黨於一九六四年競選美國總統的高華德參議員（Barry Goldwater）、第一位亞裔也是首位華裔聯邦參議員的鄺友良先生（Sen. Hiram Leong Fong）、奧克拉荷馬州州長波倫（Gov. David L. Boren, 他後來轉任聯邦參議員，旋擔任奧克拉荷馬大學University of Oklahoma的校長）、愛荷華州州長雷伊（Gov. Robert Ray）以及南卡羅來納州州長愛德華茲（Gov. James B. Edwards，他以後擔任雷根政府的能源部部長及南卡羅來納州醫科大學"Medical University of South Carolina"的校長）等人士；另還有不少其他美國聯邦參眾議員、州長，以及副州長、州議會議長及議員，和國會議員助理訪問團。曾多次來台訪問的前美國總統柯林頓（William Jefferson "Bill" Clinton）首度訪台時，我也接待過他，那時他是阿肯色州（Arkansas）的州長，而我則已變成省政府委員；是陪同當時的省主席林洋港先生會見並設宴款待他的。

其實，我在新聞處長任內接待過的外賓，除了美國友人之外，還有來自日本、南韓、印尼、泰國、土耳其、非洲、中南美洲和歐洲等國的政黨領袖，國會議員、議長，地方首長和議會領袖，新聞記者和專家學者等。此一外賓的接待工作，固然非常費時（通常要做簡報、交換意見、回答問題，有時更要陪同參觀經建設施或還要設宴招待），但也讓我有機會面對面地觀察認識外國領袖和政要的人格特質、行事風格及他們的器識見解，更讓我可以將我們國家特別需要外國政要和領袖瞭解認同的觀點和政策，以及希望他們認識體會的人文和經建發展特色，向他們闡釋、說明甚至於說服。對我而言，是一種為國家發聲、替國家服務的好機會，也是一種很難得的學習和磨練的經驗。

被省議會冠上「善辯」的標籤

當年的省政府新聞處在省議會一向是個冷單位，也就是很少會有省議員對它進行質詢或特別對其主管業務加以關注。可是，我在新聞處長任內，卻發生了十幾位黨內外省議員對我輪番質詢的所謂「圍剿風波」，以及與兩位當時是黨外健將後來成為民進黨要角的省議員進行激烈辯論的事件。

這兩個事件的起源，並非由於我年少好辯，而是由於被迫應詢想說清楚講明白而引發的。在民國六十五年第五屆省議會有一次教育部門質詢時，有一位來自高雄市的女議員因為對省屬台灣新聞報有一件涉及其家族成員的新聞處理不滿意而向我提出質詢，並問我新聞記者是不是公務員，我不加思索地答以公務員有一定的定義和條件，新聞記者一般而言當然不是公務員。我說這是個常識問題，不信妳可以問問坐在後面的記者朋友看看他們是不是公務員。她是個年輕的新議員，大概沒有想到我會這樣答覆，一時語塞，就沒有再問下去，而轉向其他首長質詢。有位來自屏東的邱姓議員隨後質詢我，說我好像在教訓省議員並謂：「聽說你是學法律的，我就問你一些法律問題」。我除了先說明我對剛才質詢的女議員絲毫沒有不尊重甚或教訓之意外，對其所提的問題也一問一答有所說明有所爭辯地一一詳細答覆，他也就沒再追問下去。誰知第二天媒體大幅報導此一過程，其中聯合報還用了一個類似「趙守博舌戰省議員大勝」的標題。這就在那個講究「府（政府）會（議會）和諧」、政府官員儘量禮讓議員的年代，引起了省議員的反彈，犯了省議員的「眾怒」。於是，隔天從北到南黨內黨外（那時還沒有民進黨，黨內黨外就單指國民黨和非國民黨人而言）的省議員一共十幾位就串連對我進行「圍剿式」的輪番質詢。我自認我在工作上、操守上沒有任何缺失，因此有恃無恐而心極坦然地一一回覆，並且在該用爭論、辯駁以便說清楚講明白的時候，也一定去爭、去論、去辯、去駁。結果，也過了關，沒有下不了台或必須去道歉的情事。這個輪番圍剿的質詢，也使中國時報寫了社論聲援我。那些圍剿我的省議員，絕大多數以後都和我成了好朋友。

民國六十六年十一月省議會改選，進行第六屆議員選舉，日漸抬頭的黨外勢力，在選舉中大有斬獲，不少當時被視為黨外運動的健將如張俊宏、周滄淵、林義雄等先生和黃玉嬌、蘇洪月嬌兩位女士等獲選進入省議會。省議會從此變成了那時反國民黨的黨外勢力最強而有力的公共政策論壇。

新聞處主管新聞行政，那時正處於戒嚴時期，有所謂禁止辦理新的報紙登記的「報禁」。而不少依法登記或未登記的黨外雜誌也如雨後春筍地冒出來。解除報禁和爭取更多言論自由也成了當時黨外民意代表所關切的議題，因而新聞處也逐漸成了黨外省議員喜歡關注和質詢的對象。

我記得張俊宏議員和我就政府依法取締一份未經合法登記的黨外雜誌「潮流」的問題，在省議會中進行了一場長達二、三十分鐘有關新聞行政和言論自由的辯論。我們兩人年齡相近，爭論時就事論事，不涉及人身攻擊，彼此各有所本，引經據典，你來我往地相互攻防。被採訪省議會的記者認係一場相當精彩的辯論。另一位與我同年的省議員林義雄先生，也喜歡與我討論新聞自由的問題。他曾問我何以省政府宣傳施政措施時自稱為「德政」，我說政府為民眾服務是天經地義的事，不是施恩給惠，當然不能稱之為「德政」；我強調省府以前有沒有人稱政府的施政為德政，我沒有去查，我不知道，但至少我自己以及我到任後的新聞處，從不用「德政」這樣的形容詞。有一次他為了不滿省營的台灣新生報的報導，在審查預算時，主張要刪新聞處預算新台幣一塊錢，還問我可以不可以。我馬上回答不可以，他說你不是太霸道了嗎，連一塊錢也不能刪？我說不是，並說明我及新聞處的同仁在編列預算時非常認真嚴謹，每一分一毫都有計畫有用途，所以連一塊錢也不能刪。不過，我表示省議會有權刪預算，如果省議會正式決議要刪新聞處的預算一塊錢，我只好接受。但是，如果林議員問我可以不可以就只刪一塊錢的預算，我的答覆是不可以，因為預算是我們很認真地編出來的。

就因為我在省議會有這些與省議員相互辯論的經過，跑省政府和省議會的記者朋友，有人就在媒體上為我冠上「能言善辯」的形容詞。其實，我並不是喜歡耍嘴皮，生性也不喜歡和人爭論，在議會都是被質詢時為了說清楚講明白而與議員引發辯論；可以說：「予豈好辯哉？予不得已也！」

由新聞處長而省府委員而社會處長

一九七六年七月一日，我正式就任台灣省政府新聞處處長。沒想到，我在台灣省政府服務工作，從此就前後不間斷地歷經了十一個寒暑，長達十年九個月之久，歷任新聞處處長、省政府委員和社會處處長三個職務，歷經謝東閔先生、林洋港先生、李登輝先生和邱創煥先生等四位省主席；其中社會處處長一職任期並長達五年又近二個月，更讓我從此與中華民國（台灣）的社會福利和勞工行政工作結下了不解之緣。

代表赴美參加與美斷交後的談判

在這一段於省政府的服務期間之內，我曾於一九七六年十一月舉行的國民黨十一全國代表大會當選中央候補委員，於一九八一年四月的國民黨的第十二次全國代表大會當選中央委員。我並於民國六十八年（一九七九年）年初在新聞處處長任內由於外交部部長蔣彥士先生的推薦，奉派赴美會同外交部政務次長楊西崑先生及原駐美大使館一等秘書程建人先生，到美國國務院代表我國與美國，進行中華民國與美國因雙方斷絕正式外交關係後的調整新關係的談判。美方的談判人員主要為主管遠東事務的助理國務卿郝爾布魯克（Richard Holbrooke）和主管台灣事務的蘇利文（Roger Sullivan），他們兩位在我接觸的感覺上似乎對我們中華民國不是很友好；雙方當時談判的主題包括斷交後雙方應設什麼樣的交往機構、派設在對方的機構應有多少、此類機構及其人員又應享有何種外交特權與豁免權等等。當時美國的卡特（Jimmy Carter）政府接受艾森豪總統

（Dwight D. Eisenhower）時代的檢察總長布朗內渥（Herbert Brownell）之建議，採取以國會立法來規範美國與台灣的新關係。所以，爭取美國國會議員對我們台灣的支持，也是此時我們的一項重要工作。記得楊西崑次長曾帶著我們與包括佛羅里達州（Florida）選出的史東參議員（Sen. Richard Bernard Stone）在內的幾位友我的美國國會議員餐敘說明立場爭取支持。我此次在美國停留的時間近兩個月；除在華府參與談判工作外，也應國民黨中央海外工作會之請，分別到紐約、舊金山、洛杉磯等地向我國留學生和學人說明談判情形及政府如何因應與美國斷交後的新形勢。在這之前，即一九七八年十二月，國民黨中央為因應由於美國承認中共並與中華民國斷絕外交關係的新政治情勢，成立中央革新工作組，並分黨務、政治外交、社會、文化宣傳、財政經濟和軍事六個組，每一組的召集人分別由老、中、青三位具代表性之黨政人士所搭配而成。我奉派與甫辭卸外交部長職務的中常委沈昌煥先生、國立成功大學校長王唯農先生共同擔任文化宣傳組的召集人。我算是代表年輕一輩的成員。

省府委員兼文工會副主任及參與劉少康辦公室

一九七九年六月，我出任台灣省府委員，並仍任新聞處長，十月專任省府委員，同時被發表兼任國民黨中央文化工作會（亦簡稱文工會）副主任，開創一個省級政務官兼任中央黨職的先例。在中央文工會副主任的職務上，我應聘以「研究委員」的名義參與了存在於一九七九年至一九八三年之間、而在那時頗具影響力的「劉少康辦公室」的工作。這個「劉少康辦公室」原稱「固國小組」，實際主導者是那時的國防部總政戰部主任王昇將軍，名義上附屬於國民黨中央黨部，主要任務在於針對國內外情勢研擬如何鞏固台澎金馬基地及防制中共統戰攻勢，研擬之建議和結論逕送國民黨中央黨部和行政院參辦。不少在那時屬於青壯族群的相關黨政主管或副主管均被網羅參加。記得我屬於基地研究組，負責召集我們研討的是當時的國民黨副秘書長吳俊才先生。

作者（立者左四）於省社會處長任內陪同謝東閔副總統（左一）及邱創煥省主席（左三）參觀社區媽媽教室活動（1986年3月）。

一九八〇年秋，我再度奉指定參加革命實踐研究院的訓練。這一次跟一九七六年年初所參加的國家建設研究班一樣，都是為期三個月，只是我參加的班名稱改為「革命實踐研究班」，一起受訓的學長，不少後來出任行政院的部會首長。當時，我很好奇，為何之前我已經參加了國建班的訓練了，還要再來受訓一番。主其事的吳俊才先生告訴我，這是蔣經國先生圈選的，意思是說經國先生很重視我。

由於有上述的這些過程和經歷，註定我此後還要繼續走上從政之路。

社會處讓我走遍台灣也充滿成就感

我在台灣省政府社會處擔任處長的五年二個多月的期間，是我漫長公務生涯中非常充實、非常有成就感、非常有收穫的時期。在此一期間，我走遍了台灣每一縣市、每一鄉鎮，深入基層，訪視社區，讓我更加貼近民眾，更能體會人民的心聲，使我這個土生土長的臺灣人，對於我生於斯長於斯的寶島台灣，有了更全面、更廣泛、更細緻地觀察、認知和了解。

就在這段時期之內，我對於社會福利和勞工行政問題有了第一手的體驗，瞭解了基層民眾的看法和需求，也參與了在中央和省政府有關社會福利及勞工問題的政策及施政措施的研議、規劃和執行。也就是有這些經歷，讓我以後接任了國民黨中央社會工作主任和行政院勞委會主委的職務。

我在社會處服務期間，推出了幾個相當有指標性、開創性的措施和建設。例如我在台北縣新店（現新北市新店區）屈尺設立了國內第一所由政府所創辦而極具水準和規模的老人自費安養機構，在台南縣官田鄉（現台南市官田區）籌建完成全國規模最大的職業訓練中心，完成南投（原設於草屯，九二一地震後遷至南投市）及台南（位於後壁）兩個啟智教養機構的擴建新建，建設完成設於草屯的台灣省政府社會福利人員訓練中心，完成設在彰化市八卦山的全國第一個公辦收容不能自理生活的老人的公自費養護機構的規劃選址及編列預算，完成台灣省第一個大型勞工休閒育樂中心的規劃及預算的編列並經省議會通過（原選定設在南投縣埔里鎮，嗣因用地取得發生問題，至民國八十年代後期始遷至彰化縣鹿港鎮完工）。另外，我協助多處鄉鎮市公所強化社區發展工作並增建社區活動中心，及完成公墓公園化的工程；我也完成所有就業輔導中心、就業服務站及勞工檢查所及檢查站購置辦公廳舍，而不必年年支付龐大的租金去租用。

在行政措施上，我研擬了台灣地區第一個由政府規劃的解決失業問題的實施方案，開辦全省性的勞工運動會，創辦全台社區育樂團隊表演觀摩大會，倡導並由台南市及彰化縣首先試辦的托老服務，推動台灣地區第一個智障兒童的日間托育服務，規劃辦理第一次全國社區童軍大露營，解決在試辦中的社工員制度的制度化和社工員保障問題。同時，依省主席李登輝先生的指示，設置完全向民間勸募的急難救助基金（民國七十六年二月我離開社會處時已累積至新台幣近一億元）。也是在我社會處長任內，接連發生了台北縣煤山及海山煤礦三次的災害事件，造成二百多位礦工不幸罹難死亡，社會處與台北縣政府密切配合妥善處理了善後救助及遺屬安置的問題。此外，許多民眾因遭逢意外事故或自然災害而生活陷入困境者，也經由我們的協助而渡過難關。

上述的種種，使我在省府社會處的工作，回想起來，覺得相當地有內涵、有意義。

出掌社工會及在勞委會捍衛勞工權益

國民黨選舉挫敗受命出任社工會主任

民國七十五年年底舉行中央民意代表選舉，於當年九月成立的民主進步黨，首次整合反對勢力以政黨名義參選。投票結果，民主進步黨大有斬獲，國民黨表現不理想。特別是勞工職業團體選舉中，代表國民黨參選國民大會代表的台灣省總工會理事長，及國民黨提名參選爭取連任立法委員的中華民國總工會理事長，兩位當時被視為最重要的工會領袖，竟雙雙落選敗給民主進步黨的候選人。被認為是執政的國民黨的嚴重挫敗。國民黨中央黨部因而於七十六年（一九八七年）三月進行局部改組，我被任命為中央社會工作會（以下亦簡稱社工會）的主任。

社工會當時負責主管民運、工運、農運，有聯繫服務工商團體、勞工團體、農漁民團體和一般民間社團的任務，並且代表國民黨規劃和推動社會及宗教、體育暨農工政策，同時負責國民黨中央黨部的保防工作。我之於此時奉派出任社工會主任，當然與我在這之前曾擔任過主管業務涵蓋社會福利和勞工行政的台灣省政府社會處處長有關。在我之前，有兩位省社會處處長，也曾擔任過社工會主任，即邱創煥先生及許水德先生。

我在社工會服務期間，是從民國七十六年三月到七十八年二月。這一段期間，正是台灣處在解除戒嚴前後，社會運動、示威遊行、請願抗議和各式各樣的街頭運動開始勃興並如野火般蔓延的時期。國民黨身為執政黨，因此幾乎所有抗議、請願、示威的群眾活動，一定會把國民黨列為對象；也一定會到國民黨中央黨部，或包圍、或表達抗議、或遞交請願書。而差不多所有的請願、示威、抗議也都由社工會處理，很多必須由我親自出面去對話、溝通和協調。

在這些抗議示威、和請願活動中，最激烈、規模最大的，就是七十六年七月老兵代表數百人為了要求政府同意將政府發給他們的戰士授田證折現，由政府發給現金，而包圍並衝進中央黨部的事件。當時黨主席蔣經國先生恰正在黨部內主持中常會。幸經我出面幾經溝通後將他們勸離，才沒有造成難以收拾的局面。

研擬勞工、農業政策及促成設立勞委會

民國七十六年秋，在黨秘書長李煥先生的指示下，我負責邀集相關從政、從業同志及有關學者專家集會研商，先後主持擬訂了「中國國民黨現階段勞工政策綱要」及「中國國民黨現階段農業政策綱要」，提經國民黨中央常務委員會通過，並送請從政主管同志執行。這兩個政策綱要，是為了貫徹蔣經國主席「中國國民黨永遠和民眾在一起」的宣示，本諸政黨政治的原理，基於執政黨的負責立場而提出的。目的當然是在於加強爭取廣大勞工和農民對國民黨的支持與認同。

在社工會服務間，我從旁促成了將行政院原訂的中央最高勞工行政機關改為「行政院勞工委員會」；也創辦了其結業成員以後組成目前頗具影響力的「中華民國工商建設研究會」的「青年工商負責人研討會。」同時，也在民國七十六年春，奉當時的李登輝副總統之命，協調有關黨政機關，協助國際獅子會於當年夏天在台灣舉辦世界大會，為四大國際社團（獅子會、扶輪社、青商會、同濟會）以後在台灣辦理全世界的會員大會，奠下基礎和開創可以援引參考的先例。

連繫、服務各宗教團體，順暢與宗教界的對話溝通管道，也是社工會的一項重要工作。在我於社工會任職期間，我協調籌組成立了「中華民國一貫道總會」，並由張培成前人擔任首任會長。我也曾透過有台灣史懷哲之稱的宜蘭羅東「慕光重建中心」創辦人陳五福醫師及台南的高俊民牧師的居間媒介，和與國民黨頗有隔閡的

台灣長老教會，建立了溝通管道，化除了一些不必要的誤解。佛教的星雲大法師於政府開放赴大陸探親之初，申請至大陸探親弘法，因他那時是國民黨中央黨務顧問，中央黨部高層有人對他的申請持保留態度，認應透過黨政協調，暫予以擱置。我則以為星雲法師為佛教高僧，如能到大陸弘法宣教，應可有助於大陸人民對台灣宗教信仰自由的認識，也可激發大陸人民對宗教信仰的追求和實踐，應加鼓勵。結果，幾經溝通協調之後，星雲法師終於如願成行。星雲法師對這件事情似乎記憶猶新，兩年多前我到佛光山去拜訪時，他主動再舊事重提。

接任行政院勞工委員會主任委員

民國七十八年二月十四日，我在台北市中山堂主持完由社工會主辦的中華民國各民間團體聯合春節團拜之後，應邀前來致辭的李煥秘書長，在我送他上車之前，突然悄悄地對我說：「恭喜你，李總統要你去接勞委會主委的工作。」次日下午，李總統在國民黨中央黨部召見我，通知我他決定要我擔任勞委會主委，並作了一些指示。十六日上午十一時，行政院俞國華院長就在行政院召見我，正式告知了我的新任命。俞院長態度非常懇切，並且多所勉勵；絲毫看不出，他對於一年多以前我在社工會任內簽報推翻他有關最高勞工行政機關的決定之事，存有任何芥蒂。我當即表示感謝。對於這位有謙謙君子之稱的俞院長的包容和謙和，我留下深刻的印象，也頗為折服。

勞委會的考驗與挑戰

我於民國七十八年二月二十五日至勞委會任職。那時行政院勞工委員會甫行成立不久，一切規章制度都還在建置的階段，有關勞工行政等相關業務，也是在逐步開展之中。但那個時候，也正是解除戒嚴不久，社會日益開放，勞工權利意識愈來愈強烈、愈來愈抬頭的年代。勞工爭權益、爭福利的呼聲時有所聞，勞資抗爭或糾紛事件層出不窮。而另一方面，由於公共工程如北二高、台北捷運工程等的不斷推動，及股市的熱絡和六合彩、大家樂彩券風行所帶來的餐飲遊樂等服務業的興起，台灣正面臨著嚴重缺工的現象，並有不少非法外籍勞工在台灣各地公然受僱工作。

在這樣的情況之下，我接任了勞委會主委的工作，雖是我首次擔任閣員級部長級的職位，未始不是我人生中的一個轉捩點，但也使我面臨了相當嚴峻的考驗與挑戰。

記得，我就任勞委會主委的不久，有一位曾擔任過美國聯邦參議員和聯邦勞工部長的先生，到勞委會來訪問我。在閒聊之中，他曾說勞工部長（勞委會主委）的工作不好做，在資方與勞方之間常常兩邊不討好。所以，世界上各國勞工部長的任期都不長，能夠做滿二年就很不錯了。

然而，我卻做了五年十一個月之久！到現在為止，還是勞委會主委任期最長的紀錄保持者。能有這樣的紀錄，我沒有什麼訣竅。由於我曾擔任過五年二個多月之久的台灣省政府社會處長兼台灣省勞工檢查委員會主委，已有五年多實際主管勞工行政業務的經驗，而在國民黨中央社工會服務的二年多任期內，又經常與勞工團體打交道，也常處理勞工問題。所以，勞委會的工作，對我來講，並不陌生。正由於這些經歷，使我深深覺得我在勞委會的施政措施，雖不一定什麼都要或都能得到勞資雙方或任何一方的完全同意，但至少我都應做最大的努力使勞資雙方都能對我信賴，都能相信我是真心真意地要幫忙解決他們的問題，也

作者任行政院勞委會主委時攝於辦公室（1990年）。

誠心誠意地要儘可能去滿足他們合理的要求。

就是基於這個理念，我上任之後，就跟各地各級工會的負責人和代表舉行座談，聽取他們對勞工行政相關問題的意見，並努力和他們做朋友。另一方面，我也到處去訪問工廠和事業單位及工商團體的負責人，瞭解他們對相關問題的看法。這種座談、訪問，在我於勞委會服務期間，經常舉辦，而且於碰到爭議性較大的問題或事件時發生時，更加強和擴大辦理。這樣的溝通與交流，使我在五年多的勞委會任期內，排除了不少可能出現的工作障礙，也增加了很多處理業務上所需要的助力。

我在勞委會的工作

在勞委會五年多的期間內，我用了很大的心力，在於建置一個符合時代需求的勞工行政體系，及推動勞工立法的現代化。當然，如何改善勞資互動關係，使勞資關係穩定而又和諧；如何強化工作場所的安全與衛生，減少及防止職業災害和職業病的發生；如何加強就業安全和透過職業訓練提升勞工的職業競爭力；如何改進勞保制度；以及如何增進勞工權益和福祉，都是我時時在茲念茲的施政重點。在我任內，每一年都調高基本工資，失業率也都停留在百分之三以下。另一個對台灣社會及我國產業發展必然發生深遠影響的，就是我開放引進外籍勞工，且負責建立了中華民國有史以來第一個有關外國人在我國境內受僱工作的法律規範。

作者於行政院勞委會主委任內訪問馬來西亞洽商有關外勞事宜，當地報紙大幅報導情形（1991年8月）。

1991年9月作者（左四）率團訪問泰國洽商引進外勞事宜，該國政要在機場歡迎；左一為前國家情報局局長宋蓬將軍，左二為陸軍第三軍小軍長威吞上將，右四為前副總理巴曼上將，右三為國會議員前科技部長巴蜀。

談到這裡，我要特別感謝當年我在勞委會服務期間，擔任過我的副主委的洪慶麟、蔡憲六、徐學陶和王三重等四位先生，以及勞委會和各地方勞工行政單位的許許多多的工作同仁。我也要謝謝許多工會和工商團體負責人對我的配合與支持。

開放外勞的曲折過程

我在勞委會服務期間的重大施政措施，論其爭議性、重要性和影響性，莫過於決定開放引進外勞並創立了外勞的引進和管理制度。

民國七十八年二月，我到勞委會就任之時，台灣正面臨著嚴重缺工的現象，同時也有不少非法外勞正在台灣各地工作。所以，工商企業界包括負責公共工程的政府單位，要求大量引進外勞的呼聲，一天比一天壯大。然而，以保護本國勞工就業權益和確保台灣不致於因外勞進來而形成嚴重社會問題為出發點，而堅決反對開放引進外勞的聲音也不小。在此狀況之下，我該怎麼辦？

第一，我先對缺工現象及非法外勞存在情形，作一深入而廣泛的瞭解。我聽取同仁的簡報，實地訪問探討台北捷運系統及北二高施工情形，以及他們對於勞工的需求量，我也親自至缺工比較嚴重的紡織廠、染整廠、橡膠廠等去訪視，我同時也跟工商企業團體和工會團體進行座談，聽取他們的意見。經過這樣的研討之後，我發現缺工問題的確很嚴重，非法外勞人數也不少。所以，初步我所獲得的結論是外勞的開放引進恐怕是避免不了的。因而，決定採行制度性的開放外勞政策。

所謂制度性開放，就是外勞開放引進要有政策原則、要有引進及管理制度，且應有法律規範。我在聽取各方意見並參酌國外引進外勞的得失利弊之後，決定我們台灣應該開放引進外勞，但必須遵循下列基本政策原則：（一）首先要確保國人的工作權益，故外勞之引進必須是補充性，即在補充本國勞力之不足，而非屬取代性，也就是不能任由外勞來取代本國勞工。（二）採限業限量之原則；即外勞不能對所有行業全面開放，只能對重大公共工程、國家重大經濟建設及國內招募工人困難之三K行業等（所謂三K，即其工作具危險性、骯髒性或辛苦性之行業）開放，而且各業、各公司行號所能僱用之外勞，不能超出其總員額之一定比例，這也是在保護本國工人。（三）外勞在台工作之年限應明定且不得攜眷來台，以免其成為變相移民。（四）外勞來台應先經合格醫院體檢無任何傳染性疾病，及經各該國政府證明從無犯罪紀錄方得入境工作，以免為台灣製造社會問題。（五）雇主僱用外勞應繳交就業安定費，以符使用者付費原則並防止雇主過分依賴外勞，也意在維持產業競爭公平，且將所收就業安定費用於強化本國人之就業能力，以嘉惠本國勞工。（六）外勞之引進不得有害於我國產業之升級。（七）外勞應從對我國友善與我國互設有代表處、且其國家有台商投資之產業的國家引進，當時決定為菲律賓、泰國、印尼及馬來西亞等四國。

由於公共工程亟需補充勞力，所以，在政策原則確定後，我們於民國七十八年十月先允許第一批外勞來台。當時是由行政院輔導會榮工處從泰國引進來興建北二高工程的，這批外勞就在楊梅附近的工地工作，我曾前往訪視。

為了使外勞的開放既能解決國內缺工問題，又能有效管理而不帶來後遺症，我特地於一九九一年至一九九

作者於行政院勞委會主委任內訪問菲律賓，菲國總統雷慕斯（左）特請多僱用菲國勞工（1994年8月）。

作者（左）於行政院勞委會主委任內訪視三峽外僑收容所收容非法外勞情形（1994年2月）。

四年間分別率同衛生署、警政署及本會相關主管至東南亞（新加坡、馬來西亞、印尼、泰國）、菲律賓及越南考察訪問，除了瞭解泰國、馬來西亞、印尼、菲律賓及越南等外勞輸出國辦理外勞輸出的實況及其政府對於外勞輸出的規範外，也希望與各該國家洽定「國對國」或「政府對政府」的仲介機制，免得外勞受到不肖人力仲介公司的不合理的剝削。到新加坡則是要知道他們引進外勞的管理機制。我在這分四次進行的訪問中，分別見到了菲律賓當時的現任及前任總統，在越南見到了副總理，在印尼則見到國安局長及總統特別助理，在新加坡會見了副總理，在馬來西亞則舉行了一次大規模的記者會，在泰國見到了外交部長及數位國會議員和一位前任副總理和幾位前任部長。當然也由各該國家的勞工部長或人力部長負主要接待之責。可見他們對於台灣的開放輸入外勞極其重視。所有上述的外勞輸出國無不希望我們能多聘用他們國家的勞工，多協助他們解決他們人民的就業問題。因此當時我很有感慨，覺得一個國家的經濟發展非常重要，我們引進外勞固然帶來若干爭議和問題，也增加勞工行政不小的工作負荷，但我還是希望我們台灣永遠是一個輸入外勞的所在，而不是一個必須輸出勞工在外國找工作的國家。

「國對國」或「政府對政府」的外勞直接仲介，是一個可以避免人力仲介公司中間剝削外勞的理想做法。但當年我雖盡很大的努力想加促成，可是卻是勞而無功，經過這麼多年還是未能實現。理由很簡單，因為在有些外勞輸出國如泰國和菲律賓之內，有不少高級政府官員和民意代表或他們的家屬，經營著龐大的外勞輸出仲介公司，而且利用特權獲利頗大。他們是不會輕易放棄既得利益的。我記得我在勞委會任職期間，有位曾擔任過泰國衛生部長和科技部長的國會議員來台訪問，透過行政院國科會主委的邀請我參加了國科會招待他的餐會並和他拍了一張合照。過幾天，有位記者告訴我這位泰國議員與我的合照被放大置於一家與泰國有關係的外勞仲介公司的入口醒目處。後來一查，原來這位議員在泰國擁有一家規模相當不小的外勞仲介公司，而台灣這家公司與它有關。不久，我到東南亞訪問，抵達印尼雅加達的當天，我就接到我們駐印尼代表處的電話，說有一位泰國國會議員不久前在台北與我見過面，這次他剛好也在雅加達，想請我吃早餐見見面敘敘舊。我心想天下哪有這麼巧的事，裡面一定有什麼文章，就加婉拒。我們結束印尼的行程後，下一站就是泰國曼谷。誰知道，當我上了飛機，那位泰國議員竟坐在我旁邊。我心裡面非常不舒服，就婉轉告訴他我很累想睡覺。這樣我一路由雅加達睡到了曼谷，沒有理他，因為他這樣地會黏人，動機一定有問題。到了曼谷後，我跟他講，請他先下機，我才下機，他只好答應。我當時生怕如果一起跟他走出去，萬一被攝影記者拍到了或被來接機的泰國官員見到了，很可能會產生不必要的聯想與誤會。事實上，類似這種案例，這並非是獨一無二。由此可見，這些外勞輸出國，其經營外勞仲介業的官員或民意代表，如何無所不用其極地想鑽營和拉關係了。

一九九二年四月，我們研擬的以保障國民就業權利、促進國民就業機會和規範外勞的引進及管理為主要內涵的就業服務法，終於正式經立法院通過實施。這是我國有史以來第一個有關開放引進外勞的法律，也使外勞的開放引進及其在台工作和生活的管理，有了法制性的規範。

我的引進外勞的「百人工廠理論」

外勞的引進具有爭議性，也有人特別是勞工團體持反對的立場。當年我們既在政策上決定開放外勞，為化解不必要的疑慮和反對，我曾提出一個「百人工廠理論」，意思是說假定有一個人想在台灣開工廠，需要一百個工人才能設置運轉，但找來找去只能找到八十個工人。因此，他必須從下列三個方案去做選擇：（一）因找不到足夠的工人，只好把工廠外移設在中國大陸、越南或其他地區；如此台灣就失掉了至少八十個工作機會，也失掉一個工廠。（二）因找不到足夠的工人，乾脆打消設廠的計畫；結果台灣還是少增加一個工廠，也少增加八十個就業機會。（三）政府允許他僱用二十個外勞，加上台灣能找到的八十名工人，工廠就開成了。台灣就增加了八十個人就業，也增加一個工廠，更因工廠的開設帶動附近周邊產業的發展，造就了繁榮，也因而創造了更多的就業機會。我這個「百人工廠理論」當時還蠻具有說服力的。我認為現在還是有其適用的價值。

現在回頭來看當年開放引進外勞的決定與做法，我還是認為係一項因應經濟社會變化情勢所不得不採行的正確措施。事實上，我們台灣的社會已經發展到跟西歐、美國和新加坡一樣，不管經濟發展是好是壞，總必須依賴外勞來補充勞動市場的需求。因為，有些工作，我們的民眾就是失業了也不肯、不會去做。

最近有人大談所謂外勞薪資應與基本工資脫鉤的說法。這是非常錯誤的一項主張。它既會使我們中華民國背負歧視外國人的惡名，也違反了聯合國和國際勞工組織有關基本人權和外勞保障的公約的精神和規定，更會誘使雇主爭相僱用工資較低的外勞而損及國人的就業權益，並且會有損於產業升級的努力。因此，我在許多場合都發言強烈反對。希望政府有關當局，一定要慎思明辨不予採行。

當然，在勞委會工作，使我有機會在中央最高行政機關的行政院，為廣大的勞工朋友、為廣大的白領和藍領受僱者的福利和權益去爭取、去發聲。雖然也因此受到一些委屈，遭來一些批評甚或誣衊。但我無怨無悔，且認為這應也是我從政生涯中特別值得記憶的一項經歷。

出任秘書長開展從政新階段

擔任秘書長十分意外

一九九四年（民國八十五年）十二月十四日，行政院局部改組，我調任為行政院秘書長，結束了我在勞委會近六年的服務，並使我參政的層次有所提升和擴大，開展我從政生涯的另一個嶄新的階段。

出任行政院秘書長的職務，對我來講，十分意外。一九九四年十二月初，有一次我因公有事向行政院院長連戰先生報告。談話中，連院長突然問我在勞委會服務多久，我向他報告說已快六年了，他接著說，蠻長的嘛！我趁勢報告他，聽說行政院要改組了，可能的話能不能給我調個較不負實際責任的工作。他又問我年齡多大，我說已經五十出頭了。他說還年輕嘛！還應該多做點事，院裡面還要借重你。我們的談話到此結束。連戰先生是個不喜歡囉唆的人，與部會首長談話，通常都是單刀直入抓重點，而且速戰速決。這一次他與我談話的時間，比平常要長不少，我有些意外，而且覺得他似乎在暗示什麼。事後，我自己解讀為，大概行政院改組時，我可能被調為政務委員。

連院長先談西裝不談職務

沒多久，行政院改組的工作就啟動。十二月十二日下午一時，我接到通知到台北賓館去見連院長。我一到，連院長就拿我穿的雙排扣西裝當話題，開口說主委啊你這套西裝蠻合身帥氣的嘛！我說是老西裝了，他

作者（左三）於行政院秘書長任內陪同連戰院長（左四）巡視交通部，聽取劉兆玄交通部長（右四）之業務簡報（1995年8月）。

又說那你真是會保養身材，老西裝穿起來還這麼瀟灑！我心想行政院部會首長間都知道被請到這裡不是被告知有新職、或繼續連任，就是被通知要離開行政院了，卻不跟我談職務的事，而大談我的西裝，真不知葫蘆裡賣的是什麼藥。他大概也看出我心中的疑問。喝了一口茶後就告訴我行政院要改組、為什麼要改組；接著就說：「前幾天我不是說院裡面要借重你嗎？現任的秘書長李厚高先生現在有一個他自己也覺得很滿意的安排（事後我才知道他調任蒙藏委員會委員長），他留下的秘書長職務，我想請你來接任！」我一聽，實在覺得很意外。同時，我馬上想到秘書長是行政院長的幕僚長，通常幕僚長與首長之間關係都要很密切，彼此至少要能相知互信。而我與連先生固然相互認識；但是他擔任外交部長期間，我任勞委會主委，算是同事，然彼此業務上沒有太多的交集。後來，他由省主席轉任行政院長，我仍續任勞委會主委，他變成我的長官。然而，公務上互動並不是非常頻繁。而私交上，我和他一直沒有太多的來往；更何況，我們倆人出身背景相當不同，他出身望族，父祖輩都赫赫有名，而我則來自鄉下，祖父和父親都是很平凡的農民。要我這樣的一個人，去做他的幕僚長，我心裡面第一個反應就是認為不適當。我就這樣答覆他；而且還特別強調我過去十多年來做的都是首長的職務，從未做過幕僚長，恐怕做不好；同時坦白告訴他，我從未很直接、很親近地追隨過他，他對我不一定很瞭解，恐怕很難建立起彼此應有的默契。他聽了之後說：「放心啦！我這個人很好相處！」又說：「你過去的工作大多偏向於社會福利和勞工這一方面。秘書長的工作，舉凡國防外交、財政金融、交通內政、經濟軍事等等，都要觸及，都要過問，是個可讓你擴展視野的工作，也是個可以好好歷練的工作，很有挑戰性！難道你怕挑戰嗎？」後面這句話，有些激將的味道，也的確發生了激將的效果。我開始有些鬆動，但是還是回答：「我不是怕挑戰，但是我直覺上還是認為我做並不適當！」他接著又說：「如果你來做，你將是第一個台灣省籍的人士擔任行政院秘書長的工作，也算是一項紀錄。不要再考慮了！就算來幫我的忙吧！」他話中充滿誠懇。至此，我也不便再推辭。

從此，我由行政院勞委會主委，變成了行政院秘書長；並且誠如連院長所說，開始接觸涉及了行政院整體運作的業務，也要參與核議、審批和過問各個部會的工作，並也要參加行政、立法兩院間各式各樣的協調。可以說擴大、提升和深化了我的從政層面、內涵和格局。我和連戰先生也從此建立起相當深厚的淵源和良好的互動關係。

政治急遽變化的時期

在我擔任行政院秘書長期間，一方面，國家正大力推動政治、經濟、社會等面向的大變革，先後推出很多極具關鍵性、重要性而影響又非常深遠的法案和施政措施。另一方面，台灣的政治生態也在急遽變化之中；一九九五年十二月舉行的立法委員選舉，國民黨的席次大為滑落；由國民黨分裂出去的新黨，則大有斬獲，一舉贏得二十一席，成為「關鍵性的少數」；民進黨也略增至五十四席且與新黨合作刻意要造成立法院「三黨不過半」，並經常一起杯葛、反對國民黨。首先，逼使立委改選後的立法院院長選舉，國民黨提名的劉松藩先生僅以一票之差險勝民進黨、新黨共同支持的施明德先生。因而，這一時期行政院送到立法院的預算案、法律案或其他需表決事項，常常會遭遇到很大的障礙，要過關必須費很大的心力和功夫去協調、去爭取支持。而就在此一時期，由於政治情勢的改變，不少頗具影響力的重大政治事件也相繼發生或出現。

上述的這些法案、措施和事件中，我印象特別深刻至今仍記憶猶新的計有：全民健康保險的正式實施（一九八五年三月）；李登輝、連戰兩位先生分別被國民黨提名為第一次直選總統、副總統的候選人（一九八五年八月）以及此後長達六、七個月的總統副總統競選活動；國軍老舊眷村改建案（一九九五年提出，一九九六年初經立法院通過改建條例並公布實施）；電信法修正案、交通部電信總局組織條例修正案、和中華電信股份有限公司組織條例案等電信三法的立法案（一九九五年提出、一九九六年初通過）；中共對台灣附近海域進行飛彈射出演習，及對台灣實施針對性的海空和陸海空聯合軍事演習（一九九六年三月）；辦理首次總統、副總統直接民選（一九九六年三月）；連戰先生當選就任副總統後續兼任行政院院長及因而引發的副總統可否兼任行政院院長的釋憲案（一九九六年五月至十二月）；核四發電廠案的覆議案（一九九六年五月）；為改變中央政制及精省而召開跨黨派的國家發展會議（一九九六年十二月）及落實此一會議之決議而進行的修憲案（一九九七年七月）；和於一九九七年四月發生的藝人白冰冰女士之女白曉燕不幸被殺及因而引起所謂「倒閣」的抗爭抗議事件（一九九七年五月）。在此一期間內，李總統於一九九六年六月應其母校康奈爾大學之邀赴美訪問，及連戰院長先後於一九九五年六月至奧地利、匈牙利和捷克進行「學術之旅」和於一九九六年八月赴烏克蘭訪問，暨達賴喇嘛於一九九七年三月首次訪台，均引起國人、社會、媒體和中共極大的關注。

連院長出訪歐洲的保密

連戰先生在院長任內的兩度歐洲之行，作業都非常之保密，行前知道的人非常之少，而實際行程知道者更是少數中之少數。記得他到捷克的學術之旅，行前二天他告訴了我，並強調一點消息都不能外洩，否則到不了目的地，即使到了也見不到他想見的人，那一次他要與捷克總統哈威爾見面。而他的烏克蘭之行，則在紐約順利搭機要啟程時，透過隨行人員告訴我他目前在何處並告訴我有重要公事報告時如何和他連絡。當時各媒體無不使出渾身解數要探知連院長到底要去那裏？準備與誰見面。我不管在辦公室、在家裡或在車上都會不斷地接到記者朋友旁敲側擊地打聽和採訪。但我就是不能講；記得有一位媒體的負責人，是連戰先生的老友，也是我的舊識，他親自上陣採訪，打電話給我要我告訴他連院長現在人在何處想去何方，或給他一點暗示也可以，我百般解說就是不告訴他；他雖表示理解但卻不無抱怨。可見當時社會和媒體對連院長出訪的重視與媒體間競爭的激烈！事實上，在那個年代，兩岸關係還是非常之緊張，中共一有機會就要在國際上打壓我們，它豈能容忍一位中華民國現任行政院院長和現任副總統到與它有邦交的國家去訪問並和各該國家的領袖會面？它一定會想方設法地加以阻擾破壞。嚴加保密不使中共事先知道訪問目的地和擬會見之人士，乃是一種不得不做的非常不得已而又很無奈的措施。

現在台灣海峽兩岸的關係和緩並改善了許多。但我們國家和政府類似連院長這樣層級的領袖這種至中共的邦交國訪問的舉措，似乎中共還是非常在意而且很可能還會加以阻撓。其實，目前兩岸不是有所謂「外交休兵」的默契了嗎？中共當局應了解台灣人民想在國際社會上擴大參與、加強聯繫、增進交流的意願極為強烈，只要不顛覆他們所堅持的一個國家不能同時與中華民國及中華人民共和國維持同等的外交關係的所謂「一個中國」的原則，何妨讓台灣多去拓展各種實質關係而不從中干預、破壞和阻撓？又譬如，目前有些與中共有邦交關係的國家，其元首、副元首或政府首長常常兼有國際非政府組織（ＮＧＯ）的負責人或領導人的職位，像此類國家的元首、副元首或政府首長，以ＮＧＯ的身分到台灣從事ＮＧＯ的活動，中共就不應加以干涉或阻撓。這樣才能讓台灣人民體會其對台灣人民確具有同理心的善意，也才能進一步有助於兩岸關係的改善和增進。

安排連院長與達賴會見

達賴喇嘛一九九七年三月的首次訪台之行，中共反應非常之強烈，頗多批判指責。行政院對於應否安排連院長與達賴見面，有兩種正反不同的意見。對於達賴訪台，有關政府應如何因應的問題，我曾多次代表行政院到總統府開會研商，因此也知道李登輝總統決定會見達賴。是以，我建議連院長似也可和達賴一見。連院長同意我的看法並要我安排適當見面地點（即不宜在政府辦公處所）及陪見人士。我安排了文教體育界和宗教界的人士像世界自由民主聯盟理事長趙自齊先生（他與達賴為舊識）、台大校長陳維昭先生、天主教台北教區狄剛總主教、全國道教總會理事長陳萬富先生、佛教淨心法師、中華奧會代表徐亨先生、中華體育總會會長郭宗清將軍、花蓮慈濟醫院院長曾文賓先生和天主教的靜宜大學校長李家同先生等陪同連院長宴請達賴。餐會之前則由連院長和達賴進行會見，我與趙自齊先生、新聞局長蘇起先生及達賴之兄嘉樂頓珠在場作陪。會見及餐會地點則設在台北市國賓大飯店十二樓。

連院長及達賴見面彼此寒暄互換禮品後就開始交談，連院長讚許達賴在宗教及弘法工作上的造詣，且對於他在台灣為台灣的信眾講述佛教之教義和相關哲理，表示感謝與歡迎。達賴非常健談，一開始就講了一句讓我們甚感意外的話。他說：「我知道你們台灣現在奉行的是反對共產主義的政策，但我並不反共，因為佛教與共產主義有相通相似之處，馬克思的共產主義主張消滅階級且最終要建立一個沒有階級的社會，與佛教所主張的眾生平等，很相似很相近，只是這個世界到現在為止還沒有人真正實施過共產主義！」他頗推崇花蓮證嚴法師所領導的慈濟功德會的作為和貢獻。餐會中，他表示他並不主張西藏獨立，只是希望西藏能享有較大的自治權利。他又大談當年在一九五〇年代他於北京和十世班禪喇嘛一起會見毛澤東的經過。他說毛澤東那時已近六十歲，對於他們這兩位年紀還不滿二十歲的年輕活佛，相當禮遇也很幽默。他說毛澤東曾問他解放軍軍區司令員有沒有欺負過他？並要達賴如受司令員欺負可隨時打電話給他毛澤東。聽起來似乎他對毛澤東沒有敵意。

以後我自己先後分別在印度與台灣各又見過達賴一次，覺得他是位很幽默、肢體語言很豐富而談起宗教和人生道理則深入淺出相當有說服力的和尚。

海峽兩岸現在的關係和一九九七年三月達賴與連戰先生見面時，已大不相同，有了很大的改善。但就與中共的關係而言，達賴是一個身分敏感容易引爆爭議的人物。那麼，我們政府該不該讓他再來台灣呢？如果來了有關政府負責人又該不該與他見面會談呢？我以為只要達賴不談政治、不進行任何有政治意涵的活動，光談宗教文化，純做他喇嘛分內的事，則讓他到台灣來又有何妨？與他見面也不是什麼了不起的大問題。究竟我們台灣是個高度尊重宗教信仰自由的地方；而我們也有我們自己的立場。

行政院會議議事效率的提升

行政院會議，即俗稱的行政院院會（在行政院內部一般均簡稱為院會），是憲法所明定的重要機關，凡行政院院長、各部會首長應行提出於立法院的預算案、法律案、戒嚴案、大赦案、宣戰案、媾和案、條約案及其他重要事項，或涉及各部會共同關係之事項，須提出於行政院院會議議決之。我參加行政院會議在我接秘書長之前，已經有近六年的歷史。我總覺得院會花在不是前述重要議案與事項的時間太多，以致效率不是很好。因此，如何強化行政院院會的議事效率是我接任秘書長之後首先要思考解決的重要問題之一，因為行政院會議的議事安排及議程調度為秘書長的職責；而事實上，連院長在我到任秘書長職務之後就交代我在此一方面多予費心。當時的行政院院會在正式議程討論之前，有輿情反應、大陸情勢和經濟情勢的報告，而此種報告在主管部會首長說明之後，被涉及的部會其首長經常也一定會在會上做說明、解釋，而對上述各類報告有意見、有看法的政務委員和首長也常會於會中做評論。如此，光是此等報告和其所引發的發言，往往就佔去了一、二個小時，不但正式議程的討論時間受到壓縮，也常使院會拖到快近中午，有時還會搞到下午一點鐘左右，需要準備便當供與會人員充飢。因之，我建議將這些報告一律改做書面，不必再做口頭補充與討論，由與會人員攜回參考即可。連院長同意了我的意見並即付諸實施。可是卻因此引發了部分媒體的批評，說什麼行政院特別是我不重視輿論。事實當然不是如此。好在不久新聞界也瞭解體會了我們如此改變的真正用意與苦心，也就不再有所議論了。

行政院長、政務委員和部會首長，都非常之忙碌，而行政院會議是憲法規定必須舉行具有一定功能和權限的會議。不過，事實上重要的議案和事項，在提出於行政院會議之前，都已經過了相當嚴謹的審核和協商程序，到了院會通常都已事先有了充分的共識；因之，除非議案本身極具爭議性而經政務委員或經建會協調審查後雖獲有結論但仍有部會持有特別保留意見時，才會在院會中引發更進一步的討論甚或辯論。但此種狀況並不多。所以，院會基本上可以不必漫無邊際地花費冗長的時間去進行；更不可以使之成為好發議論者或喜歡短話長說者的演講會，而浪費大家寶貴的光陰。因而，我於秘書長任內對於院會議程和時程的安排，原則上都使院會舉行的時間控制在一小時以上、二個小時又三十分以下，這也得到連院長的同意。

「政務會談」的設計與運用

連戰院長為有效掌握重大施政的規劃與執行，指示我設計研擬一個類似小型院會、以專案研商為主而稱之為「政務會談」的機制，並訂定實施辦法使之規範化、制度化，但仍保有適當的運作彈性。

在此依機制之下，凡是院長交辦或相關部會首長認為有必要而提經核准時可以召開「政務會談」，由院長主持針對一至二個重大施政方案（當然包括預算案、法律案）的規劃或執行，提出報告檢討或討論，並只邀請副院長、秘書長暨主管以及有關的部會首長參加，由與會者進行極具深度和廣度地溝通協調和研商。大家以較充裕的時間，集中精神和心力深入地探討相關的問題，以研訂出可行的結論。此一也可稱之為「小內閣會議」的「政務會談」，使院長對有關重大的施政可以更加周延而精準地掌握和指導，也對行政院研商決定重大施政的決策效率和品質的提高，及強化各項重大施政的執行績效，甚有助益。頗受連院長的肯定，也經常運用。當年有很重大的施政方案如國軍的精實案、亞太營運中心、老舊眷村的改建，治安工作的加強等都曾經過「政務會談」的研商。

常常挑燈夜戰與立法院進行溝通協調

行政院暨各部會的預算案法律案及相關議案，都必須提經立法院審議表決，行政院也應接受立法委員的質詢；而在一九九七年修憲之前獲提名出任行政院長的人選，還必須由立法院來行使同意權。所以，與立法院保持良好的協調溝通關係，對行政院來講，至為重要。我在秘書長任內，行政院通常由副院長徐立德先生和我代表和立法院院長劉松藩先生、副院長王金平先生、國民黨中央政策會執行長饒穎奇先生、國民黨立法院黨團書記長曾永權先生進行協調、溝通的工作。有時國民黨中央黨部的秘書長許水德先生也會參與協調。那時，國民黨在立法院所掌握的席次雖然超過半數，但只是勉強過半數而已，稍有差錯就會過不了半數。而且，堅決反對國民黨的民進黨與突然闖起來握有關鍵少數的新黨常會因議題而結合，並且有機會就要聯合刻意營造所謂「三黨不過半」的局面。遇有關鍵性議案時，民進黨有時還會動員群眾阻撓行政院長到立法院議場報告或應詢。而另一方面，國民黨籍的立委，常有一些人因理念關係、地方利益、個人利害甚或個別恩怨情緒，而堅持自主，不與黨團同步；同時，又有若干黨籍立委，由於事業的關係，不常出席，甚至於表決時都不一定到場。因而，行政院在碰到重要議案時，就要特別加強與立法院院長、副院長、國民黨政策會執行長和立法院黨團書記長、

作者（左一）於任行政院秘書長時參與的黨政高層協調會報，自左起徐立德副院長（左二）、國民黨中央政策會饒穎奇執行長、立法院劉松藩院長及王金平副院長為經常參加的其他人員（1996年4月）。

副書記長及相關立委等進行溝通、協調。這種協調或溝通會議常常於下班後的夜間舉行，地點大部分在國民黨中央黨部，也有不少次為了保密或避免不必要的干擾，就在離行政院、立法院都很近的來來飯店（即現在的喜來登飯店）租個小房間進行。而且好多次的溝通協調都搞到三更半夜。

行政院另設有一個國會聯絡動員會報，由我以秘書長身分召集，各部會的副首長和國會聯絡人為會報成員。遇有立法院就行政院有關的議案進行表決時，我就會事先召集這個會報，說明議案的重要性，並要大家也就是各部會群策群力動員起來，以使立法院的表決結果能符合行政院的願望，在會報中，我們也會進行相當細密的分工，依各部會的工作及情感關係分配其所負責聯繫動員的立法委員，並馬上分頭去進行爭取、說服和「找人」、「盯人」的工作，俾與黨部和立法院黨團構成複式動員的網絡，務使獲有足夠的票數來支持行政院。有時碰到較特殊的情況或針對有些對某一法案具有特殊影響力或較難溝通協調爭取的立委，還要由徐立德副院長和我出面去聯繫去找人。記得在表決電信三法時，南部有一位立委因對交通部有意見，事先公然表示反對的立場並且還要影響其他委員與他結合。我因此特地到他家裡去拜訪、勸說，足足談了一整個下午，才化解他的反對。又有一次為了一個重要議案，有位在中國大陸設廠投資的立委，幾經周折，才於電話中在福州找到他並請他趕快返台投票，同樣地一位出身香港的僑選立委，也是幾經聯繫尋找之後，終於在香港的地鐵車上連絡到他，並請他以最快的方法趕回台北參加表決。可以說在那個反對勢力日益增長而國民黨於立法院又僅有勉強過半席位的年代，任何行政院提請立法院表決的議案，無不是經過非常辛苦而複雜艱辛的協調、溝通、聯繫和動員而獲得通過的。

核四覆議案的風風雨雨

在當年行政院與立法院的互動之中，最使我難忘的是核四的覆議案。

核能發電在很多國家一直很具爭議性，不少環保人士和團體常以反污染和安全的理由，堅決反對。在我們台灣也是如此。

民國八十五年五月二十四日立法院第三屆第一會期第十五次會議突然決議：「應立即廢止所有核能電廠之興建計劃，刻正進行之建廠工程應即停工善後，並停止任何相關預算且繳回國庫」。同日台電公司辦理核四計畫主設備「核反應器含相關附屬系統」及「核燃料」之開標作業，由美商奇異公司以低於底價順利得標。

立法院的決議，引起很大的震撼，行政院連戰院長即召集相關首長決定本案應進行覆議。這就是當年引發朝野強力攻防並歷時五個多月之久始行落幕的核四覆議案。核四電廠興建案於民進黨二〇〇〇年執政後，更因國民黨連戰主席於二〇〇〇年十月二十七日，應陳水扁總統之邀赴總統府會見時提出核四應續建的建議而陳總統也允加考慮後、在其返國民黨中央黨部途中，民進黨籍的行政院長張俊雄先生卻突然對外宣布核四停建，而引發了國民黨與民進黨強烈對峙的政治風波。

行政院對立法院的決議案提請覆議，是憲政上的大事，有一定的程序。而行政院負責主導所有覆議案必要憲法程序之運作及應辦公文的準備者，為行政院秘書長。所以，這個核四覆議案，從頭到尾我全程隨時注意，所有必要法定手續、程序和公文書，都與行政院秘書處、經濟部、行政院主計處及台電公司相關人員周密研究並做出結論付諸實施。而為了爭取黨籍及親國民黨的無黨籍立委的支持，副院長徐立德先生與我，也不時與立法院的院長、副院長、黨團，及國民黨中央黨部秘書長、政策會執行長協調溝通，也全力進行對立法委員的爭取和動員。

民國八十五年五月二十九日，經濟部正式報請行政院就核四案向立法院提出覆議。六月三日，我召集相關部會副首長開會決定，一俟立法院廢核之決議文到院，即儘速提經行政院會議議決，呈請總統核可送至立法院覆議，並要相關部會特別注意立法院程序委員會的運作，務使提請覆議案送到立法院後可順利排入議程。六月四日，立法院決議案送達行政院。六月六日的行政院第二四八三次會議通過將核四案送立法院覆議，並責成經濟部即就核四興建之必要性、安全性等加強宣導，凝聚全民共識，爭取全民支持。六月七日，行政院依院會決議將提請覆議案報請總統核可。六月十一日，總統函覆同意。六月十二日，行政院以八十五年六月十二日台八十五經字第一八四七二號函請立法院覆議。八月二十七日經濟部函報行政院請示在立法院覆議前，核四興建案是否仍依進度需要按既定時程繼續推動進行。九月九日，行政院函覆經濟部請依「經濟部與所屬各公司董事會暨經理人權責劃分表」之規定辦理，亦即由台電公司董事會核定即可，不必請示經濟部或行政院。九月二十五日，台電公司召開第四二五次董事暨監察人聯席會議，決議仍依限發出開工通知書，並經向經濟部報備後將「開工通知書」核發予得標之美商奇異公司。亦即所有興建核四工程依既定計畫進行，不因立法院之決議而停止。

行政院送請立法的覆議案，要先經立法院程序委員會通過方可排入議程。因此，在前述六月四日我召開有關部會副首長開會研商時，特別提醒應密切注意程序委員會的運作，務使覆議案可順利列入院會議程。那時，程序委員會裡國民黨並未能掌握過半數，必須與無黨籍合作方可過關，任何國民黨籍委員缺席或跑票，就有問題。當時有位在程序委員會的國民黨籍委員，來自北部，經常缺席並對黨部及政府頗有意見，我們很擔心他不來開會。後來經過循各種管道和關係終於找到了他，並於程序委員會開會討論應否將核四覆議案列入議程當天，先請他在來來飯店喝咖啡，由台電公司一位副總經理全程陪同（也就是派人盯住他），俾他真的去參加程序委員會，也投票支持列入議程。然而，這位立委卻藉口小便而溜掉了，使覆議案送到立法院無法於第一次的程序委員會過關。由於有此一委員「尿遁」的經驗，我們以後倍加小心，終於使覆議案排進了議程。我隨即於十月八日又召集經濟部政次張昌邦先生、行政院原子能委員會副主委王曼肇先生、主計處副局長李水足女士、台電公司董事長張鍾潛先生及總經理席時濟先生和相關人員等開會研商對策，包括如何準備連院長在立法院有關覆議案的說明文稿、如何預防及回應在野黨對議事的阻撓，和如何全力動員黨籍立委出席立法院院會等。

十月十五日，連院長依立法院函請率同經濟部長王志剛先生、原能會主委胡錦標先生、主計長韋端先生等到立法院說明核四覆議案，我也陪同前往。但民進黨、新黨及反核人士發動抗爭包圍立法院，並堵住立法院的通路，使連院長無法進入立法院做報告；而擁核人士也由台電工會領軍發動了號稱一萬人的群眾對反核抗爭進行反制。惟連院長一行還是不得其門以入立法院，所以連院長在立法院全院會議就核四覆議案的說明被迫停止。

十月十七日上午十一時三十分，連院長為使全國民眾瞭解興建核四發電廠的必要性，並彌補未能依憲政程序於立法院作覆議案報告的缺憾，特在行政院廣場，舉行有史以來行政院長在行政院大樓前的首次露天記者會，回答記者的問題，並闡明核四必建應建的道理；同日下午六十三十分，國民黨立法院黨團在國賓飯店舉行核四動員簡易餐會，連戰院長到場說明及請託並強調核四之興建「非為一黨一己之私，乃為全國人民及子孫之福祉」。同一天立法院朝野協商，達成於十八日對覆議案進行書面審查並於當天下午六時對覆議案做無記名表決投票，下午八時開票的協議結論。

十月十八日，民進黨立法院黨團受迫於立法院院外反核人士示威抗議的壓力，開會表決推翻前述協議。當天上午十時四十五分，立法院於國民黨獲新黨支持下表決通過上述朝野協商協議，立即開始就覆議案進行書面審查（表決時計有一〇八位立委到場，八十五人贊成，八人反對，十五人棄權）；並決定下午六時改開院會投票，八時截止投票。下午六時四十七分劉松藩院長在一片混亂中宣佈投票，七時三十五分開始進行投票。此時立法院外面有反核群眾鼓噪抗議，並於晚上八時二十五分推倒立法院正面鐵門，但遭警察噴水驅離。劉松藩院長於下午九時三十分宣布結束投票，九時四十五分開票。結果發出一一四張票，開出八十五票（民進黨和新黨未參加投票），其中八十三票贊成行政院覆議（另廢票二張），已逾憲法規定通過覆議案所需之逾出席人數三分之一（即三十九票）；換言之，未達憲法所定立法院如欲維持原所作廢核之決議需有出席人數三分之二的支持的標準。我立即將表決結果以電話報告在家等候消息的連院長，時已近深夜，他謝謝我及相關同仁的辛勞。我相信他一定有如釋重負之感。

十一月七日，立法院正式函覆行政院覆議案已獲表決通過。十一月十四日，我以秘書長身分將立法院有關覆議表決函提報行政院會議核備。十一月十八日，行政院將立法院就覆議案結果覆行政院函及行政院會議就立法院函核備情形函復經濟部。至此，喧騰一時的核四覆議案終告落幕。

但是如前所述，核四案的爭議還是持續延燒。二〇〇〇年十月，執政的民進黨政府突然宣布核四停建，造成國家財務的重大損失，並引發了藍綠的激烈抗爭和對決。此後經過立法院泛藍陣營的提案罷免陳水扁總統及提案通過移請監察院彈劾行政院，暨司法院大法官會議於二〇〇一年元月十五日的解釋認行政院片面突然宣布停建核四與憲法規定不符，民進黨執政的行政院，始於二〇〇一年二月十四日宣布核四復工。但是經過這一折騰，也就是停建又復建相關機具設備的耗損、工程介面的銜接、合約違約金的賠償以及未能如期營運所造成的有形損失，據估計至少約達新台幣三千多億元。

由於日本本州東北地區宮城、岩手、福島等縣於今年三月十一日發生芮氏九級的大地震並引發了極強的海嘯，造成福島核能發電廠的毀損及爆炸。且引起核輻射外洩的恐慌。核能發電是否可再強化其安全性以及應否使用之問題，再度受到矚目，也掀起新的一番爭議。核能發電，在自然資源日益缺乏的情況下，當然是一種很重要的替代能源，也已廣被使用。因此，有關其各項重要爭議，應該以科學論證和實務經驗嚴謹而理性地去探討。如果經理性嚴謹的探討之後，發現核能發電的安全性，已無再予加強的可能，又不能得到明確而合理的保障時，則核能發電當然應該停用。對於我們台灣興建中的核四，以及核一應否立即除役，也應持此一立場。

不過，我還是深以為任何重大施政，一經依憲政及法律程序決定並編列預算且付諸實施後，除非發現嚴重缺失或重大問題，實不應貿然叫停，更不宜以意識形態做政治操弄而造成無謂的對立，使國家財務蒙受重大損失，社會也付出極大成本。所有負有黨政決策之責的人，不問屬於何一政黨，都應將此一核四案無謂的反反覆覆引以為鑑。

連院長的參選副總統與中共的軍演

民國八十四年八月二十二日至二十三日，國民黨舉行第十四全第二次大會，提名李登輝、連戰兩先生分別擔任第九屆也是首屆直選的總統、副總統的候選人。同一年十二月立法委員改選。連院長因此經常下鄉競選或為國民黨籍立委候選人助選；為連院長準備必要的競選或助選講話參考資料，以及有時陪同他下鄉，也成了這時我的一項重要工作。

民國八十五年（一九九六年）二月一日，新改選的立法委員就職，連院長在其前依例於元月二十五日率全體閣員總辭，李登輝總統隨即任命連戰院長續任院長並咨請立法院同意。而中共為圖干擾我方之總統選舉，自八十四年七月開始，不斷在台海地區進行針對性頗大的軍事演習。行政院為因應台海新情勢，於八十五年二月十二日正式成立「行政院臨時決策小組」，由連戰院長擔任召集人，其成員包括行政院副院長徐立德、總統府秘書長吳伯雄、國家安全會議秘書長丁懋時、台灣省長宋楚瑜、內政部長黃昆輝、外交部長錢復、國防部長蔣仲苓、經濟部長江丙坤、財政部長林振國、大陸委員會代主委高孔廉、以及行政院秘書長趙守博、新聞局長胡志強和國家安全局長殷宗文等先生。因為台海情勢的緊張、加上連院長於二月一日新的立法院成立後必須重新經過立法委員同意投票。所以，我記得八十五年的春節期間，行政院秘書長、副秘書長辦公室照常派員輪流上班，徐立德副院長和我也與相關人員利用春節期間向立法委員拉票，特別是針對可能有問題之委員，還另行登門懇託。連院長也向國民黨籍及親國民黨的立委一一電話拜票。最後在那由於民進黨與具關鍵性少數的新黨策略性合作而刻意要營造所謂「三黨不過半」的新的立法院中，連院長仍然得到了八十五張的同意票，獲得百分之五十一點八的支持。

中華民國第九屆總統副總統選舉，於民國八十五年三月二十三日舉行投票。中共當局在三月五日宣布將從三月八日至十五日在台灣東北及西南附近海域進行地對地導彈發射訓練，即規模不小的軍事演習，顯係要對於三月底舉行的大選造成影響，也意在對台灣警告示威。一時之間，台海緊張情勢大為升級，美國總統柯林頓因而命令出動獨立號及尼米茲號兩艘航空母艦開往台灣海峽臨近海域。在此緊張情勢籠罩之下，總統副總統的競選活動照常舉行。其間，連院長除於必要時返回行政院主持行政院院會及前述的臨時決策小組的會議外，大部分時間都下鄉競選，因此，他特別交代我在他在外競選期間坐鎮行政院，有緊急情況時立即向他報告，他如有重要指示也隨時通知我。在這一段期間，與我保持最密切最頻繁聯繫的就是參謀總長唐飛先生。唐總長每於中共軍事部署和飛彈部隊有新的動態時，就會用電話通知我詳情，我馬上據以報告在外縣市的連戰院長。當然，連院長如有關於中共軍事方面動態的問題時，我也立即聯繫唐總長尋求必要的情報。

副總統兼任行政院長的爭議

三月二十三日投票結果，李登輝、連戰這一組的總統副總統候選人以高達百分之五十四的得票率獲得當選。新當選的總統、副總統並訂於五月二十日宣誓就職。這一來就引發了一個涉及憲政的問題：即於二月甫經李登輝總統提名並經立法院投票同意的連戰院長，要不要因為當選副總統而辭職？我與秘書處的相關同仁研究之後，認為憲法並無應辭之規定，依憲法之精神，也無必辭之義務。而行憲以來，則有陳誠先生和嚴家淦兩先生於行政院院長任上當選副總統並於當選後向總統請辭行政院長職務未獲同意的往例。我將此一情形向連院長報告，他指示行政院應循此往例提出總辭以示對總統職權的尊重。行政院乃於五月十六日提出總辭。

總統副總統就職後，對行政院的總辭，李登輝總統並未立即處理。五月下旬的一天上午，我接獲總統府的通知，要我將陳誠及嚴家淦兩位行政院長當選副總統後請辭院長的相關公文檔案帶往總統府向李總統報告。我向李總統說明時，當時的總統府秘書長吳伯雄先生也在座；我特別將蔣中正總統在陳誠及嚴家淦兩位院長的請辭公文上的批示「著勿庸議」送給李總統過目。他問我這個批示的意涵是什麼？我說意思應該是說辭職的事不必談了，也就是不同意他們辭職，要請他們繼續擔任行政院長。我並就行政院內部有關在憲法上原行政院長當選副總統後沒有應辭職的規定的研究結論向他報告。李總統聽了之後表示：「我知道了！」五月三十一日，他終於在連院長總辭的公文上批了「著勿庸議」四個字。

但這卻在立法院引發一場「副總統可否兼任行政院長」的爭議，並導致立法院於八十五年六月十一日決議：「咨請總統儘速重新提出行政院院長並咨請立法院同意。」同時拒絕連院長在立法院進行施政報告，使朝野因之處於嚴重的對峙僵局之中。也因此引發了四組立法委員向大法官聲請釋憲的舉措。

對於「副總統可否兼任行政院長職務」，當時的行政院經內部審慎研究後，認為應可兼任，並根據此一立場成立法律研究專案小組進行蒐集資料和研究的工作，由政務委員馬英九先生主持，提供法務部作為在司法院大法官會議審查此一釋憲案時的辯論參考。此一釋憲案歷經半年之久，其間副院長徐立德先生和我分別代表行政院向各有關專家學者請教聯繫，希望能使行政院的立場更為強化。徐副院長與我都認為，這個釋憲案事關國家憲政之推動，並非僅係連院長個人能不能繼續擔任行政院院長的問題，所以應該周延而審慎的處理，這也是我們在這一段期間內勤於聯繫請益的原因。

司法院大法官會議終於在八十五年十二月三十一日就本釋憲案做出釋字第四一九號的解釋：（一）副總統得否兼任行政院院長憲法並無明文規定，副總統與行政院院長二者職務性質亦非顯不相容，惟此項兼任如遇總統缺位或不能視事時，將影響憲法所規定繼任或代行職權之設計，與憲法設置副總統及行政院院長職位分由不同之人擔任之本旨未盡相符。引發本件解釋之事實，應依上開解釋意旨為適當之處理。（二）行政院院長於新任總統就職時提出總辭，係基於尊重國家元首所為之禮貌性辭職，並非其憲法上之義務。對於行政院院長非憲法上義務之辭職應如何處理，乃總統之裁量權限，為學理上所稱統治行為之一種，非本院應作合憲性審查之事項。（三）依憲法之規定，向立法院負責者為行政院，立法院除憲法所規定之事項外，並無決議要求總統為一定行為或不為一定行為之權限。故立法院於中華民國八十五年六月十一日所為「咨請總統儘速重新提名行政院院長，並咨請立法院同意」之決議，逾越憲法所定立法院之職權，僅屬建議性質，對總統並無憲法上之拘束力。

對於這樣的解釋，各方面當然有見仁見智的反應，行政院以及多數的專家學者認為解釋的意旨為「副總統兼任行政院院長並不違憲」。至此，有關連戰副總統可否兼任行政院長的爭議，總算告一段落。回想過去這近半年來，我因釋憲案為了向有關的學者專家及相關人士溝通、請教，常常於下班之後約請對方在咖啡廳討論或登門請益，有時不免有所爭論，過程艱辛而複雜，感觸良多。有相同經驗的徐立德副院長當有同感。

白曉燕命案的衝擊及連院長的請辭

民國八十六年四月十四日，知名藝人白冰冰女士之女白曉燕於上學途中遭綁匪綁架勒索，後不幸被撕票並於四月二十八日發現屍體。案發後造成社會極大的轟動及震驚。由於兇手遲遲無法落網，加上之前半年之內連續發生了桃園縣縣長劉邦友在官邸被槍殺的血案（八十五年十一月二十一日凌晨發生），及民進黨婦女發展部主任彭婉如於八十五年年底在高雄市離奇失蹤其屍體旋被發現的不幸，等兩個轟動一時而迄未偵破的重大刑案，使社會和輿論界對治安的敗壞和政府破案的能力，有了極為強烈而負面的反應，批評指責之聲紛至沓來，聲浪愈來愈高。行政院馬英九政務委員因而於發表一措辭相當強烈的聲明後辭職而去。反對勢力要求連院長和連內閣辭職下台的言論和動作，也日益激烈。這時的連院長，對於此一重大刑案未能儘速完全破案將所有綁匪繩之以法，深感憂心及關切。他除了於上班時間通過行政管道瞭解案情的發展情形，並督促警方傾全力儘速破案外，在白曉燕案的綁匪全部落網之前，經常於案情有所變化或從不同管道獲有相關意見或訊息時，在三更半夜打電話找我，要我詢問內政部長、警政署長及有關單位有關案情狀況，並轉達他對加速破案的指示和要求。五月十四日及十八日，在有關社運團體和反對黨的策動下，先後在台北舉行兩場以抗議治安敗壞要求總統及行政院長負責並撤換內閣為主軸的大遊行；五月十八日那場叫「用腳愛台灣」的遊行，並以雷射光束投影認錯的腳丫圖案於總統府的塔樓之上，引起了各界極大的注目。

事實上，連院長這個時候面對來自各方的壓力，自始至終都表現了「一切責任一肩挑」的氣度，不但早已口頭向總統表達了辭意，並於五月上旬由我帶著他的辭呈送至總統府，只是他的辭呈並未獲准。對於那時黨內黨外不斷向他表達應撤換這個部長那個部長的反映和建議，他總是儘可能地為被點名應撤換的部長開脫，並表示一切應由他自己負責，充分顯現他的厚道本質。不過，今天看來，對於這個不幸的命案，連院長由於厚道而沒有於案發初期尚未累積極大民怨之前，就在人事上作追究責任的斷然處置，無可諱言地，對他個人的聲望和威信，的確造成了一定程度的傷害，也或多或少間接對他二〇〇〇年的總統選舉產生不利的影響。

連內閣的最後總辭

連戰先生於民國八十二年二月經總統提名立法院同意，擔任行政院長組閣之後，至民國八十六年八月三十一日為止，一共擔任院長長達四年六個多月。其間分別於八十五年元月、八十五年五月和八十六年八月提出內閣總辭，這三次的總辭都是我以行政院秘書長的身分負責辦理必要的憲政總辭程序；而八十六年八月的這一次是連內閣的最後一次總辭，我也從此卸下了行政院秘書長的職務。

民國八十五年十二月二十三日至二十八日總統府召開國家發展會議，針對中央政制及地方自治制度的變革和相關修憲問題，進行研討並做成結論。比較重要的結論為仿效法國雙首長制，決定行政院長僅由總統提名後任命，不必再經立法院之同意，並規定解散立法院及立法院對行政院院長提出不信任案的機制；同時決定對台灣省政府進行功能的緊縮和凍結，即實施所謂的「精省」；而國民大會的職權也最終要予以完全凍結，另一方面則強化立法院的功能。這些結論於民國八十六年七月舉行的國民大會完成必要的修憲程序後一一付諸實現。

連戰院長於前述國家發展會議順利完成後，即透露將於實現國家發展會議的修憲工程完成後離開行政院院長的職務。民國八十六年五月十二日他於接受「二一〇〇全民開講」節目專訪時，公開表示：「俟國民大會完成憲改實施新憲法時，即是辭去所兼行政院院長的時刻。」而國民黨也訂於八十六年八月二十四日至二十八日舉行第十五次全國代表大會，決定未來的發展方向、政綱並重組黨的權力結構。因之，早在五、六月間，我就奉命就行政院改組即連內閣總辭之時機進行研究。經過參酌當時之政治情勢及相關人員之建言，我研究出來認為行政院改組最佳的時機，應該是在國民黨第十五次大會舉行之後。由於我在七月上旬將研究結論送總統府參考時，有關行政院長不必經立法院同意任命的修憲案尚未通過，所以，我所提出的研究結論有兩種假設：

（一）如相關憲改案順利通過，則新任行政院長不必經立法院同意即可任命。於國民黨十五全大會之後行政院始行改組，可與新的黨發展方向及政綱暨新的權力結構相配合。

（二）如有關憲改案仍未順利通過，即行政院長仍需經立法院同意後任命，則可利用十五全之機會凝聚黨內共識，使新院長人選可在立法院順利過關獲得同意。

結果，國民大會於七月中旬就完成必要的修憲案，我所提出的研究結論也獲府院雙方的同意。行政院乃決定在八十六年八月提出總辭。

連院長的自我考評

七月底，有一天，連院長交給我一篇題為「辭卸行政院長重任有感」的長文，歷述他四年半院長任內的心路歷程、重大措施和他感到有所遺憾的一些事件和現象。他要我仔細閱讀看一看有沒有必要公開發布。由於這一篇文章有些地方在敘述他內心的實際感觸和對若干事件的批評，用語相當坦率和直接，我在詳讀之後建議是否可以稍加修改之後再予對外刊行。以後他經過考慮，決定不發表。不過，這篇東西到底真誠地流露出他擔任行政院長四年多的感觸；尤其有他自己對行政院長任內的自我考評，在當時及今天看來，都是相當平實、切合實際和恰如其分，並有參考價值。所以，我特地在此做部分的引述。他在「全方位施政，現代化期許」的標題下，列舉下列他施政的重點和績效：（一）實施振興經濟方案。（二）推動亞太營運中心。（三）調適國建計劃。（四）有效節制財政度支。（五）開拓全民福祉（開辦全民健保，規劃國民年金制度，發放老農年金）。（六）全面推動行政革新。（七）改革教育文化基礎。（八）專注科技發展（推動建立台灣為科技島、發展網際網路、籌劃推進國家資訊基本建設）。（九）改善治安及環境安寧。及（十）提升國家競爭力。上述的這些措施和成就，以今視之，很多都頗具前瞻性、開創性，並且已對台灣的經濟和民眾的生活產生了相當深遠的良好影響。至於他深以為憾的現象和事件則包括了當時海峽兩岸情勢的演變、立法院議事效率的不彰、反對黨為反對而反對及因而多次阻撓行政院院長至立法院作報告或備詢，以及部分媒體的扭曲事實和譁眾取寵等。應該說都是一針見血的看法。

卸下秘書長的擔子

民國八十六年八月二十一日，連院長率同行政院副院長、全體政務委員、八部二會首長向總統請辭，這是連內閣任內的最後一次總辭。接著李登輝總統准辭並提名蕭萬長先生繼任行政院長。蕭院長所領軍的蕭內閣於九月一日就職，我改任新內閣的政務委員，從此卸下了任職二年八個多月的行政院秘書長的重擔。

行政院秘書長的重點工作之一，在於溝通協調各部會以及中央與地方之間在推動行政業務上所存在的不同看法和相互之間的要求協辦事項。同時，也要處理民意代表或民眾對行政院的重大陳情事件，另方面，也負有與立法、司法、考試和監察等四院的協調之責。在此一部分，我直接處理解決或協助促成的案件很多，其中我印象較深的有：勞基法的擴大適用案，警政署保七總隊籌建大型警察巡邏船計劃案，法務部調查局與警政署刑事警察局監聽權責爭議案，交通部民航局小港機場土地徵收補償案，嘉南三縣市海埔新生地所有權問題案，高雄市南區資源回收廠興建請求補助及西青埔垃圾衛生掩埋場延長使用案，僑委會在美國華府籌設華僑文教服務中心案，中央圖書館台灣分館遷建與籌設民族音樂中心案（設在中和），台南科學工業園區籌備處設置案，南投縣瑞竹等三合作社土地放領案；暨司法人員優遇案，考試委員、大法官及監察委員公務車案，行政院部會首長因公務需求攜同配偶出國案，以及卸任行政院院長因特殊需要配置隨扈案等。至於與立法院的協調，前已詳述，茲不重複。

在行政院秘書長任內，使我對於中央政府這一部大的行政機器的運作情形，有了頗為深入的體驗和瞭解，也讓我認識知悉各部會的明確職掌分工和業務推動的實況，可說學習很多、收穫不少。而與立法院之間的密切而頻繁的溝通協調，更使我深切體認民主政治、議會政治、國家立法工作的複雜性、必要性、可貴性和其影響的深遠性。當然，我更加體會到在政治工作上，溝通、協調與相互的尊重和必要的妥協是不可或缺的。

政務委員生涯與二二八基金會的工作

政務委員主審的法案

民國八十六年五月，連內閣因白曉燕案的衝擊局部改組，我出任行政院政務委員並仍任行政院秘書長，成為中央政府遷台以來，繼黃少谷、王昭明兩先生之後，具有行政院政務委員兼行政院秘書長經歷的第三人。同年九月，行政院改組，我獲新任院長蕭萬長先生之邀擔任政務委員，在業務分工上，負責審查內政（警政、消防、社會福利）、勞工、法務、青年和新聞等有關部會的法案。在我專任政務委員的一年三個月期間之內，負責主持審查不少相當有歷史意義的法案，例如為台灣地區開辦失業保險所依據的「勞工保險失業給付實施辦法」草案，為確實落實新聞及出版自由的「出版法廢止案」，「男女工作平等法」草案，「戒嚴時期不當叛亂、匪諜審判案件補償條例」草案，「職業災害勞工保護法」草案，「有線電視廣播法」草案等等就是。另外，也主審了其他頗具重要性的法案和方案，如民法物權篇修正草案，刑法部分條文修正草案，消防設備師法草案，民法親屬篇部分條文（收養部分）修正草案，警械使用條例修正草案，中央通訊社組織條例修正草案，以及「預防少年犯罪方案」，「加強犯罪被害人保護方案」，「建立全國社區治安維護體系方案」，「加強外籍勞工管理方案」及「加強海外學人及團體服務工作方案」等。我並負責主持行政院治安會報的會前協調會，以強化治安會報的功能。同時，我奉命成立並率領「行政院公共安全檢查輔導團」，以六個月的時間在台澎金馬各地針對公共安全有關的公私營事業單位及設施，進行安全檢查及診斷，並提出輔導加強的意見和做法。除了每週參加例行的行政院會議和院長、副院長主持的專案會議之外，我另並固定列席中央防災會報及行政院治安會報。而長期以來所存在的警調監聽權責爭議，也由我主持協調和審查的「警調機關有關電話通訊監察之分工」及「強化電話監聽規範」中獲得於分工法制化之前，應如何各有權能、各負其責的明確執行依據。

二二八事件的創傷撫慰

民國八十六年（一九九七年）十月，我奉蕭萬長院長之指派兼任由行政院負責規劃和出資設立的「財團法人二二八事件紀念基金會」董事長，經董事會通過正式就任。基金會的職責在於積極撫平因二二八不幸事件所造成的創傷，並辦理二二八事件受難者或其家屬的補償事宜。我接任之後，曾訪問了不少二二八事件受難者或受難者家屬，也有一些受難者、或受難者家屬到辦公室來請求繼續調查其家屬受難的真相，或者表達對補償做法的不同意見。每當受難者或受難家屬談起他（或她）本人或其家屬受難的遭遇時，我所聽到的每一個故事，都會令人動容、令人同情、令人感慨。其中最令我震撼的是花蓮縣鳳林鎮張七郎醫師及其兩子張宗仁醫師和張果仁醫師，同時於民國三十六年四月四日遇難而死的遭遇；這三位父子遭難而往生的年齡分別為張七郎六十歲，張宗仁三十一歲，張果仁二十五歲。張宗仁留有二子，張果仁則有一遺腹子。我是於民國八十六年十一月十八日由花蓮縣長王慶豐兄陪同前往張家探視慰問的，張家由人稱葉老師（原係小學音樂老師）的張宗仁夫人葉蘊玉女士及其子張安滿先生（原為國中數學老師）出面接待。我先到張家父子的墓園行禮，墓碑上刻著

「張七郎宗仁果仁父子遭難之墓，民國三十六年四月四日夜屈死」，其左右兩旁另刻有這樣的一幅對聯：「兩個小兒為伴侶，滿腔熱血灑郊原」，看來十分令人心酸。一個懸壺濟世頗有社會地位（張七郎遇難時為花蓮縣參議會議長、制憲國大代表，張宗仁則為醫師兼校長），也頗受敬重的家族，一夜之間未經正當的法律程序、周延的審判，三個具醫師身分的男人就成了槍下亡魂，也突然地成為孤兒寡婦的家庭。無論如何，對張家而言或對整個社會而論，都是一個很深刻的創傷。

作者（左二）任行政院政務委員時兼任「二二八事件紀念基金會」董事長；1997年11月由花蓮縣縣長王慶豐（右三）陪同赴花蓮縣鳳林鎮訪視228事件受難者張七郎父子之墓園，並慰問其家屬。

作者（前排右四）於省主席任內由曾因白色恐怖在綠島服刑之名作家柏楊（前排右三）及部分228事件受難者家屬之陪同下在綠島參觀人權紀念碑碑址（1999年元月）。

二二八事件是一頁非常不幸的史實，是台灣所發生的對政治、對社會衝擊最大最久的歷史悲劇。政府成立二二八事件基金會的目的，在於撫慰創傷、弭平傷痕，從而促進社會和族群的和諧；當然更重要的是，要使大家都能記取歷史的教訓，不再使類似的悲劇重演。我在二二八事件紀念基金會服務期間，就是秉持著上述的認知，來推動業務。因之，凡有補償申請總是在基金會章程及「二二八事件處理及補償條例」的許可範圍之內，儘量從寬處理；並且有機會就去探視受難者或受難者的家屬，一方面給予慰問，一方面耐心傾聽他們的各種陳訴，因為我認為讓受難者或受難者家屬把心中想講的話，把內心所積累的哀怨或不滿傾訴出來，也是一種對他們心靈的慰藉。

根據二二八事件紀念基金會的統計，從民國八十四年十月開始受理受難者或其家屬申請受難補償金起，至九十三年十月六日截止受理申請為止，共有二千二百六十六位符合受難補償條件，所發補償金額計有新台幣七十一億七千五百九十八萬元。不過，再多的金錢補償，都換不回受難者被迫所失去的寶貴青春、自由、事業、健康和生命。因此，我衷心希望二二八事件之類的不幸永不再重演。

推動「精省」並逢九二一　體會另類從政經驗

出任省主席的經過

民國八十五年（一九九六年）十二月舉行由各政黨參加的「國家發展會議」，所獲致的結論之一，就是凍結緊縮台灣省政府的功能。此一結論並於八十六年七月的國民大會會議中，納入憲法增修條文，完成必要的修憲程序。立法院接著於八十七年十月通過「台灣省政府功能業務與組織調整暫行條例」，並自十二月二十一日

作者（右）接任台灣省政府主席，由行政院蕭萬長院長主持就職典禮並頒授印信（1998年12月21日）。

起實施。

八十七年十二月十日總統發布命令特任我為台灣省府主席並自十二月二十一日生效。十二月二十一日我正式接任台灣省政府主席職務，負責推動精省的工作。同時就任的有副主席江清馦，省政府委員陳鏡潭、童勝男、廖了以、陳倬民、陳志彬、陳麗紅及陳龍吉，和秘書長陳武雄等先生和女士。二十八日，省府十三位新任廳處首長由我主持舉行宣誓就職典禮，計有：民政廳廳長陳進興、建設廳廳長林將財、教育廳廳長陳英豪、交通處處長陳武正、地政處處長許松、兵役處處長王仲超、勞工處處長黃癸楠、糧食處處長杜金池、住宅暨都市計劃處處長林宗敏、物資處處長張麗堂、訴願委員會主任委員謝金汀、原住民事務委員會主任委員李文來及消防處處長柯欽郎等先生。十二月二十一日起，原省議會也開始凍結，二十九日，第一屆台灣省諮議會成立，議長林柏榕先生及二十八位省諮議委員就職。台灣省政，從此進入一個嶄新的階段，精省的工作也開始啟動。

我出任台灣省政府主席的職務，原始的推動人應該是副總統連戰先生。八十七年十月底有一天我至總統府拜訪連副總統時，他主動告知已推薦我擔任省主席的職務，並謂已獲李登輝總統的首肯。以後由於上述台灣省政府功能與業務與組織調整條例的通過，各方開始推測誰將是未來的省主席人選，事實上，也有人積極在爭取此一職位；而連副總統則多次告訴我人選早已敲定，就是我，報上其他的猜測都非事實，其他人的活動也有沒有用。李總統在十一月之內三次於不同的場合跟我說要我任省主席之事。十二月六日（星期日）下午五點多，行政院蕭院長在院長辦公室與我長談並正式通知我省主席的新任命，同時徵求我的意見。我因李總統、連副總統早已分別多次跟我提起內定擔任省主席的事並對工作也有所指示，乃表示如院長認為我可勝任並也信任我，那我當全力以赴。至此有關我回到省府服務去負責推動「精省」工作一事，就告塵埃落定。

大刀闊斧、小針密縫

我在一九九八年（民國八十七年）十二月所接下的省主席，其所肩負的任務可用「前無古人，後無來者」來形容，因我不是像以往的省主席一樣，要去做省政工作、省政建設的大開創；也不是像我之後的省主席一樣，掛名省主席只是去維繫台灣省政府名義的存在；我這個省主席的任務包括：

（一）繼續執行八十八年度省政府原訂六十項施政重點、一百二十四項中長程計劃及二百四十五類八百二十九項施政計畫尚未執行的，計達二千二百多億的施政計劃及預算，確保其不至於因「精省」之進行而中斷。也就是行政院蕭院長於主持我就職典禮時所指示的「省政不打烊」。

（二）啟動台灣省政府功能、業務與組織的凍結、緊縮與改組工作：即與中央共同著手進行做好必要的準備與安排，將原來的省政府在功能、業務和組織上做大幅的調整、緊縮。此一方面的工作包括：(1)變更台灣省政府的組織型態，由原來的公法人自治機關，改為行政院的派出機關；(2)省政府原有的廳、處、局、會加以裁撤，其業務大部分移交中央，部份移撥給相關縣市政府；(3)將省政府及所屬機關的員工十二萬四九九八四人，妥加安置。

（三）依限完成精省工作並使新的省政府在精省之後重新出發。

（四）繼續於新的省政府運用統籌分配稅款，推動基層建設計劃和預算。

所以，我這個省主席也被稱之為「末代省主席」、「精省省主席」，和「另類省主席」。精省的工程，涉及到國家行政體系的重大改革，台灣地方自治制度的根本改變，必須以寬闊和遠大的視野，以及堅定而不可動搖的魄力來規劃和推動；另一方面由於精省工作涉及的層面非常之廣，牽涉的業務相當之多，直接間接影響到的員工為數達到十二萬多人，必須以極大的耐心與注意力非常細緻地去進行。因此，我於十二月二十一日就任省主席的典禮上在講話時特別指出：「精省政策是國家的一項重大創新和改革，它的發動和決定，靠的是大刀闊斧的魄力與決心；現在要具體落實此一重大的改革，則應憑藉小針密縫的耐力和細心」，亦即我是以發揮「大刀闊斧」的決心和著眼，及本諸「小針密縫」的耐心和行動，來執行推動我的精省任務。

精省工作最大的挑戰，是如何消除省府及所屬員工的疑慮，並為他們做好妥適的安置。

八十七年十二月，我接任省主席時，省府暨所屬廳處局會、學校、醫院、機構和事業單位，一共有員工十二萬四千九百八十四人，其中二級機關（如農林廳下的林務局、財政廳的稅務局、交通處的鐵公路局等）學校、醫院和事業單位在精省過程中，只是辦理改隸，不涉及功能業務和組織的調整，基本上沒有員工權益保障和安置的問題。但是，在中興新村與台中地區的省府廳處局會，由於精省之故必須進行功能業務與組織的調整，亦即大多必須予以裁撤，其大約有八千三百九十四名的員工，在職缺歸屬、生活安排和權益保障上，因而受到直接的衝擊。也因此，面對精省，這些員工充滿疑慮。

我到任之後，為消除他們的疑慮，除了多次公開表示所有員工同仁的權益將不會因精省而受到不利影響外，並特別：（一）親自到廳處局會，與員工直接溝通，聽取他們的心聲，解答他們有關的問題；（二）分別於省主席宿舍與科長以上同仁聚餐，向他們說明廳處局會裁撤之後業務如何移轉、人員如何安置，以及同仁應有的權益如何合理保障，並聽取他們的意見。經過如此的溝通和說明之後，員工同仁的疑慮，大體上均能逐漸消除，而精省工作也由此排除了一些不必要的可能障礙，並依計畫逐步推動。

對於上述這些因精省而受到直接衝擊和影響的省府有關同仁，我深深以為：（一）他們長期負責推動省政工作，在他們各自的專業領域和崗位上，均有豐富之經驗及優秀之表現，應予肯定與尊重；（二）他們均係國家寶貴的人力資源，不可任其閒置；（三）他們在精省過程中，其權益應受合理保障，其職務也應重加合理調適安置，其生活不應受到太大的衝擊，並應使有意繼續擔任公職者可以有尊嚴地繼續為國家社會貢獻。

因此，我及省府經與行政院暨相關部會以及考試院一再協商之後，對於前面這八千多位的員工同仁，採取下列四個安置原則：（一）落實就地安置：於民國八十八年七月一日原有在中興新村及中部地區之廳處局會等於裁撤之後，改設相關部會的中部辦公室，並吸納原有省府廳處局會的員工在原服務處所繼續工作，他們原有的職等也不受影響。（二）給予退休優惠：凡於精省之後不擬繼續擔任公職準備退休之員工，於八十八年六月底前自願退離者，除可依規定支領退休金、資遣費外，並再加發最高為十二個月之俸給總額。依此優惠辦理退離者達一千五百多人。此一做法，也在鼓勵退休，達到人員精簡目的。（三）對於省府各機關原有聘僱人員給予妥適照顧：本人及省府要求省府暨所屬機關學校，原所核定的民國八十八年下半年及八十九年度聘僱用計畫所聘僱人員，於八十八年七月一日起隨同業務移撥後，其承接機關應依原核定用人計畫及預算，繼續聘僱，不必再加檢討，即使有再加檢討之必要者，亦應周延考慮聘僱人員之權益。（四）妥善安排廳處局會首長、副首長：原有省府各廳處局會首長、副首長，均為優秀而有貢獻之省政建設人才，為使他們能繼續發揮所長、服務

作者（立者）於省主席任內與美國佛蒙特州州長狄恩（Howard Dean）在台北簽署締結姐妹州議定書（1999年9月）。

國家，經我與行政院蕭院長及相關部會首長一再研商，並承蕭院長的特別關心後，除少數自行辦理退休者外，絕大部分均以下列三種方式之一給予安置：(1)轉任考試委員、監察委員或有關部會首長、副首長或所屬機關首長，或轉任事業機構負責人。(2)出任部會設於台北之第二辦公室或設於中部之辦公室主任或副主任。(3)留任改制後新的台灣省政府新設各業務組組長或副組長或相關職務。但應強調的是，不論以何種方式安置，其新任職務之職等，均不低於原任職務之職等。

當然，我也必須承認，當時由於精省工作的繁瑣複雜，省府與中央就機關的重組和人員的安置上一直存有相當大的看法與做法的出入，若干中央長官及少數有關部會首長的堅持己見，以及被安置者的個人特別因素，並非所有被安置的同仁都能百分之一百的滿意，有少數幾位職位較高者事實上並未得到應有的合理安排。也因此，在當時我曾與行政院方面有若干看法上的爭執與衝突。這也是有一次我在媒體上發出「請不要把簡任官變成剪報官」的感嘆與呼籲的原因。

精省工作除了員工的移轉和安置外，最重要的莫過於業務的移撥。在當時，省府與中央決定，各項業務的移撥應：（一）不影響各種施政計畫、預算和為民服務工作的推動；（二）各相關施政業務及工作，不致因為移撥而出現「中斷」、「空窗」的情事。

雖然，當時台灣省政府與行政院就精省工作的最終目標是一致的，但是就如何進行精省，尤其是組織如何重組、業務如何調整移撥、如何使八十八年七月一日起所謂精省第二階段後的台灣省政府及其員工不致於淪為「武功全廢」、「投閒置散」等等，還是存在相當程度的歧異，我也經常利用行政院的院會、國民黨的中常會以及與媒體溝通的記者會上，表達了省府以及我個人的看法。例如：於八十八年五月二十七日的行政院第二六三〇次院會在討論「台灣省政府組織員額調整計畫案」發言時，除請中央對原省府廳處首長、副首長其迄未安置者應予妥善安置外並表示：「蕭院長曾多次表示，未來精省之在中部之各部會辦公室及留省服務之同仁，均應安排他們有合理之工作和業務，不可任他們閒置。本人認為，此一指示極為重要，希望大家共同注意遵行；尤其在考慮未來省府之業務，研訂暫行組織規程時，應本此原則辦理。本人在此懇切呼籲，也相信各部會對於所承接原省府各廳處之同仁，應一視同仁，不分彼此，給予妥善之照顧。當然，自國發會以迄最近省府各廳處與中央對口部會協商業務移轉期間，省府同仁可能在看法上與部會同仁有所歧異，甚或有據理力爭情事，但這些都是他們職責所應為，而且純係就事論事，至盼七月一日以後，大家不管過去發生什麼、講什麼，都應有『都是一家人』的態度來相互看待。我特別希望部會首長如有適當機會，宜優先提升來自省府之優秀同仁，因為這樣會有指標性和象徵性作用，可以很快地使省府同仁與部會間建立認同感。」又表示：「精省工作係整個政府再造工程的火車頭。現在火車頭已開動了，但政府再造有待完成者仍很多；因此，建議早日完成『行政院組織法』修正案、『中央政府機關總員額法』草案及『中央政府機關組織基準法』草案等法案的立法工作，以使省府在民國九十年回歸地方制度法之後，所有原省府業務及人員，均能在新的政府架構中有正式的定位及編制。」

八十八年六月十七日，行政院第二六三三次院會中，我建議原省府廳處人員退休遇缺不補之原則應不適用

作者（左四）在澎湖縣望安鄉主持由省府補助興建之民眾活動中心的動土典禮，左五為澎湖縣賴峰偉縣長（2000年3月）。

於水利工程人員，以確保有足夠之工程人力建設及維護水利工程。在八十八年六月二十四日，行政院第二六三四次院會就內政部所擬「台灣省政府暫行組織法規及暫行編制表草案」我表達了不少意見，其中有下列的發言：「從務實的觀點來看，省府既然還存在，並設有主席、副主席、省府委員和相關業務組，理當有事可做，否則，有違國家設官分職的目的。記得我曾半開玩笑地向總統、副總統及院長表示過，七月以後我要率副主席、省府委員組團出國旅遊散心，因為如完全照內政部原所提暫行組織規程的版本，而未有任何配套措施，如行政院另行發函交辦或授權業務的話，則未來省府幾乎沒有什麼事可做。不過，總統等長官曾一再向我保證，七月一日以後，省府還是照樣會很忙；行政院會交很多業務給省府去辦。我相信這個承諾一定會實現，使省府同仁可以繼續有尊嚴地為國家社會服務。」、「未來中興新村應朝何一方向發展，宜及早規劃，俾安定人心，使中興新村重獲生命力持續發展、繁榮。我認為此一規劃工作，可依據院長在去年主持本人佈達儀式時的講話，繼續交由省府辦理。」、「七月一日以後，在中部地區，原省府各廳處會，將分為臺灣省政府及各相關部會中部辦公室，甚至於考試院也由原省人事處之一部分人員設置中部辦公室；彼此在業務推動上仍會有互動關係。為提高行政效率，避免橫向協調未能順暢，宜以任務編組方式，設一協調機制，並由省府負責召集（因省府是行政院派出機關，也是行政院的一部分，在中部地區省府負責人職銜也最高）。」

「在此新舊交替、精省工作即將進入第二階段、省府廳處馬上要裁併走入歷史之際，誠如院長所言，有部分省府員工依然有『心理障礙』。可以說這個時候是個很關鍵的過渡期、陣痛期。省府員工明知道精省的大方向是正確的，但由於服務機關的裁撤、工作性質的改變、同僚同事的分離，心理上是蠻脆弱的，稍有風吹草動，就會產生疑惑、顧慮甚或不安。因之，我誠懇建議各相關首長，大家應以大局為重，以實現大目標，即順利完成精省，為著眼之所在。不要在枝節上計較；宜多為省府員工設想；多站在他們的立場去考慮問題；也多給他們肯定和鼓勵，以使七月一日的業務功能和人員的正式移撥，可以非常順利地完成。」

從上面我的發言，可以看出精省之工作真是經緯萬端、複雜繁瑣，真正需要「小針密縫」。

前面提到，業務的移撥是精省工作極重要的重點，可說是「重中之重」。為此，行政院成立了「台灣省政府功能與業務組織調整委員會」（蕭萬長院長擔任召集人、行政院研考會主委楊朝祥先生兼任執行秘書），進行整體規劃；省政府也成立「台灣省政府精省作業專案小組」與之聯繫配合。

精省工作分為三個階段，即：（一）規劃準備階段：由民國八十七年十二月二十一日改為行政院派出機關的台灣省政府成立開始，至八十八年六月三十日為止，原有省府架構廳處局會維持不變，業務及預算照常進行；但同時為人員移轉安置，以及廳處局會之業務的移轉做準備與規劃。（二）組織調整階段：自民國八十八年七月一日至八十九年十二月三十一日止，「台灣省政府功能業務組織調整暫行條例」實施屆滿為止，原省府廳處局會裁撤，其業務及所屬二級機關、學校、醫院和事業單位移撥中央相關部會，並於原有廳處局會為基礎分別於台北和中部地區（包括中興新村）成立相關部會之第二或中部辦公室；台灣省政府組織再行調整。（三）落實於八十八年一月公佈實施的地方制度法：即於九十年一月一日起，台灣省政府之組織、功能和業務

精省工作進入第二階段，省府原有廳處局會裁撤之前夕，作者主持省府月會，再度說明精省之必要，並向移撥中央部會之員工告別。（1999年6月30日）。

悉依地方制度法之規定辦理。這時的省政府可以說是名符其實的「精簡化」、「凍結化」和「虛級化」了。

八十八年七月一日，原有省府廳處局會正式裁撤，其業務及所屬二級機關、學校、醫院和事業單位移撥中央相關部會（原省屬金融行庫於年初即先行移轉財政部管轄）。行政院蕭院長特別到中興新村主持「行政院各部會中部辦公室聯合掛牌典禮」。我總算完成了這個另類省主席所肩負的第一階段任務，即持續推動執行原省府所訂施政計畫和預算，並做好原省府廳處局會人員和業務移撥的安排以及準備工作。

省府新階段的工作

民國八十八年六月二十八日，我主持了台灣省政府第二十四次委員會及首長擴大會議，也是廳處局會正式裁撤前的最後一次省府委員會議，我除了感謝各位委員和首長在過去半年多來通力合作使原省府暨各廳處局會及所屬機關、學校所訂施政計畫和預算均能順利推動，預算執行率全年高達百分之九十四點一，使人民福祉、政府建設不因精省之規劃而受絲毫之影響，真正做到「省政府不打烊」

外，並特別表示：「省府全體同仁都是政府再造的見證者、參與者和推動者，躬逢其會，是公務生涯中難得的經驗」、「希望大家體會政府再造工作、精省之工作的重要性，今後不論在任何工作崗位上，繼續努力，讓政府再造工程順利完成，以提高政府施政的效能和競爭力，為人民增進福祉。」

八十八年六月三十日，我於中興新村主持精省第二階段開始前夕的省府月會，除再次感謝省府原各廳處局會暨所屬機關員工同仁在施政及精省準備工作上的努力和貢獻外，並在此一歷史性的月會中表示：「精省絕不會走回頭路，也就是一定會堅持到底」、「精省必有效益，而不利之效應不大更不會久」；同時強調精省沒有帶給國家和人民任何財物的損失、也沒有帶來社會和人民任何的災難，所以對有人將精省比成鐵達尼的沉船甚不以為然，也加駁斥。另一方面，我也保證今後不論在何崗位，都將繼續鍥而不捨地為原省府員工同仁爭取工作和事業發展應有的合理權益。我也希望台灣省政府多年來所塑造的「為斯土打拼，為省民造福」的優良傳統精神，可以生生不息地發揚光大。

八十八年七月一日起，「台灣省暫行組織規程」實施，省府改設民政、文教、經建、財務、社會及衛生、公共事務管理等六組，並設資料、秘書、會計、政風、人事五室，訴願、法規、文獻三委員會，及十二區車輛行車事故鑑定委員會。所以，省府除了原來的省主席、副主席及省政府委員維持不變外，在組織及人事上又做了一番相當大幅度的調整。為使改制後的省政府仍能維持一定程度的業務和工作量，經我力爭之後，行政院同意省統籌分配稅款的節餘約二百多億新台幣，由省政府負責分配並督導縣市政府及相關鄉鎮市公所的執行。我特別將此一款項用於改善水利設施、國中小設備、警察派出所和治安設施、基層建設、社區發展等與人民生活切身相關的業務之上。

由於八十八年九月二十一日凌晨，以南投縣、台中縣市為中心的中部地區發生大地震，災情慘重，省政府也投入救災復建的工作，而於八十九年三月舉行的第十屆總統副總統選舉，其競選活動在八十八年秋起也開始

2000年5月1日，作者離開省主席職務，全省各界為其所辦之歡送茶會。

逐漸進入緊鑼密鼓的階段，我身為執政的國民黨從政黨員，自也必須投入參與輔選的陣容，加上前述以基層建設為主的施政業務的督導，所以，八十八年七月以後，我在台灣省政府的工作還是非常之忙碌，我還是到省內各地去訪視奔走。

八十九年三月十八日，第十屆總統副總統選舉結果，國民黨的候選人連戰先生和蕭萬長先生不幸敗選，我也在五月二十日政府改組前就先行提出辭職，並於五月一日離開，結束了我省主席的工作。

我曾於三月底總統選舉揭曉之後不久，向新當選的副總統呂秀蓮女士建議，省主席宜由內政部長兼任。果然，五月二十日新政府就職後，就派內政部長張博雅女士兼任台灣省政府主席。我之所以作此建議是基於下列理由：（一）台灣省政府於八十九年五月之後幾乎已完全無任何業務可言，也不會再有任何可資用於推廣業務的預算了，不如就完完全全地予以虛級化，也就是僅維持「台灣省政府」的名義就好；既如此，就由內政部長兼任省主席，至於原來的人員就與內政部民政司合併成立一個主管地方自治業務的單位或機構，不但原來的省府人員有事可做，並正式納入可以有發展空間的人事編制之內，不像以前一樣，對自己工作和事業的發展，覺得毫無前途。（二）以往內政部警政署和台灣省政府警務處，即實施「一個衙門，兩塊招牌」、「一套人馬，兩個機關」的做法，也就是由內政部警政署長兼任台灣省政府警務處長，相關人員同時擁有署與處的職位，但只領一份薪水，這樣既維持了台灣省政府警務處的名義和建制，也不浪費人力和物力。很可惜一直到現在為止，我的此一建議依然沒有被採納，而台灣省政府現有的一百多位員工，也還是過著不知前途在那裡而業務又是可說可有可無的日子。這實在不是一個負責任的政府所應忽視的現象。

八十八年五月一日，我離開中興新村。在同仁及各界為我所辦的惜別會上，我公開表示我還有兩個牽掛：（一）省府原有廳處同仁在以任務編組成立的第二辦公室或中部辦公室工作，而在中興新村的省府同仁又面臨愈來愈無重大業務可辦的處境，這些都非長久之計，也應設法儘速加以解決，以使精省之後業務的移撥制度化、法制化，並使原省府同仁在工作及事業的發展上正常化並有寬廣的空間。（二）中興新村何去何從，應從發揮其地理環境的特色，作可長可久的規劃，使其恢復生機，重現風華。

現在事隔十多年了，根據行政院最近的規劃，決定透過「行政院組織改造」的實施，將各種所謂「第二辦公室」、「中部辦公室」之類的編組重加組合並予法制化、正常化，使有關員工均納入正式的編制而有切實的保障並可以有實質的業務；另也交由行政院國科會中部科學園區在中興新村規劃成立以發展產業為主的「高等研究園區」。我希望這一次，不會像之前一樣「只聽樓梯響」，而能夠真正落實，將上述我離開省府以來一直牽掛的問題，徹底解決。

我一年半多的省主席經歷，是相當不尋常的從政經驗，既讓我再一次有機會深入基層去貼近我們台灣的人民，感受民間社會的脈動，體驗民眾的生活，認知他們的願望，傾聽他們的心聲，瞭解我們台灣社會各個階層的發展，對我而言，獲益很多。另一方面，則使我深深體會變革的重要性和複雜性，也覺得像精省這種重大變革，既要慎之於始，也要全程精神貫注，任何階段都要仔細推動，也必須長期觀照，注意善後，有始有終，才能夠完完全全地發揮其效能和效果。

九二一大地震的震撼和感觸

民國八十八年（一九九九年）九月二十一日凌晨一時四十七分，台灣中部發生芮氏規模在七點三的大地震，震央在南投縣的集集鎮一帶，造成極大的人員傷亡及財物損失，計有二四一五人死亡，二十九人失蹤，一萬一千三百多人受傷，房屋全倒者五萬一千多間，半倒者超過五萬三千七百間，災情慘重，舉世震驚。

作者巡視921大地震後中興新村之災情（1999年9月）。

地震發生時，我住在中興新村的省主席宿舍。記得九月二十日晚上有兩位彰化縣鄉親來訪，我留他們一起共餐，飯後聊到十一時許客人始離去。之後我看了一些公文並觀賞了第四台電視連續劇日劇「德川家康」，至二十一日凌晨近一時始上床就寢。入睡後沒多久就被一陣地動搖醒，稍後又是一陣地震。隨後一位隨扈警官拿著手電筒匆匆到我臥室告訴我發生大地震的事情。我隨即穿好衣服，用手電筒一照，只見臥室裡的電視機、書桌東倒西歪，而與洗手間相隔的牆壁則有嚴重龜裂；從二樓的臥室走到一樓客廳一看，更是一片狼籍，吊燈掉了下來，桌椅亂成一團，到處是玻璃碎片，電視機也倒在地上，隔壁的警衛室塌陷；宿舍門前的水泥通道鼓了起來，一大片一大片的水泥塊相互交錯，宿舍旁的籃球場亦復如此；籃球場旁的約一公尺寬的排水溝渠不見了。到中興新村的辦公區一望，更是慘不忍睹，原民政廳、財政廳、社會處、主計處和稅務局等的辦公廳舍全部倒塌。這時大概接近凌晨二時，我馬上用手機電話就初步所見災情報告行政院蕭萬長院長，他一方面指示我立即通知國防部唐飛部長請他派部隊支援救災，一方面要我設法進去埔里看看，因他聽說埔里是震央，災情非常慘重。我設法想趕去埔里，無奈交通、電訊兩中斷，沒能成功。

於是我叫了中興警察分局的一部交通巡邏車（我的公務車被困在宿舍的車庫無路可出），在二位隨扈警官陪同下，分別到附近的草屯去巡視，只見黑漆漆一片，草屯水稻田之歌住宅大廈倒成一片，草屯商工及附近的一棟高樓也嚴重受損，佑民醫院附近廣場堆滿了臥有病患的病床，到了南投市的省立醫院及南雲醫院，更見到死屍處處，傷者成眾，而南投市區內很多平房和集合式住宅大樓也都倒塌，真是滿目瘡痍，令人十分震撼心酸。

之後我又回到了中興新村瞭解實際災情，除了前述的辦公廳舍倒塌之外，員工宿舍和附近民宅及學校被震倒、震壞者不計其數。天亮之後，查看省府主辦公大樓，也受到相當程度的損壞，已不能使用，於是找到相關同仁研究找一可用處所做臨時辦公廳。上午八點多，我到南投市接前來視察災情的蕭院長，稍作報告之後即遵其囑搭直升機至埔里與連戰副總統會合。隨後一整天陪連副總統由埔里而雲林斗六、而彰化員林，去勘察各地震災情形並慰問災民和從事搶救的工作人員。晚上回台北到總統府參加總統於七時所召集的第一次高層救災會議，會中總統確認了下午由行政院研訂的十五項救災重要措施。回到家裡已快十點了。我從凌晨一點多被震醒之後，一直到半夜都沒休息闔眼過，精神一直相當清醒，應該是受到此一重大自然災害所震撼的結果吧。

九月二十二日上午，我參加國民黨中常會，李總統指示成立「九二一地震救災督導中心」由連副總統為召集人，統一督導協調中央各部會和地方救災事宜。二十五日，總統依憲法發布緊急命令，採非常措施加強救災及重建工作。二十七日，行政院成立「行政院九二一震災災後重建推動委員會」，由行政院蕭院長擔任主任委員，劉兆玄副院長任副主委兼執行長，經建會主委江丙坤、我和陸軍總司令陳鎮湘擔任副執行長；委員會下設十三個工作小組，在軍方全力支援下推動重建工作。

我於九二一之後差不多一個月的時間，除了動員全體省府委員及所有省府主管同仁至災區協助辦理重建工作外，也陪同連副總統幾乎走遍所有受災鄉鎮市，參加各地辦理的法會，巡視臨時的組合屋興建和災民進駐情形，並瞭解重建工作的推動狀況。當然也以副執行長的身分積極參與行政院災後重建推動委員會的各項重要會議和工作。另外，我又親自督導中興新村地區的重建，以及適時地到省政府附近的鄉鎮訪視慰問災民。李總統幾次到災區巡視，我也一起陪同。

作者主持收容921大地震災民之組合屋竣工啟用儀式（1999年11月）。

在這一個多月的時間之內，我可說不分晝夜地為救災、為重建而奔走。我見到了成排成列的災民屍首，聽到了災民無助的哀號，耳聞受傷民眾的呻吟，在法會中感受到罹難者家屬親友的悲慟，目睹斷垣殘壁、屋倒路斷的慘況，內心裡頭充滿哀戚與傷痛。而另一方面，看到國際上各國派出的救難團隊絡繹於途趕來參加搶救；各種公益、民間社團和宗教組織踴躍奔赴災區或撫慰災民，或捐贈救濟物資，或為災民燒飯、為災民搭建臨時住宅，或為罹難者提供冰庫、棺材，或為他們辦理宗教公祭儀式；而全國各地民眾更紛紛捐款來協助災民和重建工作，所捐金額達三百多億新台幣，實覺得世間到處有溫暖，社會處處有愛心，深為之感動不已。至於在第一線實際從事救災重建工作的士官兵、醫護人員、救難團隊、各類志工、工程及公務人員和一般民眾不眠不休奮不顧身的表現，尤使人敬佩。

在政府傾全力救災及進行重建之下，災區很快地就能恢復正常生活，災民也逐漸從地震災害的陰霾中走了出來，他們受創的心靈也漸漸地平復，實在令人安慰。

當然，九二一的地震，也告訴我們健全防災救災體系及做好防災抗震的重要性，更使我們體會到應有嚴格的建築管理法令並且要徹底執行，同時也警告建商及所有從事營建的工作者絕對不可以偷工減料。

九二一大地震是我公職生活中永遠難忘的一個極重大的自然災害，而參與救災重建的決策和其實際工作的推動，更是我很不尋常的一個從政經驗。

辦理黨務、出長中廣　走入另一種境界

二〇〇〇年的總統大選

二〇〇〇年（民國八十九年）三月，第十屆總統大選，國民黨大敗，喪失了中央執政權，民進黨成為新的執政黨；而於總統選戰中表現不錯的宋楚瑜支持者，也乘機而起組成了以原國民黨人為主要幹部和黨員的親民黨；原從國民黨分裂而出的新黨，依然相當活躍。所以，此時的國民黨可說岌岌可危，風雨飄搖。

談起這一次總統大選的結果，我感覺十分失望與難過。因為，從連戰先生將代表國民黨參選的態勢於民國八十六年漸趨明朗起，我就參與了連先生的一些輔選工作，連先生也交代我負責一部分的相關輔選業務。

我記得八十七年四月十二日晚，在總統官邸李登輝先生親自召集了一次可謂是連戰競選總統的高層輔選誓師會議。參加者除了連戰先生之外，還有徐立德（總統府資政）、黃昆輝（總統府秘書長）、章孝嚴（國民黨秘書長，現已改名為蔣孝嚴）、許水德（考試院長）、黃正雄（總統府副秘書長）、黃大洲（行政院政務委

作者（台上右五）在鹿港家鄉於明華園公演時為國民黨總統、副總統候選人連戰、蕭萬長助選；右六為蕭萬長，左四為孫翠鳳（2000年2月）。

員）、涂德錡（國策顧問）、陳庚金（台灣省黨部主委）、吳鴻顯、蘇志誠主任和我（時任政務委員），一共有十四人之多。會中李登輝總統侃侃而談，首先說下次總統大選，他心意早就已定，就是要連戰接班做國民黨的候選人，他已向日本朝日新聞記者明白表明，連戰才是他要的人，所謂「沒有指定接班人」只是說說而已。他說今天在場者都是好弟兄，請大家來就是要成立一個非正式的輔選策劃委員會，他自任召集人，加強來為連輔選。他說距離投票日，雖還有一年又十一個月，但他很擔心。不過，他也就陳水扁、宋楚瑜的行事風格和競選態勢，做了很直接、很露骨的批判與分析。他的結論是，只要大家努力，連一定可以當選。他並對連說：「你當選就等於我當選。」李在會上還作了一些分工，譬如他要黃昆輝、徐立德和章孝嚴三人擔任執行小組共同召集人，要徐負責外省人與工商界的聯繫輔選工作，要黃大洲負責台北市和體育界，陳庚金負責台灣省的輔選，我則負責社團及勞工。其實，在這之前，連戰先生已有了一個輔選的機制，而且已緊鑼密鼓進行之中。不過，李這次的會議，至少顯示，連的競選，李十分關注並且也想主導輔選事宜。在此次會議中，黃正雄先生就代表府方提出一個叫「登平致勝前期動員綱要」，很巧妙地把李登輝和連戰（連戰號永平）兩先生的姓名和別號鑲進去，不無以李的意志為總提調的意味。

從我於八十六年九月轉任行政院政務委員至我於八十七年十二月改任台灣省主席，一直到八十九年三月十八日總統大選投票日為止，我都一直積極地參與連（戰）蕭（萬長）競選總統副總統的輔選動員工作；很多高層的重要輔選會議，我也參與，也由競選總部的分工和連戰本人的付託，實際直接負責一部份的輔選業務。在這一段期間，我南北奔波，跑遍全省，在法律許可範圍內凡可動員運用以拉抬助長執政黨國民黨總統候選人的聲勢，及可以突顯連戰和蕭萬長兩位政績的各種資源，我都充分地加以運用；而我親自登台助講或拉票、請託的競選大會、活動、造勢晚會的數量，更不計其數。而結果，卻勞而無功，而且連蕭這一組的得票數，還位列第三。怎不失望與難過呢？選後，連戰先生在競選總部對全國民眾發表談話，我也趕往陪同，心情當然十分沉重。三月十九日下午，國民黨舉行臨時中常會，我以中常委身分前往參加。我的座車抵達台北市杭州南路和仁愛路交叉口時，接到通知說，國民黨中央黨部已被一群極為激動的抗議群眾所包圍，無法進去。連戰先生的車隊剛好也到了附近。我將情況報告連先生，於是我們轉往總統府等候消息。一起前往的還有丁懋時（時任總統府秘書長）和殷宗文（國安局長）兩先生。

國民黨敗選後出任黨職

不久，國民黨進行改組，李登輝先生辭卸主席職務，並由連戰先生代理。連代主席找林豐正先生擔任新任國民黨中央黨部秘書長，我出任中央組織工作會主任，胡志強先生則任中央文化工作會主任。

我於民國八十九年四月六日正式到組工會任職，我曾於就任儀式中發表談話表示，我此次是以非常嚴肅和「共赴黨難」的心情，接下組工會主任的職務，心中沒有絲毫擔任新職的喜悅與興奮，有的是今後即將面對

2000年8月作者以國民黨中央組工會主任身分代表國民黨參加國際民主政黨聯盟（IDU）會議及美國共和黨全國代表大會，於聯盟會議中發言說明國民黨改造之情形；右二為會議主持人當時的英國保守黨主席黑格（William Hague），現為英國外相。

責艱任重無限挑戰的認知和感受。我提出「黨務工作應該落實草根化、民主化和年輕化」及「黨的組織工作要有效發揮協調、溝通、包容和整合的功能」的兩個基本工作理念；並呼籲大家一起努力，「一切從頭開始，重建我們的組織，重整我們的隊伍，重振我們的士氣」，讓黨脫胎換骨、浴火重生，迎接挑戰，反敗為勝。我就抱著這樣的想法和自我期許，開始我在中央組工會的工作。此時黨已決定成立「改造委員會」，著手進行黨的改造工作，此一業務由組工會負主要幕僚策劃和執行的責任；我身為組工會主任，自然高度深入而積極地參與。五月十七日，國民黨第一三四次中常會通過改造委員會提出的改造方案「從零出發，全面改造」，啟動所有改造措施。

國民黨的改造，最主要的有三大方面：（一）黨部組織與人事的組織重組、緊縮與精簡。（二）黨員重新登記，即辦理黨籍總檢查暨黨員總登記。（三）黨主席直選與黨內民主。這三大主要工作的推動和落實，都是中央組工會的責任。因此，我必須站在第一線去推動，執行過程中所無可避免的批評、反彈和其他各種衝擊和壓力，我也首當其衝。現在回想起來，除了應感謝當年為了貫徹這些改革工作，和我一起不眠不休、任勞任謗、無怨無悔地打拼奮戰的同志之外，我內心實在有很多的感觸與感慨。以後有機會我會詳詳細細地說出來。

黨的組織重組和人員精簡

關於黨組織的重組、裁併和人事精簡方面，改造方案決定：（一）將中央黨部原有組織、文化、社會、婦女、海外、大陸等十八個工作會全部予以裁併，另成立政策、組織發展、文化傳播和行政管理四個委員會。台灣省黨部裁撤；原有事實上主要依附從政同志運作的生產、交通、新聞和金融等省級黨部，以及北、中、南三個知青黨部及原住民黨部均予裁撤。（二）各級黨部編制員額大幅縮減，現有員額予以精簡；另並依時機需要招考新進幹部。這個工作，本質上吃力不討好，有點類似我於省主席任內所推動的「精省」。在這項工作的執行下，有很多人必須走路，有不少人會失去原有的主管職位或相當不錯的職銜；推動起來，自然有不少反彈，而國民黨又丟掉了政權，首次淪為在野，中央黨部的威信大不如前；而另一方面，基層黨員和黨工，有不少人呈現了一種「樹倒猢猻散」、「大難臨頭各自飛」的情緒和現象。為了使此一工作得以順利進行，中央黨部花了很多心血從事說服、疏通與安撫；我自己也多次在各地召集黨工幹部和黨員代表舉行座談，聽取心聲，說明立場，爭取支持和配合。此一艱鉅任務終於次第完成。中央黨部的組織重組和精簡，於民國八十九年十一月一日完成並開始運作，我也改任為中央組織發展委員會的首任主任委員。台灣省黨部於八十九年九月底裁撤，生產、交通、新聞、金融等專業黨部以及北、中、南三個知青黨部及原住民黨部均於八十九年十二月三十一日裁撤完畢。而全黨專職幹部總員額編制也從二四二七人，減為二一九八人；到八十九年十二月三十一日為止，以退休、退職、勸退及辭職而離任黨職者有四〇四人，專職幹部減為二〇七三人。

黨主席直選與排黑條款

在黨內民主的強化方面，組工會負責推動完成的工作有：（一）辦理黨主席的首次直選，於民國九十年三月二十四日完成投票，連戰先生在有五十二萬一千七百十二名黨員參與投票的百分之五十二點一七的高投票率下，以百分之九十七點零九的得票率，當選為首任直選黨主席。（二）採取「通訊投票」服務海外黨員，此為中華民國選舉史上之創舉，已自民國九十年七月國民黨十六全大會中央委員的選舉開始實施迄今。（三）保障婦女青年及弱勢團體；國民黨改造後規定中常委、中央委員及各級黨部代表之應選名額中，青年、婦女及弱勢團體（即勞工、農、漁民及身心障礙者）之當選名額應不低於百分之四十，而婦女當選名額應不低於應選名額的四分之一。此一規定自八十九年六月國民黨第十五次臨時大會選舉中常委時開始實施。（四）訂定排黑條款：規定凡黨員違反組織犯罪防制、檢肅流氓、肅清煙毒、槍炮彈藥刀械管制、洗錢防制法等法律，及犯有公職人員選舉罷免法有關公然聚眾暴動、施強暴脅迫及賄選等罪，暨刑法上殺人、重傷害、搶奪強盜、侵佔、詐欺、背信、恐嚇及擄人勒贖等罪，以及違反貪污治罪條例，經法院判決有罪者，無論判決是否確定，一律喪失參與黨內公職人員提名初選資格，並不得由本黨提名；亦不得參加本黨各級委員會委員、代表大會代表選舉為候選人。

辦理黨員總登記的感觸

黨員重新總登記，也就是所謂的黨籍總檢查暨黨員總登記。此一工作，涉及國民黨能否重新再起，以及原來龐大的黨員群對國民黨是否還抱有希望、存有信心、願不願意再留在或回來與黨一起努力，追求黨的浴火重生，並贏回政權。在此同時，也辦理新徵黨員的工作。這主要必須靠各縣市黨部黨工及有關黨員同志的努力。

作者（立者右五）在雲林縣斗六參與黨員總登記宣導活動（2000年9月）。

此一總登記的工作，自民國八十九年九月一日起至十二月三十一日為止；另為回應黨員的意見，復於九十年六月一日起至八月三十一日為止，陸續推動「黨員歸隊活動」，開放未及於上述原總登記期間辦妥登記的黨員，可以補辦回歸的手續。於原所規定的總登記期間辦理總登記的黨員，計有九十五萬二千八百三十五人，新入黨的黨員則有一萬零八十人。應該算是一個相當不錯的成績。

為使此一總登記的工作得以順利進行，並發揮黨內倫理，有些曾任過黨政重要職務或於社會和工商界特別享有清望的黨員，在總登記正式開始辦理前後，分由秘書長林豐正和我以及其他黨內有相當地位的同志，透過登門造訪或以書函、電話特別敦請他們出來帶頭辦理或速辦登記手續以資號召。例如，我曾親訪辜振甫和陳履安等先生說明總登記的意義，他們也立即辦妥必要手續。林豐正秘書長和我也於九月初總登記一開始啟動，就親自到桃園鴻禧山莊李登輝先生的公館，登門拜訪李先生，辦理他的總登記。我們到的時候，李先生已在客廳等候，而且將有關表格及終身黨員的黨費一萬元備妥，由我們在他書房內和他一起辦好所有手續並親送他一張新的卡式黨證。那天，他心情頗好，跟我們聊了不少往事。

然而，也有些老同志認為入黨就是一輩子入黨，沒有什麼重新登記重作宣誓的問題，堅決不肯辦理重新登記的手續。持此種態度的包括有媒體知名負責人，及曾任政務官職務者，和一、二位可稱之為黨國元老的人士。但是，有的人則明白表示對國民黨已非常失望，不想再涉入黨派，就此做個自由自在的無黨人士，因此婉拒重新登記的邀請，這其中包括有原任黨政要職者。反正，人各有志，各有所好，不必也不能強求，我們加以尊重，不予勉強。不過，有些人的表現，則讓人難過和失望。譬如，有一位曾在原國民黨執政時期擔任過政務官職務，與學術界也有點關係的人士，我曾打電話請他辦理黨員總登記，他不但拒絕，還把連主席以及他身邊的一些人士數落批判一番。當然，他沒有去登記。可是，到了二〇〇三年左右，國民黨聲勢又起，眼看可能會於二〇〇四年贏回政權的時候，這位人士卻在某一場合，當著我的面，對連戰主席抱怨說他當年一直想辦總登記，但是黨部從中央到地方從沒有人找過他，對他不理不問；言下之意，無限委屈。我聽了之後，本想據實反駁，後來想一想就忍下來算了。這位先生，從此我非常看不起他。

在黨部辦理組織和人事重整時，我非常注意青年幹部人才的培養和任用。例如，當組織發展委員會成立的時候，社會部、青年部、海外部和婦女部的主任，我就分別請張壯熙、簡春安、王廷升三位在國外獲有博士學位的青年學者擔任；婦女部則請在文化大學任教的張瓊玲博士出任。他們這四位，除了簡春安博士於任東海大學教授和台南長榮大學校長時，我本來就熟識之外，其他三位我原本並不認識，是由各方推薦而來；其中張壯熙還是我從中山獎學金歸國服務學人名冊中找出來的。他們以及胡志強主委在文傳會找來的一批年青主管到中央黨部任職，自然引來少數一些老幹部的議論。不過，他們在職期間的表現都相當不錯，有的於離開黨職後在政府、學術研究或其他工作崗位上的作為，亦復相當亮眼。例如，王廷升現任立委，張壯熙曾任台中縣副縣長。我於年輕時曾受提攜重用，也始終認為任何機關、任何單位都應儘可能引進優秀的新血，才能生生不息，永續發展。因之，我對黨政機關的任用優秀青年才俊，不但始終有所期盼，而且極為樂觀其成。

二〇〇一年年底的輔選

民國九十年（二〇〇一年）十二月一日，舉行立法委員暨縣市長選舉。這一次的選舉，對國民黨而言，非常之重要，但是也是一場充滿荊棘、充滿挑戰而危機四伏的選戰。因為，國民黨在前一年也就是八十九年剛剛歷經一場失掉政權的總統選舉的重大挫敗。而原國民黨於總統敗選之後又經過一場前所未有的嚴重分裂；意識型態傾向藍軍者，不少人跟著宋楚瑜、劉松藩（前立法院長）出走，組成了一個聲勢不弱的親民黨；比較有本土意識者，則於九十年八月在李登輝的號召下，成立了一個叫「台灣團結聯盟」的政黨。加上也是國民黨分出去的新黨，雖與國民黨在若干少數地方維持合作的關係，但於其他地方也志在與國民黨的候選人一爭長短。另一方面，第一次取得中央執政權的民進黨，正利用其執政優勢和資源，準備乘勝追擊對國民黨進行致命的一戰。整體而言，國民黨在這一次選戰中，是處於一個極為艱困、必須突圍而出的不利境遇。

國民黨的中央組發會負責輔選的策劃、動員和推動。因此，差不多在從事黨的改造的同時，我與組委會及各縣市的黨工同仁就開始規劃這場選戰的相關事宜。

要勝選首先就必須提名優秀有勝算的候選人。然而，國民黨雖經過一番改造，但是還是無法完全擺脫多年選舉中所產生出來的派系糾葛、地方情結、政治恩怨和各種各樣的利益鬥爭。而儘管國民黨已是在野黨，但各地要角逐候選人，爭取代表國民黨出征競選者，還是非常之多。因而，在鼓勵、勸說優秀人才參選，及協調有勝算的角逐者出來擔任候選人的工作，格外重要，也極為複雜和辛苦。我身為組發會主委，常常必須在第一線去為這種事情奔波。此種鼓勵、勸說和協調的工作，有的很順利，結果也不錯；有的則一波三折，而結果還好；但更多的是過程難辛，結果則很壞。

例如，新竹市長，經評估認為立委林政則最有勝選希望，我自己就在來來飯店（現在的喜來登）多次請他吃早餐勸他參選。他最初一再婉拒，以後終於被我說動。可是地方上卻還有人執意參選，包括那時的勞工局長許明財和曾任統聯客運公司總經理的國光客運董事長李宏生兩位先生。幾經協調疏通，他們兩位同意退出並支持林政則競選，林政則終於出線並當選市長。又如桃園縣的朱立倫立委，也是經我們一再遊說之下才答應參選桃園縣長的。但桃園地方上有意參選的人士，還包括立委陳根德、朱鳳芝，水利會長李總集及縣議長林傳國等先生女士，也是經過協調之後，大家同意要一致支持朱立倫當選。朱立倫於獲正式提名前，曾有人以他是外省籍而桃園縣長從無外省人當選為由反對他，我把此話告訴他，朱對我說：「這根本不是理由，我是道道地地台灣土生土長的，我媽媽是桃園人、岳父和太太是台南人，我們朱家在台灣除了我父親一位是外省人外，所有的親戚、家族都是台灣人！」當然，他最後順利當選。

我記得嘉義縣的陳明文立委也是在爭取國民黨的縣長提名。嘉義縣傳統上有林、黃兩個派系在競爭互別苗頭，陳明文屬於林派，當時的縣長李雅景則為黃派。有一天陳明文到國民黨中央黨部看我，對我說：「嘉義縣，你們的選擇很簡單也很有限，如果你們選擇林派，黃派會出走；如果選擇黃派，林派會出走，而且很可能會走向民進黨。」後來在李雅景的堅持下，黨部提名黃派的翁重鈞參選。果然陳明文代表民進黨出來競選縣長並獲勝；從此，民進黨穩穩掌握住了嘉義縣的縣政。高雄縣一向有紅、白、黑三派的糾葛。二〇〇一年的縣長提名就飽受派系因素的影響，其中參與爭取提名的人有人一再反覆，拍胸保證的事以後又反悔，令人不堪其擾。胡志強先生本來由中央內定在台北縣參選，後來改至台中市競選；台北縣的縣黨部主委杜建德及台中市黨部的沐桂新主委，為協調疏通黨內意見，排除障礙，並使胡志強可以在台中市順利代表國民黨參與選戰，均曾在黨內受到若干批評與指責，有所委屈；沐主委甚至於在凌晨四點鐘被我用電話叫醒以研商對策。對他們兩位，我實在覺得很過意不去。

立法委員候選人的產生，很多地方也是經過了一再的折衝協調和疏通而成功的。對於此次縣市長和立委選舉中，有些地方人士在協調提名人選過程中表現的惡形惡狀（例如，南部某一議長在與我協調過程時，竟暗帶錄音筆想錄音，為人所識破），以及不少有意參選者的忍讓為黨或理性平和、開明無私的作為及態度，我都是牢記於心。

十二月一日投票結果，國民黨在縣市長選舉中，重新獲得基隆市、桃園縣、新竹縣、新竹市、台中縣、台中市等六個縣市的執政權，但失去了彰化縣、嘉義縣、台東縣、金門縣及連江縣等縣。整體而言，較之四年前的縣市長選舉，得票率及執政縣市的人口數均大有進展。然而，立法委員選舉的結果，卻很不理想。民進黨獲得八十七席，躍升為國會第一大黨，國民黨獲六十八席，成為第二大黨，從國民黨分裂出去的親民黨獲四十六席，李登輝號召成立的「台灣團結聯盟」獲十三席。這樣的結果，無疑地充分反映了二〇〇〇年即民國八十九年總統大選後的台灣新政治版圖，也是國民黨嚴重分裂後很難避免的結果。雖然事後分析，國民黨有十一席候選人為落選頭，即居所有落選者的得票第一名，而且與最後一位當選者所得票數，只有些微的差距，例如台南縣的洪玉欽僅以五十八票之差落選；如果在提名及輔選動員和配票方面再多加些注意，很可能會贏得八十席上下，那成績和結果就不一樣了。不過，結果就是結果，選輸就是選輸，檢討可以，找藉口沒有意義也沒有必要。

為負責而辭黨職

選後自然免不了有要求檢討追究責任的聲音。國民黨輔選一向有最重要的兩項工作，一是候選人的提名，二是競選經費的分配。候選人的提名，由一個通常由資深從政中常委（例如副總統）或第一副主席召集，成員為部分中常委和黨的秘書長的提名小組，作最後的審查並決定提中常會通過的名單。提名小組的決定，絕大多數的情況是最後的決定。負責組織工作的組工會和以後的組發會所有的，是建議權，也就是在秘書長指導下提出提名建議名單，再送提名小組研議。當然，組發會主委可以在提名小組會議中充分發言，不過，最後拍版定案者還是提名小組。例如，二〇〇一年，組發會一再堅持維持國民黨僑選立委不得連續被提名兩次的原則和慣例，但最後不為提名小組所接受。至於黨的競選經費分配，我在此次輔選中，並未主導。儘管如此，國民黨歷來的組織文化，是選舉結果不理想，就由秘書長和組織工作的主管出面負責；但偶爾也有例外，就是當黨主席出面力挺時，就會在經一番檢討後沒有人走路。我是組發會主委，我不逃避我應負的責任。因此，在於中常會提出選後檢討報告之後，我即向連主席當面表達辭意。有人說不應由我率先辭職；也有同事朋友說，我為黨的改造、黨的重組和黨員總登記等盡心盡力、不眠不休，沒有功勞也有苦勞，不必為一次不是我應負全責的輔選失利就辭職。但我心想如果我不辭，其他人也沒辭，則所有的檢討、責難和批評等一定會把箭頭直指主席，這是我非常不願意見到的事情，而我內人又勸我趕快走路落個輕鬆算了。所以我堅決不動搖我的辭意。連主席對我的請辭，慰勉了幾句之後就答應，同時表示要我去接國民黨經營的中國廣播公司的董事長。我馬上向他提醒說，之前他曾當著我的面允諾由陳金讓先生去擔任中廣董事長，我去恐怕不恰當。他回答說：「現在情況有變，還是你去！」並說要稍後也就是農曆過年後經中廣董事會召開後再發布；至於陳金讓他會再安排（後來陳任中天電視公司董事長）。就這樣，我於十二月初離開了中央黨部，從此與實際負責黨政業務的工作告別。不久，連先生派人向我說要比照往例，於我到新崗位（即中廣）報到之前，先送一筆生活費，藉資補助，我當即婉謝。不過，對於連先生如此地對我厚待照顧，我衷心感激。

我離開黨部不久，有人前來告訴我，說有不少人在連主席面前及相關場合為我講話，指出此次國民黨敗選事實上是環境使然，「非戰之罪」。就是要追究責任，也不能只有我一人單獨承擔。但也有那麼一、二個還算有頭有臉人，落井下石大發議論，說一些閒言閒語，我聽了之後左耳進右耳出，不加回應也不予評論。倒是對那些事後在背後替我講話的人，我十分感謝。他們的厚道、友誼和情意，我點滴在心頭。

不過，身為國民黨的黨員，我於一九七八年十二月，蔣經國主席為因應中華民國與美國斷交後所帶來的衝擊與挑戰，而成立革新小組進行改革的時候，受命與當時的黨國大老、領導菁英及才俊之士共二十多人，共同擔任革新小組的成員，為黨政的改革、創新而盡一分心力；以後並於文工會、社工會任職，實際投入黨務工作；而在二〇〇〇年國民黨遭受空前挫敗喪失政權可說風雨飄搖之際，復出任黨的組織發展工作的重責，參與規劃與推動黨的改造，使黨脫胎換骨、重新出發，並負責辦理黨員重新總登記，重整黨的隊伍，替黨的改革與重生做些服務。現在回想起來，對黨、對自己，我自認已盡了本分，無怨無悔；而能夠於黨的關鍵時刻，為黨做事，更是一種難得的機遇。無論如何，對這些歲月和經歷，我將永遠銘記於心。

中廣的歲月

中國廣播公司（中廣）在台灣是個很有歷史、很有影響也很有貢獻的廣播媒體，有相當長的時間，一直執台灣廣播之牛耳，為廣播界的龍頭。今天有很多年在五十歲以上的人，都是聽中廣的廣播長大的。當年中廣公司的廣播劇、新聞報導和體育賽事的轉播，一直是五十歲以上那一代人所津津樂道難予忘懷的。

作者（左三）以中廣董事長身分接待來訪外賓（2003年夏）。

然而，我於民國九十一年三月去擔任董事長的中廣，已不復往日的風華。這是因為主客觀環境的改變所致，一方面黨營事業經營的環境日益艱難，執政的民進黨打著清算黨產的旗號，對包括中廣在內的所有黨營事業，處處為難，時時製造問題挑毛病；一方面廣播事業由於電視和網路的興起，收聽者有大幅減少的趨勢，廣告營收也受影

作者以中廣董事長身分頒發由中廣員工成立之「中廣愛心園基金會」捐贈家扶中心之獎學金。

響；再者，國民黨中央已表示隨時要把像中廣之類的事業處理脫手。

因此，我到中廣之後，首先就是著手安定人心，要同仁不要對可能脫手的事過度操心，並保證中廣不管如何易手，本質不會變，而且也不會走入歷史；同仁應有的權益一定會得到保障。總經理李慶平兄和先後於我任內擔任過副總經理的廖俊傑、李建榮和劉廣生等三兄，以及所有同仁，都很配合，都在業績的創造和增長上盡其全力，因而中廣一直保持有所盈餘的狀況；也努力不斷開拓新的營運項目，例如引進舉世聞名的「貓」歌舞劇，辦理多次諸如大學民歌演唱會、老歌新唱和知名老歌星回顧演唱展等活動，也開拓安排陸客來訪的服務業務。另外，中廣也經營一個在當時頗有品牌氣勢的V-MIX卡拉OK餐廳。

清算黨產的衝擊

因為民進黨政府刻意要進行所謂黨產的清算，中廣也是其清算對象，所以我上任後要求同仁：（一）所有經營一定要遵守法令的規定，以免製造主管當局可以刁難干預的口實，並維護中廣合法正派經營的形象。所以，二〇〇四年，中廣公司的換照，在我率同相關同仁到新聞局說明後，最後也能順利過關。（二）對政府機關以清算為名，而以中廣為對象的訴訟，聘請優秀有經驗的律師依法依理回應，並妥為準備必要的資料來辯護；針對中廣名下所有財產要好好加以清理，蒐集一切有利文件等資料，俾一旦必須涉訟時可以有效對付。民進黨政府對中廣提出訴訟的案件不少，我也常以法人代表的身分列名在訴狀之內。在我於二〇〇六年二月離開中廣之前，所謂黨產清算訴訟案，中廣有贏有輸，不過，贏者居多。

節目內容的精彩與否，是決定廣播公司營運能否拓展的重要因素。中廣的流行網、音樂網、鄉親網和寶島網一直都以節目引人而取勝。我任內這些節目，有些內製，有些外包，不論內容或主持人都不斷有所精進。我很感謝相關主管同仁以及承包單位的努力。

華夏投資公司是中廣的母公司。在我於中廣任內，華夏的經營面臨困境，資金的調度常有困難。中廣成了經常必須向其出借以解其燃眉之急的主要單位。我主持的董事會會議中，常常討論華夏向中廣告貸的案子。記憶中，華夏從民國九十一年十一月起至九十三年十一月止，總共向中廣借貸了新台幣十四億多，當然華夏也以分配盈餘配發股利或用現金償還等方式，還清了上述向中廣週轉調度的款項。

中廣於我接任之前，曾依法處分了一些土地。我到任之後。經接獲反映，認在此處分中依法可減徵土地增值稅，中廣可能溢繳相當數目的增值稅款。我找相關同仁告知此一反映後，最初同仁認為並無溢繳情事，我則以為事關公司合法利益，應請再深入研究。最後終於發現確實有溢繳情形，並循規定管道獲得稅捐當局同意退稅。所退稅額高達八億多元，對中廣財務有不小的幫助。

中廣的脫手

國民黨中央黨部要把中廣脫手是早晚的事。我曾與公司同仁研擬資產與廣播分開處理脫手的可能性，也做成專案向黨部建議。可惜，黨部主其事者，另有打算，未加注意也未回應。

國民黨中央黨部在處理中廣脫手一事，相當曲折，也有所反覆，出現問題。例如，在二〇〇四年，以轉讓華夏的方式，決定將中廣賣出給梧桐公司，該公司也派人進駐並以擔任總經理特助的方式正式插手主導中廣的營運。可是經過一段時間之後，這個交易又無疾而終，梧桐公司的人員又退了出去。這使中廣的同仁，深感莫名奇妙。其實，黨部主其事者在處理類似中廣出售的案件時的心態和做法，頗有值得商榷之處。我與總經理都是法人代表，也都是黨部委請我們來出任的，基本上應是黨部可以信任的人；然而，國民黨中央黨部主其事者對於如何處理中廣，從未徵詢我們的意見，我們就是有所建議，也一副「成竹在胸，不予理會」的態度。我曾經好意向主其事者提及有位出身中南部在工商界相當有名望的人士有意接手中廣，請主其事者找他好好談一談。這位主其事者也答應了，並且說不管做什麼決定都會先讓我知道。然而事實呢？這位我曾在政府部門與其共過事的主其事者不但沒有找這位工商人士談，連一通禮貌性的電話也沒打。沒幾天，我接到通知說中廣已賣出了。這樣的做法，我真不知要如何去形容！

員工退職及退休問題

中廣要脫手，已無可避免，我要求公司主管同仁應預為研妥員工同仁年資結算及退休退職辦法。基本上，中廣是個有盈餘有業績的公司，在退職退休上應該有比較優惠的做法。沒想到，有一次在國民黨中央黨部討論黨營事業出讓時對員工年資結算及退休退職辦法時，黨部主其事者強力主張應採平均主義，不論事業單位業績和盈餘應該齊一標準。對此，我堅決反對，也講了重話，並指出假定執意這樣子做，那對努力去拼業績而獲有盈餘的事業單位的員工，就非常地不公平。我強調站在我曾擔任勞委會主委的立場，我不能同意黨部的主張，一定要力爭到底。最後，主持會議的黨部負責人終於同意，可依各事業單位各別營運狀況，彈性研討退職退休辦法。民國九十三年十二月三十一日，中廣公司在轉讓前辦理員工全面年資結算，並以優於勞基法的條件辦理退休及退職。總共計有三百七十六人辦理結算及退休退職，發出去的退休退職金額達八億四千三百零四萬九千九百零八元。這是我擔任中廣董事長任內最後為全體同仁所做的一項服務。如此結局，讓我可以心安理得比較無所牽掛地離開中廣。

九十五年（二〇〇六年）二月底，中廣經營權正式完成易手，由具中時集團背景的榮麗公司承接。我也結束了在中廣服務的歲月。

進入教書、社團、職棒、童軍和旅遊的歲月

在研究所開課

我從民國六十一年（一九七二年）九月自美返國應聘在當時的中央警官學校（現改為中央警察大學）擔任客座副教授開始，一直到民國八十七年十二月就任台灣省政府主席為止，就不間斷地以專任或兼任教授的身分在各相關大學任教。就任省主席之後至擔任國民黨中央組織發展委員會主委的這一段期間，由於黨政公務的特別繁忙，我的教書生涯暫告中止。二〇〇一年年底，我辭掉國民黨組發會主委的職務，告別黨政生活，一些學界的好友獲悉之後，馬上邀我重返杏壇。於是，我從二〇〇二年九月起一直到現在，就先後應聘在國立台灣海洋大學海洋法律研究所、國立彰化師範大學工業教育系博士班、國立台灣大學國家發展研究所、高雄義守大學管理研究所和國立中山大學人力資源管理研究所開課任教。講授的課程涵蓋了國際刑法的專題研究、國際公法、勞動法、勞工政策、勞資關係、國際勞動法、人力資源管理、社會福利與社會政策等方面和領域。迄今為

作者（前排右四）以國際社會福利協會中華民國總會理事長身分率團在以色列參加第28屆全球社會福利會議時全團之合影（1998年7月）。

止，我還繼續固定在三個大學的研究所授課。

我之所以只是在研究所開課，是因為研究生一般都已具備相當程度的專業研究基礎，對相關的問題較有分析和批判的能力，我比較可以和他們做分享研究心得與工作經驗的互動。當然，在課程與時間的安排上較具彈性，也是我只決定在研究所開課的重要原因。

我的重拾教鞭，再度激發了我對相關學術領域與問題的研究興趣，促使我與時俱進地對有關的實務問題的關注，讓我享受和體驗教學相長的樂趣與收穫。

另一方面，則給予我繼續與年輕人以及從事在職進修的青壯年就業者，面對面地接觸並瞭解他們的心聲、見解與問題的機會，使我也可以從在學青年、在職進修者的身上，去體會我們社會的一些脈動。對我而言，也是一種頗有助益的學習。

從事社團服務和參與文教基金會工作

事實上，我在政府服務期間，就應邀參加了不少公益性、學術性和宗親性、同鄉性的社團，有的且擔任其理監事的職務，並被選為若干社團的理事長。例如，我從民國六十年代起一直是台灣法學會的會員，另外我曾長期擔任台北市彰化同鄉會的顧

作者主持財團法人博觀致遠文教基金會成立典禮及兩本著作《博士、牧童、火車頭》、《另類省主席趙守博》之新書發表會（2000年10月）。

問、也出任過中華民國水上救生協會的理事長（一九九五—二〇〇一）及國際社會福利協會中華民國總會的理事長。我曾以後者的身分率團出國參加多次的國際社會福利協會（International Council on Social Welfare, ICSW）的國際大會。

二〇〇二年我離開黨政公職後比較積極參與的社團服務，可以分為五個方面：（一）社會福利團體，（二）宗親及同鄉團體，（三）職棒及童軍團體，（四）學術團體，（五）文教基金會。

社會福利團體方面，我繼續以國際社會福利協會中華民國總會理事長及該協會東北亞地區主席的身分，於二〇〇一年九月在韓國首爾主持亞太地區學術研討會並發表主題演講，於二〇〇二年六月及二〇〇四年八月分別率團參加於荷蘭鹿特丹和馬來西亞吉隆坡舉行的國際社會福利協會的全球社會福利大會；另於二〇〇二年八月率團至日本參加台、韓、日三地社會福利研討會，暨於二〇〇三年十二月在台北籌劃並主持第三十屆國際社會福利協會亞太區域會議。二〇〇五年開始，我就不再負責社會福利協會的工作。

近來年我比較積極參與的為中華社會救助總會，我以常務理事身分投入該會主辦的許多服務性和學術性的活動。

我於民國八十九年五月創設財團法人博觀致遠文教基金會並擔任董事長迄今；在此之前的民國八十七年十二月，我邀集相關工商界人士成立財團法人祥和社會發展文教基金會，請統一集團的高清愿先生出任董事長，民國九十五年高先生懇辭董事長職務，改由我接任。目前，我還同時兼任財團法人中廣愛心園文教基金會、台灣科技管理教育基金會、中華民國童軍文教基金會、中華民國童軍陽明山活動中心董事會，和趙氏宗親文教基金會等的董事長。另一方面，也擔任張老師基金會、中國國民黨身心障礙者保護基金會、青年發展基金會、國家政策研究基金會和彰化縣私立鹿港民俗文物館等財團法人組織的董事。因而，參與公益性質的文教基金會的工作，也是我社團服務生活中相當重要的一部分。

趙族宗親與龍岡親義

宗親及同鄉性質的社團的參與，也是我近年來社團服務中佔著相當重要的一部分。我的出生地及籍貫地是彰化縣，但我的祖先在移居彰化之前曾有幾代定居於澎湖縣湖西鄉的南寮，因而彰化與澎湖兩縣的同鄉會活動，我都被邀參加，我也欣然積極參與。

台北市趙氏宗親會是我所參加的第一個宗親組織。這個團體是民國四十年代由幾位趙姓大老如趙恒惕、趙聚鈺和趙自齊先生和趙姓的老國大、老立、監委發起成立的，最初的成員以大陸來台的外省人居多。我是於民國六十年代由趙自齊

作者夫婦與二子於1970年代參加台北市趙氏宗親會春節祭祖活動。

先生一再懇邀而參加的。民國七十年代，我於擔任省社會處處長期間，鼓勵並促使彰化縣也成立了趙氏宗親會。民國八十七年三月，我從趙自齊先生手中接下了台北市趙氏宗親會理事長的職務（任期至民國九十五年四月為止），開始積極推動促成苗栗縣、澎湖縣、台中縣等地先後成立趙氏宗親會；民國九十年（二〇〇一年）十月，我策畫並主持於彰化縣鹿港鎮舉行的世界趙族懇親大會的第三次世界大會。二〇〇六年二月，我發起成立中華民國趙族懇親協會，並當選為首任理事長。這些年來，我先後以台北市趙氏宗親會、中華民國趙族懇親協會理事長的身分率領台灣地區的宗親代表分別到新加坡、香港、福建泉州、中國大陸的河北及河南、美國的舊金山和紐約，以及韓國的首爾等地參加趙族尋根探源和祭拜宋太祖趙匡胤陵墓暨世界趙族懇親大會等的活動，說來也頗為忙碌。

作者以世界龍岡親義總會主席身分率團至河北省正定參加世界劉備、關羽、張飛、趙雲學術研討會，接受當地民眾歡迎（2005年4月）。

作者在泰國曼谷主持第十三屆世界龍岡親義懇親大會（2006年12月）。

世界龍岡親義組織，發源於清康熙年間廣東開平的「龍岡古廟」，並於光緒初年，由旅居美國舊金山一帶開平出生的劉、關、張、趙的四姓族人倡議而組成龍岡親義會，為劉、關、張、趙四姓宗親依據三國演義桃園三結義的故事及趙子龍對劉備之忠勇表現而成立的宗親組織；目前在北美洲的廣東僑社和香港、東南亞一帶有非常堅實健全的組織和相當頻繁的聯誼及社會服務活動。香港地區且設有龍岡學校。此一世界龍岡組織的總會自民國七十年代起設在我們台灣台北，世界總會主席從那時起，也一直由我們台灣地區的人士選出擔任，像前立法院長劉濶才、總統府資政趙自齊等先生都曾擔任過。世界龍岡親義總會主席是依劉、關、張、趙的順序推選產生出來的。我於民國九十二年至九十五年（二○○三年十月—二○○六年十二月）繼關中、張平沼兩先生之後擔任龍岡親義總會的世界主席，並於任內在二○○五年四月率同世界各地龍岡宗親代表，赴河北涿州和正定、河南洛陽等地探訪劉備、關羽、張飛和趙雲我們龍岡親義組織稱之為四先祖的出生地和葬身地，並進行祭拜；同時於河北正定舉行一個龍岡四先祖國際學術文化交流研討會。另一方面，我也曾分別於二○○三年三月、二○○三年十二月、二○○四年八月、二○○五年九月和二○○六年十二月到美國舊金山和加拿大溫哥華、廣東開平及香港、新加坡和馬來西亞、美國的紐約、加拿大的多倫多和泰國的曼谷參加龍岡相關的活動與會議。不但使我可以認識結交各地的龍岡宗親，也充實我的社團服務生活。

事實上，趙族與龍岡的宗親活動，也是在於推廣和弘揚敦親睦族、孝敬尊長以及不忘本的美德，更是促進社會祥和的一項有意義的工作，我將繼續積極參與。

投入中華職棒

二○○六年（民國九十五年）二月，我在統一集團的推薦下獲選出任中華職業棒球大聯盟的會長，從此投身一個性質相當特殊的社會服務工作。棒球是我在台中一中上初中時開始接觸並十分愛好的運動。民國四十年

作者以中華職棒會長身分主持職棒二十年之球賽開球儀式（2009年3月）。

代，台中地區打棒球的風氣很盛，台中一中就有一支相當不錯的棒球校隊，而且常常在台中地區的學校比賽中奪冠，至少也會得到亞軍。

台灣開始瘋少棒的時候，我恰在美國留學。那時少棒在美國的比賽，也是我們留學生很關注的一件大事。中華職棒成立的時候，我已經在中央政府服務，雖不常去現場觀賞，但職棒剛開始起那一陣風潮以及媒體的轉播和報導，也頗引起我的注意。以後職棒不幸發生簽賭事件，我當然也有所聽聞和關注。只是因忙於公務，我並沒有對職棒的發展長期性不間斷地去關切。

因此，當統一集團的代表跟我接觸希望我接任會長之時，我有些猶疑。經過過了幾天的考慮，我終於表示接受，理由是：（一）我認為職業運動的發達，應該是一個社會多元化、現代化和健康化的一項重要指標，中華職棒是台灣唯一能存活下來的職業運動項目，我如能為台灣的職業運動的推動盡一分心力，也是一項很難得的人生經歷；（二）我在中國廣播公司董事長任內曾陪著中廣的戰神籃球隊到不少學校去作訪問表演，也多次到場觀賞它的賽事，第一手體會到青少年朋友對體育運動的熱愛，在中華職棒效力應也可以為青少年所喜愛的體育運動，有所貢獻；（三）棒球是台灣的國球，而職棒又被視為棒運的火車頭，為中華職棒服務，就是參與直接推廣國球，應也是一種不錯的人生服務經驗；（四）台灣的基層棒運，也就是國小、國中和高中職三級棒球的發展，那時已是呈日漸式微之勢，投身職棒應也可以有機會為三級棒球的振興效命和發聲。

職棒的問題

到了職棒聯盟之後，經過初步的瞭解和研究，我發現當時的中華職棒存在著下列的嚴重問題：

（一）球員簽賭打假球的陰影仍然揮之不去：一九九六年發生的球員集體打假球涉入簽賭案事件，對中華職棒造成近乎致命性的打擊。其所衍生的負面影響和打假球的陰影，一直到我接會長時，還是存在著；事實上，就在我接任之前，還有台中地檢處起訴打假球人員的案例。我到聯盟後，一方面感覺到球團負責人對黑道介入職棒誘逼球員打假球的可能性，依然十分憂心；另一方面也聽過一些球員可能打假球的傳聞，只是難以證實而已。（二）球團近幾年來，如果不去計算廣告和公益形象效益的話，大多呈現嚴重的虧損，無法達到收支的平衡。（三）球迷逐漸在流失，入場看球者、或透過電視收看者，在人數上都有嚴重下滑現象。（四）整個台灣的棒運，尤其是在國小、國中的基層棒運，在發展上都有日益衰退的情形；以往基層民眾對棒球那種狂熱支持喜愛的狀況，不復可見。（五）

作者（右五）率同中華職棒球團負責人及領隊代表赴行政院拜會蘇貞昌院長，請求政府協助遏阻黑道不法介入職棒賽事，並對球團投資職棒給予必要之優惠（2007年2月）。

企業對投入職棒的興趣大為銳減，原有經營職棒者，有人已起脫手之念；不脫手者，對職棒未來之前景，多未抱樂觀看法。（六）我們的棒球及職棒的國際競爭力有減無增，面對嚴酷考驗。

所以，我一開始，就把下列幾項當做我在聯盟要特別努力的工作重點：（一）為職棒建立一個健康而無所恐懼、憂慮的經營環境：也就是結合政府、球團、聯盟以及社會各界共同致力於防堵黑道不法介入職棒製造打假球弊案，也加強對球員、教練的管理和教育，使他們可以堅定立場、強固心防，不受威脅利誘，以免陷入打假球的簽賭不法事件。我特別一再呼籲要求政府有關主管機關修法加重對打假球簽賭犯罪的刑罰，也多次與檢察及警察單位合作辦理防賭、防打假球及打擊黑道對職棒不法介入的座談和宣導活動。（二）呼籲及要求政府相關首長及立法委員從法制面、制度面加強對工商企業投資職業運動，特別是職業棒球運動的實質鼓勵，以謀職業運動尤其是台灣唯一的職業運動職棒的健全發展。（三）請求各級政府重視和協助三級棒球即基層棒球的生根與發展，一方面藉以培養職棒的球迷，開拓球員的來源，另一方面以求厚植棒運的基礎；所以，我經常拜託中央政府相關首長和縣市首長對三級棒球的發展加以重視並積極推動。（四）促使台灣職棒在制度面、組織面和經營面加速走上與時俱進的國際化。（五）對台灣仍長期虧損、難以獲利的職棒，找出一條可以轉虧為盈、起死回生的道路。

這些工作，當然並非易事，必須鍥而不捨，隨時隨地去推動去進行。為求政府的支持，我曾於二〇〇七年二月與球團負責人及領隊一起至行政院拜會當時的行政院長蘇貞昌先生，蘇院長也率同內政部長、體委會主委、法務部長、經濟部長、財政部長、行政院秘書長、新聞局長和警政署長等一起參與會見並聽取我們的心聲和建議。他的誠意，令人難忘。我並曾單獨拜訪法務部長和警政署長，同時也常與幾位相關的立法委員分別研商，俾協助解決我上述各個工作重點所可能面對的問題。

經過了各球團和聯盟的共同努力，從二〇〇六年下半季開始，球迷漸漸又回來，票房和收視率也有改善。

大家對中華職棒，似乎又開始恢復了信心。二〇〇六年十二月，卡達杜哈的第十五屆亞運，以職棒為重要主力的中華隊，在棒球賽事中獲得冠軍，奪得金牌，使職棒的發展，呈現了一種令人相當看好的態勢。

不幸，二〇〇七年八月，在南部某縣民意機關的吳姓首長的涉嫌操控和主導下，中信鯨球隊隊員有多達十二人因簽賭打假球而遭起訴；使我警覺到簽賭之風的猖獗和黑道肆無忌憚的囂張。這個打假球案的風波，經過將不肖球員的清理，很快就平息，沒有對職棒發生太大的衝擊。然而，也提醒我們防範黑道介入造成打假球弊案的工作，時刻不能鬆懈。此時，我們經過一再檢討，認為造成打假球簽賭案之無法根絕，其原因固不少，但是對涉及打假球及職棒簽賭案的刑罰過於寬鬆不足以發生嚇阻作用，應是一個極其重要的因素。例如，一九九六年一位涉及當組頭而造成職棒首次發生重大打假球弊案在南部某縣黑白兩道均能呼風喚雨的蕭姓地方派系頭頭，直至二〇〇六年才被判二年六個月有期徒刑而定讞，而職棒涉及打假球之球員即使罪刑確定，但大多係以賭博罪或詐欺罪論處，且刑度低並均獲緩刑，從未有一位球員因打假球而入獄服刑。因此，我本人和聯盟及各球團一直致力於呼籲請求政府務必修改必要之法律規定，以使此種打假球傷害球迷感情並妨害我國職業運動及棒運的健全發展之可恥行為，得到應有而且具有效嚇阻力的制裁。

打假球案一再發生

二〇〇八年十月，由誠泰賣出改組而成的米迪亞暴龍隊，又爆發打假球弊案，不但球員涉案，連其管理階層的人員也被傳訊偵查，因此案而被起訴的球員及球隊負責管理和經營的人員，共計三十三人，對職棒又是一個打擊。聯盟由我立即召開常務理事會，於十月二十三日依章程規定，採壯士斷腕之手段，將米迪亞隊予以除名。雖然如此，我還是覺得有相當大的失望與感傷，因為竟然又有球員不自愛而涉入打假球的不法行徑，而更使我震驚的是居然有球團經營者及管理者涉案。米迪亞要承接誠泰時，聯盟曾分請經濟部及警政署刑事警察局查核，確定其公司組織及營運正常，所列名之董事及股東無人曾有刑案紀錄後，始允許其加入接手球隊。在米迪亞之前，誠泰曾找了一家汽車代理商接洽轉讓，但聯盟就是因前述的查核手續發現該代理商之股東曾有人犯賭博罪而加以阻止。沒想到，雖經嚴格查核，且本人也當面與米迪亞公司的負責人一再懇談嚴正表明各球團應共同打擊不法簽賭、防範打假球的要求，但卻發生了此種連球隊經營管理者也介入打假球的情事，真是令人失望與痛心！而且我事後由多方面聽到的消息指出，米迪亞的若干球員之所以涉

作者（中）與台灣高等法院檢察署謝文定檢察長（左）及警政署侯友宜署長（右）共同宣示整頓職棒不法簽賭歪風（2007年3月）。

作者（右三）與職棒球團負責人拜會行政院劉兆玄院長（右四）共同宣示打擊不法簽賭等事項（2009年1月）。

案，是由於受到球隊管理人員的指使或威逼而來的，更使人感到憤慨！此案之發生也使人深感黑道之介入職棒簽賭實在無孔不入！

聯盟及各球團和我本人經此衝擊之後，痛定思痛，以更大的決心和做法，要使職棒重新開始。二〇〇九年職棒二十年從球季開始，不論票房或收視率都有所起色，其中有球隊當年的營業不但可達收支平衡甚至還可能會有盈餘。然而非常不幸地是，在中華職棒聯盟屬於第一支成立且相當具有指標作用的兄弟象隊，卻於二〇〇九年十月，發生了令各界十分錯愕、驚訝並震憾的簽賭打假球案，並且涉及到從美國重金聘請回國的一位曹姓明星球員及其日籍總教練。弊案發生時，我人在馬來西亞率團代表我國參加一個國際會議。接到通知後，我除請聯盟即就此一事件發表一聲明請求政府本「除惡務盡」之決心，將所有不法介入職棒簽賭之黑白道人士均予以揪出並且從重依法追訴處罰外，對於球員請本「勿枉勿縱」之立場，將害群之馬一一繩之以法。另一方面，我深恐兄弟象隊受此打擊而萌退意不願再撐下去，如果真這樣，台灣的職棒很可能就玩不下去了；所以，我特從馬來西亞打電話給洪瑞河領隊打氣鼓勵，並得到其不輕言放棄的承諾。回國之後，我又與洪領隊懇談，獲他肯定表示不論如何困難，兄弟象還是會繼續經營下去，會繼續為職棒的發展奮鬥下去。

重生與改革

馬英九總統此時公開表示，政府會全力支持職棒，不會讓職棒打烊、關掉、倒下，並且劍及履及地於二〇〇九年十二月一日在總統府召開和主持一個棒球國是會議。之後並指示行政院副院長朱立倫先生主持一個專案小組研擬振興棒運的方案。這些都對職棒有很大的鼓舞和激勵作用。二〇一〇年中華職棒第二十一年，承球迷的不離不棄，各界的支持，中華職棒又重新出發，大家對職棒的熱情又漸漸回來了，而經過改組後的兄弟象隊，在年輕新秀球員的奮戰下勇奪年度總冠軍，也為職棒帶來了新希望。在此，我除了要感謝馬總統適時的支

作者（右一）陪同馬英九總統（右二）觀賞職棒二十年在台北天母之開幕賽（2009年3月）。

持協助之外，也要謝謝行政院劉兆玄前院長、吳敦義院長和朱立倫前副院長，他們都對職棒的發展和我國棒運的振興，十分關注、非常支持並且採取了具體的行動。

那麼，何以簽賭打假球的事件不斷發生呢？根據我這些年的觀察和體會，除了前述的防賭及處罰打假球的相關刑罰規定太寬無法發揮嚇阻效果之外，應該歸責於下列幾個原因：（一）台灣賭風太盛，地下簽賭非常普遍，所涉及之人數和賭金都非常之驚人；（二）球隊對球員的管理和輔導不夠周延和有效；（三）有些球員法治觀念薄弱，不知自愛或者缺乏正確之是非觀念；（四）有些球員在掌聲中自我迷失，生活過於奢華，揮霍無度，易受利誘走上歧途；（五）有些黑道及地方派系人士唯利是圖主持操控職棒簽賭，並引誘或威逼教練或球員打假球；（六）職棒在制度面仍有必需改革充實的地方，故引致簽賭者能以乘隙而入。

我在職棒的這些年，花了不少心力針對上述分析的原因採取必要的因應之道，以加強打擊黑道不法介入職棒及預防教練和球員的打假球。二〇〇九年十月，兄弟象打假球事件發生後，我說服各球團一致支持採行自由球員、最低薪資和球員強迫儲蓄等制度。多年來球團對球員工會的態度以及二軍的設置問題，一直沒有達成一致的看法，到了二〇〇九年初，經我及聯盟同仁的努力，各球團終於一致認同和尊重球員工會的組織和活動，而且也支持和接受二軍成立的必要性。

職棒五年的感想與呼籲

自二〇〇六年二月我到職棒服務，至二〇一一年二月已連任一次屆滿五年，依規定不得再續任。回憶起來，這五年多的參與職棒，使我對於台灣的棒球、職業運動及職棒有了相當深入的接觸和體驗。認知和學習不少新事物、新現象，也結交了不少新朋友，也是我人生中一段難以忘懷的經歷。雖然我曾為了職棒與過去在政府服務時的老同事、老朋友有過爭吵，但我不後悔。我的職棒五年，讓我又深深切地體會到棒球在台灣有長遠的發展歷史，深受廣大民眾所喜愛、為基層人民所熟知，而且也是最能激發起國民愛鄉愛國的一種體育運動，政府應加珍惜愛護，努力加以推廣，使之成為名實相符的國球。對於兄弟、統一、興農和LA NEW等企業集團在台灣的職業運動的發展條件和環境都不是很好的情況下，願意投資職棒為台灣的棒球打拼，我也衷心感動與敬佩。

因之，對於我們的棒球和職棒，我要在此呼籲政府及有關各界應：（一）特別持續不斷地培養、扶植和發展基層棒球：讓國小、國中、高中職及社區普遍組織棒球隊，舉辦各種比賽，使台灣的棒球可以生生不息蓬勃成長與發展。（二）繼續有效打擊不法簽賭和防堵打假球：我多年來希望將中華職棒納入運動彩券做為投注標的的一種，於二〇〇九年獲得實現，但投注方式還是不能吸引廣大的民眾，希望能加改進，以使地下簽賭可以逐漸減少最終無法生存。至於對於打假球及不法簽賭，經職棒聯盟、球團和我近年來不斷地奔走、呼籲和懇求，最近（民國一百年元月）立法院終於修正通過了「運動彩券發行條例」第二十一條，將非法介入簽賭妨害職業運動者（包括操縱主導打假球及打假球者）之處罰提高至一年以上至七年以下之有期徒刑，並得併科一千萬元至三千萬元之罰金；而結夥三人以上犯前項行為者，處三年以上十年以下有期徒刑，並得併科二千萬元至五千萬元之罰金。我希望各有關方面要切實執行這個法律，並希望黑道分子、派系頭頭或有關政客不要以身試法，更盼望所有職棒教練和球員，一定要潔身自愛千萬不要去觸犯。（三）重視並鼓勵職業運動，尤其是職棒，對工商企業要採有效的誘因使他們願意投資或資助職業運動：這是我在職棒服務期間所鍥而不捨要求政府應從法制面加以重視和改善的一個重大事項。最近，政府有關主管機關行政院體委會在戴遐齡主委的領導下，已完成了一個「運動產業發展獎助條例草案」，已對我們的要求有了相當程度的回應，值得肯定。然而在稅課減免優惠方面，特別是投資於運動產業的費用如何從優提列為可以受到稅課優惠的保障一節，我認為仍有予以充實改善的空間。當然，我希望此一法律草案能儘快完成立法程序付諸實施。談到這裡，我要對於現任體委會主委戴遐齡女士勇於任事積極支持、協助職棒的作為，表達謝意。（四）對於職業運動員要多加輔導照顧：職業運動在台灣還是在跌跌撞撞，並沒有能像歐美、日本一樣，蓬勃發展，不但有利可圖而且不少獲利極大；所以，我們台灣職業運動的球員還需要加以輔導與照顧。有關方面包括政府及職業運動經營者，應協助和輔導職業運動員的生活、理財和生涯規劃，尤其要協助他們於從職業運動退役之後還能夠有適當的工作，並可過正常和不虞匱乏的生活。這也是防止打假球及振興棒運所應重視的所在。我衷心希望那大多數是正派、守本分、有專業而且敬業的台灣職棒球員們，可以有一個充滿希望而不必為未來憂心的職棒生涯。

獻身童軍運動

我上初中的時候，學生人人都應參加童子軍組織，也應上童軍課程。所以，我與童軍在民國四十二年我考入台中一中初中部就讀時就發生了關係。但我以服務員身分參與童軍運動，則是於民國五十五年（一九六六年）夏天我赴美留學前，由謝又華先生之介紹參與當年在台灣所舉辦的亞太地區童軍領袖會議的籌備工作開始。民國六十年代，我自美學成回國之後，時任教育部社教司司長而同時又實際負責推動全國童軍運動的謝又華先生，又找我參加童軍的活動。從此，我就與中華民國童軍運動結下不解之緣。

民國六十二年春天，我與當時的台灣省政府社會處長陳時英先生代表我國至印尼日惹（Yogyakarta或作Jogjakarta）參加亞太地區社區童軍研討會，是為我代表我國童軍參與國際活動之始。之後，我先後代表我國在台北主持亞太地區童軍公共關係研討會及在泰國曼谷率團參加亞太童軍領袖會議。一九七五年（民國六十四年），我率領由四十九位服務員、羅浮、行義和童軍所組成的中華民國代表團赴挪威參加第十四次世界大露營，並於事後在歐洲十國進行訪問，計於歐洲停留二十九天。其後，我先後於民國六十六年（一九七七年）七月在加拿大蒙特婁（Montreal, Canada），於民國六十八年（一九七九年）七月在英國伯明罕（Birmingham ,U.K.）分別代表我國參加第二十六次及第二十七次的世界童軍領袖會議（World Scout Conference）。上述這三次的活動，讓我參與了世界童軍運動組織（World Organization of the Scout Movement, WOSM）最重要的露營和會議，使我體驗國際童軍運動的宗旨和其所代表的精神，暨其所追求的目標。也從此讓我積極地投入我們中華民國的童軍運動。所以，我曾於台灣省政府社會處長任內在桃園楊梅主辦全國第一次的社區童軍大露營，並在全省推廣社區童軍。中華民國童軍總會（原稱為中國童子軍總會）的理事會和相關活動，我也持續參加。

二〇〇三年我獲頒世界童軍運動最高榮譽的銅狼獎章（The Bronze Wolf）。

作者率團參加在挪威舉行之第14屆世界童軍大露營（1975年8月）。

民國九十三年（二〇〇四年）六月至九十六年（二〇〇七年）五月，我獲選出任中國童軍總會監事主席；民國九十六年六月我當選就任中國童軍總會（後於民國九十八年改為中華民國童軍總會）理事長，民國九十九年六月，我又當選連任，因此，我展開了負責推動中華民國童軍運動的階段。

作者於台南烏山頭水庫與參加第一屆世界華人童軍大露營之童軍合影（2009年7月）。

作者（左二）為推廣童軍運動特敦請部分縣市首長擔任全國童軍總會理監事，圖為作者與當選理監事之彰化縣卓伯源縣長（左一）、嘉義市黃敏惠市長（右二）及李錫津副市長（右一）合影（2010年6月）。

童軍運動是為青少年而設、為青少年而存，其目的在透過「日行一善」、「隨時做好準備」、「服務他人」的磨鍊，和「對上蒼負責」、「對他人負責」、「對自己負責」的責任觀念的培養，以及團隊精神和榮譽心的陶鑄，使青少年長大之後可以成為有用的國民和負責任的公民。它是一種以青少年教育為宗旨的國際非政府組織在世界各地所推動的運動。

我於民國九十六年夏接任全國童軍理事長之後，就倡導應以世界童軍運動的宗旨和精神為依據，參酌我們國家社會的發展情形，把我們中華民國的童軍發展成為普及的、生動的、服務的、薪傳的和國際的童軍。意

作者（左三）代表我國參加於巴西舉行之第39屆世界童軍領袖會議，與其他國家代表合攝於我國國旗前（2011年元月）。

思是希望要透過大家一起的努力，使我們台灣地區的童軍運動能夠：（一）越來越普及，由學校而深入社區；（二）活動內容與時俱進、生動活潑、具體充實，對青少年具有強大吸引力；（三）強調及重視助人及對社區、社會的服務，多參與和從事可以改善人們生活和促進社會進步的各種服務的工作；（四）多吸收更多的童軍會員，多培植更多優秀的青年幹部，使童軍運動可以後繼有人，生生不息一代一代的傳承發展下去；（五）多參加多主辦各種國際活動和會議，一方面加強我們的青少年及童軍幹部的國際觀，擴大他們的國際參與，並在世界童軍運動中作出更多的貢獻；另一方面則發揮我國童軍可穿繡上國旗的制服、攜帶我國國旗參加各項國際活動的特點，協助政府推動活路外交，提高我們國家的國際能見度和活動空間，並為我們國家和童軍爭取更多的國際好感、友誼和支持。

過去這三年多，我本著上述的理念，在國內積極推廣童軍運動，在國際則致力於童軍外交。因之，我先後率團參加二〇〇八年八月在韓國濟州島及二〇一一年元月在巴西庫里其巴（Curitiba）所舉行的第三十八次和第三十九次世界童軍領袖會議；於二〇〇七年七月率我國童軍代表團到英國倫敦近郊參加慶祝世界童軍創始一百年的世界大露營。另外，我也在亞太地區的日本東京、尼泊爾的加德滿都、馬來西亞的吉隆坡、印度的邦加羅（Bangalore）率團參加亞太地區的童軍領袖會議和童軍高峰會議。我也獲選為亞太地區童軍委員會委員，並以此身分先後至斯里蘭卡、香港、孟加拉邦、菲律賓、新加坡及韓國等地或參加委員會議或代表亞太地區對有關國家的童軍運動進行考察評鑑。

為擴大青少年對童軍活動的參與及增進童軍相互的情誼，我於二〇〇九年二月及八月分別舉辦了首次的全國原住民童軍大露營及第一次的世界華人童軍大露營。

今年是中華民國一百年，既是建國第一百年，也是我國童軍創始第一百年，我們全國童軍總會決定舉辦一系列的慶祝活動，包括舉行慶祝典禮、慶祝餐會、舉辦大露營、辦理學術研討會、出版童軍百年史暨《名人與童軍》和《資深童軍訪談》等專書，以及各種有關的慶祝藝文和野外探索等活動。我身為全國總會的理事長，自然會有為童軍而忙碌的一年。

童軍運動是一種可以加強青少年德、智、體、群、美等「五育」和強化其「智、仁、勇」三達德修養的運動。我能夠投身此一運動，是一個很難得的機緣，今後我仍將本著「一日童軍、一世童軍」的精神，繼續為童軍運動獻身、服務。

旅遊看天下

我本來就很喜歡旅遊。二〇〇二年我擺脫一切黨政職務之後，不必再過那種不分晝夜心操公務、肩負重責、忙東忙西的日子，而可以比較逍遙自在隨心所欲地生活。因此這近十年來，我密集地出國旅遊，在旅遊中看世界、在旅遊中看天下。旅遊成了我生活中的一個重要部分。過去這十年之間，我差不多走遍了中國大陸，其間我曾追隨連戰先生參加他於二〇〇五年四至五月到大陸的和平破冰之旅、於二〇〇六年十月在海南島舉行的兩岸農業合作論壇，及於二〇〇七年四月於北京舉辦之兩岸經貿文化論壇。我也不只一次地到過歐洲、美洲、亞洲和大洋洲的若干國家。

未來我還是會繼續出遊。我希望也計畫在近年內能夠先重遊非洲、中東地區，並至從未曾去過的中亞地區走走。至於我已經去過的國家，只要還有我未曾看過而又很值得一看的風景名勝及古蹟文物，我還是會設法再去欣賞瀏覽這些未曾一見的景點。

旅遊固可以增廣見聞、擴大視野，但更可以增加人生閱歷和生活情趣，讓我可以進一步瞭解我們這個變動中的世界。所以，繼續旅遊將是我七十過後的人生的另一個生活重心之所在。

健康、快樂和不斷學習成長的追求

我七十歲了，回首過往歲月，我充滿感恩。我感謝上蒼在人生道路上，賜給我很多很好的機會；我感謝父祖輩給予我良好的健康基因；我感謝雙親對我的養育與栽培；我感謝師長們對我的教誨；我感謝所有長官對我的指導和提攜；我感謝親友同事一路對我的相助相挺；我感謝家人給予我親情的溫暖。

我雖已到了七十，但我不服老、認老，心理上也不會自認到了七十就是老。我將本著「人生七十又開始」的認知，在未來的歲月中，好好把握每一分每一秒的時間，做我想繼續做或以前想做而未做的事情。我要繼續我的授課生涯，我希望能在教書之餘多創作、多寫書，特別是撰寫一些與我研究專業有關的著作。當然，我也要繼續投身於各種社會服務，所以，像參與學術團體、公益文教基金會、童軍運動、職棒體育、宗親同鄉團體等等之類的服務工作，我會繼續不斷地盡我力之所及多多去做。二〇〇八年年底迄今，我先後獲聘為總統府國策顧問及資政，一直以來，我從不放棄任何可以為人民、為台灣、為國家向總統建言、進言的機會，以後還是會如此。我在中廣新聞網主持了一個叫「台灣加油，無所不談」的節目，我將繼續為民眾、為我們的台灣和為我們的國家的福祉與利益發聲。我也會繼續關注影響台灣前途、人民權益和國家未來的議題。我要繼續保持讀書的習慣，讓我讀書、教書、寫書、購書和藏書的「五書」生活更充實。綜合而言，我計畫我七十後的人生，將是一個重在追求健康、快樂和不斷學習成長的人生。

我希望七十後的我，能夠遠離憂愁、憂患，快快樂樂；能夠不受病痛的折磨，健健康康；能夠繼續貫徹實踐「終身學習」與時俱進地有所成長，不與社會和時代脫節。

我抱著這樣的願望和自我期許，迎向人生七十的又開始。

（二〇一一年三月滿七十歲生日定稿）

第二篇

懷舊・憶往與感恩

回憶我那不一樣的年代的小學生活

談談我們如何走過來

六十多年前，即民國三十六年的九月，我進入當時的鹿港鎮草港國民學校（以下簡稱草港國校、即現在的草港國民小學）就讀；民國四十二年六月畢業。前後在草港國校求學六個年頭，也度過了我的少年時期，是我一生中難忘的歲月之一。今逢母校創校八十週年之慶，特撰文回憶當年我的小學生活。一方面為我的少年時代留下一些紀錄；一方面也讓今天的青少年朋友，認識那時我們是處在怎樣的環境，那時我們又是如何地走過來的。

當年的草港，一個典型的濱海村落

民國三十六年前後的草港，雖不能說是窮鄉僻壤，但至少應該是一個並不是十分發達的典型鄉下村落。那時草港地區，絕大多數的居民都是務農或討海維生（當時崙尾一帶居民很多即以從事下海打漁、養牡蠣為主業）。住宅大多數是土塊砌成的所謂「土角厝」，或石灰與竹子建成的「竹仔腳厝」（或稱條仔腳厝）。被認為是有錢人家才住得起的紅磚黑瓦建築，即所謂「磚仔厝」，並不是很多。而現在到處林立的洋房那時完全沒有。很多人家都沒有電燈，而是用煤油燈來照明。

當時草港對外的交通相當不便，主要是用步行，少數家境好一點的才用腳踏車。那時無論到和美或鹿港街上，都是一件大事；只有逢年過節，或家有婚喪喜慶，才會到和美或鹿港街上採買；而且多數人，都是靠雙腳步行而去的。能到彰化去的可說是少之又少，因為在那個時代，彰化就是一個草港居民心目中的大都市。那時，從草港要到更遠的地方，必須先至鹿港或和美街上，再換乘糖廠火車（即一般人所謂的「五分仔車」）或客運車到彰化，或直接走路或騎腳踏車到彰化，然後從彰化再轉搭火車或客運汽車北上或南下。民國四十一年我上國小五年級的時候，草港出現一家專門演歌仔戲的戲院；也是從那一年開始，彰化客運汽車才開始通到草港。

六年小學生活的點點滴滴

我於民國三十六年九月進入草港國校就讀，正式展開我的小學生活。事實上，我於三十五年九月，就曾跟著村中大孩子到學校要報到入學，並且也做了近一個禮拜的小學生。但是，最後因我那時只有五歲多年齡不足，而被請回家。據先母告訴我，從小我就很嚮往讀書，所以才有那一段想提早入學而未能如願的往事。那時的草港國校，一年級到三年級各有甲、乙兩班；四、五、六年級各只有一班，全校共有九班學生。教室都是木頭石灰構造，有一個禮堂，算是一個規模不大的國小。

從一年級開始當班長

我入學後被編入乙班，級任導師是施寶梅女士。可能是我對讀書一事表現得較積極，成績也較好，施老師就指定我擔任班長，從此一直到畢業，我都是班長。一年級學年結束，我的成績是全班第一，也因此獲得獎賞；記得我得到的獎品是鹿港財團法人泉郊會送的一套用一個非常漂亮的木盒所裝的硯台和筆墨。泉郊的「郊」以後我才知道，就是等於現在的同業公會。在前清時代，鹿港相當繁榮，成立了不少的「郊」，如「糖郊」、「布郊」、「鹽郊」等等。泉郊會還送了一張表揚我品學兼優的獎狀；這是我平生所獲得的第一張獎狀，到現在我還珍藏著。

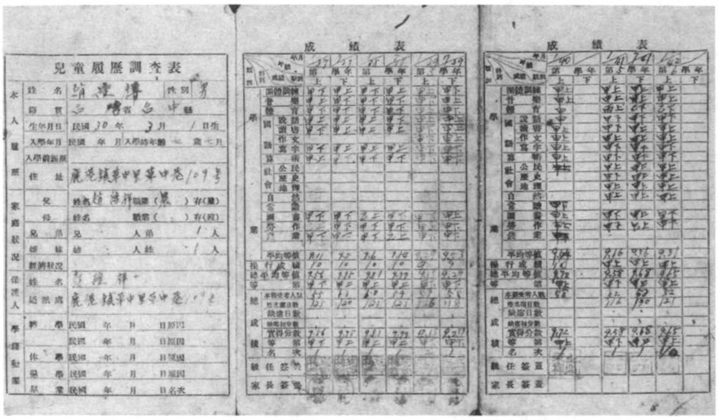
兒童履歷調查表
成績表

作者在草港國民學校在學六年之兒童手冊，即成績單。

我在草港國校六年，每一學年成績都是全班第一。而十二個學期，除了三年級上學期因病有一堂考試沒考完就先回家，結果成績列為班上第二名之外，其餘十一個學期成績也都是班上第一名。我現在手邊還存有一本當年記載我每一學期每一學年在校學業、操行成績及老師考核的兒童手冊。這一本手冊，正式名稱叫「國民學校兒童手冊」，封面上記載我的學號（六〇六七）、姓名及學校名稱。手冊發的時候，是民國三十六年，現在的彰化縣，還沒設置，仍屬於大台中縣；所以，我們的校名就成為「台中縣鹿港鎮草港國民學校」。

手刻油印的獎狀

我因為每一學年成績都是第一名，因此每一學年結束都得到一份獎品，也獲頒一張獎狀。這些獎狀連同全勤獎，一共有十幾張，我都還完完整整地保存著。從這些獎狀，可以看出民國三十年代末期至四十年代初，台灣物力的艱辛。因為，我在二年級和三年級學年結束時，所得到的獎狀，都是那時的老師用手刻鋼版然後油印出來的，根本談不上精美，可說相當克難。一直到我四年級學年結束，所獲獎狀才開始用網版印刷套色的格式。

我在小學六年期間，國語、常識、算術和自然等學科的成績都很好；每一科學期和學年成績不是甲上、甲就是甲下。最差的是體育科。雖然我在班上的學業總成績都是第一，列在甲等，但體育科成績一直不好，常常列為乙；五年級上學期甚至還得了個丙（可能因為那時我腳受傷手術，體育課常常請假之故）。可見小學時代，我並不是一個運動型的學生。

玩躲避球、看國語日報和自製陀螺

那時，學校最流行的運動，是躲避球。學生課外活動，最喜歡玩擲橄欖子（將橄欖子或保留原形、或磨成各種形狀，然後擲在地上玩各種遊戲比賽勝負）、捉迷藏、跳房子和玩陀螺。我們男生特別喜歡玩陀螺遊戲，往往自砍木頭自製陀螺；玩的時候，不但比賽誰的陀螺轉得最久，還會在拋擲陀螺時，故意衝打對方在旋轉中的陀螺，能把它打倒甚或打傷，就算贏，就特別高興。閱讀方面，學校佈告欄張貼的「國語日報」是我當時最喜愛的課外讀物，它不但告訴我們國內外大事，而且一方面幫助我們學國語，一方面還有讓人百看不厭的漫畫及不少很吸引人的好文章。

我們鄉下小學的校長和老師

我在草港國校六年當中，一共換了兩個校長。從一年級到三年級的校長是來自鹿港街上丁家的丁瑞雲校長。四年級至畢業的校長，是與我同村（草港九甲村）的族親，我稱他為伯父的趙水蛋校長。丁校長離開草港的時候，我還小，以後也沒有機會再見到，所以，比較沒有什麼印象。只記得他身材不高，他的家族是鹿港的望族。以後知道他的少爺也從事教育工作也當上了國小的校長，就是後來自文開國小退休的丁禎祥先生。趙校長因為是來自同村，所以，在他擔任校長前後，我就常常看到他在上班前或下班後趕回村中下田工作的勤勞情形。以後，我從美國留學返台在政府部門服務的時候，每次返鄉，我總會去探望他。趙校長退休之後，就在草港慶安宮擔任志工服務工作。我在民國八十七年年底就任台灣省政府主席時，他還特別前往中興新村觀禮。不久之後他就因病去世，令人十分不捨。

草港國校六年的學生生活中，所有教過我、擔任我們級任的老師，我都留下非常深刻的印象。有的迄今我還保持聯繫，而且只要有機會，我都會特別登門去探視問候。因為，在我這一生從小學到留學所有的老師中，他們可說是對我影響最大、最深的一群。是他們把我從一個懵懂無知的小孩，塑造成為一位對讀書有濃厚興趣和十分渴望的少年。他們幫我啟蒙，在我幼小的心靈中，灌輸我教育和努力上進的重要性，也帶領我這個鄉下孩童去接觸和走進外面的世界。

家長拜託老師體罰子弟

施寶梅老師是我的啟蒙恩師。她來自鹿港街上，嫁給草港我們隔壁村的中庄黃開老師。她是我們一、二年級的級任導師，教我們的時候才二十歲上下。那時，似乎還沒有科任老師制，因此不論國語、算術、常識、音樂等等都是她一手包辦。所以，我會識字、寫字和講國語、背九九乘法，是她第一位教我的。施老師管教學生相當之嚴。那個年代，家長們常常拜託老師們對他們的子弟要嚴教嚴管，並且常常請老師們在子弟調皮不聽話時，不妨打手心或用細竹枝體罰以收管教之效。印象中，我也曾被老師用細竹枝打過一次手心。老師對學生做適當的體罰，即使是現在，我也認為有其必要也有其教育功能。

施老師的先生黃開老師很早就因病過世，留下兩位兒子，靠施老師拉拔養育長大，都受大專教育，現在也都有很好的事業。因此，施老師不僅是一位良師，也是一位良母。施老師後來轉到台北縣板橋埔墘國小任教，並在那裡退休。因為都在北部，所以我也比較有機會與她見面。民國八十六年五月母校草港國小舉行創校七十週年慶的時候，我時任台灣省主席，特別商請母校邀請施老師和在六年級教我們升學班的黃慶明、陳清庭及洪寬志三位老師一起返校聚會，並且和他們合影留念。民國九十四年十二月，我出版了兩本新著，在台北舉行新書發表會，特別邀請施老師參加，也特向在場貴賓介紹她是我的啟蒙老師。施老師現在雖然已屆滿八十，但依然非常健康，而且過著很快樂的退休生活。

碰上了外省老師

我三年級的級任老師是王富興先生，也是來自鹿港街上。我們升四年級時，他就調回鹿港，但不久就傳來他英年早逝的惡耗，實在令人哀痛。我們剛升上四年級時，有一位姓熊的外省籍老師來教我們這一班，他是草港國校第一位大陸籍的老師，也是我這一生所碰到的第一位大陸籍的老師；鄉音很重，聽起來頗吃力。不過，他教不到一個月，就和他的也是外省籍的太太一起被警察帶走。據說是牽涉到匪諜案。那時是民國三十九年秋，也是台灣面對中共隨時可能武力來犯的風雨飄搖時期，更是一個抓匪諜也就是共產黨間諜，相當積極的年代。我們不敢問我們新來的級任老師到底發生了什麼事，學校也沒有告訴我們這位大陸籍老師為何一去不復返。不久，又來了一位外省籍教員來接替擔當我們的級任導師，他就是尚永祥先生。尚老師長得很胖，同學們背後都用台語稱他「大塊的」。他是東北人，日語講得很流利。因而很能與那時大多不會講國語而於日據時代受過日本教育的家長們溝通，並且很快地彼此建立起感情。尚老師常常跟我們講他東北家鄉及大陸的種種，為我們這些鄉下小孩開啟了對中國大陸一些初步而具體的認識。他的東北腔的普通話，也使我的國語發音或多或少受了影響。尚老師一直就在鹿港地區任教，離開草港國小後就轉到頂番國校。他也與一位本地的女士結婚並且生了一男一女。他的兩個小孩後來都到美國留學，也在美國成家立業。很可惜，在尚老師退休不久正可以赴美與他子女團聚的時候，他卻在頂番國小附近散步時被摩托車撞倒碰上電線桿，而不幸腦出血去世，令人十分惋惜。他的兒子一直到現在還跟我有所連絡。

使我們興奮的級任老師

民國四十年九月，我升上五年級後，剛剛於那一年教畢業班，並且創下草港國校歷年來畢業生參加中等學校升學考試及格率最高的兩位明星老師之一的黃慶明先生，出任我們班的級任導師。我們都非常興奮。黃老師跟當時大多數的老師一樣，才二十幾歲，教學極為認真，數學是他的最強項。他這時就開始為我們的升學考試做準備；常常會教我們像大全科之類的課外教材。五年級時還有一件往事，我仍留下深刻的記憶。那就是有一次草港地區在警察派出所前廣場搭了一個臨時舞台舉辦聯歡會。黃老師指派我上台表演獨唱。這是我這一生第一次上台公開表演。記得那時每一班好像都要有個節目，我是班上的班長，成績又最好，黃老師事先用風琴指導我練唱一首大陸民歌（歌名好像叫「傻大姐」），就這樣我就上台演唱了。

升學班和升學班的老師們

升上六年級後，所有應屆畢業生，就編成升學班與非升學班兩班。我父母和我自己一直就有我要繼續升學的打算，所以，我就編在升學班。

談到這裡，應該先回顧說明當時的學制。那時，還沒有今天的國中。所有省立中學（那時並未精省，高中、高職還不是國立）都設有高中部和初中部，省立職業學校也都有高級部（高職）和初級部（初職）。另外又有一些縣立的中學（當時的鹿港中學就是縣立，而且最初只有初中部）和初級職業學校（像秀水農工的前身秀水初農即是）。要進入初中或初職，都必須先經過升學考試一關，經錄取之後才能就讀；而且錄取率不高，因而升學競爭很激烈，尤其好學校更是如此。高中部和高職部，也是要經考試錄取才能入學。

我們六年級升學班，有三位老師教我們。除了黃慶明老師教算術和自然科外，國語文由陳清庭老師教，而洪寬志老師則教常識和社會科。這三位老師都以教學認真管教嚴格而著名。而且在正常上課時間之外，還義務為我們做免費的補習，常常要到晚上六、七點鐘才下課回家。同學們和家長們對他們，都非常之感激。

黃慶明老師來自鹿港鎮頂番地區廖厝里的農家，一直都是一位明星級老師。離開草港國校後，他轉往頂番國小服務，直到退休為止。他對自己子女的教育也很成功，有二位公子留美獲有博士學位。曾任國立台灣師範大學校長的黃光彩博士，就是他的長公子。黃老師與畢業學生頗有互動，有一年在頂番國小舉行他的學生聯歡，記得有數十人參加。黃老師的兒子都在美國定居就業，女兒女婿則在台灣。所以，現在他美國、台灣兩地跑得不亦樂乎。他身體非常之好，一點也不像是七十七、八歲的人了。近年來我與黃老師聚會較多，每一次都是談得很愉快，也一定盡歡方散。

陳清庭老師是草港本地人，來自於頭庄；多才多藝，學校的疊羅漢體操表演和鼓笛隊，都是他負責指導的。目前住在和美，身體也很好，年紀已超過八十了。洪寬志老師國學造詣很好，那時我們最喜歡聽他講歷史故事和時事分析。他講的三國演義，尤其引人入勝，讓當年我們這些小學生百聽不厭。洪老師退休之後住在鹿港，是每年一度的鹿港元宵節燈會的靈魂人物之一，因為很多燈謎都是他出題的。我曾多次到鹿港拜訪他。現在他已年逾八十，身體仍很健康。

我還記得的其他老師

我在草港國校就讀時代，除了上述直接教導我的老師之外，我還記得的有黃呈誌老師（以後從政，曾任縣議員、鎮公所秘書等職）、黃白守老師（書法很好，草港人）、黃石武老師（也是草港人，很喜歡釣魚）、葉潤堂老師（鹿港人，後來搬到台北，熱心於社區服務與寫作，我曾在台北見過）、李繁祜老師（山東人，也是娶鹿港地區女士為妻，他的兒子我在擔任行政院秘書長時曾來見我）和鄭萬春老師（也是草港人，來自頭庄）。另有一位姓沈的退役老兵分發到學校當工友。這位老兵負責上下課打鐘和打雜；人很靜，話不多，鄉音很重，工作認真，對學生很好。他孑然一身，住在一個小房間，自己燒飯，做的都是那時我們十分好奇的外省菜。後來，他就在草港老死，由學校替他料理後事。

上述的這些師長們，不問是教過我或沒教過我的，都很愛護我。在我那個為學習和讀書奠下最根本的基礎的兒童時代，他們都曾無私地幫助我、引導我。到現在事隔五十多年、我都還記得他們。對於他們，我心中始終充滿懷念和感激。

值得記憶的一些經歷

草港國校六年的學生生活中，有一些經歷，到現在我依然記憶猶新。有一些是我個人特殊的經驗；有不少則是與當年的時空背景有關，頗能反映出那個年代的台灣社會，很值得以「走過從前」的心情加以回顧。

赤腳上學沒有制服

我讀國小的年代，台灣還是典型的農業社會，加上政府遷台未久，時局還很緊張，一般人的經濟狀況不是很好，鄉下尤其如此。我們那時上學沒有制服，男生很多人常常只穿一件汗衫和一條內褲就上學。大家都赤腳來校，只有遠足或過年過節時，才有機會穿鞋子。而雨衣、雨傘和雨鞋，那時也非常少見。下雨時，大家都用裝稻穀或肥料的麻布袋遮雨。

那時大家都營養不好，學生多數有蛔蟲，有好幾年早上一上學，大家都必須先喝一碗蛔蟲湯藥，把蛔蟲排出來。那個年代，公共衛生保健並不是很好，很多女生頭上都長了頭蝨，學校也在早上為她們噴藥殺蟲。草港地處沿海，風沙很大，當時學生百分之七、八十都有砂眼。所以，有好一陣子，學生一到校，老師就要幫學生點眼藥治砂眼。

抓小孩的傳言

民國三十七、八年，我小學二、三年級的時候，由於中國發生國共內戰，台灣局勢很緊張，因而時常聽到各種謠言。當時，我們最常聽大人談到的傳言之一，就是指有一批大陸人專門到台灣來抓小孩剖取心肝當藥材，並且有人言之鑿鑿地說在彰化火車站就逮捕到一個抓小孩的人，警察將他隨身攜帶的木箱打開，赫然發現一具兒童的乾屍。那個年代，台糖蔗田還種滿甘蔗，學校附近就有一畦甘蔗田，有一天有同學報告老師說看到一位衣著很不一樣的陌生人，在蔗田內窺視學校。同學們都十分驚恐，都以為碰到了專抓小孩的壞人。結果老師們在甘蔗田內大事搜索一番，但並無所獲。不久，大家就忘了這個可怕的謠言。

反共抗俄與請說國語

我的小學階段，正是政府推動「反共抗俄」政策如火如荼的年代，我們的學生生活也因而或多或少受到此一政策的衝擊。在民國三十七、八年，受國共內戰影響，老師教我們唱很多反共愛國歌曲，如「反攻大陸」、「保衛大台灣」、「反攻復國歌」等等；還有一首我已忘掉其歌名，但歌詞中依稀記得有這樣的一段：「共產黨你們不要夢想，長江不是你們的天堂，長江是你們的墳場…」應該是在中共要渡江攻打江南之前，國軍所唱的歌曲。

在民國三十八、九年的時候，從大陸撤退來台的國軍，有部份進駐到我們學校，一部份教室成了軍隊的營房。學校被迫進行二部教學，即有人只在上午上課，有人則僅在下午上學。這一來，使我們這些鄉下小孩，有機會親眼目睹當年撤退來台整編準備反攻大陸的國軍部隊的一些實況。我們看到部隊穿草鞋出操；看到部隊那時很克難，一天只吃兩餐（一在上午十點左右，一在下午五點左右）；也看到了部隊中還有一些十幾歲穿軍裝的少年兵。民國四十年左右，部隊撤走。後來，我和幾位同學在學校的一個小池子中，居然挖到一大批子彈，我們這些小孩不知危險，竟將子彈拿來玩，好在很快就報告和繳給老師，沒有發生意外。這批子彈，顯然是駐軍丟下來的。而我們能接觸到這些槍彈，未嘗不也是反共抗俄政策下的結果。

在那局勢可說相當吃緊，「反共抗俄」的口號叫得非常起勁的年代，在民國三十九年、四十年左右，有一陣子學校操場常有成年人編成的自衛隊進行組訓。

這些自衛隊員都在三十歲左右，很多就是學生們的家長。他們後來還參加了縣政府的檢閱，顯然是準備一旦情勢危急時，要負起保衛鄉土的責任。後來局勢緩和，再也看不到他們到校來操練了。

記得我四年級，也就是大約民國四十年間，有一位被稱作山東義丐的人到學校又唱又講地向全校師生哭訴共產黨統治大陸後進行清算鬥爭的暴行。我們看到學校當時僅有的兩位大陸籍的老師，聽了之後淚流滿面，我們也都深受感動。這也是那時我們所不斷接受的反共抗俄教育的一種。

我的小學時代，另一讓我忘不了的經歷，就是說國語運動的大力推行。那時，老師們規定同學之間要用國語交談，如果有誰被發現講方言，有時還會被罰錢；同時，學生往往被教導訓練要彼此互相監督對方說國語。所以，校園之內常會聽到「請說國語」的提醒語。這樣的做法，現在想來，不免會覺得有些矯枉過正。不過，今天台灣的國語，也就是中國大陸所謂的普通話，能夠如此普及，不能不歸功於當年那種雷厲風行的說國語運動。

遠足的興奮

在我讀國小的那個年代，台灣的經濟仍未起飛，一般人的生活都不是很充裕，小學生能出外旅遊者真是鳳毛麟角。所以，學校大概每學年都會舉辦的遠足，就成了我們十分嚮往也很感興奮的活動。因為碰到遠足，同學們都會穿得比較整潔體面。更重要的是，中午可以帶便當。那時帶便當對我們來講，是會讓我們高興得幾乎睡不著覺的事。因為便當用的是乾飯，菜色也比平常要好；所謂的「好」，其實一般大概就是有個煎蛋或一、二塊魚或肉片而已。但這些在當時大家大多平時只能喝稀飯或吃地瓜簽混著煮的稀飯配醬瓜或豆腐乳的鄉下，對我們而言，已經算是一種超乎尋常的享受了。我們遠足，最遠只到彰化八卦山。而最常去的地方，則是我們鄰近的國民學校，像海埔與頂番兩個國小，我們去的次數最多。即使如此，那時，我們還是非常喜歡遠足。

手術開刀及當鼓笛隊指揮

民國四十年秋暑假結束剛升上五年級時，我因跨跳竹欄杆被刺到，左小腿受了傷。最初不以為意，不料卻發生紅腫化膿，經在鄉下敷用草藥，不但不能消腫，而且情況越來越嚴重，竟腫到無法走路。我父親只好送我到彰化就醫。一位開外科診所的同宗醫生，診察之後馬上就進行手術開刀。只見那位醫生要我父親按緊我的手腳，沒有做任何麻醉手續，拿起刀就向我左腳的化膿處割下去，使我痛徹心扉大呼大叫。現在我左小腿的手術疤痕還在。但幸而有這一割，不然可能被鄉下拳師的草藥所誤而殘廢。但那個年代，鄉下人遇有病痛，往往先自己藉用草藥或求神問卜來治病，或隨便服用藥販在農家所寄售的藥包的成藥（當年很流行，通常藥販會在農家存放一個裝有各種如治頭痛、發燒、腸胃病等常用的中西成藥的大藥包，每隔二、三個月來檢查一次，一方面抽換補充，一方面按用戶使用情形收費）。非不得已，不會去看醫生。為的就是省錢。這也可以看出，當時台灣的農村是處在一個多麼困窘的年代！

學校在我們五年級的時候，成立了鼓笛隊，我也被選參加，學會了吹笛子，並且被老師指定當指揮。所以，每當升降旗的時候，我總會站在司令台上揮著指揮棒指揮全校師生唱國歌。對於我來講，這是一段很難得的經驗和訓練。

畢業參加升學考試

民國四十二年七月我自國校畢業，接著參加升學考試。

如前所述，當時還沒有國中，國小畢業如想升入初中部或職業學校初級部，必須先通過一個升學考試經錄取後，才有就讀的機會。由於鄉下學生的家長絕大多數都是農民，那時的農民對於外面的世界和升學制度大多不了解，所以學生應該考什麼學校幾乎完全由老師決定。

我們畢業班的老師就指派我和另一位陳授業同學（他從一年級起一直是甲班的班長和第一名，我則是乙班的班長和第一名）報考省立台中一中（今天的國立台中一中）初中部。另有一位同學自願去報考。結果我和陳同學兩人都被錄取了。

陳授業同學與我可說相當有同學緣。我們一起從草港國校畢業，又同時在台中一中求學六年。民國四十八年，我們又同時考上台大。只是我因家庭環境及受那一年中部八七大水災影響而放棄台大。不過，到留學時，我們又同樣進入美國的伊利諾大學（University of Illinois, 伊大）就讀；他在伊大芝加哥校區的醫學院研究，我則在伊大校本部的法律學院進修。我們以後都從伊利諾大學獲得博士學位。後來，陳授業同學留在美國就業，在大學當教授。

作者（右一）於省主席任內在草港國小與其當年的老師合影，左起為黃慶明、洪寬志、陳清庭及施寶梅等老師（1999年5月）。

作者（左四）為由省政府補助興建之草港國小學生活動中心動土典禮上香（2000年3月）。

我們國小畢業時，升學有三次投考的機會。一次是報考省立中學的初中部，一次是報考省立職業學校的初級部，還有一次則是報考縣立初中或初職。當時我們的老師，為了在畢業生升學及格率爭取好成績，要我們三次的考試都報考。所以，我除了報考上述的台中一中之外，還報考省立彰化工業職業學校（今天的國立彰化師大附屬高工的前身）的初級部。報考彰工是我父親的意思，他說工業比商業重要，所以沒有要我考畢業後可能有機會到那時鄉下人頗羨慕的銀行工作的商業學校。另外，我也報考縣立鹿港中學。我在這兩個學校也都被錄取了。因此我就有三種選擇，上台中一中或到彰化工職就讀，或進鹿港中學。

我們這一屆的畢業生，考上初中或初職升學考試的一共有二十多位，破草港國校建校以來的紀錄，及格率也是最高。老師們、家長們與同學們，都覺得很有面子，也都十分高興。

我經過與老師們和父母商量之後，決定選擇進入台中一中就讀。

民國四十二年九月，我到台中一中報到入學，從此成了一位初中生，也正式告別了我在草港國校六年的小學生活。

永記國小的啟蒙和栽培

我從民國四十二年七月自國小畢業迄今，已經快屆滿五十五年了，其間滄海桑田，人與事的變化都極大。我們同年同學現在大多已年近七十，任公職者也都已退休；有些同學甚至已不幸而往生。當年一起度過六個寒暑的同學，不少已失去聯絡。好在目前在北部地區，我還能與幾位也是在台北附近就業定居的同學有所來往，彼此相聚時不免就會想起以前在草港國校一起求學的種種。大家見面，也總忘不了當年六年同窗的情誼。我相信，所有同學跟我一樣，都永遠會記得草港國小的啟蒙和栽培；也都會對母校和所有師長永遠心懷感念與感恩之情。

（撰於民國九十七年三月，原載九十七年四月出版之《彰化縣草港國民小學建校八十年周年專刊》）

談我台中一中六年的求學歲月

我在台中一中從初中部到高中部六年的求學生涯，是我從少年長成為青年的時期，更是我從一個鄉下小孩進城接觸外面世界的開始；在我成長的過程裏，可以說有著相當關鍵性的影響，值得回憶的經歷也很多。茲此母校於今年（一九九五年）慶祝建校八十週年之際，特別作一些回顧，一方面表達我這個「一中人」對母校當年培育之恩的衷心感激，另一方面重溫我青少年時期學生生活那些難忘的日子。

鄉下人進城

民國四十二年我從家鄉彰化縣鹿港鎮的草港國民學校（現改稱為草港國民小學）畢業，老師指定我報考三個學校：省立中學報考台中一中初中部，縣立中學報考鹿港中學，職業學校報考省立彰化工業職業學校初級部。那時候，沒有現在辦理的聯招，也還沒有設置國民中學，小學畢業如要升學，都要參加升學考試。當時有省辦的中學，縣（市）辦的中學。而且，很多省、縣（市）中學部都是完全中學，即初中部高中部都辦。招生時，省立中學每校各自辦理，但同一天考試，因此一個人只能報考一個學校。縣立中學和職業學校也都是如此。省立中學、縣（市）立中學和職業學校，考試日期錯開不在同一時間。因之，一個小學畢業生，至少有三次參加升學初中（級）部入學考試的機會。當時的鄉下小學老師，很受尊重，權威很大，要升學的畢業生，固

作者於省主席任內邀請在一中就讀時之部分老師訪問中興新村省政府時合影，前排：齊邦媛（左二）、李德馨（左三）、陳鞏（右一）、廖英鳴（右四）；後排：陳國成（右三）、段紀堂（右四）、林照熙（左二）、作者（右六）及一中校長蔡瑞榮（右七）（2000年4月）。

然可以依志願決定想報考的學校，但通常都是由老師依學生成績指定至那一學校報考。我很幸運地全部考取了老師指定我報考的學校。記得我們那一年，一中初中部一共錄取了五百名，我以第六十一名的成績考上。到決定到底該到那一個學校就讀時，所有的小學老師還有親友，都異口同聲要我父母和我選擇台中一中。理由很簡單：台中一中很好。而我就讀的國小，從創校到我畢業時，包括我和與我同年考取的陳授業同學（目前在美國執教）在內，總共只有三個人考上台中一中，在我們鄉下，是很轟動的一件事。就這樣子，我進了台中一中，並且唸完了初中部後，又繼續讀高中部。

我的家鄉，雖然是屬於鹿港鎮，但在我唸小學時，仍是一個相當偏僻的農村，絕大多數人以務農為業。一直到我唸小學五年級的時候，才有彰化客運的汽車可通。我家世代務農，我是一個十足的鄉下小孩。在我報考台中一中之前，我到過的最大都市是彰化。到台中一中就讀，真是道道地地的鄉下人進城。

民國四十二年的台中市，人口只有十幾萬，以現在的標準來看，只是一個中小型都市而已。那個時候，今天中正路自由路交叉口彰化銀行對面的遠東百貨，原來是一個憲兵隊的隊部；東海戲院這邊一大片土地，則是氣象所的所在。儘管如此，對我這個鄉下小孩而言，台中還是一個十分繁榮、五光十色的大都市。置身其間，所見所聞，無一不新鮮，無一不引起我的好奇。在我這一生中很多我的第一次，都是我到台中一中初中部就讀後所經歷的，例如：第一次吃到大陸式烹飪。第一次看話劇；那時候很風行話劇，學校常有外面的藝工隊來表演或由同學自演，大多以反共抗俄為主題。第一次看到國際棒球賽；四十年代台中市很流行校際棒球賽，一中與台中商業職業學校為勁敵，日本棒球隊也常來台中比賽。也第一次見到外國政要；約旦國王胡笙訪華到台中時，以及美國前總統尼克森在擔任副總統期間到台中為東海大學破土時，我們都奉命拿著小國旗去列隊歡迎。

從住校到通學

我在一中，從初中一年級到初二是住校。當時，學校設有學生宿舍，就在大操場北邊的平房裏。住校生的一切生活起居，完全軍事化管理，每一寢室設有室長、副室長和幹部各一名，由高中部的住校生擔任；早上有早點名，晚上有晚點名；另有晚自習；吃飯要先排隊，對號入座，值星教官向主任教官或訓導主任敬禮完畢喊開動口令後，方可開始用餐。住校除了不必為食宿擔心外，由於一個人離鄉背井，什麼都要自己來，花錢要記帳，衣服也要自己洗，對於獨立性的培養，的確很有幫助。一直到現在，我自己要穿的衣服，都是自己購置；而出差，出國時，行李也自己整理，這是我在一中住校時所開始養成的習慣。當時，住校生絕大多數來自苗栗、台中、南投、彰化和雲林等縣，也有不少外省同學，另有回國升學的韓國和印尼僑生，以及保送到一中就讀的原住民同學。大家儘管來自於不同的省分、縣分；講的母語，有閩南語、客家話、山地話和大陸各地的方言，甚至偶而還有人會講韓國話、印尼話；各人的生活習慣和代表的風俗也不盡相同，但是大家相處極為融洽。這一段住校的日子，使我學會了如何去過團體生活，也對於不同的風土人情有進一步的體認，更體會出不同族群的人相互包容、尊重的必要性、重要性。住校生朝夕相處，彼此情感也較深厚，許多當年一起和我住校的同學，雖然不一定同年級或同一班，例如現任高雄市副市長黃俊英兄、行政院衛生署預防醫學研究所所長洪其璧兄、中興大學教授詹益郎兄、中央大學教授章景明兄、中廣海外部經理劉偉勳兄、國民黨中央組工會秘書梅孝治兄、陳長庚兄（曾在一中任教）、彰化縣線西鄉農會總幹事莊恆榮兄、前彰化縣牙醫公會理事長賴清松兄、我國駐南非開普頓總領事楊榮藻兄，以及名水彩畫家林俊寅兄等，現在見到了，都會感到特別親切。有的還經常保持聯繫。

住校期間，另一件至今記憶猶新的事，就是部分由大陸來台的老師生活儉樸的情形。我們學生宿舍旁邊，有若干平房教室改作有眷老師的宿舍，每天我們進進出出，都可以看到他們日常生活的情景。他們大概一戶住一間教室，裡面用藍布隔間，將睡覺和吃飯、改作業、看書的地方分開。為了保護隱私，原來的教室玻璃都貼上了舊報紙；吃飯就在課桌上。燒飯時間，每家都在走廊上起火，用的是小的土製爐子，有的乾脆在走廊上燒起菜來。那時最流行的一句話，就是克難。這些老師的生活，的確很克難！

到了初中三年級，由於我家道中落，住校費用較高，為了省錢，而且也年紀較大，就開始通學，一直到高中三年畢業；我在制服學號上的代號也由代表住校的「宿」改為代表以火車通學的「火」。其實，我的通學工具是兩段式的，先由鹿港鄉下我家所在的草港搭彰化客運到彰化，再由彰化換搭火車到台中，到了台中火車站再步行到一中。每天如此往返。在一中的六年中，學校可能為了管理方便，規定每一同學的制服上按其通學、住校方式，分別綉上不同的代號，除了前述的「宿」與「火」外，還有「市」代表市內生，「汽」——汽車通學生，「寄」指在外租屋寄宿生等等。所以，嚴格說來，我這位通學生應在制服上綉「火」「汽」兩字，不過規定只能綉一個字，只好選離學校最近這一段所使用的交通工具火車的「火」字了。

四年的通學生活，對我是一種考驗，也是一種訓練。每天一大早就得起床，趕六點三十分的彰化客運由住地出發，到了彰化再換乘七點二十分左右的火車（普通車，我們那時稱之為慢車），到台中後步行到校，剛好可以趕上第一節課。所以，我們這種方式通學的同學，學校給予我們免參加升旗典禮的優待。那時，在彰化縣，分別由鹿港、和美和芬園地區以這種二段式通學的同學加起來有十幾位，學校的訓導處將我們組成一個通學隊，有一位來自和美的許籌琳學長，當我們隊長很久，後來他唸成功大學的交通管理系，畢業後先後擔任過鐵路局的列車長、站長、段長，現在是運務處長，可說一輩子和交通有關，真是巧合。通學生活，花在車上和等車的時間最多。當時不問汽車、火車均經常誤點，所以常有趕不上第一節課以及晚上七點多才回到家的情形。為了把握時間，我養成了在車上或車站看書、背書和做作業的習慣。我通學時，彰化客運和火車（大多是以運貨的車廂改成的所謂代用客車）經常擠滿了學生，而且聲音極吵雜，我就利用此種場合背英文、背國文，至於台中、彰化火車站和彰化客運的總站，也是我常利用等車時間溫書和做作業的地方。一直到今天，不問外面如何喧嘩，我都可以看書、批公文，而且我也常常利用坐車、搭飛機的時間看東西、寫東西，可說是當年就讀一中通學四年所訓練而來的結果。

能力分班和一中特質

我在一中唸初中部的時候，學校實施了國文、英文和數學的能力分班。每一個同學除了原所編的固定編班之外，每一學期還依成績編定國文、數學和英文三科的上課班次。譬如，一位甲班的學生，因成績的緣故，數學可能留在甲班上，英文可能編在乙班，而國文可能編在丙班，至於其他科目，則仍在甲班施教。能力分班，每一學期依成績更動一次。我在一中初中部時，編在甲班，初一到初三導師都是陳聯璋老師。台中僑光商專前校長陳伯濤兄、名桌球教練江百清兄、中山科學院研究員唐江濤兄（留美博士，其夫人為立委朱鳳芝女士）等都是我的同班同學。一中當年實施的能力分班，我覺得相當不錯，依我個人的體會，至少有三個優點，即（一）便於教學：將程度相當的集中於同一班，對老師，對同學都較好適應；（二）鼓勵競爭：每一學期按成績重新分班，對於同學有激勵的作用，同學間自然形成良性的競爭；（三）增進友誼：因能力分班，原本不同班級的同學，分在同一班上課，可增進接觸認識的機會；像行政院公平交易會前副主委現任台大教授廖義男兄，就是我因能力分班同過班而認識的。

一中的學生，都是來自各校的精英，我任校時一打聽，幾乎每一個同學，不是小學班上的狀元，就是前幾名畢業的。這樣的學生，聚在一起，自然養成一種互相競爭的風氣。所以，儘管初、高中這一階段，是最好動、最貪玩的時期，但同學在學業上，絕大多數都有自動自發好學不倦、重視榮譽的精神。我初中部同班同學百分之一百後來都繼續升學，而高中部同班同學，差不多有三分之一以上都獲有國外高級學位，留在國內的，目前也在各行各業有很傑出的表現。記得在一中時，不問師長，家長會長或返校的前期學長，最喜歡勉勵我們的一句話是「台中一中，保持第一，處處第一，永遠第一」。我想，這一種「求第一、爭第一」就是「一中人」的特質和傳統。

也是第一的老師陣容

民國四十二年我到一中就讀時的校長是金樹榮先生，他是一位相當受師生崇拜的老師。我升初中二年級時，校長換成宋新民先生，他在四十八年我高中畢業後調職。後來他出任省立台中圖書館館長，退休不久，我恰在省府擔任新聞處長，曾多次與他見面，宋校長對於我這位「一中人」特別地親切，也給我很多指導。

我在一中時，老師的陣容，可說是一時之選，極為堅強，論品質應該也是第一。很多老師都出自大陸名校，有不少老師在大陸時期，或任過中學校長、師範校長，或擔任過大學教授，或曾任教育廳長。而年輕一輩在台灣畢業的老師，也都是各校學有專長的高材生。有好多老師成了同學們崇拜的偶像。我在校時，老師大多數是福州人、東北人、山東人和湖北人。所以，直到現在，對於帶有福州腔、東北腔或湖北腔的國語，我聽起來很感親切，也最能辨識。

教過我的老師，很多直到今天，我還留有很深刻的印象，例如陳聯璋、楊慧傑和白尚勤老師（國文），趙德銘老師（博物），吳冰亮老師（童軍），齊邦媛、李德馨、馬廣亨、李升如和祖餘生老師（英文），王伯英老師（歷史），林丙丁和林照熙老師（體育），王孟仁老師（理化），鄭嘉苗、陳炳霖和吳博厚老師（音樂），何祥墀老師（生物），陳國成老師（化學），王固盤老師（物理），陸費明珍、陳鞏、段紀堂和陳雪林老師（代數、幾何）以及皮立生和陳錫品教官，都是直到如今，他們的風采及認真教學的情形，想起來，始終有歷歷在目之感。

有幾位老師特別要在這裡提一提。

李德馨老師教我初中三年級的英文，是我在一中六年中影響我最大的老師之一。我在初一和初二，一直視上英文為畏途，英文能考個七十分，就很高興。到了初三，李老師教我們的時候，她告訴我們，學英文沒有什麼訣竅，只要苦背、肯背單字和課文就可以；背熟了自然會發生「熟讀唐詩三百首，不會做詩也會吟」的效果。而且她很會鼓勵學生，文法的解析也講得很好。可以說，我學英文，是她替我開了竅。在她教導下，我英文成績突飛猛進。到了高一，自己完全能看懂原文的實驗高級英文文法。使我對英文一科信心大增，替我以後到美國留學，奠下了很好的基礎。

何祥墀老師是我們高一的導師，他經常鼓勵我們有機會一定要出國唸書，並且要跟我們比賽誰先出國。後來我在美國留學時，跟同學聊起來，聽說他去了南美，以後再也沒有他的消息。

葉子忠老師擔任過訓導主任，教我們高一的公民。很會講課，聽他談法政問題和國內外現勢，非常引人入勝，是一種享受。記得他曾以台中市自由路來比喻法治；那時自由路南端是監獄，北端則是公園，他說，法治就像自由路，守法的人可以到公園去逍遙自在，守法的另一極端，即是違法，違法的人就要到監牢去。葉老師後來到省政府服務，擔任替省主席撰發新聞稿的工作。我擔任省新聞處處長時，特別請他出任省電影製片廠的廠長。他早已退休，現居美國。

陳國成老師是教化學的明星老師，當時很年輕很受學生歡迎。以後他轉至中興大學任教，並編印很多科學期刊和讀物，做事很執著。我在省府服務期間，給我很多指導、協助。李升如老師很愛好文藝，曾擔任省文藝協會理事長，他出過詩集。我當省新聞處長時，他常請我去為文藝協會頒獎。

馬廣亨和齊邦媛老師，都在我高中時教我們英文，兩位對學生的要求都很嚴格。馬老師以後擔任省立台中圖書館館長時，我在省府任社會處處長，經常在台中圖書館辦理活動和開會，承他幫助不少。齊邦媛老師，中英文俱佳，不但教英文，也教我們做人，他上課時非常注意同學的舉止應對，如有不對之處，她會隨時嚴加指正。她曾告誡我們說，人在廿五歲以前還可以靠父母，過了廿五歲還要靠父母就不應該了。以後她先後在興大、台大任教。近幾年來，我常常有機會與她相聚，她也常常將她的大作和所編的中英文雜誌送我，給我很多鼓勵。

白尚勤老師是我們高三的導師，教我們國文和論語、孟子，對我們這些大孩子循循善誘，非常寬容。我在高三，因為家境問題而為了升學選擇感到何去何從時，他曾給我指點了迷津。我在任職省府期間，他在省立台中圖書館服務，曾見過幾次面，但是沒有多久，他就過世了。

學校不是議會！

我在一中求學期間，市面上流行很多批判性、內幕性的政論雜誌，每本一元到一塊五，是我最喜歡看的課外讀物之一，我差不多每一期都買，和看電影成為我當年的兩大嗜好。我在一中就讀時期，是屬於今天所謂的「威權時代」的年代，台灣還在戒嚴，但是一中則相當開放，那時候對政府和執政黨批判最厲害的「自由中國」雜誌，圖書館每期都有，我也幾乎每期必看。我們同學中講話之間也沒什麼特別顧忌，我更常大放厥辭，所以高中時有同學封我一個「趙大砲」的外號。我曾在週記上和班會上對社會、對學校大肆批評，記得因此有一次校長還曾對我們這一班告誡說：「學校不是議會！」不過，告誡歸告誡，我們還是喜歡議論，事實上，學校對我們也還是十分寬容，蠻放任我們自由思考的。我想這也是一中之所以為一中的原因之一吧！

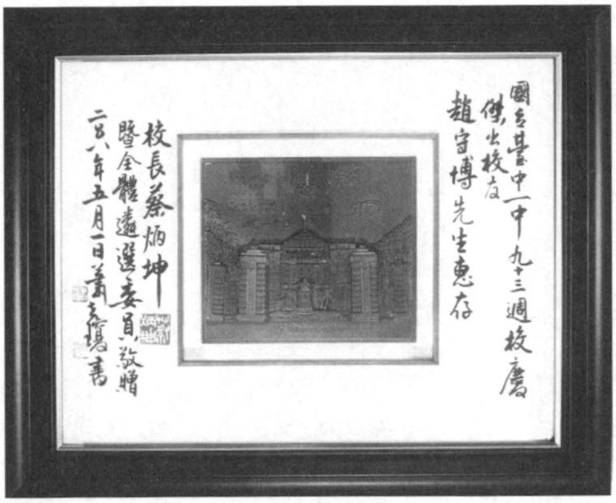

作者獲台中一中選為第二屆傑出校友（公務服務類）（2008年5月）。

勿忘台人中學從本校始

我在一中的時候，一中有四大地標：大門入口的鐘塔和磚造的大紅樓，光中亭，題有「養天地正氣，法古今完人」對聯的大禮堂，以及建校紀念碑。現在大紅樓已經不見了，每次回到母校一想起當年我們上課所在的紅樓，心中確不免有一些惆悵之感。不過學校的好壞和讓人懷念與否，主要並不在於它的建築物，而是在於它的內在精神、校風和傳統。母校於一九一五年在日本人統治台灣期間創辦時，建校紀念碑第一句話就指出：「吾台人初無中學，有則自本校始！」可說充分展現出「台灣斯文由此始」和「民族文化憑此振興」的大氣概。這也可說是台中一中創校精神之所在，凡我一中人都應時刻牢記在心。八十年來，一中秉持著「追求第一，止於至善」和自由、自動、自立的校風，的確為國家培育了很多人才。我以當「一中人」為榮。也祝母校校運興隆，繼續源源不斷地為社會為國家培育和造就人才。

（本文係於一九九五年應台中一中校友會刊之邀而寫，後又以「流金歲月在紅樓——難忘台中一中六年」為題登載於中外雜誌一九九五年十月號，五十八卷第四期）

作者與其女兒拜訪齊邦媛老師（2010年8月）。

作者以省主席身分在台中一中改名為國立典禮上致詞（2000年2月）。

作者（左二）在美國洛杉磯與高中同班同學聚會，自左至右為杜國清（文學教授）、李孔昭（建築師）、游正德（醫學博士）及廖上健（醫師）（2007年9月）。

後記

這篇文章撰於民國八十四年（一九九五年）。經過了這十幾年的物換星移、歲月流轉，文章裡所提到的老師不少都已經作古往生，而與我一起同時在一中求學的同學幾乎全部都已從工作崗位上退休下來，有的甚至已魂歸道山、不在人世了。真是滄海桑田！台中一中早已不辦初中部，現在只辦高中，並且於民國八十九年精省之後改為國立。我在文內所提到的幾位同學，有的已不幸亡故；有的則在經歷上有所改變；譬如，陳伯濤兄現任台中僑光大學的董事長，黃俊英兄現任考試委員；廖義男兄後來轉任司法院大法官，現已退休；楊榮藻兄以後調升為我國駐以色列代表並於任內退休，許籌琳兄則做到台灣省鐵路局副局長後退休。

我於民國九十七年（二〇〇八年）五月獲選為母校公務服務類傑出校友，返校受獎，深以為榮。二〇〇七年九月，我到美國洛杉磯與高中同班同學李孔昭、杜國清、游正德、廖上健、賴三正等兄及他們的夫人聚會，大家暢談一中往事及當年同窗歲月，甚感欣喜。

民國八十九年（二〇〇〇年）四月，我於台灣省政府主席任內，特別邀請廖英鳴、齊邦媛、陳龑、李德馨、陳國成、林照熙和段紀堂等當年的一中老師到中興新村省府作客，與他們共敘當年一中的種種，很感興奮。這些老師絕大多數都還很健康，其中齊邦媛老師於二〇一〇年出版一本自傳式的鉅著《巨流河》，非常轟動，我曾參加她的新書發表會，並多次拜訪她，重溫老師的化雨春風。

（二〇一一年二月）

我充當了勞委會成立的推手

行政院勞工委員會（以下簡稱勞委會）成立已屆滿二十周年了。首先我謹在此對於這二十年來所有曾在勞委會及各級勞工行政單位，為了增進勞工同胞的福祉而貢獻心力的同仁們，表達衷心的肯定與敬佩之意；並對於這二十年來，勞委會在推動勞工行政上的績效，敬致祝賀之忱。

不尋常的淵源

談起勞委會，我與它有兩段頗不尋常的淵源。其一是我為勞委會成立二十年來迄今擔任主委時間最久的一位，計長達五年十個月；其二是當年勞委會成立的時候，我由於因緣際會，曾充當了「推手」的角色。民國七十五年年底中央民意代表改選，競選連任立委的國民黨籍全國總工會理事長，及獲提名代表執政的國民黨競選國大代表的台灣省總工會理事長，雙雙落選，引起很大的震撼。當時輿論一致認為此乃廣大的勞工朋友對於政府及執政黨的勞工政策及施政措施不滿的一種反映。因而執政黨當局及政府決定在中央設立獨立的專責的勞工行政機關，以加強保障勞工權益。幾經研議之後，政府決定以內政部勞工司為基礎成立勞工局或勞工署。就在新聞媒體就此方案報導出來之後，全國總工會的理監事代表一行六、七人於七十六年三月間到執政黨（國民黨）的中央黨部請願抗議，表示此種構想有貶低勞工之意，認為未來的中央專責勞工行政單位至少應該比照行政院農業委員會，也列在部會層級，並採行農委會的組織模式。那時，我恰擔任執政黨中央社會工作會主任，代表執政黨中央會見這些請願的工會代表，也非常認同他們的看法。因此，立即將工會代表的請願訴求報告當時國民黨中央黨部秘書長馬樹禮先生。馬秘書長長期擔任我國駐日代表，對於日本及亞洲各國政情，非常熟悉。他當即表示日本有部會層級的勞動省，而新加坡人口只有二百多萬，也有一個勞工部，為何台灣不能有呢？他要我火速擬一份建議成立一個比照農委會層級及架構的中央勞工行政專責機關的簽呈，報告執政黨主席，即蔣經國總統。記得我是在當天下午將簽呈交給馬秘書長的。大概晚上六、七點鐘左右，馬秘書長就告訴我，經由時任總統府秘書長的沈昌煥先生的稟報，蔣經國主席已完全採納我們簽呈的意見，並且沈秘書長也同時知會了那時的行政院長俞國華先生；就這樣原來要成立的勞工局或勞工署就改為行政院勞工委員會了。據說行政院方面對於經其差不多已完全定案的架構，臨時被黨部翻案，頗有微辭。而我當時的確也沒有想到，一年多以後，我竟奉派主持這個我曾扮演「推手」角色，而使其在設置前夕臨時改變層級與架構的中央最高勞工行政機關，而且歷時長達五年多之久！

我在勞委會的施政重點

我是於民國七十八年二月正式接任勞委會主委職務的。當時，台灣正處在一個劇變的時期，社會日益開放，政治開始解嚴，抗議示威、請願抗爭的活動，此起彼落，勞工權利意識高漲；另一方面，就事實而言，勞工行政及法制均有待強化與改革，而勞工同胞之福祉，也亟待充實與增進。我深感責艱任重，接掌之後，即以「積極發掘及解決勞工問題」、「革新及健全勞動法制」、「強化勞工行政架構及功能」、「增進勞工權益」、「改善勞工生活」暨「和諧勞資關係」為施政及與全體勞工行政同仁共同努力的重點。

推動的業務

在全體同仁的支持、協助和大家的共同努力之下，我在勞委會服務期間，總算還能依前述施政重點推展工作；其中有幾項工作和業務的推動，特別具有意義，因而利用在今天回顧過去勞委會二十年成長和發展的過程時，提出談一談，並供有關各界參考：

（一）積極改革和健全勞動法制：我接任勞委會工作之始，即發現當時很多勞動法律都已過時、陳舊，與現實狀況有所脫節，即使是實施才幾年的勞動基準法，也出現不少窒礙難行或無法落實的規定。因之，我乃開始積極進行勞動法制的修訂、創新。先後完成了勞基法、工會法、勞保條例和職業訓練法部分條文的修正案，重新修訂勞工安全衛生法全部條文暨訂定公布就業服務法。並且特別針對勞基法的勞工退休制度提出改採年金制度的修正草案，及研擬完成工會法全部條文的修正草案，及完成將罷工、鎖場等勞資爭議行為予以嚴謹規範同時改進勞資爭議處理方式的勞資爭議處理法修正草案。上述這三個修正草案，均經行政院院會通過送請立法院審議。可惜，因立法院議事效率不彰，以致此三個修正草案，未能完成立法程序。所幸，目前勞委會所推動的勞退新制，以及去年送請立法院審議的工會法及勞資爭議處理法修正草案，很多內容都來自於當年我們所研訂出來的修訂構想和方向。

（二）開放引進外勞，制定外勞引進及管理制度：台灣的外勞，是我任期內為因應產業缺工，及由於經濟社會生活的改變，民眾為照顧其家庭老小或無法自理生活之家屬的需求，而開放引進的。此在我國歷史上是一件沒有前例的大事。同時為了引進外勞，也建立一套完整的外勞引進及管理制度的法律規範。

（三）**每年調高基本工資：**我於七十八年二月到勞委會服務時，基本工資為每月新台幣八千一百三十元，每日二百五十元，當年六月即調為每月八千八百二十元，每日二百九十四元，以後每年均有調升，至八十三年十二月本人離職時，已調為每月一萬四千零一十元，每日四百六十七元，每小時五十八點五元。

（四）**改革勞保醫療給付制度使其合理化，並將中醫納入勞保：**我們推動實施勞保醫療給付甲、乙、丙表，使給付合理化、健全化，並因應中醫界的需求，將中醫診療也納入勞保醫療給付範圍，為以後實施的全民健保奠下了相當穩固的基礎。

（五）**主辦國際技能競賽：**民國八十二年七月十九日至八月二日，由我國首次主辦的第卅二屆國際技能競賽在台北舉行。這個競賽主要由職訓局同仁負責籌辦，相當受各國肯定，也再一次向國際社會展現我國就業人口的高技能水準，及我政府對技能提升的重視。

（六）**成立勞工衛生研究所：**我們於民國八十一年八月正式成立勞工安全衛生研究所，並選定南港興建研究試驗大樓，使我國之勞工安全衛生研究工作邁向國際的水準。

（七）**開始派遣駐外勞工秘書及推廣職訓外交：**我們積極辦理有邦交及無邦交國家之職訓師訓練工作，並向有關國家提供職訓設備、器材及職訓師之援助，透過職訓強化我國與有關國家之實質合作關係，頗具績效。也是在我任內，本會開始於駐外使館、代表處設置勞工秘書，並自駐美代表處開始實施，原希望也於東南亞我國引進外勞較多的國家設置，因限於人員編制而未果。至盼未來能予實現，以使勞工行政能與國際關係接軌。

勞委會行將步入第二十一年，當此全球化刻正方興未艾，各國經貿競爭日益激烈之際，我除希望勞委會能在現有基礎之上，不斷強化勞工行政之創新及功能外，並盼其能時時以厚植我國經貿國際競爭能力、加強捍衛勞工福祉為念，隨時隨地注意確保勞工應有的合理權益，使中華民國的所有勞工朋友，在廿一世紀均可享有一個有尊嚴而又不虞匱乏的幸福生活。

（二〇〇七年六月應勞委會之邀為慶祝該會二十周年所出專刊而寫）

細說工商建研會的原始起頭

中華民國工商建設研究會（以下簡稱工商建研會）是於民國七十九年五月正式成立的，行將屆滿二十年；成立以來，對國家社會貢獻良多，並且會務蓬勃發展，已與中華民國全國工業總會（以下簡稱工業總會）、中華民國商業總會（以下簡稱商業總會）鼎足而立，成為我國最重要的三大全國性工商團體之一。首先，本人要在此對於工商建研會近二十年來的成就與貢獻，表達衷心的祝賀之意，並祝福工商建研會會務不斷拓展，對國家社會更有貢獻，而全體會友的事業也都能蒸蒸日上更加成功。

工商建研會的成員係來自於從民國七十七年七月開始辦理的青年工商負責人研討會的參加人。沒有青年工商負責人研討會，就沒有工商建研會，因而，青年工商負責人研討會，可以說就是工商建研會的最原始起頭。在此慶祝工商建研會成立二十周年之際，本人願以當年青年工商負責人研討會的原始策劃人的身分，談一談何以民國七十年代，那時的執政黨國民黨決定規劃辦理青年工商負責人研討會，以便為工商建研會的真正起源，提供一點歷史背景。

談一點歷史背景

民國七十五年年底，中央民意代表選舉，國民黨提名全國總工會理事長競選連任勞工團體的立法委員、台灣省總工會理事長競選勞工團體的國民大會代表，結果雙雙落敗，造成很大的衝擊。國民黨中央於是於七十六年初進行改組，本人奉派接任中央社會工作會（社工會）主任。社工會的工作職掌，主要在於主導社會運動，聯繫工商、農漁暨勞工各種重要職業團體，並動員結合各職業之基層民眾和重要領導人士，另外也負責與四大國際社團、宗教界和體育界的聯繫和加強與他們的結合。換言之，就是要代表國民黨去為工商、勞工、農漁暨各種重要民間社團和組織及其成員服務，聽取他們的建言，更要爭取他們的支持與認同，俾擴大和穩固國民黨的群眾基礎。

我接任之後，除了奉命應立即加強在勞工大眾中去結合聯繫並強化他們對國民黨的認識、認同和支持外，也在其他行業、社團暨相關領域中，就如何積極增進國民黨與他們之間的雙線溝通、聯繫，從而加強與他們的結合，並爭取他們的認同支持的課題上，進行規劃並著手實施。加強與工商業者的聯繫結合，也是當時決定要馬上積極進行的工作之一。

想到了青年工商負責人

當年的國民黨，在全國及省市各縣市的工商團體中，相當具有影響力，除了提名並輔選理監事、理事長的競選可說無往不利外，各團體並有黨團的組織。所以，我們決定要加強與工商業者的聯繫結合，自然就會想到應強化工商團體的黨團運作及功能。但是，那個年代誠如當時的黨主席蔣經國先生所說的「時代在變、潮流也在變」。一切都不能再墨守成規，要有新的思維、新的做法。在與各方討論並向工商界領袖請教之後，我們得到一個結論：那就是由於工商業發達，青年創業有成或擔負企業主管者日增，而他們與黨的接觸、聯繫卻不多，對黨的政策與做法的認識也不是很深入；而他們對政府的工商政策也有很多很寶貴的意見，可是卻往往有建言無門之感，執政的國民黨實有必要對這批可說是工商界新一代的菁英之士加強去聯繫、結合。民國七十七年春天，我將社工會的此一想法，報告了那時的中央黨部秘書長李煥先生。他馬上認同了我們的看法，並要本人好好規劃具體的辦法。我想來想去，決定要在那時仍設於陽明山的革命實踐研究院（現已改稱為國家發展研究院）辦理一個以青年工商負責人為對象的研討訓練班；此一構想，並即簽奉那時的黨主席李登輝先生及李煥秘書長的同意。

決定辦理青年工商負責人研討會

在決定以青年工商負責人為對象，於陽明山革命實踐研究院辦理研習班之後，我們在作業時，確立了四個基本原則：（一）招訓對象不以黨員為限，非黨員而認同本黨基本主張者即所謂「黨友」者，亦加列入；（二）由於工商業者事業繁忙，訓練時間不宜太長，前後不以超過四至五天為原則；（三）課程應偏重與工商業者有關者，並以政府相關部會之部次長為主要講師，同時應有討論時間，俾使受訓者感受黨政方面對彼等之重視。並可使黨政負責人瞭解工商業者之問題，而工商業者又能明瞭政府政策之方向及其主要著眼點；（四）青年工商負責人以兩方面為主要來源，一為各大工商業者之第二代或青年企業接班人，一為參加中華民國青年創業協會之創業楷模或青年創業者。除由中央社工會洽請全國工業總會、商業總會推薦或社工會自行遴選外，並由各縣市黨部就上述兩類人員加以舉薦。

讓非黨員也參加

前述四個原則，在中央黨部相關協調會討論時，第一及第二項引發討論最多。主要由於那時的革命實踐研究院的負責人及部分人士認為革命實踐研究院就是中央黨校，既是黨校顧名思義應該以黨員為招訓對象，非黨員實不宜列入招訓。當時，我深以為黨的工作，特別是黨的社會工作，就是為黨「廣交明友，廣結善緣」，只要不是反對國民黨的，只要基本上認同國民黨的，就可以來參訓，何況革命實踐研究院也好，國民黨也好，沒有什麼見不得人的秘密，沒必要還故做神秘，應該秉持蔣經國先生「開大門、走大路」的主張，讓非黨員也參加。幾經折衝協調，最後大家終於同意非黨員也可以列入招訓的對象。今天工商建研會的朋友，也有不少非黨員的成員，就是這樣來的。

在討論受訓時間時，革命實踐研究院的負責人，也有意見，認為該院受訓時間傳統上短者兩周、一周，長者三、四個月，似無必要為青年工商負責人開個特例，而且四、五天與一周也不過相差二、三天而已。我們社工會耐心說明工商業者都很忙，要他們一個禮拜完全不管事業，全心全力在革命實踐研究院受訓聽課實有困難。最後，該院也同意我們的看法。

青年工商負責人研討會的開辦

前面提到的四個原則，在黨內形成共識後，社工會就積極策劃辦理的工作，我們將此一研習班訂名為「青年工商負責人研討會」，並且馬上開始招兵馬買。記得在招募第一、第二期的學員時，為了擴大影響，我個人親自拜訪國內幾個大企業負責人，要他們的第二代或企業接班人能報名參加。我找的對象，有的談得很好很順利，有的企業主則以事業繁忙或不願沾上政治而婉謝。記得我曾拜訪過辜振甫、許勝發、高清愿、焦廷標、陳江章、張國安、蔡萬才、侯政廷、蔡光職等當時的工商先進，說明開辦青年工商負責人研討會的用意，請他們支持，並指請他們的第二代或企業接班人報名參加。很高興他們都對此一構想極為認同肯定，而且也都表示一定全力配合。所以，像辜啟允（已往生）、張安平、許顯榮、林蒼生、焦佑鈞、陳敏賢、張宏嘉、蔡明忠、侯博文、蔡昭倫等兄都因此分別參加了一至三期各期的研訓。

而在自行創業有成的青年工商負責人的遴選方面，主要則藉由中華民國青年創業協會的協助，由該協會提供參考名單並幫忙查核。一至四期，以自行創業有成而參加研討的，像黃枝樹、何語、吳思鍾、許培勳（已故）、李乾龍、施義銘、賴本智、廖萬隆、朱志成等兄都是。

青年工商負責人研討會第一期是在民國七十七年七月十八日至二十四日開辦的，參加的有林蒼生、吳東賢、焦佑鈞、苗豐強、孫道存、辜啟允、施義銘、林池、張宏嘉、陳瑞榮、紀蔡月仙等五十九位先生女士。第二期是在民國七十七年七月二十五日至二十九日辦理的，參加者有何語、許培勳、高志尚、李乾龍、陶學煒、陳何家、徐正冠等五十三位工商負責人；第三期是在民國七十七年八月一日至八月五日辦理，參加者包括尹衍樑、張安平、黃茂雄、洪敏昌、胡定吾、蔡明忠、侯博文、朱志成等七十三位人士。一至三期是密集辦理的。

我是於民國七十六年二月至中央社工會服務的，七十八年二月轉任行政院勞工委員會主任委員。一至四期的名單都是在我任內挑選決定的。而一至三期的辦理，則是我親自主持負責的。到了第四期於民國七十八年三月底開辦時，我已離開社工會，此後青年工商負責人研討會的辦理，我就沒有再參與了。雖然如此，由於此一研討會是我親自負責策劃開辦的，因而我始終對於此一研討會以及由其衍生出來的工商建研會，抱著非常深厚的感情。

記得第一至第三期每期研討時。當時的國民黨主席，也就是中華民國的總統李登輝先生都親自前來主持座談，一方面有所提示，一方面也聽取學員的建言，對於參與研討人而言，頗有激勵的作用。

一些感言

國民黨辦理青年工商負責人研討會，至九十七年止，已經辦了二十五期了，而工商建研會也已成立二十年了。此一青年工商負責人研討會就當年開辦的政策動機和目標而言，應該是成功的，因為：（一）開辦之後，每次青年工商負責人研討會辦理，報名或經推薦參加的人數都非常踴躍，由於名額的限制，幾乎每次都是呈現競爭的現象，足見此一研討會頗受認同、肯定；（二）由青年工商負責人研討會參加者所成立的工商建研會，普受社會及政府方面的重視，而其與國民黨的關係一直都非常密切，即使在民進黨執政時期，亦復如此；（三）工商建研會自成立以來，常能對國家相關政策及行政措施，提出中肯之建言，反映業界心聲，實現當年我們想從青年工商負責人研討會中探求民瘼、民癮、民意的目標；（四）當年我們開辦青年工商負責人研討會，另一動機是要促成工商青年的結合與彼此的良好互動，俾能攜手一致為台灣之經濟打拼，工商建研會成立以來，在此一方面也頗具成效。

因此，如果有人問我在我於國民黨中央社會工作會服務期間，什麼工作或何一業務，我覺得有一些成就感或感到特別難忘，我要說策劃及開辦青年工商負責人研討會，是我認為我在社工會服務期間所做的非常有意義而值得去回憶的一件事。在此，我要感謝當年開辦此一研討會時，國民黨李登輝主席、李煥秘書長的支持以及工商界先進的認同與配合。

我希望青年工商負責人研討會能夠繼續辦理下去，我更祝福工商建研會會務更為蓬勃發達，對國家、社會更有付出、更有貢獻。

（本文係為祝工商建研會成立二十年而作，並刊登於二〇〇九年五月建言雜誌第五十一期）

我從照片開始認識的「多桑」

看照片認識父親

父親於民國九十一年（二〇〇二年）九月十五日往生，享年八十二，雖還算高壽，但想到我與父親父子六十多年，就此天人永隔，心中有著無盡的哀痛；而想起他在世時的點點滴滴，更是滿懷傷感與思念。

父親於海南島被徵調擔任日本軍人時所攝，為他所留下的最早的照片（應在1942年左右攝）。

父親與我的父子情緣，可以說相當地特殊。

我這一生對父親的認知和瞭解，是從他的照片開始的；記憶中我第一次叫父親，也是對著他的相片叫的，而且用的是母親所教、我沿用至今的「爸爸」的日語稱呼「多桑」。生長於日治時期的父親，在日軍發動太平洋戰爭的那一年，我還未滿周歲的時候，就被日本人徵調到海南島充當軍伕擔任巡查補的工作（即被調以台籍日本兵的身分在日軍佔領的海南島從事助理警察之類的工作）；從此一別數載，有一、二年甚至幾乎音訊全無，一直到日本投降他被遣送返台之時，我已經快六歲了。所以，幼年時期的我，只能靠著父親遠從海南島寄回的照片，來和他保持情感上的連繫。而海南島也成了我童年時期聽得最多和最牽掛的異鄉。

這樣的分離，使我在他戰後返鄉的那一天，也是我懂事後第一次見到他的時候，感到有些陌生、靦腆而又充滿興奮。不過，當他抱起我在親友環繞下訴說他劫後重生的種種時，我在他的懷抱裡覺得特別地欣喜和溫暖。就在父親彌留之際，我含著眼淚抱著他時，腦海中所出現的，正是父親在五十多年前緊抱著我的這個永遠難忘的一幕。

青壯時期的坎坷與勞碌

父親的青壯時期，過得相當地坎坷與勞碌，也嚐盡了人間的世態炎涼。青年時期的他，原本也是雄心萬丈，一度也想在商界謀求發展；所以先後批賣過砂糖、做過雞、鴨蛋和種鴨的批發和零售。記得我唸小學和初中的時候，有一段時期，他曾騎腳踏車載著足足有一百台斤左右重的鴨蛋，從鹿港鄉下遠到台中縣東勢一帶去販賣。但是，他卻在這時因交友不慎而一度迷上了賭博，雖然他善於做生意且頗有獲利，但十賭九輸

作者與父母親合影於鹿港鄉下老家舊神明廳前（1996年7月）。

的他，卻把辛苦賺來的錢賭掉輸掉，經商之途因此充滿艱辛；家道也由此中落，而開始舉債度日，他也受盡了白眼。最後，他痛下決心戒了賭，也轉而留在鄉下以出賣勞力賺取生活費用。據說，年輕時戒賭遠比戒菸要難很多，需要更大的決心與意志力，而父親做到了，實在難能可貴。父親並常以自己年輕時的此一痛苦經驗，勸勉一時沉迷於賭博的後生晚輩趕快回頭。

在他於鄉下重新出發的時期，除了辛勤耕作自己的田地外，他特別買了水牛在農忙時期為人代耕；而在農閒期間，則到傳統磚窯去挑磚打工。這一段日子正是我上中學的時候，我常常在星期假日或功課餘暇負責放牛，也常到磚窯幫父親疊排磚頭。我永遠忘不了父親挑磚頭的辛苦情景。在炎熱的夏天，他穿著短褲頭，赤著上身，一擔一擔地挑著土磚入窯或燒過的紅磚出窯，踏著滿是煤渣的斜坡路一步一步吃力地走著，汗流浹背、全身污黑、滿臉疲倦；右肩雖然墊著毛巾，還是被那磚頭重擔壓得紅一塊、紫一塊，腫成一大片。我看著看著心中無限心酸，常常趁著他沒看到的時候，偷偷流下十分不忍的眼淚。像這樣勞苦的打拼，就是他青壯年時期的具體寫照。一直到我從美國完成學業回台任職，可以完全幫他承擔生計重任時，他才結束了這種可以說為家庭、為子女「做牛做馬」的日子。

兒孫的教育是最大的安慰

父親雖然出生在一個富裕的農家，由於身為長子，又是成長於台灣被日本統治且是戰雲密布的年

父母親遊日本時攝於大阪城（1983年8月）。

代，他只完成日治時期的國民學校教育，而且在他的四個兄弟中所受的教育程度最低，也是唯一以務農維生的一位；可能因此，他和母親一生最大的堅持，莫過於要盡他自己和母親最大的力量，讓我及弟妹們可以受好的教育。記得我小學畢業考上台中一中時，他非常高興，還親自從鹿港鄉下趕到台中參加新生的家長會議。現在，他的兒女中，有博士，有教授、有醫生，有公務員、有從商的，個個都受大專以上的教育；十六個內外孫中，除了幾位年紀小的還在中小學求學外，其他全部都在國、內外著名的大學或研究所畢業分別得到博士、碩士和學士的學位。這應該是他和母親一生最大的安慰。

天生樂於「好管閒事」

父親生性非常之率直，心地善良而又十分熱情，對於他人的請託、要求，從不知道如何去拒絕；加上我曾長期服務公職擔任政府機關首長，所以在父親去世前的近三十年的期間之內常常有地方上的人士或社團，要他帶頭出面向有關政府機關去陳情，或去爭取這個補助、那個補助。我生怕他讓人為難，或為人帶來困擾，常常會勸他老人家「少管閒事」，多花點時間照顧自己和母親的身體，好好地享受一個清閒的老年生活。但後來我發現父親實在「樂此不疲」，並且特別熱心於社區活動，也擔任過社區太極拳研究會會長，到過世時還是社區老人會會長；同時他也從沒作過非分或不合理的要求；另一方面，他似乎很喜歡這種為人服務、為地方公益而東奔西

連戰副總統（左二）至鹿港探視父母親，右一為作者（1998年2月）。

跑的日子，我也就不忍多加勸止；只是會對他陳情、請求的對象，明確表示務請一切要依法合情合理地辦理，不要因他、因我而有例外。不過，當看到有些鄉人、地方或社團的問題和需求，例如，母校草港國小禮堂的重建、地方派出所的改建等等，在父親的熱心奔走協助或參與促進下都得到解決，而鄉人也非常肯定、感謝他的熱心時，我這做兒子的，內心裡也頗以他此類的「好管閒事」而引以為傲、引以為榮。

父親的身體一向相當硬朗，平常喜歡騎著腳踏車到處跑。一直到他去世前一個多月，雖然已有病在身，還有人看到他這一位八十二歲的老人騎著腳踏車去找人聊天。現在他往生了，再也無法騎他心愛的腳踏車了。我因為他年紀大曾一再勸他不要再騎腳踏車。可是，現在我多麼希望還能再看到他那不怕風雨悠哉遊哉騎著腳踏車的身影！

父往生母昏迷

父親與母親結褵六十多年，義重情深。母親七十五歲以後因多病而經常進出醫院，父親總是不辭辛勞堅持陪伴母親。就在父親往生之時，也已八十多歲的母親還在加護病房養病尚未清醒。我們當然不敢讓母親知道父親的噩耗，然而護士告訴我們就在父親走的那天晚上，還在昏迷狀態不能講話的母親掉了眼淚；可能兩老相依相持數十寒暑，早已完全靈犀相通了！民國九十一年以後，我脫離了一切黨政職務，不必再像以前那樣每天東奔西跑昏天黑地的忙碌著；從九十一年九月起，也特別應聘在彰師大工教系博士班兼任教職，希望多在家鄉陪陪雙親。然而，不久兩老卻一往生、一住院昏迷並歷經五年之後也離開人世。父親與母親晚年時彼此形影不離，更加相互關心相互照顧，可是，父親往生時不知道他陪送到醫院看病住院的母親已從此昏迷不醒，而母親更不知道父親業已過世，造化之弄人，莫此為甚！思之更為悲痛！

海南島尋找父親的足跡

前面提到，父親從二十出頭到二十五、六歲，被迫離鄉背井遠赴海南島充當日本的軍伕。這一段期間，烽火連天，海南島雖被日軍佔領，但當地的抗日游擊隊時常會攻擊日軍，穿著日本軍裝擔任助理警察工作的父親，當然經常處在危險之中。而年紀輕輕的他，以現在的標準來看，幾乎還是個涉世未深仍須受父母呵護的小伙子，卻身處險境面對烽火，遠在異鄉，思念著父母妻兒。因此，海南島對他而言，應是個無法忘懷的地方。

海峽兩岸關係和緩台灣人民可以赴大陸旅遊之後，我曾計畫帶父親再到海南島去看看。但是，那時我還有公職在身，兩位在大陸經商的弟弟又忙於工作，而父親身體健康也大不如前，加上他又放心不下當時已體弱多病的母親，出門遠行的意願很低，因而作罷。

二〇〇六年十月，父親已經往生，我剛好因參加一個會議到了海南島。我想起了父親年輕時曾提到他當年如何在海南島的海口登陸，又如何為了搶登泊在海口的美國軍艦以便返台，拼命奔跑趕路在海口碼頭跌倒的往事。因而，我特地到海口的港口和碼頭去看了一下，尋找當年父親可能走過跑過的路，追憶年輕的父親在此一海南異鄉所留下的足跡。那一天天氣很熱，我站在海口港的客運站內，看著熙熙攘攘的旅客，望著港內來來往往的船隻，心裡想像著差不多六十五年前父親和他從台灣來的同伴們在日本人的驅策之下，登上了海口時的心情。我想，父親在戰雲密佈下，到了此一陌生之地，台灣留下了父母、家人和與他一樣才二十出頭的妻子及一個剛剛出生不滿週歲的兒子，面對著不可知的未來，可能在表面上必須和他的台灣伙伴們照著日本軍國主義者的要求，裝出勝利者、征服者越戰越勝視死如歸的帝國皇軍英勇形象，但內心裡頭一定是非常地惶恐、憂慮和無奈。

父親曾提到，他們曾駐紮在一個常遭游擊隊偷襲的鄉下，可惜我沒問清楚所駐何地，但想必是接近山區的所在。我無法去尋訪。然而，站在海口港前，我又想起父親所提到的日本戰敗後他們這些台灣青年如何焦急地等待返台回鄉的情景。那時的父親，在海南島已經從佔領國的軍人，轉為戰敗國的軍伕，又轉為中國國軍的俘虜，再轉成為戰勝國的國民。這幾個身份的轉變，看起來很荒謬、很諷刺，但何嘗不訴說著他們那一代台灣人的無奈、痛苦和悲憤呢?!當然這是歷史所造成的個人悲劇，但也說明戰爭如何扭曲、摧殘和改變人們的命運。因此，我衷心祈禱：願人類不會再有戰爭！

作者攝於海南島海口港（2006年10月）。

我在海口港前停留了一個多小時，看著那樣子還十分新穎的海港大樓以及它周遭的西式建築，當然不是當年父親登陸或離開時所見到的海口港。但父親於二次世界大戰之後卻因為遣送工作的紊亂，和當時滯留於海南島大約三萬多名的台灣青年一樣，生怕回不了台灣，為了搶著登上可以遣返他們的美國軍艦他拼命奔跑而在這個海港跌倒擦傷了臉，而且傷口的疤痕一直到他回到了老家還清晰可見。足見他和他的伙伴們如何急著要脫離戰爭的陰影返鄉與家人團聚，恢復正常而和平的生活。

海南島的六年，對父親而言，實在是一種浪費、一種犧牲，一段被迫而充滿無奈、充滿惶恐、充滿思念的日子。

我慶幸也感謝上蒼父親當年能順利在海口港搭上回鄉的軍艦，能安全地離開海南島，能平安地從海南島回到家鄉和祖父母、母親和我這個他只是在我嬰兒時見過的兒子團聚。在滿懷慶幸和對上蒼的感恩以及對父親的懷念中，我離開了海口港，告別了海南島這個我童年時期最常聽母親和長輩提起、最牽掛也是最好奇的異鄉島嶼。

（原撰於二〇〇二年九月十六日父親逝世後之次日，二〇一〇年十二月修正補充）

永遠挺起腰桿做人的母親

影響我最大的人

我最懷念的人，是我的母親，影響我一生最大的人，也是我的母親。因此，親族中一直有很多人認為，看我的所言所行，就會想到我的母親。他們認為，我在為人處世的作風上非常像我的母親。事實上，母親的許多人格特質，諸如她的臨危不亂、處變不驚、遇險不懼，以及她在困難、挫折中所展現的堅強、韌性和處理事情的圓融和彈性，固然給我很深的薰陶，也是我努力學習的榜樣，然而，我始終以為我在這些方面，都遠遠地不如她。

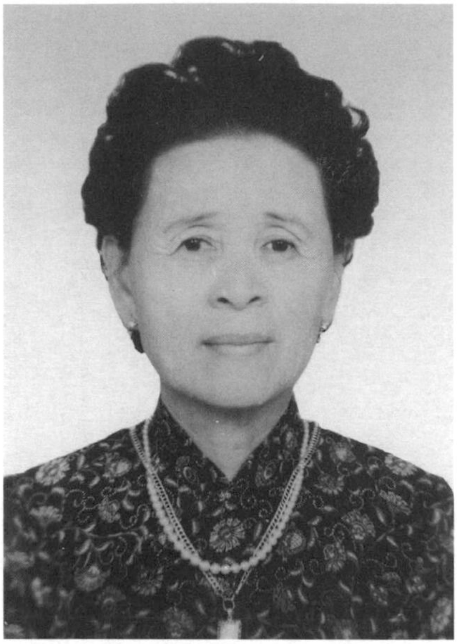

永遠很有精神的母親。

母親出生於日治時代的台灣農村，在那鄉下女孩子很多人沒有上學根本不識字的年代，她完成了公學校（即國民學校）的教育。據母親娘家長輩轉述，當年母親成績相當不錯，畢業之後，她的日籍小學老師曾多次遊說外祖父母和外曾祖父母讓她繼續升學，無奈家中長輩不放心這個他們心目中的掌上明珠到城裡去唸書，一方面也認為女孩子最重要的就是找個好婆家，能讀到公學校就好了，因而對於讓她繼續升學的建議也就沒有接受。這是母親自認為她人生中的一大憾事。也因此她非常重視子女的教育；我們六個兄弟姊妹之所以每個人都能完成大學或大學以上的教育，並且都有還不錯的工作，主要應歸功於母親的教養。

母親滿十九歲時，憑媒妁之言嫁給小學低她一班的父親。在生下我還未滿週歲的時候，父親便被日本人徵調到海南島去充當軍伕，一直到我快滿六歲時方才返台。在這前後長達六年的時間之內，只有二十幾歲的母親，在大家庭中必須擔負起長媳的責任，不但得幫忙祖母料理家務、照顧年幼的叔叔姑姑，也要常常下田幫同祖父操勞莊稼打理農事；而另一方面，還必須母兼父職，撫養我這個與她相依為命的小孩。

母子相依為命

母親說過，因為父親不在，她於大家庭中的是是非非糾纏中，有時受到實在難以忍受的委屈，不免會興起離家而去一走了之的念頭，但一想到必須留下我一個人孤伶伶的，她就狠不下心，也就忍了下來。我長大懂事之後，她曾提到有一次在美國飛機B29瘋狂轟炸鹿港一帶時遍尋不到我的心酸經過，那時我只有三、四歲。她說，轟炸過後，她匆匆忙忙地由田裡趕回，卻在防空壕及全村到處找不

作者任省主席時與母親合影（1999年7月）。

到我的人影，急得人都快要瘋了，最後她再一次到她已二次找不到我的防空壕去摸索，終於發現我躺在防空壕最裡邊的角落睡著了。原來，我一聽到空襲警報就自己跟著大人到防空壕去並躲在最裡面，可能太累了就睡著了；而因為防空壕又暗又黑，前二次她進去時又急又慌，又由於內外光線的反差裡邊呈黑漆漆一片，且叫著我名字又沒有回應，她以為我不在裡面。第三次她不甘心地摸黑再來，結果在角落裡摸索到我。這時她不禁放聲大哭，發洩她那極度不安而緊張的情緒。在她一再沒找到我的時候，心裡面存著我可能被炸死在某一個角落裡的不祥念頭。她說，如果真這樣，她就一無所有，沒什麼指望了。可見那時我們母子是如何地相依為命。

又疼愛又嚴教

母親在我的童年時代，對我十分疼愛，另一方面卻又管教甚嚴。記憶中，小時候，母親常常把我打扮得漂漂亮亮，那時一般鄉下小孩都是打赤腳、穿短褲，甚至還有人在夏天一絲不掛，而我卻常常西裝革履。長輩們告訴我，一直到我上小學之前，我很少打赤腳。而且，母親常會帶著我到鹿港街上或彰化市區去玩，也經常為了給遠在海南島的父親看看我成長的情形，帶我到街上的照相館拍照。母親不論在婆家或娘家，由於她的善體人意和很會做人，有很好的人緣，加上父親又遠在海外，所以，常常有不少親戚邀她去做客，每次她也一定把我打扮得像個小紳士，攜我同行。所以，我在童年時期過著遠比一般同村、同族的小孩要幸福很多、見識很多、享受很多的生活。

可是，母親對我的督教卻十分嚴格。我從小她就要求我要隨時保持身體及衣著的乾淨整潔，不許我學一般鄉下小孩講粗話，她要我對人一定要「有大有小」，注意禮節。她特別注意養成我誠實與勤勞的好習慣，如有說謊不誠實的行為，她一定痛加責罵，有時氣不過來還會痛打一頓。我一直到現在還很清楚地記得，小時候每次在外有人送給我紅包或糕餅之類的食物，或到親戚家作客如主人給我一隻雞腿吃時（在那個年代，對關係較特殊的親友的小孩，來做客時，常常要請他吃雞腿，因為雞腿肉多，而且很難吃得到），我一定要向她報告，所收到的紅包、禮物也一定要原封不動地交給她。因為她說，禮尚往來，只有這樣她才能夠，才可以不違禮數適當地回禮；而最重要的是，她認為小孩子一定要學會誠實做人，才會有前途。因此。如果，我竟然偶而沒有做到，不管是有意或無意，一經她發覺，我必會遭到她很嚴厲的處罰。在勤勞的訓練方面，她要我從小就幫忙做家事，我小學期間她規定我一定要把養雞養鴨的棚子打掃乾淨才能上學；我的衣服她也要求我要自己摺疊地整整齊齊。這些都對我有很深的影響。

母親常唱「心酸酸」

父親在海南島的最後一、二年，由於二次世界大戰太平洋地區戰事轉趨激烈，幾乎毫無音訊，而附近有些與父親一起到海南島服役的村人又傳來噩耗。因而，母親十分牽掛擔心父親的安危，我常常聽母親哼著旋律與歌辭都相當悲傷的台語歌曲「心酸酸」，每次她哼到、唱到「我君離開千里遠」時，總會情不自禁地掉下眼淚。這段期間，她到處燒香求神拜佛得特別頻繁，祈求神明保佑父親的平安，也常常會去算命卜卦求籤以探知父親的生死下落，可見她心中的焦急。

父親回來她倒地滾三滾

二次大戰結束後，父親終於平安回來，而且在我們家附近幾個村落裡與他一起被徵到海南島的四、五人當中，只有他一個人從戰火中生還，真是萬幸！母親曾許過願，如果父親平安返鄉，她就要在神廳前的廣場，當眾倒地打滾三次。父親回來那天，她果然在眾人的歡呼鼓掌聲中在地上滾了三滾。長大之後，我才知道，這是印度人表達敬意和欣喜的一種禮節，母親從何而知，我一直沒有問她。但由此可見她當時對神明庇保父親能夠死裏逃生安全歸來，滿懷感激，也對父親終於回來與家人團聚，充滿喜悅。

母親與十分愛護的二舅黃聖峰先生合影於香港（1982年2月）。

母親嫁給父親後一直到父親由海南島回來後的最初二、三年之內的這一段期間，由於祖父算是個富農和小地主，家境相當不錯，而母親的娘家也還屬於小康，所以，除了父親在海南島那五、六年期間，母親精神上頗受煎熬之外，基本上來說，她在物質生活上還算充裕。

艱苦挑起家計

但從我上小學二年級以後一直到我從美國留學回來這漫長的二十多年的時間之內，特別是我唸小學及中學的這十二年期間，我家深為經濟不好、家用不足所困所苦，母親很艱難地挑起當家主計的責任，為家庭為子女操勞，辛苦備嘗。也就是在這段艱辛的歲月裡，母親充分展現了她的幹練、賢慧、口才、堅強和永遠直起腰桿做人的個性。

父親從海南島回來不久，就和叔叔們分家。起初父親滿懷抱負和壯志，除了從事農耕之外，也做起生意來。最初做的是白糖的中盤商，印象中一度家裡堆滿了一袋一袋的砂糖，以後他改做鴨蛋的批售。由於父親生性勤勞，常常賣命似地工作，而且他很會做生意，所以，頗有獲利。然而，年輕的父親，在我讀小學和初中時，卻因交友不慎一度沉迷於賭博，經商辛苦賺來的錢常常莫名奇妙地賭掉輸掉。以後父親雖毅然決然地戒了賭，家道卻也開始中落，乃至於常常陷入窘困之境，且還負債。這就是我一直非常厭惡賭博的原因。

出賣縫紉機貼補家用的辛酸

我唸小學二年級的時候，母親為了還債和貼補家用，忍痛地賣掉她陪嫁的腳踏縫紉機。那個年頭，鄉下有縫紉機的人家不多，有縫紉機當嫁妝是一件很體面的事。母親決定要把它賣掉，父親當然加以勸阻。但母親不為所動，她說：「欠債就得還，我不喜歡看人家天天來要債，而且小洞不補，就會變成大洞。」意思是說債還不多的時候就處理掉才不會愈滾愈大。記得工人來搬走縫紉機那天，母親一大早起來，就把它擦得乾乾淨淨，而且一再地撫摸它，一再地操作它，看得出她非常之不捨。等工人來搬的時候，她有說有笑，但搬走之後，我

母親與非常照顧作者的姨丈張汝忠先生、阿姨張黃硯女士合影（攝於1981年11月）。

卻看到她在臥房裡偷偷地掉淚。我看了之後，十分難過，當時曾立下志願，等我會賺錢的時候一定要買一部縫紉機送給她。不過，到我真有能力這樣做時，縫紉機已改成電動，而一般家庭和母親都已不再用縫紉機了。

得到「武則天」的綽號

父親為人耿直率性而善良，但講話常常不會拐彎抹角，因此常得罪人而不自知，而且對人有時過度熱心，甚至到了好管閒事的地步。年輕時期的他，脾氣又不小，講話聲音又大，常容易引起人家的誤會而與人起衝突。每次碰到父親與人發生糾紛時，大多是母親出面去打圓場、去化解。母親雖然只受小學程度的教育，但她很會講道理，可說能言善辯，與人交涉時對方常常為她所折服。記得我唸初中時，父親好像為賭債的糾紛惹上了在彰化沿海地區一位頗有名氣的角頭老大。這位流氓還「侵門踏戶」地到家裡來理論。父親不在，母親出面和他交涉，她雖心知對方是位大流氓，但她一點兒也不畏懼，從容不迫有節有理地與他論爭。最後那位大流氓站起來說：「妳這樣一個婦道人家，能如此持家、愛家，如此有理氣、如此講道理、如此有義氣、講是非。好了，我和妳先生所有的一切過節就此一筆勾銷！」事後，族中一位擔任鎮民代表的長輩知道了特地來看母親，並對母親說：「妳知不知道他是一位頂頂有名的大流氓？妳竟敢和他爭論，而且說服了他，實在了不起！」從此這位長輩送母親一個綽號：「武則天」。事實上，母親在村人、族人的心目中，由於她能言善道、剛正幹練，為人排難解紛時，每能「依理而言、據理而爭、憑理而斷」，故頗受敬重而一直有「女中丈夫」之稱。

「窮家不窮路」的教誨

母親是個很愛面子、不服輸、不認輸的人。她常常教我說：「窘厝沒窘路」（窮家不窮路），意思是說，如果家裡窮，在家裡隨便穿隨便打扮、隨便吃，沒什麼關係，但一出家門，就要打理得乾乾淨淨穿得整整齊齊，該用的錢就得用，而且一定要挺起胸膛打起精神，免得被人看不起、被人看衰。母親自己就身體力行。她一直在她晚年生病之前，走起路來總是抬頭挺胸，坐的時候也一定挺起腰桿，而且一出家門就穿得整整齊齊看起來很有氣勢、很有精神。

在我讀小學和初中的時候，前面提到，父親因交友不慎曾經一度很喜歡賭博，加上家道中落、家境不好，但我們大家族中的各房都過得相當不錯都稱得上是富裕之家，因此難免有時會遭人白眼、受人排擠。但生性好強而剛烈的母親，在家族中的婚喪喜慶等場合中，該分攤、該花費的金錢，她就是用借的也要全數全額支付支用；而她更在意父親身為長子、身為大哥的地位有沒有受到應有的尊重，如果沒有，她就會去爭取去理論。有時，她還會和頗具權威、極有威嚴的祖父「據理力爭」。小時候，母親最

作者（左一）任省社會處處長時在鹿港鎮草港家鄉與父母親合影，右一為彰化縣黃石城縣長。

常教我的就是做人不可「落人之下」、「落人之後」，不可讓人看不起、不可受人恥笑。我好強的個性，可能就是母親這種教誨所調教出來的。

出面告貸調頭寸

在我們家境非常不好的時候，父親已經不再出去經商，而是留在家鄉耕作，一方面為人代耕，一方面在磚窯挑磚頭做做工出賣勞力，非常辛苦。母親為貼補家用，除了幫忙田裡農事外，一方面飼養豬隻和雞鴨等家禽出售，一方面利用晚上和閒時紡紗或編織大甲帽，可說辛勞之至。但是由於子女眾多，加上家道中落之後一直沒有多大的改善。因此，碰上有急需用錢而家裡又自己籌不出來的時候，往往必須向人先告貸週轉。這種去向人家伸手借錢的事，通常都是母親出面去做。我長大進入社會之後，深深覺得人生當中的求人之難，更體會出當年母親向人借貸時所承受的心理苦楚和煎熬，也更加地感激和敬佩母親。

母親由於在家族、親友和鄰里間享有賢慧和很會教養子女的好名聲，所以向人週轉調頭寸，一般都不會遭到困難，但偶而也會碰到些風言風語或不肯相助的情形。不過，母親總是抱著「不乞求」、「不求憐」的態度，總是直起腰桿去面對著一切。

母親就是這樣地永遠挺起腰桿做人。

當選模範母親和受到祖父的肯定

母親在民國七十年五月當選為彰化縣模範母親，到省府接受林洋港主席的表揚。她非常地高興，尤其當時的國民黨省黨部主委宋時選先生和副主委謝又華先生聯名送給她一個刻有「今之孟母」的祝賀牌，她更是非常之喜歡、珍惜。祖父在快九十歲的時候，有一天拄著枴杖來看母親，翁媳倆聊得很愉快，祖父突然停下來看了她很久後說：「阿瓊（親友間對母親的稱呼，事實上母親戶籍上的名字叫趙黃斟）啊！當年選你做我們家的媳婦，實在選得很對！」母親告訴我說，當她聽到祖父這一句話後非常感動，她說：「有你祖父這句話，我這一生為趙家的辛勞和付出就很值得！」

三位前行政院長和一位立法院長為她送行

母親的身體因為青壯年時期過分操勞，到了七十五、六歲以後，就變得相當不好，經常在醫院進進出出。八十三歲時，她偶因發燒由父親陪同她去住院，沒想到不到二個月父親就先走了。就在父親過世前幾天，我到醫院探視母親，她神智顯得不是很清楚，我問她感覺如何，她問我：「是不是又要動手術（之前她曾動過一次胰臟癌的手術）了？」我說：「不必要，住幾天就可以回家了！」不久，她就睡著了，但從此再也沒有醒過來，而前面我與她的一問一答，也竟成了我們母子最後一次的對話。其後不

母親逝世公祭時，前來致祭之三位前行政院長，左起郝柏村、李煥及蕭萬長等先生（2007年4月）。

久，她經過了氣切，不醒人事地躺了近五年就往生而與世長辭。二〇〇七年三月十七日母親過世，稍後國民黨馬英九主席就親到靈堂向她致祭；四月十五日出殯時，李煥先生、郝柏村先生、蕭萬長先生等三位前行政院院長和立法院院長王金平先生，以及很多黨政首長、民意代表暨工商界領袖都前來向她送行弔祭。相信一生很看重名聲和榮譽的母親，一定會含笑於九泉。

在母親的訃聞及追悼會上，我特別選用了一張她看起來很有活力、而且是挺起胸膛所拍的照片。因為我相信母親一定希望所有親友都會記得她是一位永遠挺起腰桿面對生活而很有精神的人。

（撰於二〇一〇年母親逝世三週年的母親節）

高瞻遠矚　寬容存厚　心懷鄉土

——追念謝東閔先生的風範

望之儼然即之也溫

求公（謝東閔先生別號求生，一般人皆尊稱他為求公）走了！雖然他以九十五高齡福壽全歸而往生，但是，對於他的過世，我依然覺得非常地不捨與哀痛。因為，我再也看不到他這一位望之儼然即之也溫的教厚長者；再也無法沐浴於他那如春風般的指導和鼓勵了！

這幾天，回想起求公生前的志業與貢獻，以及過去追隨他的種種經歷，對他益增高山仰止的崇敬之情，更興起無盡的懷念與追思。

第一次特別注意到求公的大名和生平，是在民國四十六、七年間，我在台中一中求學的時候。那時他擔任台灣省議會副議長，記得他是以校友會會長身分返校講話，讓我初次感受到他那種出語率真、言之有物、內容非常生活化，既不說教也不唱高調，又不失幽默、風趣的演講風格。

我的政治引路人

民國六十二年春，我完成學業自美返國服務不久，為了響應行政院蔣院長經國先生倡導的政治革新，本著「書生報國」、「恨鐵不成鋼」的心情，在中央日報發表一篇題為「摒棄落伍觀念，加速革新進步」的長文。時任台灣省政府主席的求公看到之後，立即來函鼓勵，要我繼續對時政多加針砭，對各種政治和社會問題多提建言，並且公開推崇，同時將之印發全體省府委員及廳處首長閱讀。接著，他又把它推荐給經國先生，經國先生旋即要求全國公務員參閱。不久，求公召見我，還要我兼任省府法規會委員，這是求公認識我的開始。民國六十五年七月，台灣省政府改組，我以三十出頭的年齡被求公任命為省府新聞處處長。從此，我追隨求公，也踏入政壇。求公可說是我的政治引路人。

事實上，我之被任命省新聞處長，固然由於求公認同和讚賞我的看法，也是他對當年我這個青年人的提攜。但還有一個非常重要的原因，也是以後求公親口告訴我的，那就是由於他青年時代由台灣赴大陸，經歷了一段非常困窘必須刻苦求生和求學的日子，因此，他對於像我這樣沒有顯赫家世背景而苦讀出身的青年，特別願意加以栽培。這就是為何他極不喜歡人事關說，而他於省主席任內找了一位也是清寒子弟苦讀出身的許水德兄（現任考試院院長）擔任省社會處處長，又找我出任新聞處處長的原因之一。

消滅貧窮和破除迷信

民國六十一年七月至六十七年五月求公擔任省主席時間，是求公一生當中最能施展他政治抱負，也是最能反映他政治理念的時期。這期間他以高瞻遠矚的思維與做法，推展省政，並全力配合中央推動使台灣經濟脫胎換骨的十大建設；其中台中港的開闢、鐵路電氣化、北迴鐵路的興建和蘇澳港的擴建等等，更由他在省府主導。主持省府時間，他以禮運大同篇的「大同世界」理想作為他的基本施政哲學。他推動「小康計畫」大力從事消滅貧窮。當時我們與中共還是處於尖銳對峙的冷戰時期，中央有人基於宣傳上的考量，認為不宜大談什麼貧窮問題，但他認為不必對貧窮問題諱疾忌醫，他說不能消滅貧窮才是可恥。他重視研究發展，主張凡事要從大處、遠處著眼；他提倡並力行「逐級授權、分層負責」，廳處長如果事事請示，或以他認為細節或執行面的問題，向他報告，他總是非常不耐煩，而且形之於色；同時他提倡「客廳即工場」、「化雜草為牧草」、「媽媽教室」、「公墓公園化」等等措施，在在顯示他時時在求變求新。尤其「公墓公園化」的工作，如果不是他當年大力倡導推動，目前在台灣各地幾乎隨處可見的公園式的墓園和美觀莊嚴的納骨塔，就不可能出現了。為了落實「公墓公園化」的主張，他率先在他彰化二水老家的祖墳做起，後來他手被炸傷，民間就有人牽強附會地說因為他將祖墳挖起重建破壞了風水，所以受傷；他聽了之後立即說：「就是因為將祖墳公園化，所以才只手受傷而已！」可見他的豁達成性；他感於民間迷信成風，特別要我與民政廳編撰一本有科學根據並以實際事例為內容、旨在破除迷信的專書，以廣泛發行，書成之後，他定名為「迷信害人知多少」。凡此均顯現出他敢於向迷信、向習俗反抗，並突破傳統的施政魄力和勇氣。

存厚與率真

求公為人寬厚，不喜歡麻煩他人，凡事能做的就自已動手。他彰化二水老家的客廳及在台北外雙溪的住處，都掛著一幅「傳家有道惟存厚，處世無奇但率真」的對聯。年前，我在鹿港鄉下老家新居落成，他也特別撰此對聯相贈。足見他為人處世的風格之所在。

求公在省主席任內也大力倡導凡事自己來，他常常喜歡講一句英文「Do it yourself（自己動手）（即ＤＩＹ）」。在他手被炸傷之前，很多人都有領受求公自己倒茶接待的經驗。現在ＤＩＹ已經成了一種風尚，求公可說是國內第一位身體力行並大力推廣ＤＩＹ的政府首長。民國六十五年十月，他的左手被王某以郵包炸傷，手掌切除，行動非常不便；他手術治療出院不久，王某的雙親到中興新村向求公致歉致意，求公以禮接待絲毫未加責怪，還派了專車送他們到台中車站轉車，並交代我儘可能低調處理這則新聞。民國八十年春，國民黨因為總統候選人的問題釀成政潮，求公是當時出面調處的八大老之一；在那段舉國注目的關鍵時刻，求公最常講的一句話就是「有容乃大，無欲則剛」。他的厚道與包容的本性，表露無遺。

熱愛鄉土偏愛文化

求公是個愛國家、愛鄉土的人，日據時期，因不滿日人統治，他投奔祖國。返台後他時時為台灣打拼，在他任省主席及副總統期間，我常有機會陪他下鄉訪問；每到一個地方，對當地的建設與發展，他都極為關心，也一定提出意見；而當地的沿革、掌故、特色甚或小吃，他也都瞭如指掌，可見他對台灣鄉土的一切，灌注了極大的心力。求公對文化有所偏愛，一直主張建立文化大國，每逢下鄉，他一定設法拜訪當地的藝文工作者，對於沒有什麼大名氣的，他一定會特別加以鼓勵。他時刻以維護鄉土文化為念，所以，像板橋林家花園，就是他於省主席任內指示修復的；我的家鄉彰化鹿港的民俗文化博物館，原是辜振甫先生令尊的故居，之所以改為博物館，據瞭解，求公也有促成之功。另外，彰化秀水鄉的陳益源古厝，極具保留價值，求公也一直努力要加以保存。

求公早年歸返大陸求學就業，並投身於抗日行列，光復後，奉派代表政府返台接收。像他這種本籍台灣、光復前到大陸去打拼的人，早年民間戲稱為「半山」。有「半山」背景的省籍人士，很多在台灣光復初期的政壇十分活躍，對早期台灣地方自治、耕者有其田的推動，有不少貢獻；他們也是民國卅八年中央政府遷台之後，力促族群融和、穩定台灣局勢的有功者，不少人後來在從政、辦學或經營事業上，都很有成就；求公為其中之翹楚。他們這一代的人，絕大多數已經凋謝。因之，求公的逝世，也象徵著一個相當能刻劃出台灣的命運、而又相當不平凡的世代的結束。

求公雖然已離我們而去，但是他對國家社會的貢獻，和他的高風亮節的典範，將永遠令人難忘。

（撰於民國九十年四月十一日求公逝世之第三天，原載九十年四月二十二日中央日報紀念專刊）

化雨春風永不老

——恭祝恩師梅可望先生九秩華誕

「仁者壽」這是中國人對於享有高壽者的一種推崇和肯定，表示凡對社會、對人類懷抱無窮愛心的人，一定克享長壽嵩齡的福報。這句話用在梅可望先生身上，也是非常之恰當。梅校長現在正堂堂進入滿九十歲的高齡者行列，而且還非常之健康。所謂「福壽康寧」，梅老師應該說都具備了。而我們看梅老師過去這九十年的生命中，尤其在他正式退休之前所從事的事業，不問在台灣省警察學校（現台灣警察專科學校）任教育長，中央警官學校（現改制為中央警察大學）任教育長、校長，或是出任東海大學校長，無不是在從事「傳道、授業、解惑」的為人師的教育事業。而教育事業就是發揮「仁愛」、實踐「仁愛」的工作，也就是行仁道的神聖工作。因之，梅老師能健健康康地邁入滿九十高壽的歲月，而且還身手矯健，精神矍鑠，是乃理所必然。也是上天，或者梅老師所篤信的上帝，對他一生「誨人不倦、愛心廣被」所給予的一種福報、寵賜和恩典。身為學生的我，深感與有榮焉；並且認為這是所有梅師的弟子都應感覺可喜可賀之事。

當然，對於梅老師的九十華誕，我首先要在此祝福他萬壽無疆，生日快樂，永遠快樂。同時，也願就我與梅師的互動和我近半世紀來對梅師事業和為人處世的一些觀察，撰寫一點心得和感想，以表達我對梅師九十華誕的衷心祝福。

滔滔不絕一席話改變了我的人生道路

民國四十八年（一九五九），我考入中央警官學校正科廿八期，同時在大專聯考中，也被台灣大學理學院所錄取。那一年夏天，台灣中部地區遭受了一個前所未有的大水災，即「八七水災」；我在彰化縣鹿港鎮鄉下的老家，也是受損嚴重的災戶。為了減輕家庭的負擔，我在父母、親友的勸說和自己的考慮下，放棄了台大，而進入警官學校。那時的中央警官學校，剛在台復校不久，一切都還在草創階段，不但校舍簡陋狹小，重要法律課程的師資大多為兼任；而且畢業之後授與學生法學士學位的必要立法，也還未完成；知名度也甚低。因之，我報到入學不久，在接受新生訓練期間，還在猶豫是否應照我在台中一中的幾位同班同學的勸說，從警官學校退學，改到台大報到就讀。

梅可望校長在松山機場為作者赴美留學送行（1966年12月）。

就在我傾向於至台大報到的時候，有一個週末，時在國防研究院受訓的梅老師，以官校教育長的身分，向我們這些新生作精神講話。只見年輕英挺的梅教育長（他當時只有四十出頭），以穩重而快速的腳步走進教室。腰桿挺直、臉龐俊秀、眼戴無邊眼鏡，雙目炯炯有神，用宏亮而抑揚頓挫有致的語調，開始對我們講話。這是我當時第一次見到梅老師所留下的印象。

梅老師在講話中，滔滔不絕地描述中央警官學校未來發展的美景、在警官學校就讀有那些其他大專學校所沒有的優勢條件（如重視外文教育、領導統御訓練、法律課程、體格鍛鍊及培養團隊精神，和一切公費等等），他並且現身說法，談他如何放棄大陸當時有名的湘雅醫學院而改入警官學校就讀，如何獲高考狀元及如何到美國留學等等個人的經驗。他同時樂觀地表示，我們畢業之後，不是僅僅能當警官，也可以去考外交官、法官、律師，也可以出國留學深造回國當學者。他鏗鏘有力的表達，極具說服力的內容，使我這個當時只有十八、九歲的青年，聽得頗為陶醉、至為神往。也使我終於下定決心，放棄至台大報到，而在警官學校安心地就讀下去。

因此，在過去這近四十年之中，在很多我職務變動的場合，我每一見到常會到場祝福的梅老師，往往會半開玩笑地向梅老師說，今天我之所以成為我今天的我，有大半是梅老師所造成的；因此，我的好或壞，梅老師至少應負有一半的責任。

坦白而言，梅老師在民國四十八年對我們的一席話，的的確確改變了我人生道路的方向。回首前時路，我要對梅老師說：「謝謝您！感謝您的指引。」

現代警察教育的拓荒者和推動者

梅老師對警察教育的現代化，一直抱有很大的使命感。早在民國四十八年代，我們修他的「警察學原理」時，他就在課堂上大談未來警察教育，應該不僅有授與學士學位的警官養成教育，也應設有研究所，供學生繼續深造。他的此種高談闊論，在那個年代，的確是「曲高和寡」，因為，一方面，中央警官學校本科班（四年制）的學生能否拿到法學士學位還在奮鬥爭取之中（立法院還未著手審議必要的法案）；另一方面，全世界警察教育有大學系科並可獲學士學位的，那時也只有美國少數幾個大學像華盛頓州立大學、密西根州立大學有此學系而已；同時，國內不少警政高層甚或黨政決策人士，也認為警官至多只要有個專科學歷就夠了。也因此，有不少人，認為他要設研究所、授與碩士、博士的構想，太過於理想化、太不切合實際。連我們這些學生，也以為不太可能。

可是，就在他鍥而不捨的努力之下，梅老師的這些警察教育現代化的想法一一實現了。首先，在民國五十年（一九六一年），他協助當時的母校校長趙龍文先生說服了立法院通過中央警官學校本科班四年制畢業生可授與法學士學位的法案。接著，在他擔任母校校長期間（民國五十五年十二月至六十二年十二月），他創辦了警政研究所，先自兼所務，接著延攬廿四期畢業留奧博士謝瑞智學長出任所長。他更將警官學校的學系大為擴充，把原來僅有的行政警察學系和刑事警察學系，擴增包括消防學系、獄政學系、犯罪預防學系和公共安全學系等，使中央警官學校成為一個各種領域的「安內幹部」的最高養成學府；畢業生涵蓋於警政、消防、國安、獄政、少年輔育、調查等各個部門。他並提出了將警官學校改制為警察大學的構想。

我們可以說，如果沒有當年梅老師的高瞻遠矚，沒有他力排眾議身先士卒不斷地說服、不斷地努力所奠下的基礎，中央警官學校就不可能改制成中央警察大學，就不可能有現在這麼多的學系（計有十四個學系）和招收碩、博士研究生，也就不可能有當下這麼樣的規模，和目前這麼受社會的肯定及受許多青年學子的嚮往了。

而從現在看來，如果不是梅老師的堅持，現在的警察教育就不可能在目前這個突飛猛進、資訊與科技進步一日千里的時代裡，與時俱進，符合時代的需求了。

所以，我說，梅老師是一位勞苦功高、眼光遠大的現代警察教育的拓荒者和推動者。

改變東海的風貌　創新東海的發展

梅老師教育事業生涯的第二高峰，是擔任東海大學的校長。

梅老師主持東海大學的校務，長達十四年之久。他不僅將東海大學的面貌、風氣作了革命性的改變，也帶領東海大學走入一個有競爭力的新的發展方向。

談起東海大學（以下簡稱東海），我個人與它也有一些小小的因緣。當年東海創校伊始，是由美國副總統尼克森於民國四十二年十一月前來破土的。那時，我正就讀於台中一中初中部，曾奉命與同學們拿著中華民國與美國兩國國旗去列隊搖旗歡迎。我在台中一中初、高中部就讀的六年期間，東海的首任校長曾約農先生，常是我們動員月會或重要集會的演講者，而且很受歡迎，使我對東海一直留有深刻印象。

以後，我到台灣省政府服務，從任新聞處長以至任省府委員、社會處長長達十一年的時間之內，有十年的時間（從民國六十六年至七十六年），曾先後在東海的政治系、社會系和法律系兼課；而我在主持省社會處期間，更常在業務上與東海的社工系、社會系和若干東海的教授專家有所合作；因此，對東海有相當程度的認識與瞭解。

東海在民國四十四年正式創校招生之後，就採取精兵主義，招的學生不多，師生全體住校，採用的是類似英國的導師制度（tutorial system）；務使老師能對學生真正有面對面的指導與照顧。因此，教學成本不低。好在從創校開始，東海一直有美國基督教會的「中國基督教大學聯合董事會」（The United Board for Christian Colleges in China, UBCCC）的支持，不必為費用操心。但是到了民國六十年代（一九七〇年代），隨著台灣經濟的起飛，和美國與台灣外交關係的轉變，來自前述美國教會的經費支援，逐年遞減，大幅降低，最後並完全停止；東海也開始入不敷出了。校舍、設備與教學品質大受影響。學校內部開始出現雜音、異見，甚至於有攻擊、批評校方和校長的大字報出現。就在這樣的背景之下，梅老師接下了東海大學校長的職務。

記得民國六十七年五月間，有一天當時服務於位在韓國漢城的亞太地區文化社會中心擔任執行長的梅老師，自韓返台開會，我前往拜訪問候。在我們歡談之中，梅老師接到東海董事會董事長查良鑑先生的電話，要他前往一晤。我就權充駕駛開車將梅老師從台北市廣州街的梅府送到查府。事後，梅校長告訴我，查先生找他就是通知他東海董事會已經通過決定請他擔任東海的校長。說來，我在梅老師出任東海校長的過程中，可以說也擔任一個可以做為附註的旁觀者的角色。

東海在梅校長出任校長之前，據我所知，曾經有一段校長難產的時間。有幾位有意出任校長者，不為董事會所接受；有一、二位董事會所屬意的，則不敢或不願接任。梅校長是最後為董事會全體成員所接受的人選。

梅老師上任之後，即一本他「勇於任事、不畏改革、大膽創新」的作風，雷厲風行地從各方面去改革東海。他利用地利之便，與台灣省政府、台灣省議會合作，大辦推廣教育；並運用他多年來累積的各種人脈，向各方籌募經費；同時打破東海傳統的精兵主義，大幅增加招生名額；使東海整個精神和面貌，有了極大的轉變。他並且善用籌募和辦學盈餘的經費拓廣校區、大興土木。使東海大學，可以說，做了有別於創校前二十年的翻天覆地的大變革。今天我們看到東海大學廣闊的校區，櫛比鱗次的高樓校舍，和超過萬人的大學部，及近三千的研究生，這些我相信是早期東海的畢業生所無法想像，也是當年他們在校時無法經歷的景象；而這些，都是梅校長領導東海十四年大刀闊斧進行改革所開創的績效，和所造成的結果。

可以說，梅校長改變了東海，使東海在台灣高等教育愈來愈面臨艱苦挑戰的今天，提升它可以向前繼續發展的動力和競爭力。

坦率直言震撼黨政局勢

梅老師在他那一輩的從政人士中，不問學識、學歷、口才、儀表、能力和幹勁，都應該是屬於第一流之列。所以，從我們入門當他的學生開始，先後期的同學以及我們當時的老師，都對他政治前途的發展，十分看好。大家都認為，他應該至少在部長級以上的政府職務中佔有一席之地。但是，他卻從未擔任過特任官以上的政府公職。以我從政生涯三十多年的體會和見聞，梅老師沒有出任政務官職務，一方面固由於他自己的選擇，另一方面，也許與他喜歡坦率直言、敢言，遇事據理力爭的個性有關。曾經有一位當年國民黨執政時期可以說也是一言九鼎的黨國大老告訴我，你們梅校長講話實在太坦率了。言下之意，似乎由於梅老師這種作風，使他錯過了不少可以「被大用」的機會。

我們在學生時代，常常喜歡形容梅老師有「鑽石嘴」；閩南話的意思，是指他口才便給、滔滔不絕，具有褒獎尊敬之意。而事實上，梅老師的口才，一直到現在，都是廣受推崇的。也因此，在不少重要的會議中，梅老師常常被推上台發言，而他能言、直言和敢言的天分與個性，也常常出口成章並且語驚四座。我曾在兩個場合，親自體會到他敢言的震撼力。

民國七十五年（一九八六年）春，國民黨召開十二屆的一次中央全會，梅老師和我都出席了大會。在此類會議中，依例由國民黨秘書長、包括大陸工作會（以下簡稱陸工會）在內的各主要工作會主任等分別做工作報告。陸工會主任報告的是大陸情勢。在此類報告之後，依例開放與會人員發言。在那個時代，絕大多數的發言者，都經事先指定，無非就是要給予報告者正面的肯定。記得當時的陸工會主任白萬祥先生報告完之後，梅老師經由當時陸工會副主任張其黑先生的懇託，登記發言。張先生的意思，當然是希望梅校長（時已任東海校長）能為白主任的報告捧場捧場，說些好話。

誰知道，一向坦率直言也是是非分明的梅老師一上台，就語驚四座。他說中全會的大陸情勢報告，應該是向與會人員說明一些外面所不知道的大陸黨、政、軍、經各方面的發展真實狀況，使大家對大陸情勢，有透徹而深入的瞭解。但是，他發現白主任的報告，通篇都是將報紙雜誌已經披露的資料拼湊，也就是將剪報資料整理而已，毫無新奇之處，也沒有價值；顯見大陸工作做得不深入，有待加強。梅老師的這段發言，的確符合事

梅校長在作者新書發表會上講話（2005年12月）。

實。但在那個官場講究相互捧場，至少不公開揭發他人弊端或公開批評他人效率不彰的年代，梅老師的發言，具有不小的震撼力。不久之後，國民黨陸工會主任由白萬祥先生換成毛敬希先生，想來一定與梅老師的發言有關。

民國七十九年（一九九〇年）二月十一日，國民黨舉行臨時中全會，提名總統副總統的候選人。會中支持李登輝先生的「起立派」（主流派）和反對李登輝先生的「票選派」（非主流派）暗中較勁。會議因雙方人馬紛紛發言而到中午仍未有結果。於是當時非主流派的要角之一林洋港先生，提議休會，並要求準備票選。但是就在這個時候，並沒有參與或介入主流與非主流之爭，事先也不知道有所謂反李人士暗中集結，準備反李的過程的梅老師，搶著發言；他向主持會議的謝東閔先生，大聲疾呼反對休會動議，堅請謝先生一定要把議程處理完畢。結果大會繼續舉行，並以起立方式通過提名李登輝先生、李元簇先生分別代表國民黨競選總統、副總統。所謂主流與非主流在臨中全會的爭執，也就暫告一段落。梅老師當時搶著發言反對休會動議的舉措，媒體甚少報導；外界因而不很清楚。事後，我曾請教梅老師他到底知不知道有所謂「主流派」與「非主流派」之爭，因為我瞭解「非主流派」的要角中，有很多人是梅老師多年的好友。梅老師告訴我，事實上他在事先並不確切知道這些派系之爭，雖然他也有一些耳聞。不過，他告訴我，他之所以搶著發言，是著眼於黨的團結之上；因為，他認為如果大會在沒有推出正副總統候選人的情況下就休會，那以後在雙方利用休會時間而繼續運作之下，情勢的發展就十分可慮了。

上面我所舉的兩個例子，都顯示出梅老師本諸自己確信、自己良知而坦率敢言、直言，不取寵、不討好的可愛性格。也許，梅老師因此而在政治發展上受到影響，但他這種直言無諱、坦陳所知無所畏忌的作風，在是非日益不明、鄉愿漸趨成風的今日，是特別值得年輕後輩和所有梅老師的學生所學習、效法的風範。

不服老、不認老、不想老而真不老的實踐者

梅老師在幾年前，曾經寫過一本《不老的秘訣》，闡釋他不老的經驗與體會，與大家共享。

實際上，這十幾、二十幾年來我所接觸的梅老師，就是一位不服老、不認老、不想老而真不老的實踐者。一九九二年（民國八十一年）梅老師自東海大學校長職務退休。那時他已高齡七十四（照中國算法，應該是七十五），但是，他並沒有就此放慢腳步，停下休息。他繼續以積極向前、努力做事的態度，參與社會、服務社會、貢獻社會。而他的身體也一直保持著非常硬朗；依然健步如飛，依然聲音宏亮，依然精力旺盛。

民國八十一年（一九九二年）十二月，甫離開東海大學校長職務的梅老師，在台灣中部地區政經各界人士的敦促和支持下，創辦了一個旨在研究台灣社會實際問題以提昇民眾生活品質的「台灣區域發展研究院」，並實際負責院務的推動；且自民國八十九年（二〇〇〇年）起兼任董事長迄今。雖然他已年屆九十，但他對院務的推行和拓展，尤其對於院舍的籌建，還是百分之一百的投入；有時為了業務，他還南北奔波，東拜訪西拜訪，一點也無倦意疲狀，實在令人敬佩。

在這同時，梅老師還創辦了「中華民國幸福家庭促進協會」；成立了「世界中央警察大學校友總會」；最近並接任「財團法人促進中國現代化學術研究基金會」的董事長。協會、校友會及基金會的工作，他也國內國外東奔西跑，忙得不亦樂乎！而且，他還在雜誌上撰寫有關中國近代史人物的專欄，並繼續在東海大學兼任教職。

最難能可貴，也是最值得後生晚輩學習的，是他那種不會因自己高齡而刻意將自己和社會隔絕的生活態度。因此，這十幾年來，我們常常可以在各種會議、婚喪喜慶及各種公私聚會的場合中，見到已經七十好幾、八十好幾的梅老師帶著同樣身心都很健康的梅師母，精神奕奕地從頭到尾地全程積極參與。

共期梅師百歲、一百二十歲時再同慶

我認識梅老師時，他是梅教育長。現在他則是人人熟知的梅校長。從梅教育長到現在的梅校長，不問他的學識、為學、做人、處世、辦學、事功、貢獻和養身，每一方面都深深值得做學生的我們，和所有後生晚輩做為學習的榜樣和典範。因此，在我的心目中，他是永遠的梅教育長、永遠的梅校長；也是永遠不老的化雨春風。我祝福梅老師壽比南山；當他百歲華誕、一百二十歲誕辰時，我們大家再歡歡喜喜聚會當面齊祝他生日快樂、生活快樂。

（本文撰於二〇〇八年二月，並收錄於幼獅文化《警政・法治與高教——梅校長可望博士九秩華誕祝壽論文集》一書之內）

「四位省主席」和「一位行政院長」的追隨與互動印象記

影響我最深的長官

在我漫長的從政生涯中，我曾先後直接追隨過四位省主席和五位行政院院長。他們對我都有提攜照顧之恩。不過，在這些長官之中，對我影響最大，與我互動可以說又多又頻繁的，除了連戰先生之外，應該算是於他們擔任台灣省政府主席時我開始追隨的謝東閔、林洋港、李登輝、邱創煥等四位先生，以及我曾在青年救國團、國民黨中央黨部和行政院一共三度追隨過的李煥院長。他們都曾提拔過我、指導過我，對我的從政歲月有不小的影響，而且還與我有不少的往來和互動。因此，特在此回憶一些當年我追隨他們和與他們互動的經過及感想，並兼談一些我所見所聞的有關他們的一些趣事和軼聞，以表達我對他們的感謝、敬意和懷念。

懷抱建設文化大國理想的謝東閔先生

帶我走上從政之路

謝東閔先生，即大家尊稱中的謝求公，可以說是我的重要政治引路人。他是第一位任用我擔任政府機關首長，把我帶進從政之路的人。民國六十五年七月，他找我以三十五歲之年出任省政府的新聞處長，從此展開了我追隨他、受他照顧、指導和薰陶的歲月，時間長達二十五年。

謝東閔先生創辦了現在的實踐大學，於省主席任內推動廣受矚目、影響深遠的小康計畫。這些事功，為大家所熟知，我也在本書中的另兩篇文章「謝東閔先生小康計畫的創意思維」和「高瞻遠矚、寬容存厚、心懷鄉土」裡，詳細提到，故不在此贅述。我想在這裡談一談他的一個理想遠大，但可惜一直到他去世為止，未能完全付諸實現的抱負；那就是把中華民國建設成一個世界的文化大國。而長期追隨他感受他的一些為人處世的哲學和風範，包括一些趣事趣聞，也要在此提一提。至於他如何認識我、推薦我，在本書「任憑風浪急」一文，以及前述兩篇文章中的一篇，已詳加說明。

作者與謝東閔先生合攝於在台北外雙溪之謝公館（2000年5月）。

何以台灣能成為文化大國？

東閔先生是一位非常帶有民族意識，對中華文化極有研究並嚮往的人。因此，他極為推崇孔孟之道。他最常向外賓介紹禮運大同篇所揭櫫的大同世界的理想。他曾不止一次的提到，應該在台北近郊闢建一個文化園區，並把台灣成為全世界的漢學研究中心。他認為台灣因受限於特別的政治環境，無法成為世界級的政治大國，也沒有必要成為軍事大國。他說，台灣在經貿方面，有很好的表現，雖不能列在世界的前十名，但我們應可位列在前二十名之內，已具有經貿大國的基礎，我們當然還要繼續努力。但我們有足夠的條件更可以建設成為有世界影響力的文化大國。他的文化大國指的是文學、藝術、音樂和影劇的創作和發揚，以及孔孟思想的弘揚和傳播。他說孔孟之道博大精深，很多哲理和思想，可以跨越國界，適用於全人類。如果把中華文化中的孔孟思想好好整理，向各國去傳播，應可以對人類前途產生良好的影響。他建議各旅館特別是觀光旅社，應放置一本中英對照的四書。他以為文化園區如能建立，應可鼓勵各種藝術文學等的創作，使台灣在這一方面發光發熱。可惜，他的這些建議和看法，於他在世時沒能被採納。不過，我們現在看一看韓劇的在亞洲大受歡迎，可以相信東閔先生的理想並非空想，而是可以做得到的。幾年前，在連戰先生於行政院院長任內所提出的亞太營運中心計畫，其中有一項準備將台灣建設成為媒體營運中心。如果當時做到了，應也是東閔先生的文化大國理想的部份實現。目前政府大力推動的六大新興產業中，有一個文化創意產業。如果真能將此產業做大做好，也是文化大國建設的重大成效。我衷心希望這個發展文化創意產業的構想，能夠貫徹落實。當然，我更希望政府和有關的工商社會人士，有人會為使台灣成為文化大國而努力、奉獻。

生活哲學發人深省

東閔先生有很多發人深省和頗為實用的生活哲學。譬如，他主張家庭倫理化、藝術化和科學化；又認為母親是家庭生活的重心，家庭又是社會的重心，教好母親就等於教好家庭，家庭都好，社會就會變好等看法，都很具啟發性。就是基於這種看法，他創設了一開始叫「實踐家專」的「實踐大學」，同時，倡導並致力於推廣以對家庭主婦進行親職和各種相關教育為主旨的「媽媽教室」。

作者（左一）在省新聞處長任內陪同省府謝東閔主席接待美國華裔聯邦參議員鄺友良（右一）（1976年10月）。

他常常教人要隨時隨地講「請、謝謝您、對不起」。他說這是一種生活上的修養，也是必要的禮貌。他說，如果社會上人人都懂得說「請、謝謝您、對不起」，那麼，這一定是個和諧社會、文明社會。關於這種禮貌的推廣，他曾經告訴我一個很幽默、很有意思的故事。他說他於擔任省議會議長時期，就常勸議員同仁應如此做。有一位受日本教育而相當有男人至上主義的紳士議員就問他，難道對自己太太也應這麼做嗎？他說是的。過幾天，這位議員告訴東閔先生說，當天他聽了東閔先生的話後回到了家，太太替他拿拖鞋，他說了一聲謝謝，太太有些奇怪，又替他拿了外套，他又說謝謝，太太替他倒茶拿報紙，他不小心碰到了她，他說聲對不起也說了謝謝。等到吃飯時，太太來請他，他又說謝謝，並也對太太說請，請一起用餐。這位議員告訴東閔先生說，結果當天晚上太太對他特別地體貼、特別地恩愛。東閔先生說，由此可見，常說「請、謝謝您、對不起」還會增進夫妻的感情。

東閔先生也很會善用本省的俚語、成語來闡釋一些人生的道理。譬如，他對於在工作當中遭受外界批評、指責的年輕後輩，常會送他們這樣一句話：「死狗沒人踢！」意思是說：「因為你有用，你能做事，人家才會批評你，才會理你；不然，如果你沒有用、沒有表現，就像死去的狗一樣，誰還會踢你、罵你！」他又常引用「燒瓷的吃缺的，織蓆的睡長椅」的台灣成語，勸勉大家要懂得克己。這句成語的意思是說，做瓷器做碗的，吃飯時總是用「不良品」有缺口的碗，好的一定挑出來出售或送人；而織草蓆的，都是把產品賣出去、送人家，自己只能睡在長條椅子上。當年他當省主席的時候，彰化縣長和很多縣籍的民意代表以及地方鄉親，常會向他爭取經費，並說：「主席啊，你是彰化人，要特別照顧彰化啊，經費要多給啊！」他常答覆說：「我是全台灣的省主席，不只是彰化縣的省主席！」他就常用上面那句成語來勸勉彰化鄉親。不過，事實上，他對彰化縣的照顧不少。

東閔先生也常提出不要只祝人家生日快樂，應該祝人家天天快樂。他說一年三百六十五天，如果只有生日快樂有什麼好，應該天天快樂才是真快樂。他又告訴我說，旅行在外要「投宿大旅館，但住小房間」，他說住大旅館可以享受其所有較好的公共設施，而晚上睡覺反正眼睛一閉小房間與大房間沒有什麼不同，住小房間反可以省錢。他又常常提到人生「只要追求享有，不要一定要擁有」，因為擁有有擁有的麻煩，你擁有一座山，你就要隨時去保護它、整理它，但如果你享有它而不擁有它，則你可以盡情享受山嶽之美，但沒有「擁有」所帶來的麻煩。

婦女何時最美？

東閔先生對藝術很愛好，非常欣賞「美」的人、「美」的事與「美」的物。他曾推荐我應到挪威的奧斯陸

作者夫婦（後排站者左五及左六）宴請謝東閔先生（前排坐者右三），並請許水德院長伉儷（前坐者右一及右二）、謝敏初伉儷（前坐者左一及左二）、高育仁前省議長伉儷（後站者右二及右三）、黃明和總裁（後站者左一）、謝孟雄監委和林澄枝校長伉儷（後站者左三及左四）、黃麗卿主委（後站者左二）及鄭佩芬女士（後站者右一）等作陪（1999年）。

去看當地的維格蘭雕塑公園。他曾告訴我，他最欣賞其中的一個叫「生命之樹」的石雕。這個公園後來我也去了，果然美不勝收，那個「生命之樹」我也見到了。它是由挪威雕刻大師維格蘭將人的一生的所有過程包括出生、成長、結婚、養兒育女、工作、老去以迄死亡，以栩栩如生的石雕一一加以表達展現。求公欣賞它，因為它很自然而生動地描述人生的悲歡離合、哀喜苦樂。這是他對美的另一種詮釋。

東閔先生曾經告訴我女人什麼時候最美。他說第一次當媽媽而在在大庭廣眾解開衣服微露酥胸、袒露豐乳為小孩子哺乳的女人最美。因為這樣的婦女，一方面生產過後身材會比較飽滿、成熟，另一方這時在那女人臉上所看到的是初為人母的滿足感、成就感和至情至性的母愛，而外人看到了也不會有一絲一毫的邪念；這是女人最美之處、最美之時。可見求公很欣賞顯現人性光輝的內在之美。這種當眾哺乳的景象，我們這一代的人，在民國五、六十年代以前，常常可以在車站、車上或其他公共場所看到。因為那時候，並不把公開哺乳當做一種禁忌；大家看了，一點兒也不會有任何不當的聯想，也都習以為常。現在則很難再見到了。

率真而風趣的長者

東閔先生是一個率真可敬的長者，也是一個非常風趣幽默的人。他最喜歡的一幅對聯是：「傳家有道唯存厚、處世無奇但率真」。「存厚」與「率真」，可說就是他生前為人處世最好的寫照。

記得他在省主席任內，有一次我陪他接見歸國學人訪問團，座談中有學人指責台灣公車的車掌服務態度不好，也有人說他在鄉公所碰到的職員工作態度不佳。求公答覆說，相信絕大多數的車掌小姐和基層同仁服務態度應該都不錯，但他也坦承有些公車車掌及基層公務員的工作態度有待改善；不過東閔先生說：「如果你們能換個角度去看，可能你們就不會責怪他們了！說不定你們碰到的車掌，前一天剛好跟男朋友吵架，心情不好，對顧客的言談舉止也就受影響了；你們所接觸到的鄉公所職員也很可能正為著小孩的功課不好、家裡的會錢還沒籌足而操心，他的工作態度自然就不那麼親切。而且他們天天做同樣的事，難免也有心煩氣躁之時，大家這樣一想，不就會體諒他們了嗎？」這就是求公心存厚道的哲學。

東閔先生非常重視守時；對於不守時的人，他常會很直率而幽默地加以點醒。有一次在台北國賓飯店有個餐會，有位地位不低的政府首長遲到，看見求公早已在座，非常不好意思，忙說台北市區交通壅擠，路上塞車所以來遲了。求公馬上笑著說：「難道我是坐直昇機來的嗎？」求公非常不喜歡國人在宴席上為了該坐那裡大家推來推去。看到此種情景，他常會說該坐那兒就坐那兒，讓來讓去浪費大家的時間。這些都是求公率直的一面。

我在省新聞處處長任內，常常陪東閔先生接待美國貴賓並當他的翻譯。美國人在閒聊時，喜歡問人家家中兒女狀況。他特別吩咐我，如果客人問起他的子女時就說他有一個下水道專家的兒子。美國人一聽下水道就會說下水道很重要，影響都市生活品質，一個都市發不發達與下水道的長度成正比，因此就大談下水道問題。這時，他就要我告訴洋人他那下水道專家的兒子，是增進夫妻感情的下水道專家。洋人一聽滿頭霧水。此時，他就要我將謎底揭開，告訴他們說，他的下水道專家的兒子，事實上是一位婦產科醫生，也就是現任實踐大學的董事長謝孟雄兄。而孟雄兄是以專門替產婦生產後修整產道、及治療更年期後容易小便失禁的婦女而出名。洋客人聽了之後恍然大悟，也都哈哈大笑。

真正愛台灣的人

我追隨東閔先生多年，也經常陪同他到各處訪視。事實上在「走透透」這個名辭出現之前，東閔先生的足跡早已遍佈全台各地。他每到一個地方，不問大都市或小鄉鎮，對於當地的一切，從歷史沿革、風土人物、民情掌故、地理景觀、經濟發展到河川溪圳、地方特產、點心小吃，他都瞭若指掌，也都如數家珍般地為像我這樣的後生晚輩闡釋解說；而如何加強各地方的建設，發揚其傳統、保存其古蹟、維護其文物、開發其名勝，他也都十分關心而且毫不保留地給予協助或提出建言。換言之，東閔先生真正認識台灣、瞭解台灣，而且一直在為台灣的進步與發展而操心、思考和打拼。他是用行動愛台灣、用自己的真心、誠心愛台灣。

現在有些人喜歡講「愛台灣」。「愛台灣」似乎已經成了一種政治圖騰、政治標籤，甚至於是一種「政治正確」。更有一些人好像只要嘴講「愛台灣」，就什麼不法、不義的勾當都能做，都敢做。在東閔先生活躍於政壇的時候，台灣沒有什麼「愛台灣」的口號和標語，但是我們仔細回顧他生前的所作所為、所言所行，無一不是「為國家」、「為社會」、「為人民」，也就是實實在在地「愛台灣」。

面對當前社會價值觀念日益混淆，不少政治人物沉溺於口水之戰、權謀之爭，而很多民眾不知何去何從的今天，我更加思慕東閔先生，也就是謝求公，他為人處世和從政的高風亮節與幽默率真。

草根性極強以乾杯聞名海內外的林洋港先生

與洋港先生的美國初相見

我第一次與林洋港先生認識是在美國的首都華盛頓，時間是民國五十九年的六月。那時我恰代表伊利諾大學的外國留學生到華府參加一個由美國「外籍學生服務協會」（Foreign Student Service Council）所主辦的「當代美國研討會」（Seminar on Contemporary America）。林洋港先生當時為南投縣長，正與台東縣長黃鏡峯先生及彰化縣選出的省議員蕭錫齡先生應美國國務院之邀到美國訪問，也到了華府。我們駐美國大使館的文化參事張乃維先生特請我與他們聚餐，並要我向他們介紹我所瞭解的美國。餐後，他們原本另有行程。可是，洋港先生對於我的介紹很感興趣，一直在他們所投宿的旅館（後來成為中共與美國建交後的第一個大使館所在地）附近散步來回聽我說明有關留美學生和美國的概況。記得洋港先生對美國正在大力推動的都市更新特別留意，問了很多問題。他還要我多談談留學生的種種，尤其是留學生的處境和對政府的觀感。他說：「當今的蔣總統（中正）常到日月潭來，我可以向他反映轉達報告。」這次見面後我並沒有繼續和他聯繫。直到我回國服務，在新聞處長任內，他那時為台北市長，有一次聊天時他說怎麼他覺得我很面善，好像以前在那裡見過。我就把華府的那一段告訴他，他恍然大悟地說：「原來你就是那個瘦瘦的留學生！」

極具草根性而又精明幹練辯才無礙

我與洋港先生真正的相識，應該從民國六十七年六月他接替謝東閔先生出任台灣省政府主席開始。我那時在省府的小內閣留任，繼續擔任省新聞處長。六十八年十月，我轉任省府委員。在洋港先生三年半的省主席任內，我始終追隨他，而且經常陪他接待外賓，常常擔任他的傳譯，也不時陪他下鄉，有相當近距離的機會觀察他。

我對他最深刻的觀察印象，就是他是一位非常有行政處理能力的極為精明幹練、辯才無礙而又極具草根性的省主席。洋港先生的草根性，可以從他對基層的深入瞭解、能說基層民眾聽得懂的語言，與基層民眾的容易打成一片，以及他還保有農民純樸、誠懇與好客的習性等方面看出來。愈是基層的民眾他愈能與他們喝成一片、打成一片。而他出身農家，並且當年在南投縣政府擔任科員、課長、秘書和科室主管的時代，還過著一面上班一面下田耕作的生活，應該是使他始終有強烈鄉土氣息和草根性的原因吧！

洋港先生是一位很幹練的行政長才，對主管的業務非常嫻熟，分析事情條理分明。而他主持會議的乾淨俐落，不拖泥帶水、能掌握時間，頗有效率，令人印象深刻。直率地說，他在主持會議時，常會流露出一點當首長、當主管的「霸氣」。譬如，我記得他主持每星期一下午舉行由省府委員和廳處首長參加的省府委員會議時，於議案開始討論前，他常常會於有意無意之間，先說出他自己認為對的看法和結論，然後再說出這樣的開場白：「各位委員、各位首長，關於這個案子，洋港以為應該這樣子（即他已表明的看法和結論）處理比較妥當，不知大家的意見如何？請大家踴躍發表高見。」當然，很少人會有意見。有一次，時也任省府委員的余學海先生，在一個應酬喝酒比較輕鬆的場合中，就把此一現象向洋港先生反映說：「主席。你都把結論做好了，我們怎麼還會有意見呢？」洋港先生聽了之後笑笑說：「有這回事嗎?!」儘管如此，洋港先生主持會議的風格，並未改變，碰到有委員或首長，短話長說，發言太過冗長時，他總會很客氣與果決地予以打斷。有一位主管地政的首長，每次發言，不問議題如何，總要話說當年，從孫中山先生在檀香山創辦興中會提出平均地權的主張談起，常常是短話長說，因而他的發言也常被洋港先生打斷。說實在的，我滿欣賞洋港先生處事的明快果斷和主持會議的效率。我認為一個有擔當有作為的首長，理當如此。

洋港先生的辯才無礙，在他於省議會省政總質詢時與省議員的針鋒相對，得理不讓，以及所發言論的有理有據、具體充實和引喻正確又生動，而充分顯現出來。洋港先生接任省主席之後所面對的省議會，正是在野勢力大為興起、黨外優秀而年輕的省議員席位激增的省議會，如果沒有洋港先生這樣一位對省政業務極為熟悉又能言善道，敢於為政策辯護，而又有好人緣的人來當省主席，恐怕很難穩得住陣腳。

洋港先生的口才，配上他那很特殊有很重南投鄉音的國語，是台灣政治上的一絕。他在從政的歲月中留下有很多名言，例如，有人批評政府法令多如牛毛時，他答稱：「健康的牛毛比較多」；於替司法威信辯護時，說：「司法的威信像皇后的貞操，不容懷疑」；以及在顯示要肅清竊案的決心時，他說：「保證要讓鐵窗業三個月後就蕭條」等等，都是很生動，令人印象深刻。有一次我聽他談人才時，他說真正的人才就像竹筍一樣，即使上有巨石壓住，也會想辦法冒出來。真是很形象化的比喻。

不過，洋港先生之全國成名，很大部分雖來自於他在省議會的優異表現及媒體的大幅報導，但也是因為他在省議會的爽快承諾將新竹市、嘉義市升格，讓他在政治上更上層樓接班的機會大受影響。關於這一點，很多當年很接近蔣經國先生的人士就這樣子告訴我，李煥和宋時選兩先生就是持這種看法。

應付外賓的機智與乾杯的名揚海外

洋港先生擔任省主席期間，是外賓到省府訪問或受省府接待非常頻繁的時期。絕大多數有外賓的場合，

作者（中）於省府委員任內陪同省府林洋港主席訪問美國田納西州與州長亞歷山大（Lamar Alexander）簽署姐妹州協議書，亞歷山大州長以後曾任美國教育部長，現為聯邦參議員（1980年7月）。

洋港先生都要我陪同接待，並且要我擔任傳譯。關於由我擔任他的傳譯一事，洋港先生常常語帶抱歉地跟我說：「實在不好意思。你是廳處首長、政務官（指我擔任省府委員），卻要麻煩你替我翻譯。不過，我就是喜歡你做我的翻譯！」事實上，省府設有外事室，主任都是由外交部借調而來，接待外賓替主席傳譯，為其職責。不過，我到省府服務之後，謝東閔先生就常要我為其傳譯。洋港先生沿襲這個做法。但是，我想洋港先生認為我比較瞭解他的出身，與他同是農家子弟，又相當程度地知道他的一些從政經過、抱負和想法，又是留美，由我翻譯會比較傳神，以及他總以為，我在場對熱鬧氣氛的營造有所幫助，可能是他要我陪他接待外賓並替他傳譯的原因。

這種應付、接待外賓的場合，洋港先生充分展現他殷勤好客能讓客人「賓至如歸」的魅力，及他常識的豐富和應對的得宜與機智。

一九七九年十二月，我們與美國正式斷交，洋港先生於斷交前每次接待美國的賓客，不論參眾議員、州長、副州長或國會議員助理，他總是不厭其詳地強調美國何以必須與我們維持正式的外交關係。而於美國與我們斷交之後，他與美國人見面時，則努力說明台灣何以必須有美國的軍事協助，以及美國又何以應該與台灣加強雙方的實質關係。可以說，洋港先生在省主席任內，善盡了他做為政府首長為國家強化對外關係的責任和角色。

要我去兼黨職

一九七九年年初，我自美參加中華民國與美國斷交後新關係調整的談判回來之後，蔣經國總統曾交代應好好重新安排我的職務。為此，國民黨中央黨部秘書長張寶樹先生特別召見我告訴我說，會遵照蔣主席的指示就我的出路好好去研究，並對我勉勵一番；不久，省黨部主委宋時選先生通知我，因一時沒有適當職務可資安插，就請我暫時委屈仍續任新聞處處長，但要請我出任屬於政務官職務的省政府委員。因而，在六月發表我為台灣省政府委員並仍任新聞處處長。然而，不到二個月，省府方面就有人放話說從來沒有省府委員兼新聞處處長的往例，言下之意要我辭掉新聞處長，另安插他人來接任。其實，歷任新聞處長是沒有人又擔任省府委員又擔任新聞處長。但是省府的非政務官性職的首長，還是有人以省府委員兼任的。譬如，以前李連春先生任糧食局長時就有省府委員的頭銜。而就在發表我以省府委員兼新聞處長的時候，省府早有梁孝煌先生以省府委員兼任省訓練團教育長，及鄒文謙先生以省府委員兼省府法規會主委的事例。所以，我聽到此種放話之後，心裡很不平衡，就向主席洋港先生表示我要把省府委員及新聞處處長同時一併辭掉。他一再勸我，說新聞處長要安插他人並非他的意思；並懇切表示他還需要我在省府幫忙；也說明如果我不能以省府委員繼續兼任新聞處長職務的話，則所有以省府委員兼任省府機關首長者也必須二選一。我說不能這樣子做，否則這些人會因此而怪罪於我。他說，這是他基於公平的考慮，與我無關，也沒有什麼怪罪不怪罪的問題。不久之後，我辭掉新聞處處長專任省府委員。十月，又發表我為國民黨中央文化工作會副主任，並仍任省府委員。發表之前，洋港先生先告知了我此一任命。我問他這是徵求我的意見呢，還是在告知我中央的決定。他笑笑說：「你就這樣子調皮！好了，算是我替你決定的吧！你就不要再問什麼徵求不徵求意見了！接受了就是。」這是我以省府委員身分同時兼任國民黨中央文化工作會副主任的由來。我雖未去查問，但我想這應是洋港先生到中央黨部安排的結果。

何以男人走在女人之前？

一九八〇年七月，我以省府委員的身分，陪同洋港先生訪美，訪問了加州、猶他州、亞里桑納州、奧克拉荷馬州、德州和田納西州等地。同行的，還有柯明謀、藍榮祥和林佾廷三位省議員。記得，當我們到亞里桑納州下飛機後，因趕時間，洋港先生疾走在前，洋港夫人則在後面跟隨。不料，在該州接待的記者會上，有位記者半開玩笑地問他：「林主席，我們西方人有『女士第一』（Lady First）的禮儀，但剛才下機時，我看到你走在前頭，夫人跟在後面，好像你們有不同的習慣，不知你對此有何看法？」洋港先生聽了之後，馬上跟我說：「趙委員，這件事情，也可以說事關國格，請你仔細地翻。」接著他對「婦女第一」的禮儀及西方對女權的尊重，大加肯定，並表示台灣也是個尊重女權保障婦女的地方。然後他帶著幽默地解釋，男人走前女人走後，在台灣有很好的傳統起源。他說：「我們華人地區包括台灣在內，以農立國，大多數人住在農村。當年的農村有很多阡陌，也就是台灣人所稱的田岸。在田岸上及其兩旁常常會有蛇出沒，所以我們男人走在前面打蛇，以保護女人。這就是我們有時還會有男走前女走後的現象的原因。」洋人聽了之後，哄堂大笑。

與黑人市長交換領帶，和柯林頓頻頻乾杯

洋港先生的喝酒爽快乾脆及其勸酒的本事，久為人們所熟知，真正「頂港有出名，下港有名聲」。對本國人如此，對外賓也不例外。

洋港先生之能酒並喜歡以酒作為應酬交際的媒介，應該跟他的農村出身、長期在基層服務與民眾打成一片有關。他有一套的喝酒哲學，就是孔子在論語所說的：「惟酒無量，不及亂！」不過，他應該不是李白「古來聖賢多寂寞，唯有飲者留其名」的信徒。他敬酒、勸酒時自己乾杯，客人也要乾杯。他的乾杯也有規則，那就

是：（一）凡因宗教信仰跟身體健康原因不可喝酒者，絕不勉強，完全可以不喝。（二）敬酒時，主客雙方都要乾。（三）乾杯要真乾，不可「偷工減料」。話雖是這樣說，有時他也會「網開一面」，不百分之一百地執行。

我多年陪同洋港先生招待外賓與客人把酒言歡，發現他的的確確把喝酒的交際助興、營造氣氛和增進情誼、結交朋友的功能，以及他勸酒的本事，發揮得淋漓盡致。很多原本滴酒不沾的人，因他而開懷暢飲；很多從未乾過杯的人因他而乾杯連連；很多本有酒量的人，因他而盡歡帶醉以歸。有幾個例子，我留下很深的印象。

一九七八年春天，洋港先生於台北市長任內陪同洛杉磯黑人市長布萊德雷（Tom Bradley）到省府及日月潭訪問，由我代表省府在中午接待宴請。席間洋港先生向這位市長頻頻敬酒、勸酒，布萊德雷市長也是來者不拒，每杯都乾。餐後，布萊德雷市長一行前往日月潭。但我稍後卻在中興新村大門口看到他的坐車停了下來，原來他不勝酒力在路旁大吐一番。當天晚上，南投縣長劉裕猷先生於日月潭設宴款待，洋港先生和我都參加。布萊德雷市長又和洋港先生頻頻乾杯、開懷暢飲。後來我才知道，他們兩位已經是老友，而且曾有喝到當場交換所結領帶的紀錄。也因此，當布萊德雷於洛杉磯市長任內，凡是「乾杯市長」、「乾杯主席」（指洋港先生）的朋友，他都特別殷勤接待。一九八〇年七月，洋港先生訪美路經洛杉磯時，布萊得雷市長特別從外州趕回來，並在洛杉磯最好的墨西哥餐廳設宴款待洋港先生伉儷及所有隨行人員。

另外，有一次一位麻州副州長率工商考察團來訪。洋港先生在圓山飯店宴請他們。同樣地他以主人身分殷勤勸酒、敬酒，客人也很高興地一杯一杯地暢飲。最後這位愛爾蘭後裔的副州長竟高興地跳上餐桌大跳踢踏舞。

美國加州選出的聯邦參議員日裔美國人早川一會（Samuel Ichiye Hayakawa），也是洋港先生接待過的客人。可能都是東方人的緣故，早川先生與洋港先生也是一杯一杯地乾，極為盡興，話也特別多，不僅談他的家世，也大談他的專長語言學。後來聽交際科的人員說，餐後當他們去送水果時，這位參議員還高高興興地在房間裡哼哼唱唱。

洋港先生接待過的外賓中，在喝酒方面被報導得最多的莫過於前美國總統柯林頓。但是對於乾杯的杯數好像沒有人報對。一九七九年九月，柯林頓第一次當選阿肯色州州長不久，就來台灣訪問。洋港先生是出面邀訪的主人，於圓山飯店設宴招待，我當時擔任省政府委員，陪同洋港先生接待並擔任翻譯。席間洋港先生對柯林頓能以卅三歲的年齡當選為美國最年輕的州長，一再推崇；並表示柯林頓將來一定前途無量。接著他要我向柯林頓說明他的敬酒規則，並特別強調，主人及主賓都要向席上的每一位陪客，不問來自美國或台灣，至少要敬一杯乾杯，被敬者也必須乾掉。柯林頓聽了之後，回答說：「fair enough！（意即很公平）。」於是開始一邊用餐一邊喝酒。洋港先生不但自己敬，也鼓勵同桌的台灣和美國陪賓敬，而且以主賓柯林頓為主要對象。那時還沒有那種小小的所謂洋港杯出現，用以乾杯的杯子至少有五十毫升的容量。柯林頓每喝一杯，就在一張紙上按美國人先劃四豎再劃一橫那種計量方式，統計他所乾的杯數，一共足足有二十三杯之多。那時賓客和主人大多都已有點微醺，我還算清醒，還特別問柯林頓計算的結果，因而還留有印象。

與李登輝先生的所謂瑜亮情結和為何沒能被選上接班

洋港先生與李登輝先生之間沒有水乳交融的關係，並且也是政治上的競爭者，為世人所皆知。

他們兩位來自於不同的出身、不同的教育背景，從政之路也不同；洋港先生在歷任縣政府科局長、國民黨縣黨部主委之後而擔任南投縣縣長時，李登輝先生仍未走入政壇；李登輝先生被延攬出任政務委員時，洋港先生則由縣長轉任台灣省政府的建設廳長；兩人沒有什麼交集。他們之所以會被外界認為有瑜亮情結，可能因為他們於台北市市長和台灣省政府主席這兩個當年被視為相當重要的官派職務上，兩度有前後任的關係，而在他們那一代的台灣人中，他們兩位又特別突出的緣故。不過，前後任不一定就會使兩人的關係變壞，或存有心結。根據很多人觀察，他們之間的心結，很可能是李接林任台北市市長後在人事處理安置上引發誤會而起，其中還涉及一位當年洋港先生於建設廳長任內大力提拔，後又帶到台北市府高升的人士。這位人士以後受到李登輝的重用。

林、李兩先生好像始終不是彼此很親近的人，可以說兩人之間似乎沒有什麼私交。一九九〇年二月，發生所謂「二月政爭」，一些反李登輝的國民黨人抬出洋港先生與李競爭。從此，他們可說漸行漸遠。洋港先生曾告訴我，當他於一九九二年在司法院院長任內赴美訪問歸來，到總統府見登輝先生作禮貌上報告時，李一見他劈頭就不高興地問：「為什麼要在美國替郝柏村講話？」氣氛很不好，說不了幾分鐘就不歡而散。那時任行政院院長的郝柏村先生與李總統的關係陷入低潮，李已動了去郝之念。而洋港先生在美國訪問期間，曾於向僑界談話時公開挺郝。這是為何李不高興的原因。一九九六年的第一屆總統直選，洋港先生與郝柏村先生結合對抗代表國民黨角逐的李登輝和連戰先生。自此，洋港先生和李登輝先生算是公開決裂分道揚鑣了。

洋港先生於任省主席期間，民間聲望如日中天。很多人都認為，他應該是蔣經國要培植重用的接班人之一，而且具有很大優勢。何以最後沒有被選上呢？除了前面提到的新竹、嘉義兩市的升格外，可能就是他在德基水庫上游集水區的梨山果樹砍伐及二重疏洪道的關建兩問題上，與當時的行政院孫運璿院長意見相左，沒有積極地去推動、去完成的緣故。

有人說洋港先生喜歡用「自己人」。其實，依我的觀察，他除了進用一、二位他的台大同學和幾位他於南投縣縣長任內的老同事外，他每到一個崗位都是就地取材；也許他有他的用人主見，但好像並沒有像中央有些大員所認為的那樣，在人事問題上不能配合。我長期觀察的印象是，他愛熱鬧，喜歡請媒體工作者和一些老同事、老朋友喝喝酒聯誼聯誼，但他似乎沒有什麼「班底」，沒有組成什麼「團隊」，也沒有專門為他出謀畫策的「智囊團」。可以說，在政壇上，他還是個獨來獨往的「孤鳥」。

祝福他還能再乾杯

洋港先生離開省主席職務之後，我再也沒有機會直接追隨他。以後，雖然他在總統選舉的政治立場上，一度和我的有所不同，但我與他的聯繫和接觸，並未因此而有所中斷。他搬到台中大坑之後，我曾多次到他府上去拜訪、問候請安。

洋港先生對國家社會的付出與貢獻，有目共睹。他的愛鄉愛國、他的平易近人和他堅決果斷有擔當敢言能說的行事及從政風範，令人敬佩。最近，他的身體狀況不如以前硬朗。我祝福他能夠早日恢復以前的健康，再和我們像以前一樣一起痛痛快快地乾杯。

作者（左）拜訪探視林洋港先生（2009年9月）。

林洋港主席夫婦（右一及右二）應邀至鹿港參加作者祖父九十華誕壽宴時與作者之母親及兩子聊天（1981年2月）。

喜歡讀書、改變台灣政治生態的李登輝先生

年已九十還有爭議

李登輝先生是我所追隨的長官中，爭議性最大的一位，雖然他年已九十（最近有人為他辦了九十壽宴），所言所行依然是媒體注意的焦點，也常會引來各界的議論。

不過，不管對李先生喜歡或不喜歡，不管是否贊成他的看法或立場，我相信大家都會同意，李先生改變了台灣這二十年來的政治生態。現在台灣流行的很多政治語言，諸如「台灣優先」、「台灣主體意識」、「愛台灣」等等，都與他的倡導有關。而他於總統任期內，終止動員戡亂時期，解決所謂老國大、老立委的萬年國會問題，在台澎金馬地區推動國會的全面改選，促成總統、副總統的直接民選等等，對台灣民主政治的深化，的確有不容否認、影響深遠的貢獻，也大大改變了台灣的政治生態。他的制定國家統一綱領，和啟動兩岸海基、海協兩會的會談，戒急用忍政策的提出，和於一九九九年七月發表台灣與中國大陸之間為特殊的國與國的關係的「兩國論」，應也是談海峽兩岸關係發展時所不可忽視的事實。

我當他的社會處處長

一九八一年十二月，李先生接替林洋港先生出任台灣省政府主席，省府小內閣也隨之改組，我由只負責審查有關法案的省府委員，改任為負有實際業務推動之責的省府社會處處長。但是，在我的省社會處長任命發表之前，我從未單獨見過他，也從未與他通過一次電話。他的省主席及我的社會處長新職發表之後，正式到任接事之前的有一天，我在行政院秘書長瞿韶華先生的辦公室與他不期而遇，我恭喜他轉任省主席，他則要我以後

作者（左一）於省社會處長任內陪同李登輝主席訪問育幼院之小朋友（1982年2月）。

多多幫忙，這是我和他第一次的對話交談。以後他曾告訴我為什麼找我當社會處長，他說：「當社會處長都很有前途，像邱創煥、許水德就是如此！我希望以後你也有好的發展前途。」我很謝謝他的好意。至於他會找我擔任社會處處長，我想應該是出自於那時的國民黨中央黨部蔣彥士秘書長和台灣省黨部主委宋時選先生的推薦。

民間參與、失業對策與急難救助

登輝先生於省主席任內，對各廳處的業務相當授權，也很尊重，但也會有所指示。譬如，在社政工作方面，他曾先後要我推動三個重要工作：（一）研議和推動擴大民間團體對施政的參與。這是他秉承那時的行政院院長孫運璿先生有關強化民間對政府施政的參與之指示而做的要求。我為此於民國七十五年元月制定發布了一個「台灣省擴大民間團體參與施政建設實施方案」，提出具體辦法由各廳處積極統合民間團體組織力量，擴大運用各種社會資源，以加強省政建設。（二）研定可行方案解決失業問題：民國七十一、七十二年間台灣因經濟不景氣，失業率遽升，登輝先生要社會處研議因應對策。我即與同仁於七十二年元月提出了一個「台灣省政府因應當前經濟不景氣解決失業問題對策」方案，付諸實施。這是中華民國政府有史以來第一個由政府規劃提出的解決失業問題的對策方案。提出之後，當時有立法委員在立法院公開讚許，並批評當時的中央主管機關對嚴重的失業問題麻木不仁，沒有反應。（三）籌募急難救助基金：登輝先生要我以新台幣一億元為目標，向民間勸募一筆基金，做為對民眾的急難救助之用。我在蔣彥士、宋時選兩位先生的協助下，並打出登輝先生的名號，第一階段親自分別向王永慶、徐有庠、蔡萬霖、吳修齊、賴樹旺、吳俊億、廖繼誠等先生募得五千多萬元，基金很快就成立。並於一九八四年五月訂了一個「台灣省急難救助基金收支、保管及運用辦法」，做為運用依據。此一基金以後累積至數億元，頗發揮了救急救難的功能。

為接班加分的施政和與沙達特的對比

登輝先生在台灣省政府主席任內，以建立八萬農業大軍為主軸，致力於解決台灣的農業、農民和農村的三農問題。他並積極完成了林洋港主席在看法上對它們很有所保留且延未執行的德基水庫上游集水區梨山果樹的砍伐，以及台北二重疏洪道的闢建。這兩項工作都有民眾的激烈抗爭，頗有阻力。他排除困難加以進行，並分別指派省府委員解顯中將軍和建設廳長鄭水枝坐鎮指揮推動，最後順利達成任務，贏得中央的讚許，認為他很能貫徹中央的決策。我認為這對他以後被蔣經國先生挑選為副總統，有很大的加分作用。

省府時代的李登輝主席，給大家的印象，是一個喜歡研究、喜歡讀書，但並不是個可稱之為能言善道的人物。有時候廳處為他準備的講稿，他讀得並不十分流暢。這與以後的李登輝總統和現在的李登輝先生，非常的不同。相信大家的印象中，李總統和離開總統府後的李登輝先生，是個意氣風發，好發議論，講話滔滔不絕，常有驚人之語，對人對事的批評，有時十分直接、尖銳的人。因此，有人喜歡拿他和埃及的沙達特（Muhammad Anwar Sadat）相比。沙達特在當強人領袖納瑟（Gamal Abdel Nasser）的副手時，極為低調，不喜歡拋頭露面，遇事唯唯諾諾，一副誠惶誠恐無所作為的樣子。可是一旦他登上大位掌握了大權，就判若兩人，不但大肆改革，還大膽地與以色列簽訂和約，建立邦交，互派大使。後來，登輝先生於總統任內曾邀請沙達特夫人來台訪問，很可能是基於對沙達特的惺惺相惜的心理吧！

喜歡「月夜愁」和台灣民謠

登輝先生在省府期間，卡拉ＯＫ開始流行，所以廳處首長在中興新村的聚餐，常會唱卡拉ＯＫ，常被他點唱的有農林廳長余玉賢兄和我。也就是在這種唱卡拉ＯＫ的場合，因我唱過台灣歌曲「月夜愁」，他透露當年他與夫人曾文惠女士年輕的時候，喜歡唱的歌之一就是「月夜愁」；我們也獲知他及他的夫人對音樂有相當的造詣與喜好，也很喜歡台灣的民謠歌曲。可能因此，他在省府曾推動藝術下鄉，邀請那時很受歡迎的歌仔戲紅星楊麗花女士，到農漁村和工廠集中地區表演給農漁民和工人欣賞。

在中央與登輝先生的互動

我在國民黨中央社工會服務的時候，登輝先生擔任副總統，行事作風相當低調。不過，他曾主動交代我辦理兩件事。第一件是協助台灣的獅子會在台灣主辦國際獅子會的世界大會。在此之前，台灣從未辦過獅子會、扶輪社、青商會和同濟會等一般稱之為「四大國際社團」的世界大會。台灣的獅子會爭取於一九八七年夏在台灣主辦國際獅子會的世界大會，在當時可說是一項創舉，需要政府和有關方面協助的地方不少。那時台灣獅子會的主要負責人蔡馨發和陳新發兩位先生，都是登輝先生的舊識，他們找上登輝先生請求幫忙，並希望登輝先生交代社工會出面主持協調。於是登輝先生把我找到總統府，指示我盡全力幫忙。當時，中央黨部還有相當大的影響力。因此，我馬上成立一個由黨政相關負責人參加的協調會報，邀集相關首長研商配合和支援事項。記得那時經協調由政府支援協助的事項主要有：（一）國外代表住宿的安排與接待；（二）各國代表在台北遊行時所經路線的交通管制；（三）大會期間必要的警力維護；（四）外國代表的簽證和入境通關的禮遇；（五）大會會場林口巨蛋的洽借及其周邊環境的整理；（六）通往林口巨蛋相關道路的維修。相關黨政機構都全力支援配合完成。這次大會因而辦得很順利很成功。所以，接著國際扶輪社也在台灣辦理世界大會。

登輝先生要我辦理的第二件事情，係有關一個叫錫安山教派的問題。這個錫安山教派因涉及在高雄縣佔用河川地而與前往取締的警察發生嚴重的對峙抗爭事件。並且一度常在台北市總統府和國民黨中央黨部附近聚眾抗議，和舉著上書對蔣經國總統辱罵字眼的抗議牌子四處流竄。登輝先生對此相當關注；曾介紹我找中央研究院對宗教問題有深入研究的研究員宋光宇先生請教，並建議我親自到南部錫安山去看看。當時，黨政主管單位對錫安山事件，因涉及宗教問題，大多主張採盡量寬容的做法。社工會也想對錫安山有更深入的瞭解。我遵登輝先生之囑找過宋研究員請教幾次，很有收穫。不過，那時錫安山教徒嚴格把關，不許外人隨意進去。因而，錫安山我一時無法前往。不久，我調離社工會，同時錫安山的抗爭事件也逐漸平息，錫安山之行也就沒有實現。

一九八七年二月十五日下午，登輝先生在中央黨部召見我，面告我他決定要我去接任行政院勞工委員會主任委員，並做了一些工作指示。

我在勞委會期間，登輝先生正大力推動「南向政策」，並考慮把引進外勞也作為爭取與菲律賓和印尼加強雙邊關係的一項籌碼。所以，他曾詢問過我的意見，並曾派人和我研商具體辦法。不過，後來，可能因為對方未能完全滿足我方的要求，外勞做為籌碼的事，就未再提起。有一次，登輝先生問我能不能從大陸集體引進類似建築工的問題。我當場表示從政策面加以考慮，恐怕不可行、也不應做。他聽了之後，沒有任何表示。事後，我猜想，可能當時他正派「密使」與大陸方面接觸，也有意將引進大陸勞工做為一項談判籌碼，所以才有上述他對我的一問。

談到這裡，有一件事我必須提一提，那就是在一九九四年我於勞委會主委任內，登輝先生曾要我代表國民黨競選台北市長，而我最後沒有接受。對此，我深覺辜負他的好意，一直感到抱歉。

以後我擔任行政院秘書長及台灣省政府主席期間，接觸登輝先生的機會較多，與他的互動也較多。對他的政策理念及行事風格，也有了更多的體會。一九九八年我接任省主席之前，他召見我勉勵有加，並談了很多他關於精省的看法。二〇〇〇年三月總統大選之後，他辭掉國民黨的黨主席。不久，國民黨進行改造並辦理黨員重新登記。我與國民黨林豐正秘書長一起於九月初到登輝先生的鴻禧山莊公館為他辦妥黨員重登記手續。這是我與登輝先生迄今最後一次的單獨會面和晤談。

「麥迪遜之橋」和水利專家

登輝先生是個謀定而後動，凡事有所準備的人。據十分接近他的人告訴我，登輝先生每次要檢閱部隊或為體育賽事開球之前，都會先在官邸找人就如何檢閱、如何敬禮、如何投球認真練習一番。

他的喜歡讀書以及涉獵甚廣，也是為大家所熟知。在省府及總統府時代，他常常委託專人為他在日本購書。日本的出版及翻譯事業很發達，歐美所出的各種暢銷書，往往一、二個月後就有日文譯本出現，而李先生最好的語文應該就是日文。透過在日本購書，他可以隨時很快地看到日本和歐美所出的各種暢銷著作。有一次我於勞委會主委任內陪他到高雄地區巡視，他在車上告訴我原高雄市政府的建築屬於興亞式，且談了不少有關建築風格的理論；他並一路大談癌症相關問題，我驚訝於他對癌症的瞭解如此深入。他說在他的少爺李憲文君不幸罹患癌症之後，他就遍閱有關癌症的各種書刊。我於省主席任內有一次陪他乘坐總統專機下鄉巡視，記得同行的還有總統府秘書長丁懋時先生。在機上，登輝先生大談他所看的一本美國暢銷小說「麥迪遜之橋」（Bridges of Madison County）。這本小說描寫的是婚外之情、中年之戀，登輝先生認為處理得很細膩，並推荐我們看一看。提起登輝先生閱讀之廣，我想起了我在行政院秘書長任內在餐會上碰到的一位行政院科技顧問美國的水利專家。這位專家告訴我他會見李登輝總統的經過。他說：「你們李總統書一定讀得很多，涉獵也

作者於李登輝總統卸任前在總統府與李總統合影（2000年4月）。

一定很廣，看來懂的東西不少。我聽說他是學農經的，不過，我一談起水利，他就滔滔不絕說個不停，似乎忘掉了水利是我的本行專業。」這位美國人對登輝先生的描述，可說相當生動而傳神。

李連到底出了什麼問題？

李登輝、連戰兩先生曾經合作無間，並做過總統副總統的競選搭檔且雙雙當選。連戰先生還是登輝先生總統任內任期最長的行政院長，可是，現在為何分道揚鑣各走各的路呢？

二〇〇〇年四月，我以台灣省主席身分自印度訪問歸來，為報告此行經過並轉達達賴喇嘛對他的問候，我到總統府看登輝先生。因他即將卸任，他的侍衛長和隨從武官等正在和他合影留念。他叫我也跟他合拍了一張。這是我與登輝先生所有合照中，唯一一張他端坐於辦公桌後而我肅立在旁的照片。

合照之後，他與我單獨見面。談話中他對於三月十八日國民黨總統敗選後，中央黨部及他的官邸被抗議群眾包圍的事件，猶有餘怒，憤恨不平。他說三一八當晚有很多中南部的農會負責人紛紛打電話給他致意和聲援；有些還表示要結合召集廣大群眾到台北來為他助勢。但是，他生怕因此激起第二個二二八事件，對國家社會都不好，所以加以勸阻。談話中，他也流露出對國民黨的失望，他說國民黨在台灣已走入困境，應該要有新的政治組織出現。因此，以後他出來號召成立「台灣團結聯盟」，我一點兒也不意外。接著他談起此次總統大選中他的輔選，並對連戰先生有所批評。我聽了之後，甚感訝異，並替連先生作了些解釋。事後，我才知道，他與連先生的關係已經出現了問題。

登輝先生對連戰先生向來都是讚譽有加。記得一九九七年五月行政院改組，我被發表為行政院政務委員兼秘書長，因為多了一個政務委員的頭銜，也算是新任閣員，所以依例到總統府接受總統的召見。登輝先生與我見面時，談的幾乎都是連戰先生。他問我知不知道他怎麼認識連戰的。他說他於政務委員任內與連戰的尊翁當時也任政務委員的連震東先生同事並在同一辦公室；兩人聊天談話時，他開始注意並進一步瞭解連戰（其實，關於這一點我以前曾多次聽他提過）。接著，他對他所認識的連戰，作了一番描述。最後他說連戰與其同輩的從政人士相比，不問學識、人品、相貌、見解和從政經歷等方面，他用了一句中國成語來形容：「無出其右者」。我聆聽之後，一方面為連先生之獲李先生激賞而高興；另一方面，則對李先生這一位於大學時代才開始學中文的台灣人，能找出這樣的中國成語來形容連戰，覺得他真是煞費苦心。然而，何以經過一次他原本大力支持連戰的總統選舉後，他對連先生的看法竟有天壤之別呢？

以後，我從各方聽來的訊息，才知道李之不滿，似乎是來自他認為連逼他交出黨主席的職位。關於這一點，我從未向兩位當事人直接去求證。不過，一九九七年（民國八十六年）十二月一日，我曾聽一位相當權威的人士提到，在當年五、六月間，李先生曾兩度向連先生表示要把黨主席的職位讓給連來接，李並且說已囑相關文宣主管先作媒體輿論的準備工作。以後李又對連表示，因各方認為黨主席還是由他（李）繼續擔任為宜，所以他只好勉為其難地接受，也就是黨主席他暫時還不交棒。另一位曾任國民黨中央要職與李、連都很接近的人士，也向我證實有這一番經過，並說李也跟他談過。從這裡可以看出，登輝先生早有把黨主席之位交給連先生之意。怎會為了黨主席之事而鬧得不愉快呢？我百思不得其解。

我以為，他們兩人之所以漸行漸遠，最大的原因應該是對兩岸問題的政策理念有所差異所致。另有一些人則認為，李、連兩先生的親信朋友的省籍大多不同，和這些可以影響李、連的親信朋友對兩岸關係及台灣主體意識問題的看法相異，應也是一個不容忽視的因素。言下之意，似指李先生認為連先生不夠本土化、台灣主體意識不夠堅強。這一派人士的看法對不對？因涉及李、連兩人各自的交友活動及他們與朋友間的互動情形，外人當然難於查證，也不便去查證。然而，我所接觸的連先生，在我的印象中，他是本籍台南市的本省人，當然非常本土化，也相當有台灣主體意識，而且他的親信朋友中，台灣人也非常之多。

有人曾提出一個這樣的問題：「如果二〇〇〇年的總統大選，國民黨勝了，連戰當選了，那麼，現在的李登輝會怎樣？李連關係又會怎樣？」當然，歷史就是歷史，是沒有如果，也不能假設的。所以，這個問題毫無實質意義。誰有興趣，誰就自己去假設、去想吧。

苦學成功、作風嚴謹的邱創煥先生

苦學而有成

邱創煥先生有一項很特殊而極少人有的經歷，那就是以高考及格的資格考進政大研究所。此一經歷也反映了他苦學的努力。

我第一次見到邱先生，是民國五十五年秋於台北松山機場。那時他是銓敘部的司長，我們都是到機場為白秀雄兄留美送行的。白秀雄是他夫人的令弟，也是我中山獎學金留學考的同榜。但我真正與邱先生有互動，是從他擔任內政部長開始。

邱先生與我同是彰化縣人，也同樣都是農家子弟。他是憑苦學而參加考試一步一步走出來的。他最早的正式學歷，除了日據時代的公學校畢業之外，就是台中師範的師資訓練班。以後，他由檢定考試而普考而高考，憑著考試而任公職，並以高考資格去投考政大研究所。我曾聽他談起他年輕時苦學的一些經過。他說他在小學任教時，為了準備考試怕同事朋友找他去玩，就先用鎖把自己宿舍的大門鎖好，再經窗戶爬進房內，接著把窗戶也關緊，以告訴可能來找他的人他不在房間內，然後自己一個人關在房內看書。青少年時代的創煥先生，跟當年的鄉下青少年一樣，各種各樣的農事他都做過。他曾到人家家裡挑過大便為人清洗廁所，以把糞便拿到田裡作肥料；也曾在演野台戲時擺攤子賣過甘蔗。他於省主席任內，我曾陪他去探訪一個他當年曾為其清洗廁所的人家。

工作嚴謹思慮周密

我追隨邱先生是在他於民國七十三年六月就任台灣省政府主席時開始的。那時我原任社會處處長，省府改組時為邱先生所留任。

邱先生是自基層出身的公務員，從科員一步一步做起。七十三年他接省主席之前，已擔任過行政院政務委員、內政部長和行政院副院長，而早在民國五十年代他就已經在省政府做過社會處的處長，經歷相當完整，對各項業務都非常之熟悉。而他行事風格又非常嚴謹，對工作上的要求相當地高。所以，他主持台灣省政期間，參加他主持的會議，對廳處首長而言，是一項考驗；一定要事先做好「功課」，相關的資料一定要事先準備完善，因為他隨時會就議案的討論或報告中所發現的問題和疑點，追根究底地發問，有時還會不厭其煩地探詢意見。如果答覆令他不滿者，他大多會有所批判。

作者（右一）離開省政府社會處處長職務轉任中央社工會主任時，邱創煥主席頒獎表揚（1987年2月）。

從他主持會議的嚴謹，我看出他對事情思維的細心和考慮的周密。正由於他嚴格的工作要求，省府在他領導期間的行政效率有很好的提升。

提出「精緻農業」極具遠見

他就任省主席之後，提出一個發展「精緻農業」的政見。記得當時省議會的蘇貞昌議員，曾經問他「精緻農業」用台語要怎麼講。的確，在台語通行的語彙中，實在找不出一個能讓一般農民一聽即懂的用語。不過，精緻農業的概念，也就是發展附加價值高的農產品，善用高科技來提升農業生產的質與量，以及多生產高品質、高價位的農漁產品等做法，對農業發展的再出發、農民收入的增加，非常必要而且應加速加強推動。

行政院近年來推出使台灣經濟脫胎換骨的六大新興產業。其中一項，就是精緻農業產業。由此可見，當年邱先生之提出「精緻農業」，是一個極具遠見非常有前瞻性的做法。

唱卡拉OK與廳處首長打成一片

省府時代的邱主席，主持會議時儘管非常嚴肅，對各廳處工作的要求儘管很嚴很高，但私底下他卻有相當輕鬆的一面，很能跟廳處首長打成一片。

作者於省主席任內邀請邱創煥先生主持中興新村文化園區千禧金龍揭幕典禮（2000年3月）。

那時卡拉ＯＫ非常流行，在省府廳處首長的聚會，或招待外賓及宴請地方人士的場合，常備有卡拉ＯＫ。在我追隨過的四位省主席中，邱先生是唯一一位會下場演唱自得其樂的主席。由於他曾任小學老師，教過小學生音樂，所以他也會彈琴。很多老歌他不但會唱，而且唱得極好。譬如，難度極高的王昭君、滿江紅、岷江夜曲等都是他的拿手招牌歌。

擴大慶祝光復四十年及其小插曲

民國七十四年十月廿五日，為台灣光復四十周年。邱主席於七十三年就決定要擴大慶祝。這是一件大事，也是一件盛事。他責成社會處負責所有籌劃的工作。為此，我與同仁於七十四年元月就擬定發布了一個「台灣省各界慶祝台灣光復四十週年實施計劃」。整個慶祝活動並決定以「中興祥和，團結建設」為主題。

既然要擴大慶祝，我決定活動要項涵蓋面要廣。最後經與各廳處代表研商後，決定包括舉行慶祝大會，辦理建設成果展覽，舉行藝文競賽、表演、觀摩及展覽，編印出版發行紀念書刊、郵票暨製作紀念品，舉辦中興文化巡迴講座，舉辦光復四十年省政建設座談，擴大辦理體育活動，拍攝紀念電影及錄影帶，邀請姐妹州、省代表參加慶祝活動，以及舉辦公教人員集團結婚等要項。幾乎省府各廳處都有主辦項目，也都要動員起來。

從七月一日起，慶祝活動就展開序幕，到十月廿四日光復節前夕及廿五日光復節當天，慶祝活動進入高潮。一切都能按預定計畫和行程順利進行。但卻發生兩個使邱先生有些不滿意的小插曲。

這兩個小插曲都發生於十月廿五日在台中體育場舉行的慶祝大會上。第一個插曲是主席台講桌上所放置的盆花過高，擺的位置沒有注意，以致遮住了前來致辭的行政院俞國華院長的部分臉部。事後俞院長向邱主席半開玩笑的提了一下。做事一向要求完美的邱主席馬上有些不太高興地轉告我。這使我想起了當年發生在美國的「會講話的帽子」（talking hat）的故事。有一次英國伊莉莎白女王應邀到美國華府訪問，在迎接典禮上講話，

台灣光復四十年之盛大慶典（1985年10月25日）。

結果也是花太高，遮住了女王的臉部，坐在下面聽講的貴賓雖聽得到女王的聲音，但卻只看到女王的帽子，看起來就像帽子在講話，於是而有「會講話的帽子」一語的出現。主其事的美國國務院禮賓司官員因此受到處分。我以後常把光復四十周年慶祝大會發生的盆花太高，以及「會講話的帽子」兩例，拿來告誡有關同仁，辦事一定要細心到底。

另一個插曲是大會上代表姐妹州講話的貴賓美國印地安那州州長歐爾（Gov. Robert D. Orr）的翻譯問題。為了此次大會的英語司儀和貴賓的翻譯，我們特別透過救國團代為找了一男一女兩位英文程度不錯、發音也很標準的大學同學來充當。負責為歐爾州長於大會講話翻譯的是一位女同學。我們事前吩咐她務必於前一天先向歐爾州長拿到英文講稿做好準備。那知道，廿四日晚上歐爾州長參加慶祝晚宴時酒喝多了，回到旅館立即就寢而沒有準備講稿。大會當天又沒有事先與當他翻譯的女同學溝通。上台時自己帶著臨時準備的幾張小便條就講話了。而且可能受到酒精影響，講得不是很有條理。這位女同學因此可能有些緊張，翻譯起來就不怎麼流暢。邱主席一邊聽一邊皺著眉頭。事後雖然他沒有講什麼，但可以想像他是有些不滿意，事實上他也從表情中流露了出來。此一插曲我們經檢討，覺得不能怪這位女同學，因此特別安慰她一番。但我也提醒相關同仁，什麼事都要做好萬全的準備，所有可能發生的情況以及如何去因應，都要事先想好。像這位州長不勝酒力回到房間倒頭就睡無法依約備妥講稿交給翻譯，是事先沒有想到的；但是，如果大會舉行前，有關同仁能設法讓這位州長與翻譯的女同學無論如何先見個面作一番溝通，結果就不一樣了。

這兩個小插曲，再次說明邱先生是個很細心，任何環節都不放過的人。而我之所以不厭其詳地把它寫出來，就是想給年輕人做個參考，希望他們做事能小處著手，謹小慎微。

好在，邱先生宅心仁厚，雖然他對工作要求極嚴，也發生了上述兩個小插曲，但對於擴大慶祝台灣光復四十週年的所有籌備工作和慶祝活動，他都表示十分滿意，也交代應從優給予有功同仁應有的獎勵。

台灣光復四十年的慶祝，非常之盛大，非常之熱烈。然而，從民國八十年代後期開始，台灣的光復，似乎再也沒有什麼值得注意的慶祝活動了；大家對於台灣光復節好像已沒有什麼興趣，慢慢淡忘了。這是台灣政治生態的變化所使然，也是歷史演變的無可如何的結果。

熟讀二十五史與未學好英文的感嘆

創煥先生青年時期於考試院服務期間，即熟讀二十五史，所以其國學、史學的造詣很深，演講論述經常引用歷史典故。記得有一次在省議會總質詢時，一位女議員，好像為女權的議題質詢邱主席，並問及邱先生與夫人之間的相處及彼此的關係。邱先生沒有正面答覆，只巧妙地引用了漢宣帝時京兆尹張敞為其妻畫眉被告到皇帝那裡的故事。當皇帝問有無這回事時，張敞答道：「閨房之內，夫婦之私，有過於畫眉者。」邱主席就用這句話來答覆，那位女議員也就沒再追問下去。我也常聽到他引用「丙吉問牛」的故事，來說明分層負責之必要，及碰到問題時要懂得抓住要害。

有一次談到英文的學習時，邱先生跟我說如果當年他把花在研讀二十五史的時間和心血，用以進修英文，那他一定也會有相當不錯的英文造詣。言下之意，似乎覺有些遺憾。我馬上向他報告說，英文可以找人翻譯，但二十五史無法找人代讀。他聽了之後似乎覺得很有道理，也曾在與媒體記者聊天時引用我們的這段對話。

樂於提攜部屬　力薦我當社工會主任

邱先生很看重人才，可能與他早期曾長年服務於銓敘部有關。他有一本很厚的談文官制度的鉅著，討論人才的培訓、發掘及任用。他自己身體力行，一路培養和栽培了很多優秀的幹部。今天在考銓和社會福利方面不少負責任的重要主管，都是他當年的部屬，而經由他的調教、培植和提攜出來的。

曾於內政部做過邱先生的政務次長以後又在省府擔任邱先生的秘書長的劉兆田先生，曾說邱先生在內政部長任內有一個「愛深責切」的用人法則；即凡是邱先生罵得愈厲害的人，他愈加提拔。當然，這是半開玩笑的話。事實上，並不是要被邱先生罵過，才會有機會升遷。我長期觀察，只要被邱先生認定是人才的人，他就不次拔擢、不斷重用。

我自己由社會處長轉任國民黨中央黨部社會工作會主任，邱先生的推荐，也是一個關鍵。民國七十六年農曆春節期間，邱先生與朋友在南部打高爾夫球，蔣經國先生突然把他找回台北，原來要與他談社工會主任的人事。經國先生提出劉裕猷先生和我兩個人要邱先生表示意見，看那一位比較適合擔任社工會主任。邱先生說劉裕猷做其他工作比較適當，至於社工會主任則由我擔任較合適。雖然經國先生當場沒有任何表示，但最後我被發表為社工會主任。

愉快老人　打球為樂

邱先生離開省府之後，又出任考試院院長和總統府資政，方始退休。他為台灣這塊土地，中華民國這個國家，服務奉獻了數十寒暑，其中擔任部長級以上職務者，長達二十四、五年之久，付出甚大、貢獻甚多。雖然，我直接追隨他的時間，只有在省府跟他做事的那二年七個多月；但他卻長期指導、照顧、提攜和關懷我，使我獲益很多，也學習很多。這些年來，我與邱先生同屬二個高爾夫球隊，常常有機會在球場見面一起打球。他雖然已經八十六、七歲了，依然是球場好手，依然還能喝幾杯；而且耳聰目明頭腦清楚，是個快樂老人、快樂長者。

對於這位我很尊敬、很親近的老長官，我祝他松柏長青，福壽康寧。

我三度追隨和落實本土化政策的李煥先生

也是我的政治引路人

前行政院院長李煥先生，也是救國團人口中的李錫公，也是我的一位很重要的政治引路人。他在我剛剛回國服務的時候，給我一個可以歷練，可以學習，可以和政治圈接近，可以被人認識，可以建立關係的職位。對於我的開始從政，幫助很大。

我有幸曾三度追隨過李煥先生。他任救國團主任時，我是總團部一級主管學校青年服務組組長；他做國民黨中央黨部秘書長時，我是社工會主任；他擔任行政院長時，我是勞委會主委。

我是於大學時代參加救國團的活動，知道和認識李煥先生的。那時，蔣經國先生是救國團的主任，李煥先生是主任秘書。印象中，李煥先生行事非常低調，對學生很親切、很隨和，每次和蔣主任或其他黨政要員合照的時候，他總是站在最旁邊、最不顯眼的角落。這大概就是那時候很被強調、很被重視的只管認真做事不強出頭、不出風頭的救國團作風吧！

李煥先生真正知道我、認識我，應該是在我自美回國服務之後。那時，經國先生正在大力提拔任用青年才俊，中央警官學校兩位前後任校長梅可望先生與李興唐先生，介紹我與李煥先生認識。一般人只知道李煥先生有復旦大學的學士和美國哥倫比亞大學的碩士學歷。但其實，他也唸過中央警官學校，與李興唐先生同是正科四期的同學，梅可望先生是他正科五期的學弟。他們兩位是李煥先生的長期好友。可能因為這個緣故，李煥先生和我第一次見面談話時，就談得特別多、特別久。之後，李先生向很多人「推銷」我、介紹我。據高育仁先生告訴我，他於台南縣長任內，有一次去看李煥先生。李煥先生特別跟他提到說有一位叫趙守博的年青學者，剛從國外回來，很優秀，你要和他認識、認識。後來，高育仁縣長因此請我到新營對台南縣政府的員工和台南縣各界人士演講。

民國六十三年，李煥先生要我去參加救國團總團部的工作，先發表我兼任海外青年服務組副組長（因我本職還是中央警官學校的專任副教授）。第二年改派我為總團部學校青年服務組的組長，這在當時的救國團是一個比較吃重、比較重要的職位；這一個職務負有大專青年和各地學校青年的連繫服務之責，也要與學校的軍訓業務相互密切配合，常常必須與各大專院校的訓導長（現在的學務長）、課外活動主任、軍訓總教官，以及各地的高中職校長連繫來往。李煥主任要我認真去做、放手去做。這個職務，就是前面我提到的對我的開始從政很有幫助的工作。

六十五年年初，李煥先生以革命實踐研究院主任身分開辦國家建設研究班，調訓具潛力可培植的年在四十歲以下的政、學界人士，第一期調訓廿八位。他把我也列入第一期參加研究，當然意在培植。這也是我說他是我的重要政治引路人的原因之一。

六十五年六月，台灣省政府主席謝東閔先生找我擔任省府新聞處處長，這在當時也是很受矚目的一個任命。謝主席告訴他後，他很高興，勉勵了我一番，還在任命沒有正式發布之前，就在救國團總團部的主管會報向大家宣布。

辦黨風格與染色理論

我在台灣省新聞處服務期間，李煥先生常到中部地區巡視。由於新聞處辦公廳在台中市，所以，他到台中的時候，我常去接送。有時，他不坐黨部的車子，而乘坐我的公務車。因此，我常常可以近距離地觀察他如何指導地方黨務，如何與地方人士打交道，又如何去協調地方上的派系和人事上的爭執糾葛。

那時，李煥先生身兼組工會主任、救國團主任和革命實踐研究院主任三要職，又極受經國先生的倚重和信任，可說權傾一時。地方上有頭有臉或想爭取黨內提名或想謀得一官半職的人，無不想盡辦法要接近他，要獲得他的認識、重視和青睞。我看他周旋於這些人之間，一副氣定神閒成竹在胸的樣子，講話不多，但人家講話時他會耐心傾聽，時而記下要點。我印象最深刻的是，他會隨時隨地把握機會探詢地方政情和民眾對黨政作為的反應，也就是他十分努力地不偏聽一方之言。我也注意到他似乎有一套很獨特的「握手政治學」。在一群迎送的人士中，他第一個握手的，或握手時他表現特別親熱者，或於握手時交談較久的，往往是他所要重用、提拔、栽培或特別要加以關切、重視的對象。他似乎要藉握手來向大家暗示或傳達他要表達的信息。

有一次我在車上問他，有人批評國民黨招募黨員過於浮濫，以致於有人為黨帶來負面的影響，也有人入了黨之後因所求不遂而退黨並反過來罵黨，為什麼黨在入黨這一關不可以更嚴格地把關。他說，國民黨號稱全民的黨，菁英份子固然要爭取，但人數更多的一般民眾也不可缺；而且入黨就像染顏色，不管誰一旦入了黨，就會或多或少受黨的影響，就會被染上國民黨的色彩，這種色彩是很難完全清洗掉的。即使有一天他退黨、反黨、叛黨，人家永遠會知道他曾經也是個國民黨員，到時候他就必須要好好解釋當初他為什麼會加入國民黨，又為什麼會退黨，恐怕必須費一番唇舌。至於他的說辭有沒有說服力，社會自有公評。

他的這一番染色理論，對於後來我的從事國民黨組織工作，也起了一些啟示作用。

風風雨雨秘書長

一九八七年七月二日，李煥先生從教育部長轉任國民黨中央黨部秘書長。那時我已在社工會擔任主任一年多。他的秘書長任期一直到一九八九年五月為止。這一段期間，蔣經國先生宣布解嚴、社會運動興起、蔣經國逝世、李登輝接班、國民黨權力重組，可說風風雨雨。李煥先生身為秘書長，很多重大事件，他都首當其衝，可說處於風雨之中。

我先談他與我所主管的社工會的關係。七月七日，因戰士授田證而請願抗議的老兵，包圍國民黨中央黨部並衝到黨部一樓大門。當時蔣經國主席正在二樓主持中央常會，李煥先生非常關注，不斷以便條紙向我詢問事態發展及指示儘速設法疏處。李煥先生有於會議中以便條紙寫上探詢或指示事項的習慣，我於社工會任內收到他不少此種便條。抗議的老兵在我力勸和疏導下，離開了中央黨部，沒有衝上中常會會場。

李煥先生對於勞工和農民問題，非常重視。先後指示我邀請有關從政主管、學者專家、從業人士代表研擬此一方面的國民黨政策綱要。我遵囑而行，分別擬妥綱要草案經中常會通過後，送請從政主管同志執行。

一九八八年元月十三日，蔣經國先生逝世，其所遺黨主席一職，究應由誰繼承，李煥先生於二〇〇二年五月二十七日在與我的長談中回憶說，當時黨內有兩種意見，一是主張採集體領導，即由中常委輪流主持中常會會議及黨務，他自己不贊成；二是推舉代理主席。他與幾位包括俞國華先生（時為行政院院長）在內的資深中常委討論後，認為以推選代理主席的方式為宜，並決定推李登輝先生為代理主席。他說他之所以主張由李登輝代理主席，主要有三個理由：（一）國民黨一向採黨政合一，李登輝既已依法接任總統，由其兼代理主席，乃順理成章之事；（二）李登輝為台籍人士，如不由他代理，易為人作為國民黨排斥台灣人之攻擊藉口；（三）

李登輝既由經國先生提拔擔任副總統，表示經國先生心目中有培植其接班之意，由李登輝兼代，應可符合經國先生之意。李煥先生說他與相關中常委作此決定後，即指派當時黨部高銘輝等三位副秘書長分頭拜訪所有中常委說明並尋求支持。經溝通協調後，大致上沒有什麼問題，同時決定於元月廿七日的中常會由俞國華先生作提案人提出。一切安排後，他報告了李登輝先生並請登輝先生不要出席廿七日的中常會。不料，廿六日半夜，他經由蔣孝勇先生收到蔣夫人蔣宋美齡女士的信，對推代理主席一事另有意見。接信後，他即與俞國華先生連繫，經兩人討論後決定還是照原訂計劃進行。廿七日一大早，李煥先生約請俞國華、余紀忠（當天的輪值主席）兩先生在黨部開會，後來王惕吾先生也參加。大家的結論還是依原所訂決定（即推由李登輝代理黨主席）行事，並備好俞國華先生的書面提案，置於常會廳李煥秘書長座位前的桌上。

我身為中央社工會主任，也必須列席參加中常會。常會開議的時間，為上午九時。二十七日那天，我於八點四十五左右抵達會場的時候，覺得氣氛有些不尋常，只見有些資深常委在李煥辦公室進進出出，一直到快十點鐘，才正式開會。會議進行沒多久，副秘書長宋楚瑜進場，稍後就發生了媒體所報導的所謂「臨門一腳」的事件。李登輝於當天會中，經中常會通過出任黨的代理主席。

李煥先生回憶說，他曾寫好二封信，一致蔣宋美齡女士，表示致歉和請罪；一送李登輝先生要請辭秘書長職務，並準備於中常會選出李登輝為代理主席後寄出。這兩封信，最後有沒有寄出，我沒有問他。不過，他告訴我從此蔣夫人對他很不諒解，出國送行及祝壽，都不通知他。

從上述這一段李煥先生的回憶，可見那時他的工作頗艱鉅，所面臨的考驗非常之大。

我在社工會服務期間，曾在革命實踐研究院開辦一個青年工商負責人研討會。策劃之初，決定將研討期間儘量縮短，以免影響受訓人的事業經營，並讓非黨員也能參加。不料革命實踐研究院的負責人，對此兩點堅決反對。後來還是李煥先生對我的力挺，才使這兩個要點獲得通過。這個到現在一直廣受工商青年所嚮往的研討會，也才能順利開辦。

國民黨於一九八八年七月七日召開第十三次全國代表大會，李登輝先生正式當選為國民黨黨主席。會中李煥先生不看稿地發表了一個有關黨務工作報告的長篇精彩演說，深獲讚賞；他並以最高票當選排名第一的中央委員。這應該是他長期從事黨務工作的最高潮。

行政院又相逢

一九八九年二月，我離開中央黨職，轉任行政院勞委會主委。五月底，行政院改組，李煥先生出任行政院院長，我留任勞委會主委，於是開始了我對他第三度的直接追隨。

李煥先生擔任行政院院長不滿一年，時間很短，實在難有發揮。加上任內後期又發生了所謂「二月政爭」，即關於一九九〇年（民國七十九年）第九任總統、副總統選舉國民黨候選人人選問題的爭議，而李煥先生剛好站在李登輝先生的對立面，兩人的關係陷入了低潮，政務的推動自然受到影響。不過，他還是很認真地想有一番作為，他曾請新聞局將他施政理想印成一套小冊子送給立法委員及相關單位和人員參考，展現了他的雄心壯志。不過，到底時不我與，形勢比人強，一九九〇年六月一日，他就交出了院長的職位。

在他短短的一年任期中，他跟我講過一句我印象很深刻的

作者（左二）於行政院勞委會主委任內陪同李煥院長至桃園地區訪視勞工並向勞工祝賀五一勞動節（1990年4月29日）。

話：「勞委會不是總工會，不能什麼事都站在勞工的立場講話。」這是他的好意，但也可能是受財經部門首長影響的結果。勞委會當然不是總工會，而是推行勞工政策的政府機關，我們不會也不應什麼事不管三七二十一只站在勞工的立場講話，但我們有義務為勞工發聲。我曾把此一意思向他報告。

一九八九年八月，瓜地馬拉的總統席雷索（Marco Vinicio Cerezo Arvalo）來訪，李煥先生率同外交、交通等部會首長和我一起到中部陪同。在日月潭省主席邱創煥款待席雷索總統的晚宴中，李煥先生的心情看來十分愉悅，曾高唱「綠島小夜曲」，很感性、很動聽，這是我第一次聽到他在公開場合唱歌。

與李登輝先生的關係

李煥先生曾跟我提到，他是經由原美國花旗銀行台北分行經理楊鴻游先生（為台北市前代理市長以後曾任監察院副院長的周百鍊先生之女婿，並曾為前台北市長高玉樹先生的機要秘書）的介紹，而認識李登輝先生的。李煥在擔任台灣省省黨部主委時，曾邀請李登輝先生去做關於農業方面的專題演講。他在接受國史館的訪談中，表示在李登輝至省黨部演講後大約兩個禮拜，蔣經國要組閣並請他找一位農業方面的專家作閣員，他就推薦了李登輝。經國先生於召見李登輝後，就發表李登輝為行政院政務委員。一九七八年五月，經國先生與謝東閔先生當選總統、副總統。不久，李煥先生奉經國先生之命去通知李登輝說要請他接任台灣省政府主席。可是，後來省主席發表的卻是林洋港。李煥先生問經國先生何以有這種變化，經國先生說那是由於謝東閔先生力薦林洋港的結果；謝認為林對省府較熟悉，較可應付那時在野勢力相當活躍的省議會。

根據李煥先生對國史館的回憶，李登輝擔任副總統之後，他每次奉召見經國先生之後，常會順便到李副總統的辦公室去拜訪，登輝先生曾告訴他，經國先生對他（李登輝）像學生一樣的愛護教導，所有指示，他（李登輝）都用小冊子詳細記下來。可見李煥先生與李登輝先生，開始時有很不錯的關係。

一九八八年元月，在李煥先生策劃下，李登輝獲選代理黨主席。七月國民黨十三全大會，也是在李煥的全力規劃下，李登輝正式當選為黨主席。一九八九年五月，李登輝提名李煥出任行政院院長。可以說，一九八八年元月到一九八九年上半年，應該是李登輝和李煥兩先生關係的蜜月期。

那麼，兩李的關係到底何時起了變化呢？李煥先生告訴我，應導源於彭明敏返台事件。一九九〇年七月，李登輝總統召開「國是會議」，準備邀請流亡在美國遭國內通緝的彭明敏先生參加。事前，李總統於總統府邀集李煥院長、俞國華先生、李元簇秘書長、國安局宋心濂局長、國民黨宋楚瑜秘書長等人討論以何方式讓彭明敏返台。李登輝認為彭應可像一般國民一樣自由入境，不必考慮其曾被通緝的問題；李煥則以為彭係遭政府通緝中，應依法於入台後先辦自首手續。會中兩種意見各有附和者，但李登輝則頗堅持他自己的看法。最後會議沒有結論，李登輝很不高興不發一言地拂袖而去。另有一說是，李登輝走之前講了一句：「你們是不是欺侮我是台灣人！」彭明敏最後係於法院在一九九二年撤銷其通緝後始返台。

一九九〇年三月，李登輝、李元簇競選總統、副總統，曾聯袂前往李煥家裡拜訪有國大代表身份的李夫人潘香凝女士，李家門戶緊閉無人接待，李登輝兩人留下名片而去。有人認為這應是李登輝與李煥關係越來越冷的重要原因。對此，李煥先生解釋，他事前曾懇切向總統府反映婉謝拜訪，以為總統不會去，所以家裡沒有做接待的準備。事後他也為此寫信向李總統致歉說明。

一九九〇年四月二十九日，五一勞動節前夕，我陪李煥院長到桃園一帶訪問工廠向勞工賀節。回到台北後，李煥先生問我有沒有空可以不可以一起喝個咖啡。於是他和我兩人在來來（現在的喜來登）二樓安東廳聊了二個多小時。李煥先生主要談他與登輝先生的種種，上面所提到的各點，他大部分都提了。另外也談些此處不便談的敏感話題。聽他的口氣，他有很多感慨，看得出來他也很覺得無奈。他心中一定有不少的鬱悶而想一吐為快。他找我這個老部屬談，大概他認為比較不必有所顧忌，可以暢所欲言吧！最後他說他已經準備辭職交棒。一個月後，他離開了行政院。

在我看來，他們最後終於走上了拆夥不相往來的地步，主要還是政治理念的不同。登輝先生有極強烈的台灣意識，而李煥先生雖是經國先生本土化政策的執行者，但他相當強調中華文化、三民主義、國民黨的傳統主張，和國家的統一。

他們兩人個性和出身背景的不同，應也是重要的因素。李煥先生為人謹慎小心，與人應對很注重保持謙和及壓抑隱藏自己的情緒，而李登輝先生當了總統之後，逐漸有愛惡喜怒容易形諸於色的傾向；李煥先生來自於大陸，長期受兩蔣思想及兩蔣時代官場文化上下應對作風的影響和薰陶，李登輝先生則在日治時代的台灣出生成長，長期受日本教育，很有台灣意識，相互隔閡、彼此格格不入，實所難免。

本土化政策的執行者

李煥先生於去年（二〇一〇年）十二月過世之後，我曾對媒體推崇他執行經國先生本土化政策的貢獻。李煥先生自己接受訪談時，曾否認有所謂本土化政策。經國先生或國民黨確從沒有正式明文制定一個本土化政策，但經國先生的確從掌權開始，就一直注意大量引進大批台灣本地人進入黨政機構，內閣閣員及省府主席和省府廳處首長，因而逐漸地變成多數由台灣本省人擔任；黨政方面也透過選舉使本地人更加廣泛地參與。這就是本土化。而李煥先生就在這一方面負責為經國先生發掘、培植、訓練和進用人才。可以說，經國先生和李煥先生推動一個「有實無名」的本土化政策。他們這樣做，對於中華民國政府和國民黨之受本地人接受、認同和支持，有很大的貢獻，也使中華民國能在台灣生根。光就此而言，李煥先生對於台灣的族群融合、民主政治的推進和國民黨在台灣的生存發展，有其不可磨滅的功勞。

李煥先生由於長期主管黨務，肩負培植人才的責任。可以說，今天年齡在六十歲以上九十歲以下的眾多國民黨菁英和擔任過黨政要職的人中，沒有或多或少，直接間接受過李煥先生提携、協助、推荐或照顧的人，為數很少。

在孔孟學會相處的日子

二〇〇〇年國民黨喪失政權後，李煥先生大部分的精神和時間，主要放在領導太平洋文教基金會和中華民國孔孟學會的業務推動上。過去這十年來，李煥先生一直以理事長和榮譽理事長的身分積極領導和參與孔孟學會的工作，我恰也在孔孟學會先後擔任理、監事，因而常有機會和他碰面向他請益。二〇〇二年五月他率領一個孔孟學會代表團訪問中國大陸，到過北京、曲阜、武漢、上海和廣州等地。這是他隨政府來台之後首次返回大陸。他曾向我暢談他此次參訪的經過與感想。

二〇〇七年三月，家母過世，為了為其增添哀榮，我敦請李先生擔任家母治喪委員會的榮譽副主委之一，他立即答應，並表示出殯時他要親自前往致祭。我以他年歲已高，路途又遠，一再懇切婉辭婉謝。沒想到四月十五日先母公祭那天，已九十高齡的李煥先生，竟遠從台北趕到彰化鹿港

作者（左一）和中華日報詹天性董事長（右一）在其餐會中與李煥先生合影。（2006年）。

鄉下參加先母的公祭儀式。我實在感動不已、感激不已。

這些年，孔孟學會與大陸的宋慶齡基金會常有來往。每次宋慶齡基金會的重要負責人到訪，李錫公一定設宴款待。席上已八、九十歲的他還會與客人乾杯，可見他身體之健康。

大概二、三年前他因在家中書房跌倒住院，我曾到榮總探視，他精神甚好，還與我有說有笑。不料，一年多前他又因病入院治療，這次較為嚴重，醫院要大家不要去打擾。不想，他就此未再出院，並在二〇一〇年十二月二日與世長辭。生前他遺言，往生後不發訃告、不設靈堂、不辦公祭，只要大家在心中記得他就好。此種瀟脫、不願麻煩親友、不重形式排場的做法，令人敬佩；也讓我想起初次見到他時他所展現的救國團平實作風。

對於這位當年也曾帶引我走入政界的老長官，我非常懷念、非常感激。

感恩、祝福與懷念

謝東閔、李煥、林洋港、李登輝和邱創煥這五位先生，也是「四位省主席」和「一位行政院長」，他們在我從政的生涯中，從我上面的追述，可以看出，都對我有很多的指導、提携和愛護，我永遠感激他們。現在他們當中，謝東閔和李煥兩位先生已經往生作古，令我十分感傷。他們兩位的風範將長留於我的心中。李登輝先生年已九十，看來身體還很硬朗，雖因現在政治立場有所不同，我還是感謝他、祝福他。林洋港和邱創煥兩位先生，也都年過八十，林先生的健康情形不如以前，邱先生則依然活躍於高爾夫球場。我祝福他們松柏長青、健康快樂。

我以七十歲之齡回憶追隨這五位長官的過往歲月，與他們共事、受他們指導的那些時光的點點滴滴，不斷地浮現在腦海裡。我十分珍惜追隨過他們的日子與經歷；並以曾經跟著他們、在他們的指導下，為台灣這塊土地、為台灣的人民和為中華民國這個國家，一起打拚奮鬥過，而感到非常榮幸。

（撰於民國一百年三月）。

漫談我的「五書」生活

五書是什麼？

我的所謂「五書」，指的是「讀書」、「教書」、「寫書」、「購書」和「藏書」。我這一生儘管大部的分時間，都是從事公職服務的工作，但「書」一直與我有不解之緣。

先談「讀書」，在正規的學校教育中，我花在讀書的時間實在不少，從小學、中學、大學而留學攻讀碩士、博士，整整花掉我二十一年多的時間；換言之，我的青春歲月大部分就是埋首於書堆，在國內外的校園內渡過的。二十一多年時間不短，但很必要，因為，它為我往後的工作、事業奠下了基礎。事實上，我從小就喜歡讀書，我曾經在剛滿五歲多就跟著家中的長輩跑到小學要入學就讀，但只待了一個禮拜，就被老師以不足齡不符合規定趕了回來。

因何而讀書？

我的讀書生涯並沒有因為完成學校教育讀到博士就終止。相反地，卻愈讀愈多，愈讀愈久，愈讀愈雜，到現在還是不斷去讀、繼續在讀，而且愈讀愈有興趣，愈讀愈離不開書。這一輩子，我「因當學生而讀書」、「因教書而讀書」、「因工作而讀書」、「因寫書而讀書」、「因消遣而讀書」、「因吸收新知、瞭解世界而讀書」、「因解悶而讀書」、「因旅遊而讀書」、「因興趣而讀書」。讀讀讀，讀到年已七十還是在讀，而且還要繼續不斷地讀，應該是會讀到體力、眼力不容許再讀時才會放下不讀。

我讀什麼書？

那麼我讀什麼書呢？我因為研究的是警政、法律，做的公務工作大多與公共行政、社會福利、警政、勞工行政有關，所以，我讀的書很多與法律，特別是與刑事法律、國際法、警察法、勞動法、勞資關係法、憲法等有關；又由於工作需要，我也讀了不少有關社會福利、社會工作、領導統御、危機處理、人力資源管理方面的書。我教書的範圍，大多涵蓋前述這些方面，可以說，讀這些領域的書，也是為了教書。至於因興趣而讀的書可以包括幾個方面：（一）與中共、中國大陸有關的著作。（二）與歷史有關的書。（三）名人傳記有關的書。因為這是我個人興趣之所在。

談談與中國大陸、中共有關的書。由於海峽兩岸關係的解凍，和中國大陸近年來的崛起，研究、剖析或報導中共和中國大陸的書近年來可說汗牛充棟，書籍之多、之雜和書本出版之快，可謂讓人目不暇給，當然要有所選擇了。所以，我特別著重幾個層面：（一）有關中共歷史發展的：這一方面，我讀了不少，例如，我曾把署名辛子陵（應該不是本名）所著《毛澤東全傳》（共六卷）看了三遍，京夫子（應也是筆名）描寫中共黨內鬥爭的《京華風雲錄》（共六卷）也看了二遍；另外中國大陸出版的《中國共產黨重大事件實錄》（上下兩冊）、《共和國記憶六〇年》（分風雨人物、編年紀事、成長地標三大冊）、《工業學大慶始末》、《農業學大寨始末》、錢其琛的《外交十記》等等我都曾詳細閱讀過；我也讀過《毛澤東與中華人民共和國重大決策紀實》、《共和國大審判》、《文革的秘聞內幕與真相》等書。最近，我還讀了一些外文的著作，例如：《Mao: A Biography》（毛澤東傳）、《Mao's Great Famine》（毛澤東的大飢荒）、《The Party—The Secret World of China's Communist Rulers》（黨——中國共產統治者的神秘世界）；當然，其他有關此一方面的著作，我也有所涉獵。

（二）有關中國大陸的崛起方面：我從正反兩方面去選書、看書，很多是外國人寫的。此一方面的書特別多，近一、二年來，我看過《鄧小平傳》（鄧榕著）、《17個省、自治區和直轄市改革啟動紀實》、林毅夫的《解讀中國經濟》，《中國經濟三十年經典回望》（上下兩冊），大陸環球時報編印出版的《遙想中國》、《感悟中國》、《戰略中國》，《紅色中國綠色錢潮——十二五規劃大運轉》、《他改變了中國——江澤民傳》、《朱鎔基答記者問》、《中國不高興——大時代、大目標及我們的內憂外患》、《中國鄉村報告》、《中國陷阱》、《中國女工——新興打工階級的呼喚》、《中國民變》、《新疆之亂》、《2030肢解中國——美國的全球戰略和中國的危機》、《中國大戰略——高層決策焦點問題解說》，以及其他由大陸人士及海外作家所寫的這一方面的著作計有近三十種左右；至於外國人所寫的有關中國大陸崛起的書，有英文原文的，有中譯本的；在英文原文著作方面，最近我看過《China Shakes the World—The Rise of a Hungry Nation》（中文譯名為「中國撼動世界——一個飢餓之國的興起」）、《When China Rules the World》（當中國統治世界）、《When a Billion Chinese Jump》（中文譯為「當十億中國人一起跳」）、《China's Megatrends》（中文譯為「中國大趨勢」）、《The China Price》（中文可譯為「中國價碼」），以及《Living with China——U.S.- China Relations in the Twenty-first Century》（與中國共存——二十一世紀之美中關係）等原文書；另外也讀過由法文譯成中文的《黑暗大布局——中國的非洲經濟版圖》，及由德文譯成中文的《中國正在改變世界》、英翻中的《中國無法偉大的50個理由》（"Fault Lines on the Face of China: 50 Reasons Why China May Never Be Great"），以及其他原文和中譯的外國人著作十多種；

（三）關於中國大陸改革開放後的權力鬥爭、權力佈局和領導階層的世代交替方面：此一方面大多是中國大陸境外出版或境外作家撰寫的，當然有一定的參考價值，例如，《十七大與胡錦濤時代》、《胡錦濤傳》、《中國政府新內閣剖析》、《新太子黨》、《中共第六代》、《溫家寶》及《從習仲勳到習近平》、《國家的囚徒——趙紫陽的秘密錄音》，和《李鵬六四日記真相》等等之類的書，我認為寫得都還算客觀、具體而有參考價值，我皆曾好好地研讀過。我之所以對有關中國大陸和中共的書有興趣，是由於我深深認為台灣未來的命運與前途，是好是壞，無法擺脫中共與中國大陸的因素和影響，不管今後中共與我們是敵是友，我們基於「知己知彼，百戰百勝」的道理，不能對中共和中國大陸有任何一絲一毫的誤解、錯覺和誤判。而另一方面，二十一世紀的世界，中國大陸已很明顯地必將成為一個相當重要的國家，我們身在台灣怎能不加關心和重視呢？

歷史方面的書亦感興趣

歷史與傳記一向是我非常感興趣的所在。因此，有關中外歷史重大事件的中英文的著作，我看了不少，而且百看不厭，同時一有新書，如內容不錯，就買就看。而歷史上影響歷史發展與改變，左右世界命運以及改變人類生活的重要人物，暨當代世界名人，他們的自傳、日記和傳記，都是我喜歡的讀物。這一方面，我也頗有涉獵。我精讀過的此類著作，其涉及的中外古今人物包括有中國大陸與台灣的孫中山、蔣中正、蔣經國、蔣渭水、王永慶、毛澤東、鄧小平等位，英國的邱吉爾，法國的拿破崙、戴高樂（Charles de Gaulle, 1890-1970）與史懷哲，德國的俾斯麥、馬克思、希特勒和艾德諾（Konrad Adenauer, 1876-1967），俄國的彼得大帝、凱薩琳大帝（Catherine II, the Great, 1729-1796）、蘇聯的列寧與史大林（Joseph Stalin, 1878-1953），美國的華盛頓、富蘭克林、林肯、愛迪生、羅斯福（Frank D. Roosevelt, 1882-1945）、洛克斐勒（John D. Rockefeller, 1839-

1937）、亨利福特（Henry Ford, 1863-1947）、杜魯門（Harry S. Truman, 1884-1972）、甘迺迪（John F. Kennedy, 1917-1963）、尼克森、金恩（Martin Luther King, Jr., 1929-1968）、雷根（Ronald Reagan, 1917-2004）、比爾蓋茲，和柯林頓以及歐巴馬（Barack Obama, 1961-），日本的明治天皇（1852-1912）和福澤諭吉（1935-1901），印度的甘地，土耳其的凱末爾（Mustafa Kemal Ataturk, 1881-1938），和南非的曼德拉（Nelson B. Mandela, 1918-）。因為這些人的確確對全世界或對他們的國家或對中國或我們現在的台灣，都有其不可磨滅的影響。我精研他們，一方面出於個人的興趣，另一方面想瞭解他們奮鬥的過程以及他們所經歷的起落成敗的因素，供我教學與對大眾演講的參考之用，希望因此產生一些啟迪啟發的功能。當然，我也閱讀其他一些古今有名人物的傳記，也獲益不少。

吸收新知讀的書

至於為吸收新知、瞭解世界發展趨勢的書，也是我長年所閱讀的。所以，像《世界又熱又平又擠》、《面對失靈的年代——克魯曼談金融海嘯》、《M型社會》、《後美國世界》、《糧食戰爭》、《非洲之崛起》、《末日博士維基經濟學》、《告別富裕流感——21世紀新財富觀》以及《大契機——21世紀綠能新經濟力》等等之類的著作，都是最近我曾詳加研讀的著作，也頗獲啟發。

也讀旅遊的書

近年來我因已自公職退休，比較有時間出遊，另一方面旅遊也是我一向的興趣之所在，而由於最近幾年來常因職棒和童軍運動的關係出國，所以我到世界各地旅遊的機會很多。為了使旅遊真正發揮「行萬里路，讀萬卷書」的效用，每次出遊前、出遊中與出遊後，我都會詳細閱讀相關的旅遊書籍，特別是有關介紹旅遊地的文化、歷史、風土人物及一般庶民生活而內容有參考價值的各種著作，我都會仔細閱讀研究，此所以為什麼我把「為旅遊而讀書」也列為我讀書的一項的原因。記得一九七二年九月我自美學成歸國途經歐洲在歐洲作自助旅行時，事先就曾閱讀了一本叫《歐洲——五元和十元美金一天》（*"Europe on 5 And Ten Dollars A Day", by Arthur Frommer*）的旅遊書，獲益不少。

無可避免地，我有的時候讀書，純粹是為了消遣或解悶。什麼種類的書，我把它們當作消遣或解悶之用呢？任何一種的書，只要在我想消遣或解除心情的煩悶時，真可以引起我閱讀興趣而不必讓我花大精神集中心力去思考的書，都是我消遣解悶的書，通常以小說、漫畫或散文之類的書居多；說起來真要對辛苦從事小說、漫畫或散文創作的文學工作者，說聲抱歉！不過我要強調，這是個人興趣與嗜好之使然，一點也不減損我對小說家、散文家、漫畫家的辛勞筆耕的敬意。

我之教書生涯

現在來談一談我的教書生涯吧！我從一九七二年九月應聘在中央警官學校（現在的中央警察大學）出任客座副教授開始，到現在將近三十九年的時間之內，除了擔任台灣省政府主席、國民黨中央組織發展委員會主委及其後半年的大約三年八個月的時間外，一直都以專任、兼任的方式先後分別在政治大學外交系，東海大學的政治系、社會系和法律系，中興大學的農產運銷系，政治大學勞工研究所，國立台灣師大工業教育研究所，台灣大學國家發展研究所，國立台灣海洋大學海洋法律研究所，國立彰化師大工教系博士班，高雄義守大學管理研究所，及中山大學人力資源管理研究所等處擔任教授。我所開過的課程涵蓋憲法、刑事法研究、刑法、國際公法、國際私法、社會福利行政、社會工作、法學緒論、商事法、勞動法、勞工行政專題研究、勞資關係、人力資源管理與勞資關係、國際刑法等範疇。另外，我也經常應邀在政府及民間開設的訓練機構講授領導統御、危機處理、國際現勢、勞資關係、國內政經情勢發展、人權思想發展及人權保障、溝通與協調等之類的課程。

這三十多年的教學經驗，使我深深體會「教學相長」的道理；使我能經常與年輕的一輩接觸，聆聽他們的心聲，感受他們的青春，並且和他們作心靈上的交流與溝通；更重要的是，能看著他們在學業上、工作上和事業上的成長，心理上享受著為人師「傳道、授業、解惑」的無比喜悅，對於有傑出成就者，也會在為他們欣喜之餘，感覺與有榮焉。

事實上，過去這將近四十年的教書生涯中，於大學部或研究所上過我的課聽我講授過的學生，現在，有很多做到了縣市警察局長和消防局長，也有部長級的官員，有大使級的外交官，有考試委員，有大法官，有大學和中學的校長，還有不少在大學任教的副教授和教授，獲有國內外博士學位的已有三十幾位。當然使我感到很欣慰。

我的寫書生活

再談一談我的寫書吧。寫作也是我的一項嗜好，早在初高中時代，我就喜歡為校刊撰稿，高中時我還曾在報紙投稿並賺了平生第一筆為數還不小的稿酬。大學時代，我寫得更勤，稿費成了我的一項額外收入。留美期間，我連續為「警光」雜誌和中央警官學校的校刊撰稿描述留美的見聞和感想。後來回國之後，我把這些文稿與回國後陸續所寫的這一類的文章，結集出版了一本叫《置身之內》的文集，還蠻受歡迎的，以後又加以大幅增修重新出版，更名為《置身之內——我的留美觀感今昔談》。這是我回國之後第一本非專業方面的著作。《國際私法中親屬關係準據法之比較研究》是我出的第一本專業的書籍，以後陸續撰寫出版了《法治與革新》、《家庭福利、社區發展與社會政策》（英文論文集）、《社會問題與社會福利》、《勞工政策與勞工問題》等專書。非專業方面的著作則有《贏的人生管理》、《與青年有約——趙守博與名人對談青年問題》、《歐洲日記——三十年十三次歐洲行腳的我見我思》及《四海龍岡親義情》等書。

這些年來，我陸陸續續於專業期刊、雜誌上發表過不少文章，也在不同場合應邀針對若干專業議題作過不少專題演講。我一直想把這些文章及演講分門別類結集成書，但還是要經過一番整理、增補和修正的功夫，只是限於時間，還未能如願。另外，過去的這幾年，由於教學及研究，我蒐集了不少有關國際刑法、勞動法、國際勞動法，比較勞資關係和美國最高法院重要判例的資料，我也一直很想加以整理成書，同樣地由於時間關係，還未能實現。上述的這些心願，我很希望能在未來的一、二年之內達成。

寫作是一種學習、一種挑戰，而著書更是一種研究的歸納，一種知識的淬煉、一種學問體系的確立，兩者都必須經過創作的掙扎與喜悅，一旦完成之後，都會有類似耕作之後有所收穫的快樂與滿足。因之，在我有生之年，我還會一直寫下去，也就是我的寫書生活會一直持續不斷。

購書買書的樂趣

購書、買書也是我生活中的一項樂趣。我為了讀書、教書和寫書，自然要買書。我從學生時代開始，就很喜歡逛書店，而且差不多每一次都不會空手而回，都一定會買書。大學時代，台北重慶南路的書店街是我經常光顧之處。留美期間，看到美國學生為省錢常去購買二手書，而且很多人書一用完，就拿去書店出賣寄售。最初，我也學老美買二手書，但就是用得很不習慣，總有像和一個陌生人共用一張床的感覺，尤其看到書上前一個使用者所劃的重點線條，加上的註記或其他記號，更是如此。因此，我再也不買二手書了。

從我留美返國之後一直到現在，我為教書、讀書和寫書，從未間斷購書。我在台灣境外買書最多的地方是美國，幾乎每一次到美國，我總會到書店街或大學附設的書店去逛一逛，有值得買的新書，我毫不猶疑地就買，因此，每次回台時行李裝的都是書。我在美國常去或去過的書店包括紐約市第五街的班尼斯諾伯爾總書局（Banes & Noble）、紐約市華爾街及舊金山聯邦廣場（Union Square）的伯德斯書局（Borders Books），以及伊利諾大學、哥倫比亞大學、密西根大學、哈佛大學、德州理工大學、史坦佛大學和芝加哥大學等大學的附設書局。我去的次數最多的是紐約第五街的班尼斯諾伯爾總書局，那裡服務極好，可以一整天在裡邊看書而不受干擾，書店可以幫顧客找書、訂書，還附設咖啡廳，可以買飲料、吃點心，讓你一整天在書店裡不怕沒東西喝沒東西吃，非常之方便。

這些年來，我常常進出香港與新加坡的機場，所以香港機場的經緯書店和Page One書局以及新加坡樟宜機場的Page One也常被我光顧。中國大陸近年來出版業頗發達，老書新印不少，我也因常去大陸，所以，各地的新華書店也成了我必到之處。至於台灣，一〇一大樓的Page One，因為原文書和中文書不少，是我近些年來最常光顧的所在，其他像是賣大陸書籍的結構群書店，以及幾個老牌書局，我也「三不五時」地就去逛一逛，看一看有沒有值得買的新書。

網路購書流行之後，亞馬遜網路書店（Amazon. Com. Books）是我最常點閱的網站，我透過此一點閱來看看我的專業和興趣方面有沒有什麼新出爐的好書，有的話就訂購；除此之外，像紐約時報（*The New York Times*）的暢銷書（Best Sellers）介紹，我也經常瀏覽，俾便獲知好的新書出版情形，以便做為購書的參考。

逛書店、買新書對我而言，有點像不少女人逛百貨公司一樣，光逛就高興，能買更興奮。我實在從逛書店、買書中得到很多的樂趣。我從沒有計算過到底我到現在為止花了多少錢去買書。不過，我總覺得在書本上投資並不是浪費，因為因而所得到的知識上和精神上的回饋不少，俗話不是說：「窮人因書而富，富人因書而貴」嗎？更何況，我的購書並不超過我的負擔能力，當然也沒有影響到我的經濟生活。

我如何藏書？

既然不斷購書，就要談到我的藏書。多年來，我所收藏的書，實在不少。所以，我的所有辦公室，我的住家，包括我在鹿港鄉下的農舍，到處都是書，我家最多的東西就是書櫃。當然，我並不是每書必收、每冊必藏，凡是比較一般性、益智性、勵志性和生活實用性較大的書，不管是自己買的或人家送的，大多會看過或約略瀏覽過之後，我就轉送給一些學校或社區圖書館。我長期訂閱英文的《時代雜誌》（*Time*）、《時代周刊》（*Newsweek*）以及《讀者文摘》（*Reader's Digest*），通常我都是看完之後，過一段時間累積到一定程度就轉送出去。

至於專業的書、我精讀過的書、有長期參考價值的書，我寫書時必須參考必須研讀的書，以及對我個人而言有特殊紀念意義的書（像學生時代用過的書、教書時一再參考引用的書籍）等，我都設法加以收藏。針對收藏的書，有時重加整理、重加排列，或者光只隨便翻閱或觀賞一番，於我而言，也是生活中的一種樂趣。

繼續享受「五書」的生活

「五書」對我來說，都非常之重要；都成為我生活中不可缺的一部分，也都能使我樂在其中，都能使我樂而忘憂，樂而不知老之將至或事實上已至，因我到底已跨過七十大關，正在享受國家社會對資深國民的各種優遇了。

所以，我還將繼續努力地盡情地享受我的「五書」生活。

（二〇一一年二月五日農曆春節年初三撰）

閒話我的旅遊生活與哲學

我之旅遊人生

小時候我母親常常說我有「野馬命」、「驛馬命」，野馬者到處奔騰，驛馬則負有使命奔向遠方；母親的意思，是說我是一個命中會遠至各處奔跑行走的人。現在想起來，母親的話實在不無道理。因為，從赴美留學到現在近四十五年的時間之內，我幾乎經常在世界各主要國家、主要地區來來往往，訪問參觀。

如果，把它分成階段，那麼我的旅遊人生大概可以分成三個時期：（一）從留美到從事公職擔任首長之前的時期：這一階段，我先

作者夫婦攝於俄國莫斯科，背景為克林姆林宮及聖巴西勒大教堂（2003年8月）。

作者夫婦攝於南非開普頓附近之語言紀念碑（1992年2月）。

作者夫婦與長子參觀日本北海道札幌之冰雕（2008年2月）。

1989年2月春節全家遊泰國清邁時攝。

在美國唸書，求學期間抱著要對美國深入體會瞭解的心情，有機會我就走出校園看看美國各地，回國後的最初幾年，我常常奉聘率團出國開會或訪問，不但又去了幾回美國，也走遍歐洲主要國家。（二）在政府機關擔任首長期間：這一時期涵蓋著從民國六十五年（一九七六年）到八十九年（二〇〇〇年）長達二十四年多的時間，我經常因公出國訪問考察，間也與家人出國旅遊，走了不少地方，看了不少國家，會見很多外國領袖。可說是一段以公務為中心的旅遊期間，所見所聞大多與公務有關。（三）離開公職以後一直到現在的時期：二〇〇〇年五月，我正式從政府公職退休，二〇〇二年我又離開國民黨中央黨部的黨職。從此，我不再負有黨政工作的責任，並以任教及服務民間社團和非政府組織為主要工作，既無公職的限制與壓力，又較有可自行運用安排的時間，比較能過著如同閒雲野鶴般的生活，這是我出國旅遊最頻繁的期間。此一階段的旅遊，雖也有因職務關係而出國之行，但大多是出自於我自己的安排，到的大多是以前從未去過的國家和地方，也以重要的名勝和古蹟為重點。

經過了四十五年多的出國，到處走走看看，我累積不少出國的書面紀錄，並於民國九十三年（二〇〇四年）及九十四年（二〇〇五年）先後出版了以在國外所見、所聞、所感、所思為主要內容的二本書，一叫《置身事內——我的留美觀感今昔談》，另一稱為《歐洲日記——三十年十三次歐洲行腳的我見我思》。迄今為止，我到過亞、歐、非、美洲、大洋洲五大洲近六十個國家。有些還去了多次，例如，美國就到了近二十次之多，走過四十六個州；而到中國大陸也有十八、九次，其三十一個省市自治區，除了廣西之外，我都去過了。有些國情較特殊的國家如以色列以及在過去或現在被稱之為所謂「失敗國家」（Failed State）的地方，例如，北韓、緬甸、尼泊爾、斯里蘭卡、孟加拉等我也深入訪問過。

經過了近半世紀的旅遊，我深深體會驗證了前人所說「行萬里路，讀萬卷書」的道理，也讓我對我們這個世界有了更進一步的認識與瞭解。同時，每到一個地方，我總是特別留意其國力之強弱、文化之盛衰、社會之治亂、政治之安危、經濟之貧富和人民之憂樂的原因和演變。因而，更使我體會到當前我們地球所面臨的挑戰與問題，以及各地人類的命運的彼此休戚相關榮辱與共。

旅遊的歷史影響

旅遊對人類歷史的發展與演變，實有極大的影響。即如目前國際上各國領袖的出國訪問和參加各種國際會議，無不著眼於增進彼此的瞭解和強化相互的友誼與合作，而由出訪及參加國際會議所促成的各種條約的訂定和決議的達成與推動，更對人類和地球的未來，都有著深遠的影響。

人類歷史上出過不少的旅遊家，或內容感人或記載詳實或頗具震撼力的遊記或旅行見聞的書，都對人類的歷史發展，有著頗大的影響力。

中國的司馬遷，發憤要「究天人之際，通古今之變，成一家之言」而撰成中國史上偉大的創作，被魯迅稱之為「史家之絕唱，無韻之離騷」的《史記》。司馬遷在近二十歲時出遊，足跡遍及江淮流域及中原地區，考察風俗，採集傳說，並先後因公到過巴蜀及雲南，這些旅遊經驗，對他的撰寫《史記》是有很大幫助的。

玄奘到今天的印度取經，回國後口述其經由西域而至印度的所見所聞，舉凡地理、風土人情、交通、氣候、物產、政治、宗教信仰、教育禮儀和刑法等等均有詳細之描寫，由其弟子辯機於貞觀二十年（西元六四六年）筆受編集而成《大唐西域記》，本身就是一本很好的深度旅遊見聞，迄今對於瞭解佛教和印度的歷史，仍是頗具參考價值。而中國浙江溫州人周達觀於元朝奉命隨使節團到真臘（今之柬埔寨），於一二九六年七月回國後所撰的《真臘風土記》，其對當年柬埔寨的建築、雕刻、生活、經濟、文化、習俗和山川的描述，無疑的也是一本很有深度的旅遊心得。這本書字數雖不多，卻對於柬埔寨的歷史，有很大的補充作用。而義大利威尼斯的商人馬可波羅（Marco Polo,1254-1324）於一二九八年至一二九九年在熱那亞獄中所口述的其到中東、伊朗和元朝中國的見聞而成的《馬可波羅遊記》（*The Travels of Marco Polo*），更是震撼了歐洲，激起歐洲人對東方的嚮往和興趣，促進東西方的瞭解，更激發了哥倫布為尋找到東方的新航路而發現了美洲，對歷史的影

作者夫婦與女兒遊美國大峽谷（2010年8月）。

作者夫婦與次子遊柬埔寨吳哥窟（2003年9月）。

響，自然非常之深遠。中國的徐霞客（一五八七—一六四一），在明萬曆至崇禎年間，走遍中國大陸南北十六省，並有極詳盡的旅行手記，由其手記編集而成的《徐霞客遊記》，已成為研究中國地理、山川和歷史的一本極重要的參考書籍。

在十九世紀及二十世紀，有幾本旅行見聞錄或遊記，更對相關國家及世界的歷史有著相當大的影響力。一八三一年法國年輕的政治思想家托克維爾（Alexis de Tocqueville,1806-1859）奉派赴美國考察刑法和監獄制度，卻利用其訪美所見所聞於回國後撰成《民主在美國》（*Democracy in America*）一書，成為瞭解和研究美國之政治和社會的一本參考名著，也成為法國及美國大學的重要教科書。而被譽為日本偉大的啟蒙者、慶應大學創辦人和其肖像印在日本鈔票之上的福澤諭吉（一八三五—一九〇一），根據其在歐洲和美國訪問的見聞於一八六六年成書的《西洋事情》，更是廣受歡迎，對當時的日本社會發生鉅大影響，且有助於日本改革創新的一本旅遊見聞和感想記。日本之所以成為今天的日本，福澤諭吉的《西洋事情》，有不可磨滅的貢獻。二十世紀三十年代，法國左翼名作家，對當時的蘇聯極其嚮往的紀德（Andre Paul Guillaume Gide,1869-1951），於一九三六年應邀訪蘇歸來後所撰《訪蘇歸來》一書，對那時蘇聯的共產官僚對無產階級的剝削、人民生活的困苦和假民主而行專制之實的現象，有非常生動而且具體詳實的描述，暴露蘇聯共產制度的虛假，也表白了他對蘇聯和共產主義所存幻想的破滅，產生很大的震撼。而美國記者斯諾（Edgar Snow,1905-1972，或譯為史諾）於一九三七年根據其到延安訪問參

外蒙古成吉思汗出生之草原，作者與長子於2002年5月遊歷時攝。

觀所撰的《西行漫記》（原文名為Red Star Over China，亦被譯成《紅星照耀中國》），則對中國共產黨幫了很大的忙，毛澤東對該書評價為「功比大禹」。因為透過這一本著作，斯諾讓西方人特別是美國人知道並瞭解在中國有中國共產黨和毛澤東的存在。而且他還將中共描述成一股土地改革者，一股正在中國滋長壯大的新生改革力量，使在延安一帶可說還在苟延殘喘的中共，從此得到不少西方人士的同情和支持，也使不少中國有理想的青年投向中共、投奔延安，對中共的起死回生，提供了相當大的幫助作用。

所以，如果旅遊不是僅在做浮光掠影、不求甚解地遊山玩水、吃喝玩樂，而是對參訪地的文化、歷史、政經和人民生活實際深入地去體會、瞭解，則一定會使旅遊者獲益不少；而根據這樣的旅遊所撰寫而成的見聞錄、遊記和心得，也一定會內容充實、言之有物，一定會具有很高的研究參考價值，甚至可以發生極大的影響力。

因之，每次旅遊前、旅遊中和旅遊後，我一定會好好研讀有內容、有深度的旅遊書，以求對旅遊地有更深入的認識和了解；這樣子做，對我的旅遊有很大的助益。

我的旅遊目標

由於我上述對旅遊的認知，所以，從留美時代開始，每次我規劃或從事旅遊，我總希望至少能達到下列八個目標當中的一至二個，當然愈多愈好：（一）看看不同的風光、不同的世界：也就是到與我生長的台灣有所不同的地方去看看外面的世界，增廣見聞，擴大視野。（二）體驗不同的文化、習俗、生活方式與生活水準：世界各地因歷史、文化、地理環境、經濟發展程度和宗教信仰的相異，而有不同的風俗習慣、人文面貌、生活狀況及水平，我出去旅遊的目的之一，就是要親自實地去體會和感受這種不同，來強化、深化對各個不同的人類社會的發展的瞭解。（三）欣賞自然界的神奇與美妙：我們的地球，由於造山運動和千百萬年的演變，形成了很多奇妙特殊有如鬼斧神工的山山水水，因而有崇山峻嶺、汪洋大海、大江巨河、闊湖深泊、飛瀑峽灣、奇石怪巖，還有色彩繽紛的流水、巨石和山丘，更有參天古樹、叢林巨木、奇花異草與各種飛禽走獸，都是非常之令人讚嘆，也是造物者賜給我們人類的珍貴禮物，值得細細去觀賞。我旅遊的另一個目標，即在於四處去欣賞參觀此種自然界的神奇。所以，像尼加拉大瀑布、挪威的峽灣、美國的黃石公園和大峽谷、南非開普敦的桌山和馬拉馬拉野生動物園（Mala Mala Reserve）、越南的下龍灣、日本的富士山、印尼的火山、西藏的納木錯湖和巴松錯湖，新疆的天池、五彩雅丹地貌和喀納斯湖，中國大陸的長江、黃河、洞庭湖、廬山、九寨溝、黃山、張家界、貴州興義萬峰林及青海湖，以及我們台灣的玉山等等，我都曾前往觀

雲南大理——作者夫婦與女兒於2003年元月參訪時攝。

1979年7月作者遊埃及金字塔。

賞。（四）重溫歷史事件鑑往警來：人類歷史上發生了許許多多影響全世界、某一地區、某一國家或某一族群的命運的事件，許多此類重大事件更由超凡傑出的人物所主導，造訪此事件的發生地或此類人物的出生和成長所在，可以對這些事件重加回顧檢討，可以更加深入瞭解其所以發生的原因和背景，也能由此借鑑，以使對人類發展和福祉有益者可發揚光大，而其有害人類前途荼毒生靈者，可以避免其重演。這就是為什麼我特別前往參觀諸如柏林圍牆、波蘭克拉科的奧希維茲納粹集中營（Auschwitz Concentration Camp, Cracow）、滑鐵盧古戰場（Waterloo Battlefield）、夏威夷珍珠港事件亞利桑納號軍艦紀念館、延安中共當年的總部和其領導人所住的窟洞、廣島和長崎原子彈爆炸紀念館，以及孫中山故居、美國雷根總統圖書館等等之類有歷史意義的所在的原因。（五）品賞建築及藝術創作之精華：世界各國不同的文明都留有極具價值的建築、繪畫、書法、雕刻和音樂的創作精品，這些創作都是造詣極高很具天分的建築師、藝術家、音樂家、雕刻家的心血結晶，也大多反映出創作者所在的國家、地區和社會的文明程度、歷史源流、社會發展、宗教信仰與經濟實力，除了建築和附著於建築物的雕刻、繪畫和書法，不少留於原建築物所在地外，很多藝術精品都為世界各地的博物館所珍藏。因此，我每次旅遊一定將參觀著名博物館列入行程，對於知名重要建築也必定設法去欣賞。所以，多年來像法國的羅浮宮、凡爾賽宮、楓丹白露宮，英國的大英博物館、溫莎堡、倫敦塔，西班牙馬德里的皇宮及普拉多博物館（Museo del Prado），挪威奧斯陸的維格蘭雕塑公園（The Vigeland Park），德國柏林的夏洛蒂堡宮（Charlottenburg）和博物館島及科隆的大教堂，奧地利的帝國宮（Hofburg）和麗泉宮（Schloss Schönbrunn），俄國莫斯科的紅場及其附近的宮殿和教堂以及聖彼得堡的隱士博物館（The Hermitage），義大利羅馬的梵蒂岡大教堂及其博物館以及羅馬市區內的各個古建築、佛羅倫斯的聖母百花大教堂（San Maria del Flore, The Duomo）、威尼斯的聖馬可大教堂（St. Mark's Basilica）；捷克布拉格的布拉格城堡（The Prague Castle）和聖維特斯大教堂（St. Vitus Cathedral），匈牙利布達佩斯的城堡小丘（Castle Hill）和國會大廈，希臘雅典的衛城和國家考古博物館（National Archaeological Museum），美國紐約的大都會藝術博物館（The Metropolitan Museum of Art），印度的泰姬瑪哈陵（Taj Mahal），柬埔寨的吳哥窟，中國大陸的北京故宮、頤和園、萬里長城、西安秦始皇兵馬俑博物館、敦煌莫高窟、平遙古城、拉薩布達拉宮和福建永定土樓，日本東京國立博物館及京都的古建築群，土耳其伊斯坦堡的索菲亞大教堂（The Basilica of St. Sophia）、藍色清真寺（Blue Mosque）和拖普卡匹宮（Topkapi Palace），以色列耶路撒冷的所有著名宗教建築，埃及的金字塔和開羅的埃及古物博物館（Museum of Egyptian Antiquities），巴西里約熱內盧的大基督石雕像，和我們台灣的故宮博物院等等，都是我過去曾至少造訪參觀過一次的藝術和建築文化的寶地；亦即其中不少博物館或古跡名建築，我曾有多次參訪

印度泰姬瑪哈陵，2000年3月作者參訪時攝。

作者與次子參訪北韓平壤金日成大學（2002年8月）。

的紀錄。（六）思考世界及人類之問題及未來：這個看起來似乎有些「小題大作」、太過「鄭重其事」，旅遊還扯上了世界及人類的問題和未來，相信有些人還會認為不可思議。不過，說真的，這些年來，我從不「只為遊山玩水而旅遊」，我總希望在旅遊之中去發現人類和世界當前所面臨的問題及未來可能面對的挑戰。當我看到不少好山好水因為開發而被破壞，當我看到有不少的地方政府無能，人民生活困苦，有些國家甚至民眾三餐難繼、衣不蔽體，當我親身體驗到有些國家在政治意識或領導者個人權力慾的影響下而自我封閉，當我實地聽到看到有些社會貪污橫行、治安敗壞或貧富差距極大時，我不禁會為整個世界和人類的未來感到憂心，我會用心去想何年何月用什麼方法才能使地球上所有的人類或大多數的人都能享有衣食無缺、社會公平、政府清廉、無所恐懼的生活。我由於出國旅遊而感到台灣的更加可愛，我由於旅遊更覺得各個不同國家不同地區的人民，其實愈來愈禍福與共、休戚相關。

我旅遊的「七要」與「五不」

就是因為有前述的旅遊目標，多年來，不問在國內或國外旅遊，或因公而出國，我總盡量努力去做到「七要」與「五不」。

所謂七要，就是：（一）要找機會乘坐當地的大眾交通工具：以體會庶民的日常生活，並看看當地的交通設施。（二）要設法走一趟農村：因為看農村才能瞭解當地發展的實況，也才能確實認知一個國家的經濟實力。（三）要想辦法吃吃當地的風味餐：這是體驗旅遊地民眾生活特色一種有效方法。（四）要參觀當地的博物館：從博物館可以看出當地歷史與文明的發展實況。（五）要看一場具當地特色的傳統藝文表演：旨在更深一層去體會認識當地的文化發展和生活。（六）要走訪當地的社會福利及勞工行政暨相關單位與設施：這是我

俄國西伯利亞海參崴火車站——作者與次子於2002年8月訪問時攝。

作者攝於西藏拉薩布達拉宮前（2004年9月）。

作者夫婦攝於貴州興義萬峰林（2009年8月）。

個人長年服務公職所養成的習慣，希望藉此瞭解當地的社會福利及勞工政策，並探求當地政府在人民基本需求的照顧和對廣大勞工的福祉及權益方面，做了多少，由此也可以看出當地政治、經濟與社會發展的成熟度。（七）要想辦法參觀當地的中小學及大學：教育為建國興國之基礎，我就是想知道旅遊地對教育的推動和重視到何種程度。

至於「五不」，則包括：（一）不隨便購物：買些當地小紀念品可以，但不隨便買東西，因為旅遊期間在導遊或同伴的慫恿下，最容易衝動地採買，而根據經驗於旅遊時所買的物品，很多都沒有用到，很多也都是不急之物而變成無用之物。（二）不觸犯當地禁忌。（三）不任意公開批評參訪地：這是做客的基本道理，也是對旅遊地之生活、文化和政經體制應有的尊重。（四）不亂闖危險之地。（五）不浪費時間：旅遊時間通常不長，要好好安排行程，並且要按計畫、按行程行事，才能在有限的時間之內做最有效率的觀光。

還是要繼續旅遊

旅遊是一種消遣、一種探求（訪古探今）、一種學習、一種挑戰，是一種有益身心健康、知識成長、增廣見聞、認識世界的活動。雖然由於各種電子和平面媒體的發展，各式各樣介紹各地風光、歷史和名勝古跡的專書、節目和CD卡帶，非常之多，隨手可得，但觀看此等資料的感受和收穫，遠不如實際的旅遊。因為這樣的旅遊可以使我們對一個國家、一個地區、一個社會、一個文化，去實地體會、就地訪視、親眼目睹、親耳聽聞、親自體驗、親身感受，而有第一手的接觸和見聞，不會也不必受媒體的影響。

我熱愛旅遊，只要還走得動，我就會繼續去旅遊。

（二〇一一年元月十七日撰於巴西聖保羅市）

第三篇

議論與評述

國史館訪談　我談蔣經國先生

本篇是本書作者趙守博於二〇〇九年五月接受國史館訪問談與蔣經國先生的互動和對其事功及影響的評論的訪談記錄全文；原收錄於國史館所出版之《蔣經國與台灣——相關人物訪談錄第一輯》。

求學背景

我是彰化縣鹿港鎮人，出生於一九四一年（民國三十年）三月一日，家裡世代務農，家境原本不錯，應可稱之為富農或小地主之家。但至父親當家時，家道中落，轉趨清寒。我因身為家中長子，弟妹年幼，星期假日及下課時間均需協助父母耕作及牧牛，故有「放牛郎」的綽號。我小學就讀於彰化縣鹿港鎮的草港國民學校，一九五三年畢業，考取臺中一中初中部，一九五六年升入臺中一中高中部就讀。因家境甚差，無法提供住宿費用，故我每天均需鹿港鄉下、臺中兩地通學，來回時間往往超過三小時，相當辛苦。當時家中經濟真的很拮据，我一度還差點輟學去考火車駕駛員。

我參加大學聯考是在一九五九年，我同時考取國立臺灣大學理學院動物學系和中央警官學校行政警察學系，那年臺灣中部發生八七大水災，家中受災嚴重，為減輕家中負擔，我選擇進入一律公費的中央警官學校。

一九六三年以第一名成績自中央警官學校畢業，獲頒法學士學位，並奉派到台灣省政府警務處外事室服務。一九六四年入伍服預備軍官役，擔任三民主義巡迴教官，隔年退伍。退伍後我有意願繼續深造，在一九六六年考取中山獎學金（中國國民黨於一九六〇年創設的留學獎學金，以創黨領袖孫中山命名）公費留美，進入伊利諾大學（University of Illinois）法律學院（College of Law）就讀，花了一年多先拿到比較法學碩士（Master of Comparative Law, M.C.L.），之後在一九七二年取得法學博士（J. S. D.）學位。

一九七二年九月，我自美返台服務，先在中央警官學校擔任法學副教授、教授及編譯處處長。一九七四年，應聘兼任救國團總團部海外青年服務組的副組長，隔年升為學校青年服務組組長（任期一九七五—一九七六年），曾多次帶團赴世界各國訪問及宣慰僑胞及留學生。一九七六年初，我奉派參加革命實踐研究院國家建設研究班第一期受訓，為期三個月，同年七月出任臺灣省政府新聞處處長（一九七六—一九七九，為當時省府有史以來最年輕的廳處長），從此開啟了我三十多年的從政之路。

初遇蔣經國

我大學時代就見過經國先生，時間是一九六一年十二月二十四日，當時他擔任中國青年反共救國團（現改稱為中國青年救國團，以下簡稱青年救國團或救國團）主任（一九五二—一九七三）。為響應蔣介石總統「革新、動員、戰鬥」的號召，救國團在陽明山革命實踐研究院召開了第一屆全國青年代表會議，雖然號稱第一屆，但以後也沒再召開第二屆了。那時候陽明山中山樓還沒有蓋，會議開幕當天蔣介石總統也蒞臨致辭，參加的人都是各大學優秀青年、青年社團負責人代表和社會優秀青年代表，與會者可說均是一時之青年俊彥，人數共二二四九人。

我當時是以優秀青年身分代表中央警官學校參加會議的，其他代表記得包括有洪讀先生（當時他代表政大，以後他擔任駐美外交官，並曾任僑選立委）；和曾擔任臺南市市長的張麗堂先生（一九七二—一九七七），當時他是代表台北法商學院；另外一位代表是後來擔任中山大學校長的林基源先生（一九八七—一九九六），那時候他是以高考狀元的身份參加的；還有一位是紀政女士，當時她還是中學生，但已經在全國運動會嶄露頭角，是國內優秀體育青年代表；名作家席慕蓉女士，也是會議的代表，那時她是台灣師範大學的學生，代表蒙古族。

這一次的青年代表大會一共開了三、四天，氣氛非常熱烈。蔣經國曾在會中發表演講，他以略帶沙啞的聲音沒有帶稿侃侃而談，語氣堅定、表情自然、態度從容；記得他在講話中曾特別談他不久之前到泰北訪問滯留於當地的國軍游擊隊的經過，以及這些國軍將士在異域孤軍從事反共鬥爭的堅苦卓絕情景，講得極為感人，聽得我們這些青年代表個個熱血沸騰。而讓我印象十分深刻的是，他在講話中又說中共政權是蘇聯的傀儡，而我們中華民國雖是美國的盟邦，卻是獨立自主，為了證明他的論點，他以帶著挑戰的口吻說，如果美國欺侮我們、不尊重我們，我就敢在這裡公開喊打倒美國帝國主義，中共那裏絕對沒有人敢公開大叫打倒蘇聯帝國主義。他的這一段話又引來我們這些年輕人如雷的掌聲。那時候，經國先生已成為青年們的偶像。

這次青年代表會議也是我第一次近距離看到和接觸經國先生，更難得的是還單獨跟他合照，也蒙他特別召

蔣經國總統召見作者（1979年9月）

見。後來我出國之前考上國民黨的中山獎學金，他又召見我。除我之外，我記得馬英九、張京育、關中、江丙坤、許信良、白秀雄、詹春柏、邵玉銘、丁守中、周守訓等先生也都曾分別在不同年份考上中山獎學金。當時家境不是很好的人要出國唸書很困難，只有靠自己努力用功考取像這種競爭性很強的獎學金才能出去，所以他特別召見我，勉勵一番。

在這之前，一九六二年的青年節慶祝大會籌備期間及相關慶祝活動中，我也多次見到經國先生並聆聽他的講話。當時青年節的慶祝活動都是由救國團負責籌備，籌備會是由各大學社團負責人組成，當時要出任負責人還得事先經過票選，那年是由政大代表林登飛當選為總幹事，我當選為副總幹事，因為當時經國先生是救國團主任，所以我又有很多機會見到他，聽他訓示。經國先生那時候被塑造成「青年導師」的形象，他身為救國團主任，舉辦了很多青年活動，非常重視青年工作，也經常和青年在一起。在我看來，他後來親民、愛民、走入群眾的風格早已經在救國團時期表露無遺，只是他當時還只是救國團的主任，不是國家領導人，所以沒有特別地被突顯出來。

經國先生除了很關心青年之外，也很關心榮民。擔任救國團主任不久後，他接任行政院退除役官兵輔導委員會主委（一九五六—一九六五），他接任的那一年正好是東西橫貫公路開工，他經常不畏艱險入山和擔任開山、開路工作的榮民在一起。另外，他也發表很多文章，例如〈投宿在一個不知名的地方〉，在我們那個年代，對我們青年有相當大的感召力。他跟青年在一起，是青年的朋友，青年有什麼困難、問題都可以找他。等到他擔任行政院院長、總統之後，他同樣親民、愛民，深入基層，和民眾打成一片。

我擔任台灣省政府新聞處處長期間，他是當時的行政院長（一九七二—一九七八）。省新聞處幫他製作了一部紀錄片，以前新聞處轄下設有臺灣電影製片廠（創於一九四五年，為臺灣第一家大型電影製片廠），它擁有當時國內最優秀的紀錄片製作團隊。紀錄片當中蒐羅過去所有經國先生和民眾、青年在一起的鏡頭和寶貴資料，製作完成之後，我將這部紀錄片命名為「我們同在一起」，這是從當時救國團活動最喜歡唱的一首歌「當我們同在一起」改過來的。這部紀錄片拍得很溫馨，很受各界喜愛、歡迎。

「摒棄落伍觀念　加速革新進步」

我一九七二年返國之後，真正讓經國先生認識我是從一篇文章開始，即〈摒棄落伍觀念，加速革新進步〉。這篇文章寫於返國翌年五月，當時可說是有感而發，針砭的對象包括當時社會落伍的觀念和作法，主要訴求則是法治精神和行政效率。文章內容講得很坦率，批評的很全面，其中一個重點更是針對公務體系，我在文章裡面提到，要做好行政革新，首先要摒棄多做多錯、少做少錯的錯誤觀念，此外也要確實做到分層負責，以提高行政效率。呂秀蓮當時也剛回國不久，那時候她正在搞婦女運動，她很訝異中央日報居然敢刊出這篇文章。那時候中央日報社長是楚崧秋先生（一九七二—一九七七）。

作者（左二）於國民黨革命實踐研究院受訓結訓時與蔣經國主席合照，左一為中央黨部蔣彥士秘書長（1980年12月）

這篇文章現在看起來也許不算什麼，但在那個年代，很多人覺得文章內容突破了很多禁忌，尤其是還在中央日報刊載。這篇文章原本是登在海外版的國是論壇，相較於國內版，海外版的言論尺度較為寬鬆。這篇文章是從海外國是論壇轉刊國內，用現在的話來講，可稱之為「出口轉內銷」。當時的台灣省政府主席謝東閔先生讀到這篇長文時，非常認同我的看法，一方面公開加以推介，一方面將它印給全體省府委員及廳處首長參閱，同時又推薦給擔任行政院長的經國先生參考。

當經國先生看過這篇文章後，也極其肯定其內容和想法，就指示將其印發給全國公務員研讀。這對當時我這個年輕人來講，是一份很大的殊榮。曾先後擔任行政院及總統府副秘書長的張祖詒先生（行政院副秘書長任期一九七三——一九七八；總統府副秘書長任期一九七八——一九八八），後來特地將經國先生批示的公文原件送我保存留念。很可惜，這份公文原件經過幾次搬家，目前已遍尋不著。經國先生喜歡用藍色鉛筆批公文，我記得他在這篇文章上面寫的是「印發院會（即行政院會議）出列席人員（即各部會首長）參閱」，且簽了一個「經」字。後來他又指示轉發全國公務人員閱讀。

針對這件事，《聯合報》曾在一九七三年九月十一日刊出大幅醒目的報導，標題是「博採眾議．巨細不遺——蔣院長一心求治」，副標是「摒棄落伍觀念加速革新進步——趙守博文章印發公務員閱讀」。報導刊出時間距離這篇文章最初發表已經過了三、四個月。我是春天發表，事實上，不久之後，經國先生就下令印發給全國公務員閱讀。他作為行政院長日理萬機，還特意指示把這篇文章印發全國公務員，由此可見他的求治心切。就我之後對他的瞭解，他真的是一個求新求變的人，而且他宣示的「革新、創新、改革」，不光只是嘴巴講一講而已，而是說到做到，這是經國先生深得民心的地方。

1974年5月作者（前排左四）率青年友好訪問團赴美訪問，回國後與時任行政院院長之蔣經國先生（左五）合影，前排左一為教育部長蔣彥士。

傳承救國團精神

我擔任青年救國團總團部學校青年服務組組長是在一九七五年年初，當時經國先生已經離開救國團二年，擔任行政院長三年，但他依然很關心救國團的事情。因為救國團學校青年服務工作和青年發展息息相關，而且經國先生又是救國團的創團人，極為重視青年問題和救國團的發展；所以我推估包括找我當組長這件事，依救國團的傳統，時任救國團主任的李煥先生（一九七三—一九七七）一定有事先向經國先生報告，並經過他同意。後來在一次召見的場合，經國先生就對我說：「我們都是救國團的人，要好好表現、好好努力。」由此可見他很重視救國團出身的同仁和救國團精神的發揚。

我可以再舉另外一個與宋時選先生有關的例子，宋時選先生是第四任救國團主任（一九七八—一九七九）。一九七九年二月，宋時選離開救國團接任國民黨省黨部主任委員（一九七九—一九八四）。有一次，經國先生在總統府召見我，談了很多事，但他還特別告訴我說：「宋主委是救國團的人，大家都是團裡面的人，要好好幫助他。」

因為他對救國團有相當深厚的感情，所以他才會講這些話。

雖然在我去救國團的時候他已經不是主任，但當時擔任救國團主任的李煥先生和任執行長的宋時選先生都非常能掌握經國先生領導救國團的方法和精神，也因為這樣，他們經常會把「老主任」這句話掛在嘴邊。那時候救國團傳承給大家的精神是教大家要懂得謙虛、服務、不要出風頭、要默默耕耘，要落實「我們為青年服務、青年為國家服務」的信條；只要肯努力、有成效，長官一定會栽培你。易言之，真心服務社會必須懂得不爭和盡心的精神，用工作表現來作為發達事業最重要的方法。

國建班第一期及省新聞處長

一九七五年四月底，經國先生當了國民黨主席（一九七五—一九八八），隔年初，他在陽明山開辦革命實踐研究院國家建設研究班，簡稱「國建班」，我是國建班第一期結業，外界戲稱我們是黃埔一期。這裡面成員共有二十八位，其中廿一位後來都當到部次長以上要職，跟我一起受訓的學員包括翁岳生（曾任司法院大法官，一九九四—一九九九；司法院院長，一九九九—二〇〇三）、施啟揚（曾任司法院院長，一九九四—一九九九）、梁國樹（曾任中央銀行總裁，一九九四—一九九五）、關中（現任考試院院長，二〇〇八—）、徐立德（曾任行政院副院長，一九九三—一九九七）、郭為藩（曾任教育部長，一九九三—一九九六）、施文森（曾任司法院大法官，一九九四—一九九九）、李志鵬（曾當選第一屆至第四屆增額立法委員，一九七三—一九八七，並曾任大法官）、孫震（曾任臺大校長，一九八四—一九九三；國防部長，一九九三—一九九四）、黃昆輝（曾任內政部長、總統府秘書長）、蕭天讚（曾任法務部長）等先生。當年大家曾笑說我們是政壇的新二十八星宿。

國建班是經國先生當黨主席之後第一次辦的訓練班，專門培養黨政學界的青年世代和中生代優秀人才，可惜只辦了三期就沒再繼續下去。一九八八年他過世之後，很多後繼的政府部會首長都是從其中產生，這些人都是當時所謂的青年才俊。參加名單是由那時的國民黨中央組織工作會主任兼革命實踐研究院主任李煥先生負責組織、籌畫、安排的，當然一定要經經國先生同意。

後來我曾聽宋時選先生轉述，經國先生對包括國建班每一名成員在內的重要幹部的考核都相當嚴格，平時就注意觀察，要起用時更會多方去打聽。一九八七年我到中央黨部接任社工會主任（一九八七—一九八九），經國先生在農曆春節期間就特別找過當時我的直屬長官邱創煥先生（時任臺灣省主席，一九八四—一九九〇）打聽，問：「趙守博最近怎麼樣啊？」換句話說，他不會隨便就決定重要的黨政人事任命，他會先作長期的考核，除了自己的考核，他還會問相關其他人的看法，等到有把握了，再作最後決定。也因為如此，在他任內，政府相關部會的用人往往不會給人感覺很突兀。這是他領導國家「慎於用人、善於用人」的一個特點。

國建班結業之後，我在該年七月出任臺灣省政府新聞處處長。雖然任免廳處長是省主席的權責，但在那個年代連省新聞處長的任用都要先報告行政院長。當然，一開始是省主席謝東閔先生（一九七二—一九七八）先召見我告訴我他要找我出任新聞處長並詢問我的意願，但我們談完之後，他說了一句話：「這件事我還沒跟院長報告。」意思是說，他說的還不完全算，要跟院長報告之後才算定案。後來他去跟院長報告，院長點頭之後，我正式接任省新聞處長，那年我三十五歲。

中美斷交啣命赴美談判

一九七八年十二月十六日，華盛頓和北京同時宣布要在隔年元旦正式建交，美國並與中華民國斷交，廢除中美共同防禦條約，美軍自臺灣撤軍。中美斷交是臺灣在一九七一年退出聯合國之後，外交上又一次重大打擊，當時的外交部長沈昌煥先生（一九七二—一九七八）因此辭職下臺，經國先生並引用「憲法臨時條款」，發布緊急處分，下令停止正在進行的增額中央民意代表選舉的一切選舉活動，並把選舉延後辦理。

一九七九年，隨著中國大陸和美國正式建交，臺灣對美國展開緊鑼密鼓的冗長談判，美方代表最初在一月二十六日來臺協商斷交的時候，臺灣民眾還在松山機場沿途丟雞蛋抗議。當時擔任中華民國赴美國談判代表的是外交部楊西崑次長（一九六八—一九七九），他早在一九七八年十二月二十二日就已經以我國代表的身份先行赴美交涉，並在一月八日正式開始和美方進行談判。

在中美談判過程中，有人向經國先生建議，認為這件事關係到臺灣全體人民的利益，但談判代表名單當中卻沒有一位臺灣人參與，實有不妥。快接近農曆過年的時候，接任沈昌煥先生的外交部長蔣彥士先生（一九七八—一九七九）找我，說總統要我去美國參與談判。那時候我是省新聞處長，又是臺灣人，而且擁有留美法學博士學歷，這些條件都構成我參與美方談判的要件，但其中最主要的，叫我赴美國擔任談判代表之一還是因為我是臺灣人。蔣經國當時已經擔任中華民國總統一年多，他知道這件事情要有一個臺灣人去，所以我被派去當談判代表，協助楊西崑先生。我的參與，可說具有相當大的象徵意義。

赴美之後，真正進入國務院談判的人就是楊西崑先生、程建人先生和我，當時程建人先生的職銜是外交部駐美大使館一等秘書（一九七六—一九七九）。我們三個人進去，大概談了一個多月，後來我在二月底先行回國，楊西崑次長則在結束談判後，於三月返國。

中美談判的一項重點是「臺灣關係法」的研訂（該法於一九七九年四月經美國總統卡特簽署生效），為了這件事，我也到參議院去活動。那時候最支持我們的國會議員之一是史東參議員（Richard Stone，曾與另一位參議員杜爾（Robert Dole）於一九七八年七月二十日提出「國際安全援助法」（International Security Assistance

Act of 1978）修正案，即「杜爾——史東修正案」並被通過，主張任何影響美國與盟邦所簽的防衛條約之變更，必須先與參院諮商，其中包括與台灣所簽的中美共同防禦條約在內）。在一次吃飯的場合，楊西崑特別向他介紹我是「Native Taiwanese」，即土生土長的臺灣人。經國先生當時會派我去也是基於這個原因；留美有法學背景的人很多，為什麼會指定我？因為我是臺灣省政府官員，省籍也在臺灣，所以我想我當初赴美參與談判是基於這個考量。

回國之後，經國先生除了召見我勉勵之外，也有和其他長官談到我，交代他們要好好安排我的工作。那時大家還以為我大概要轉往外交領域去發展，但外交工作並不是我想要的，那時候我才三十幾歲。最後省政府在六月二十日發表由我擔任省政府委員（一九七九—一九八一）並續任省新聞處長。那個年代要擔任省府委員不太容易，因為這是政務官，由省新聞處長並任省府委員，我是首開先例。省府委員的職務才做不到四個月，在十月十七日，國民黨中常會通過任命，由我兼任國民黨中央文化工作會副主任（一九七九—一九八三），我辭掉省新聞處長，但仍任省府委員，正式進入中央黨部，也開了省府政務官身兼中央黨職的一個先例。

第一次任職中央黨部：文工會副主任時期

一九七九年十月，我同時擔任黨部文化工作會副主任以及省政府委員，這種情形大概不太可能出現在現在。當然那時候我只領省政府的薪水，並沒有領雙薪，而且省府開會的時候我一定與會，該審的法案我也會出席。我把省府委員的工作當作我的第一要務，但從那時候開始，我正式參與中央黨部的工作。

國民黨中央黨部當年的主管、副主管具有臺灣省籍身份的人還不是很多，這也是經國先生拔擢本省青年的一個作法。當時有一件事情令我印象很深刻，一九八〇年年底舉行增額中央民意代表選舉，我是文工會副主任，有一次經國先生專門來聽選情，他分別找組織工作會和文化工作會主任來報告，我記得當時的組工會主任是梁孝煌先生（一九七九—一九八四），文工會主任是楚崧秋先生（一九七八—一九八〇）。楚崧秋先生會前通知我，要我代表文工會報告。在梁先生報告和其他人發言的時候，我觀察到經國先生一直埋著頭在寫東西，好像沒有很注意在聽。

輪到我報告的時候，他最初還是埋著頭，差不多兩三分鐘之後，他突然抬起頭來看，很專注的聽，當時我就越講越有勁，因為他很注意我報告的內容，我說：「文宣工作不能只講政府的好，只歌功頌德；要承認政府也有不對的地方，也有還應該再加強的地方，所以我們要考慮民眾要的是什麼。」那時候經國先生經常把「中國國民黨要永遠與民眾在一起」這句話掛在嘴邊。我接續他的話發揮：「主席講的，要苦民所苦，所以我們要思考今天民眾最需要的是什麼？除了國際局勢不好應設法突破之外，今天臺灣民眾到底還需要什麼？大家在生活上還缺少什麼？農民、漁民、工人在想什麼？我們在施政及文宣工作上都應特別加以注意。」那時候他當然已經認識我，我想他大概覺得我這個年輕人很敢講話，既然你敢講，我就敢聽。後來我報告完之後私下問國民黨中央委員會蔣彥士秘書長（一九七九—一九八五），問他我會不會講得太「超過」、太直率、太直接？他說：「不會！主席就是喜歡聽真話。」那時候經國先生身體還不錯，等到我後來擔任社工會主任的時候，他身體狀況就變差了。

第二次任職中央黨部：社工會主任時期

推動設立行政院勞工委員會

我在一九八一年十二月調任省政府社會處處長（一九八一—一九八七），由於業務繁多，無法兩邊兼顧，因此在一九八三年三月請辭文工會副主任的職務。一九八七年，我再度回來中央黨部擔任社工會主任。那時候經國先生的身體已經很不好，很多公文都已經無法批閱，都是直接用講的，再由幕僚代為轉達。

當時有一件事情讓我印象很深刻，一九八六年年底舉行中央民意代表選舉，國民黨勞工職業團體的候選人意外落敗，除了國民黨提名的全國總工會理事長陳錫淇競選連任立法委員失敗，省總工會理事長彭光正競選國大代表也失利。當年職業團體通常都是國民黨的鐵票，國民黨提名的候選人必然篤定當選，但這一次竟然雙雙敗選，由新成立不久的民進黨候選人勝選，這對國民黨是很大的打擊。因此國民黨中央黨部一級主管進行改組，並由我擔任中央社會工作會（以下亦簡稱社工會）主任。

我記得我接任社工會主任的時間是一九八七年三月，當時黨中央決定成立一個中央級的勞工行政單位，問題在這個單位的性質該如何定位？到底是仍然留在內政部轄下？還是另外成立一個勞工獨立機關？以前勞工主管單位是隸屬內政部的勞工司，有人建議改成勞工局，有人說可以成立勞工署，大家在那邊爭執不下，但吵來吵去卻沒有人想到勞工主管單位可以直屬行政院，大部分的人都覺得在內政部轄下設一個單位即可。

我就任不到數月，時間大概是民國七十六年的三至四月之間，中華民國總工會的代表團來向我請願，希望能成立行政院勞工委員會。他們說行政院農業委員會早在一九八四年就已成立，為什麼不能成立行政院勞工委員會？之前我在省社會處就是專門負責勞工行政業務，我覺得勞工團體的話有道理，故立即去跟國民黨秘書長馬樹禮先生（一九八五—一九八七）說明這個意見。馬先生很開明，他先問我是否有這個必要性？我說：「我認為應該。」他當時回答我：「新加坡兩百多萬人都有一個勞工部，臺灣兩千多萬人，勞工人口又那麼多，為什麼不能成立勞工部？你把這個意見簽上來！」馬樹禮先生叫我把意見具體的寫出來，用我的名義上簽呈。我簽的大意是國民黨之所以去年會敗選就是因為不夠重視勞工，至少勞工朋友覺得國民黨沒有重視他們，這是勞動界給國民黨的一個警訊。至於要怎麼表示政府重視勞工問題？最直接的作法就是把勞工問題提升到國家層次，也就是把它變成一個部會，世界各國都是這樣做，國內應該也要跟上世界潮流，不宜再把勞工主管單位的位階擺得太低，至少也應有類似行政院農業委員會的層次。我還舉例，美國有勞工部，日本有勞動省，小小的新加坡也有勞工部，為什麼中華民國沒有？那時候臺灣工業已經起飛，不只是加工出口區輕工業很發達，十大建設之後，營造業及重工業也非常景氣，國內工人人口很多，而且所謂「工人」是指廣義的工人，不只是藍領，白領也包括在內，既然受僱者那麼多，政府應該藉此機會作政策宣示，表示國家非常重視勞工的政策問題、權益問題和行政問題，所以我強烈主張勞工主管單位應該要單獨成立部會，直屬行政院。

那時候行政院其實已經決定要設勞工局或勞工署，這幾乎已經成為定案，行政院對外也都是口徑一致這樣表示。所以馬樹禮先生要我趕快簽，當天簽完，馬上往上呈，搶時間。大概傍晚五、六點鐘的時候，馬樹禮先生告訴我這件事已經沒問題了，主席已經核可我的簽呈了。那時候經國先生好像已經不能自己批公文，總統府沈昌煥秘書長（一九八四—一九八八）在公文上寫了「奉示同意」四個字。這表示已經報告蔣主席，蔣主席也同意了，行政院勞工委員會就這樣成立了，有了經國先生的支持，一夕之間政策有了大轉變。

當時經國先生的身體已經很不好，第二年年初他就走了。在身體狀況不許可的情況下，他還是非常重視「變革」這件事。他任命的行政院長都已經決定要成立勞工局（署），但經黨部這麼一簽，他願意接受我們的意見，讓整個既定政策改弦易轍，這就是變革。這再次顯示出他的開明作風，顯示出他很清楚世界真的在改變，政府施政該變就要變。也說明他是一個從善如流的領導者。這是我在社工會任職期間發生的事情，我那時候也才剛到社工會一、二個月，他願意採納我的意見，真的讓我非常敬佩和感激。

戰士授田證問題的風波

另外一件事，一九八七年夏天，老兵為了戰士授田證的問題經常包圍國民黨中央黨部，這種陳情、抗議事件在戰士授田證未獲妥善解決之前是層出不窮。我是社工會主任，凡是到中央黨部請願、抗議的人都由社工會出去打頭陣疏導、協調。那陣子我記得，請願、抗議者最多的，除了勞工、農民之外，就是榮民；每次來我都得出去接見他們，和他們談話、協調。有一次記得是一九八七年七月七日上午正在開中常會，老兵衝進了中央黨部一樓大門口，眼看可能衝進二樓常會會議廳，事態就會很嚴重。那時候剛接任國民黨秘書長的李煥先生（一九八七—一九八九）特地要我好好加以處理，因為蔣先生就在中常會會議廳內。不過，雖然外面一樓叫囂的很厲害，經國先生還是如常繼續主持開會，沒有任何驚慌。後來經一再協調疏導之後，我把這些老兵勸離中央黨部，化解了一場「老兵衝到中常會會議廳」的可能尷尬和危機，並帶他們到位在植物園內的民眾團體活動中心，跟他們的代表面對面作溝通。

事後我回想起來，這真是一個千鈞一髮的局面。如果處理不當，讓這些抗議的老兵竟然衝到中常會會議廳裡面，這對國民黨的顏面和威信將造成難於想像的損害；而對經國先生這位創立中華民國的退伍軍人輔導制度，並長期照顧老兵、為老兵謀福利的黨主席而言，更是情何以堪。所幸這樣的場面沒有發生。說真的，到現在我想起來，還會捏一把冷汗。

喧嚷一時的戰士授田證的問題終於在一九九〇年獲得解決，那一年立法院通過「戰士授田憑據處理條例」，作為收回戰士授田憑據的法源，並規定補償金額。當時戰士授田證問題就是老兵要錢被拒絕，所以最後才想出這個辦法來解決。為了這件事，輔導會張國英主委（一九八七年四月—一九八七年十一月）還因此下臺，當時老兵也曾到行政院等各處去抗議。

關心四件大事——榮民、勞工、農民及社會運動

經國先生最後一次單獨召見我，是我剛到社工會擔任主任沒多久，那是一個禮拜天。在這一次召見，我第一次真正體會到他的身體真的很不好。他穿著一件灰色的夾克，談話的地點在總統府，他的眼睛其實是在看你，但你會覺得他的眼神似乎是在看別的地方，這很可能是受到糖尿病的影響之故。

即使身體狀況很差，但他第一件事還是一直告訴我老兵的問題很重要，那時候老兵的訴求主要有兩件事，一個是回大陸探親，一個是戰士授田證換錢；他說這些人過去為國家犧牲奉獻，相當辛苦，所以一定要設法照顧他們。老兵想回大陸探親的願望，經國先生在生前就加以促成，他在一九八七年十月十四日主持國民黨中常會時宣布了開放老兵回大陸探親，當時我也在場。第二件大事，他跟我談勞工的事情。第三則是農民，最後是社會運動。有一個插曲真的讓我很感動，這一次召見談到最後，他忽然很感慨的跟我說：「應該早一點叫你回來中央的。」之前幾年我都在省政府服務，我聽了這些話真的很感動。我馬上跟他說：「報告主席，在地方和在中央一樣，都是為國家做事。」

那一次召見主要是針對中央社工會的業務應如何開展，因此他一直問我社工會改組了沒有？我有點疑惑，所以回答他：「什麼改組？」那時候社工會主任哪有什麼權力可以改組？但從他這句話當中可以看出來，他對社會工作的重視，迫切的覺得我應該找一批人來幫忙，好好的把該做的事情做好。

經國先生最後一次主持中常會

一九八七年十二月二十三日，經國先生最後一次主持國民黨中常會。我記得他是坐著輪椅進來的，一進來隨扈就把他推到主席台的中央。從一進來，他的頭就沒有抬起來過。後來他去世的時候，人家形容他是「油盡燈枯」，我當時真的可以看出來何謂「油盡燈枯」。當邱創煥省主席以「全面革新造福省民」為題，在此次常會作報告時，那時候文工會主任戴瑞明先生（一九八七—一九八九）就坐在我旁邊，他後來轉擔任駐教廷大使（一九九六—二〇〇四）。他當時跟我說：「老趙！主席的健康不太妙。他頭一直低下去。」我乍然想到我小時候在鄉下聽到的一種說法，長輩們常說如果老人家的頭勾下去，這就不是好的預兆。當時他的身體想必是疼痛不堪，邱主席報告完之後，過了差不多一分多鐘，他都沒有反應，李煥秘書長一直坐在他右邊看著他。我以為他睡著了，但事實上他一直在聽，停頓了一分多鐘後，他開始講話了，雖然頭還是沒有抬起來，但思路清楚，指示也很清楚。事後我們才知道，當時他其實已經病入膏肓，他出席中常會是硬撐來的。現在想起來，我心中還是真的相當不忍，他身體已經那麼差，還那麼擔心國家政務，對省政也還做了那麼多明確的指示。那是我最後一次看到他，二十一天之後，他就與世長辭了。

行政院勞委會主委任內

和勞工作朋友

我是第二任勞委會主委（一九八九—一九九四），也是歷任勞委會主委任期最長的一位。

我接手勞委會的時候對勞工行政已經不陌生，因為在這之前，我就已經做了將近六年的省政府社會處長，當時的省政府社會處除了主管社會福利之外，就是負責執掌勞工行政和就業安全，那時候還沒有成立勞工局處，社會處第一科是管勞工行政，第五科主管勞保，第六科主管國民就業。另外，社會處處長也兼任臺灣省工礦檢查委員會（於一九八六年七月以後改組為省勞工檢查委員會）主任委員。最初臺灣的制度是採歐洲制，亦即將社會行政和勞工行政合併在一起，以前的社會處就是這樣。

由於曾擔任社會處長，勞工行政對我來講可說熟門熟路。那時候社會真的在變，勞工權利意識抬頭；另外一方面，解嚴之後，威權政治慢慢在動搖，政府施政不再是一個口令一個動作就能執行。整個臺灣社會在變，政治在變，世界也在變。我接任勞委會主委時，第一個堅持的原則就是「我應該和勞工作朋友」。身為勞委會主管，我應該要知道勞工在想什麼？他們心中有什麼不滿？所以我接任第一件事情就是到處跟工會負責人及勞工朋友舉行座談，有的工會幹部很平和，有的則當場就給你難堪，講話都很衝，但是我都忍住了。我想他們會這麼衝一定有他們的道理，我必須試著瞭解原因。對的意見我會接受，不對的我則據理力爭、據理答辯。目前常在電視擔任「名嘴」並曾任臺北市勞工局局長的鄭村棋在當時即以記者身份積極投入工會運動；現在被稱為「爆料立委」的邱毅早期也曾致力於勞工運動，所以我和他們都算熟。

中華民國很多勞工法律，在我接任勞委會主委時都已經過時了，包括工會法、團體協約法、勞資爭議處理法等法都是很久以前定的法律，工會法是一九二九年公布實行；勞資爭議處理法則在一九三〇年公布實行，至一九八八年方再修正公布；團體協約法甚至在一九三〇年公布後就未曾修法，這些法律已很明顯無法適用臺灣的狀況。當時最重要的勞工法律就是勞動基準法，它公布的時間是一九八四年，這是規定臺灣勞動條件的最低基準，並對勞工權益予以法律保障。此法的公布施行同時也是臺灣的勞資關係走向國際化的開始，但工商界不太願意接受，工商界有人曾說勞基法是十大惡法之首，認為勞基法會妨礙工商進步。

作為勞委會主委，我該如何說服工商界人士？我一方面和勞工舉行座談，一方面也拜訪工商界。我跟他們清楚說明，我不是來和他們作對，相反的，我是來幫助他們，解決他們的困難。作為政府官員，我沒有必要整他們。我的原則是希望勞方和資方能夠互助合作，唯有互利、互榮、互助和互惠才能同時達到雙方的共同利益。全世界沒有一個政府會鼓勵勞工和資方對立，我們同樣希望臺灣經濟能夠蓬勃發展。所以我也跟勞工講：「你們不能把經濟弄垮，經濟垮了，你們也跟著沒有工作，所以你們要幫助經濟發達。這樣的話，勞工要求利益、福利的時候也才能夠振振有詞。」只要勞工對經濟有貢獻，他們要求權益也就跟著順理成章，這是我的勞資和諧理論。

當時我也常半開玩笑的說，如果今天只有勞方說我好，資方說我不好，那是我沒做好；如果只有資方說我好，勞方說我不好，我更是沒做好；假定兩邊對我都不是極為滿意，但都能夠接受，這表示我很公平。只要對勞工有利，該爭取的，我一定據理力爭，我記得我擔任主委期間每一年都要調整勞工基本工資，常常為了一個百分點跟經濟部爭的面紅耳赤。一九九二年八月三日，中國時報還畫了一幅漫畫很好玩，漫畫中人是我和當時的經濟部長蕭萬長在「基本工資」的圈圈裡類似摔角柔道在角力。

那個年代和現在不一樣。坦白說，我必須要講，經過民進黨這八年的執政，國民黨學乖了，對勞工福利和權益真的要說到做到。以前國民黨時代經常都是以經濟掛帥，那時候擔任勞委會主委很辛苦，經常到處跟其他財經閣員爭執不下，當時有一位財經首長曾跟我這樣講：「守博兄，你為什麼要這麼堅持？你又不會一輩子作勞委會主委。」他要我不要反對他們的財經政策，我聽了非常反感。但這反映當時的心態：財經掛帥。現在財經掛帥的傾向比較不明顯了，社會公平性的追求似乎已成為政府施政的共識之一，所以勞委會執行勞工政策也比以前順利很多，至少在為勞工爭取權益這方面會比較容易。那時候我們幾次提出要開辦失業保險，報幾次就被退幾次。有一些黨國大老甚至說：「保什麼險？怎麼可以保障那些好吃懶做的人？」在國民黨中常會上連這種話都出來了。幸好失業保險是我在當政務委員（一九九七—一九九八）的時候負責審查的，那時候是蕭萬長先生擔任行政院長（一九九七—二〇〇〇）。我主管的業務有一項是勞工行政；行政院院會隨即通過經我審查的「勞工保險失業給付實施辦法」。通過之後，勞工失業保險給付正式在一九九九年一月一日施行。

弱勢部會但強勢作為

我在主持勞委會時，秉持以下幾個原則：

第一個原則就是多聽勞資雙方的意見，多作溝通，而且勇敢的走出去，面對不同的，甚至反對的意見，絕不退卻。

第二個原則，我認為勞動法律必須現代化，不但要現代化，而且必須國際化，同時要兼具可行性。

第三個原則，勞委會還是一個弱勢部會，但身為主委，一旦有必要為這個弱勢部會發聲時，就要勇敢的發聲，所以我也勸現任的勞委會王如玄主委：「你是弱勢部會，但你要有強勢作為。」強勢作為不是要到處跟人吵架，而是該爭就爭，言所當言，為所當為。

一九九二年，為了調高基本工資一案，我曾經在行政院院會中一個人獨對七、八位財經首長，其中還包括副院長。當時他們都反對這項基本工資調整案，認為我沒有考慮到臺灣經濟發展。當時的中央銀行總裁曾在會中這樣問我：「你有沒有考慮到物價？」人事行政局局長則說：「你這樣弄，公務人員也會比照要求調高薪資。」類似這種話都出來了。後來《聯合報》跑行政院的一位女記者將當時我與相關首長辯論的經過，作了很詳盡的報導，我不曉得她是如何得知內容的，因為她也沒來問我，這篇文章叫做「爭取調高基本工資——趙守博力戰群雄」；《民生報》對此也有報導，其標題叫作「四面楚歌孤軍奮戰」；《自立晚報》說我是「基本工資爭議上的唐吉訶德」，現在回憶起來也滿好玩的。我還記得把我形容成「唐吉訶德」的記者叫王幼玲，後來在民進黨執政期間曾出任勞委會職訓局和勞委會的主任秘書。其實，我在行政院院會提出的基本工資調高案，事先已經與相關主管部會多方協調，並也經政務委員審查定案。但是有些部會首長卻還在院會表示異議，足見在那個年代要為勞工爭權益，是多麼不容易！

還有一點，除了要爭所該爭之外，更要站在國家整體利益的立場來考慮勞工政策。所以我經常跟勞工講，整個勞工行政和勞工政策應該是作為國家經濟發展的助力，而不是阻力，我強調我們要做到這點。不要讓其他人認為勞工一天到晚在阻礙經濟發展，也就是不要給不贊成你的人找到反對的藉口。

Sitting between a Rock and a Hard Place

我擔任勞委會主委的時間是五年十一個月，將近六年，最後總算能全身而退。記得我剛擔任勞委會主委不久，美國前勞工部長布洛克（William E. Brock Ⅲ，勞工部長任期為一九八五年—一九八七年）來看我，他也曾做過美國聯邦參議員及美國貿易代表。他說我來看你不是為了恭喜你，而是同情你，因為這個工作在美國有一句諺語可以形容，就叫「Sitting between a Rock and a Hard Place」，即像坐在一個大岩石和硬東西之間，兩邊都要碰，所以如坐針氈，他說我能夠做滿兩年就可說很了不起了。結果呢？我做了五年十一個月，這一段期間回想起來真的很不容易。我剛才提到，對於勞委會的成立，我其實算是扮演過推手的角色，如果我不簽，不去反映，勞委會就會變成內政部勞工局或勞工署，而不是現在的行政院勞工委員會，聽說那時候的行政院對這項政策的改弦易轍很不高興。

我擔任勞委會主委將近六年期間換了四任院長，包括俞國華（一九八四—一九八九）、李煥（一九八九—一九九〇）、郝柏村（一九九〇—一九九三）、連戰（一九九三—一九九七）等先生。所以在一次五一勞動節聯歡活動上，主持人巴戈就開我玩笑，那時候他每年都來主持五一勞動節聯歡活動，其中李煥先生擔任行政院長不到一年就被換掉，他說他來三次，換了三個院長，只有勞委會主委沒換。那時候行政院長的任期都很短，我就任勞委會主委時，俞國華先生五年多的行政院長已接近尾聲，我是二月份到職，五月底他就走了，接任的李煥先生做不到一年，郝柏村先生則是當了一年多，最後連戰先生再接任。

這段期間的歷任行政院長都很支持勞工政策，我要特別提一提郝柏村院長，郝柏村先生是軍人出身，做事很乾脆，有擔當，也很能夠接受別人的意見。他剛上任一個多月左右，來勞委會巡視，我向他建議：「行政院經建會的『經建』二字是指『經濟建設』。當然，在經濟建設當中，財政金融相當重要，但不要忘了，國家建設需要的條件包括資金、土地和勞力。勞力是什麼？就是勞工和勞動力。還有，現在全世界都在講環保，整個經濟發展難道可以不談環保嗎？因此我建議經建會的委員應該要加入勞委會主委和環保署署長。」這些話我以前也都講過，可是沒有人聽，但他聽進去了，過沒多久，行政院就在一九九〇年八月八日發表勞委會主委和環保署署長加入成為行政院經濟建設委員會的委員。有這種長官，我做起事來才會覺得很過癮。

前總統李登輝先生於總統任內（一九八八—二〇〇〇）曾經有一次考慮要引進大陸勞工，就問我的意見，我當場就反對。我反對的理由，第一，那時候和現在不同，兩岸理論上還是處於敵對狀態，不宜在此狀態下讓大陸勞工來台。

第二，大陸勞工來了之後很多因為台灣待遇好、生活好都會不想離開。因為文化、語言相近，他們一下子就跟我們「認同」了，他們一跑掉，我們要趕他們回去非常難，因為很難捉。我們曾經捉過一個福建來的大陸勞工，他老兄竟然在臺灣當了三年的非法勞工，還去做小包工的包工頭。因為他講話和臺灣人一模一樣，他是住在福建沿海一帶的泉州人，所以口音完全認不出來，後來是因為查身分證意外查出他的身分。

第三，大陸勞工來台很可能會變成變相移民。但東南亞其他國家的外勞就不會有這種情形，因為這些外勞第一語言不同，第二文化不同，第三勞雇雙方沒有情感上的問題，他們做不好，我們馬上可以把他們送回去。但大陸人來了之後就有情感上的問題，有人會說大家都是炎黃子孫，怎麼可以這樣對待他們？因為有人會出來替他們講話，所以我們就不好處理。

現在的政府，站在保護本地勞工工作權的立場，以及基於兩岸關係的敏感性，堅持不引進大陸勞工，也得到民眾的認同。所以，開不開放大陸勞工根本上已不是一個問題。但當年的確有黨政高層建議引進大陸勞工，所以才有李先生對我詢問看法；當我立刻表示反對時，他並沒有生氣，他只再問：「是這樣嗎？」我回他：「是這樣沒錯。」之後他就不再說什麼。

當一個政治領袖要鼓勵你的部屬勇於表示意見，不要唯唯諾諾。如果大家只敢、只知順著你的意思，就沒有意思了。蔣經國成功的地方就在於他能夠廣納各方的意見，至少他給大家這樣的印象，造成這樣的風氣。我那篇文章也是這樣出來的，不然我怎麼敢寫？在那個年代，至少大家有個共同的目標：就是要讓臺灣更好。經國先生成功之處就是他成功的鼓舞了民眾的士氣，他把政府跟民眾連成一個生命共同體，他讓民眾感受到，政府是和民眾站在一起的，這點他做到了，至少從他的言行實踐上做到了。不像這些年來，政府是政府，人民是人民，好像彼此不是一家人似的，也就是政府沒有貼近人民，沒有和人民有同理心，實在讓人感慨！

政治本土化

我們這個年紀的人，對本土化有很深的體會。當然我們不會去分所謂本省、外省，但你不分，民眾會分，這是一個很敏感的問題；大家也許不講出來，但心裡是否存在這種意識？我想是心照不宣。

地方意識古今中外都無法避免，臺灣有其特殊的歷史背景，這種歷史經驗使本省、外省的區分變得更加敏感，也更加讓有心人在政治上有操弄的空間。如果今天臺灣和大陸從開始就未曾分離過，沒有現在兩岸、兩個制度的區別，沒有二二八事件，沒有五十年的日本統治，沒有荷蘭人來臺三十八年，應該也就沒有這些問題了。就是因為有這個特殊的歷史背景，以及特殊的政治因素，使原本不是問題的問題變成問題，使這個問題在政治鬥爭當中變成一個可以操弄的議題。所以，為政者不得不重視，要設法消弭這個問題，讓這個問題不要走向負面，造成民眾之間真正的對立，以及政治上不必要的隔閡。這是為政者特別是領導者應該注意的一個重點。

當年因為國民政府播遷來臺，中央政府從大陸整個搬過來，所以難免所有政府首長都是外省人，加上之前日本統治臺灣五十年，在民國三、四十年代，真正的本省菁英能完全懂得中國語文、文化，能完全融入中國政治體制和傳統者仍相當有限。政府來臺的原因又是因為經過大陸的一場慘敗，對政權的維護特別敏感，也因為這個因素，所以造成很多看起來不是很正常的現象，包括國民大會代表、立法委員長期不改選，最後甚至變成終身制，這給反對國民黨政府的人一個很大的藉口。

還有，在經國先生於一九七〇年代開始推動本土化政策之前，長期以來擔任重要政府首長的本省人很少，這就是為什麼謝東閔先生出任首位本省籍臺灣省主席，以及之後任何一位本省人擔任中央部會首長，會變成大新聞的原因。那個時候初步開放的結果，中央只有兩個部會首長交給本省人擔任，一個是內政部、一個是交通部。最初只有一個內政部，甚至一開始本省人只佔一個政務委員缺。但逐漸的，廳處長開始出現本省人，這個開放腳步在很多本省人看來還是覺得太慢，尤其在反攻大陸變得遙遙無期之後，某種情緒慢慢醞釀成形，借用反對國民黨人士所講的話，既然大家同處於這一塊土地上，你我都喝臺灣人的水、都吃臺灣人的米、都住臺灣人的地，為什麼我們臺灣人不能負主要的領導責任？我在美國唸書的時候，這種情緒就是造成臺獨運動的重要理由之一。

省籍是一個很現實的問題，政府不管喜不喜歡都必須面對。臺獨運動最後也造成一九七〇年四月二十四日蔣經國赴美訪問被黃文雄、鄭自才暗殺的事件。後續在美國參加臺獨運動的人很多都是臺籍菁英，都是一些在臺灣唸完大學再到美國拿到高級學位的知識份子出來反對國民黨政權。這和當年孫中山先生發動革命的情形不太一樣，孫中山先生的革命黨當中有留學生，但更多的是販夫走卒、會黨份子、和一般華僑，臺獨運動一開始幾乎完全是由所謂的菁英份子所組成。

在蔣經國時代，我們台灣反對執政國民黨的力量，是藉由選舉和社會運動慢慢抬頭和累積的，雖然當時還沒有其他政黨可以把國民黨的政權打垮，但身為國民黨領導人，你說你要不要注意這個問題？我想蔣經國是注意到了。

在我看來，所謂本土化政策不應該僅侷限在用人。這更應該是指政府的施政不可再寄託於反攻大陸的幻想之上，而是政府要和民眾一起努力，設法讓臺灣這塊土地變得更好，讓生活在這塊土地上的所有人民大家都能過好日子，這才是所謂本土化。或者這可以說是「臺灣優先」的臺灣主體意識，因為反攻大陸已經不可能，不能再用反攻大陸的藉口讓一些不合理的現象繼續存在。時代早已經變了，政府卻還延續很多不合理的現象，包括中央級民意代表長期不全面改選，以及讓台灣處於長期的戒嚴狀態等，都成了反對勢力可以操弄省籍意識的聚焦點。我覺得蔣經國已經看到這一問題，所以他要改革，要實行本土化，要引進更多本土人才到政府來。當很多土生土長的臺灣人都到政府服務，甚至變成政府主要領導人之後，這個政府就不是外來的政權了，就能被大多數的民眾所認同、所接受了。

連李登輝先生當了總統之後都還認為國民黨是外來政權，為什麼會這樣？因為他覺得政府的中央民意代表絕大多數不是臺灣選出來的，是很久以前在中國大陸所選出的，又從未改選，在台灣根本沒有民意基礎；中央政府到台灣來之後長達二、三十年期間，中央大官絕大多數也還是大陸那邊來的人在當，不是台灣這邊的土生土長的人在做，更重要的是，整個政府和政治資源的掌控和支配，並非握於占人口絕大多數的台灣人之手。所以他才會對日本人講出「國民黨是外來政權」這句話。雖然我們也要考慮他日後的臺獨傾向，但連他身為總統都這樣講，我們可以想見當時臺灣民眾內心的感受。他有時候跟我談話時對這件事也毫不忌諱，有一段經過我印象很深刻，在我當省主席任內（一九九八—二〇〇〇），有一次陪李總統乘坐他的總統專機，我們在飛機上閒聊，聊著聊著，他突然說：「國民黨政權不就是外來政權嗎？」我當時很訝異，他身為國民黨籍的總統怎麼會講這種話？但不能否認這也相當程度代表很多他那一代的台灣人的認知，以及反國民黨人士和台獨份子的看法。

如何讓臺灣民眾認為這個政府是為二千三百萬人民打拼的政府？這個政府不是外面強加給你的，而是自己產生出來的政府？我想這是蔣經國當時要實行所謂本土化的原因。政策本土化，或者是政策臺灣優先化，用人在這方面有很大的象徵性意義，除了象徵意義之外，這至少可以爭取佔人口絕大多數的臺灣人的認同。如果把國家、把台灣比喻成為一家公司，我們土生土長的人如只能當工人；董事、經理都是外邊來的人，都不是由我們這邊產生出來的，這樣我們怎麼可能認同這家公司？如果我們也有股份，可由我們作股東，我們也可以作董事，也能夠當經理人，這就是「我們的公司」，不是「他們的公司」、「別人的公司」了。我想從這個角度來看，我認為蔣經國先生的作法是對的，而且這對鞏固中華民國在臺灣的地位、合法性、合理性都有很大的幫助。

現在沒有人會講目前執政的馬政府這個政權是外來政權，馬英九先生是外省人沒錯，但我們不能說他代表外來政權，因為他是七百多萬臺灣地區的公民選出來的總統，這就是本土化。本土化不是排斥外省人，而是由所有認同台灣這塊土地、居住於台灣這個地方的人大家一起來參與、作決定，也就是二千三百萬人一起參與、作決定。大家都參與的話，自然而然的，土生土長的人就會覺得自己還是佔大多數，是影響力很可觀，被尊重的民眾。我記得我在唸中學的時候，很多廳處長是外省人，副首長是本省人，那時候我們長大的志願頂多就是當副首長，沒有人敢立志作部長，因為臺灣人最多只能當內政部長。甚至我唸中學的時候臺灣人還不能當內政部長，只能當政務委員，總司令就更不用講了。但現在總司令、部長大多數都是臺灣人，這樣人民就會有參與感，認為這是我們的政府、我們的國家。

從這個角度來看，經國先生的本土化政策不但是對的，而且是勢在必行的政策。當然難免會有不同的聲音，這些聲音我也都聽過。但從中華民國在臺灣長遠發展的立場來講，這個政策是對的。我去大陸訪問的早期，他們的人都會講：「如果你跟我們統一，你們就可以來做官，臺灣人可以來做副主席。」我聽了之後，很不以為然的跟他們講：「如果你們真的跟我們統一，我們不就是中華人民共和國的國民嗎？既然我們是中華人民共和國的國民，為什麼我們只能當副主席？為什麼我們不能當主席？我們臺灣人只要選得上憑什麼不能當主席？所以這擺明是要把我們當二等國民看待，誰要跟你們統一呢？」他們現在不太講這種話了，這種話邏輯上不對，既然我們是合法國民，只要選得上就可以，憑什麼只能當副的？我想他們在做統戰時也可以大大方方地告訴任何維吾兒人、香港人、澳門人，以及任何包括達賴在內的西藏人，只要選得上，誰都可以當中華人民共和國的主席。這樣才會讓人有大家不分彼此都是一家人的感受。經國先生推動本土化，我認為就是在營造這種「我們不分彼此都是一家人」的感情和相互的認同感。

我覺得蔣經國在本土化這方面做了很多具有象徵意義的行動，包括他說：「我是臺灣人，也是中國人。」包括到處下鄉走動，包括後來我聽人講到一個故事，有一次蔣經國陪新加坡總理李光耀先生下鄉，要上車的時候，李光耀先生還沒出現，蔣經國就叫副官和隨扈去找，找到之後，發現原來李光耀先生在跟一位鄉下老太太用閩南話聊天。蔣經國很懊惱，覺得自己身為國家元首，他不能跟自己國家的老太太直接對話，一個外國人卻可以，他真的很懊惱。這表示他真心誠意要跟這塊土地結合在一起。

我想本土化應該是說：誰生活於台灣這塊土地、誰願意跟這塊土地結合在一起，與這塊土地的利益和發展相結合，互相擁抱，誰就是屬於這塊土地，誰就應該有一樣的發言權、誰就有一樣的參與權；同時，政府一切施政的構想和作為，也以台灣以及生活於這塊土地上的人民的利益為最優先；這就是本土化。我尤其要提醒現在執政的國民黨、特別是手上握有權力的國民黨人，面對台灣島內不容小看的台獨勢力和意識，以及過去十幾年來主政者刻意的突出台灣意識和「去中國化」，更要切實體會經國先生本土化政策的用意、苦心和意義。

經國先生的領導風格

厲行變革、提振人心的黨主席和總統

在中央黨部任職這段時間是我與經國先生接觸最頻繁的時候，這期間我是文工會副主任和社工會主任。在此之前，經國先生於一九七五年當了主席後，不久召開十一全黨代表大會，我當選為中央候補委員，之後我就在十二全大會當選中央委員，連任至十六全大會。另外，在中美斷交時期，國民黨中央常會曾經在一九七八年十二月二十日成立「革新工作組」，有人戲稱這是「文革小組」，因為每一組都有老中青三位代表擔任召集人。我記得革新工作組共分六組，分別為黨務組、政治外交組、社會組、文化宣傳組、財政經濟組和軍事組，每一組召集人成員分別由老、中、青三人作搭配，像我是文化宣傳組，召集人是沈昌煥先生、王唯農先生和我。各小組規劃的方案，會先經革新工作組綜合研議後，再提報常會討論。當時名義上的總召集人是總統嚴家淦先生（一九七五—一九七八），當時他任國民黨中央常務委員，但「革新工作組」實際上是黨主席指示要做的。

一九八六年四月九日，也就是國民黨第十二屆三中全會結束後不久，經國先生再次指定中常委嚴家淦、謝東閔、李登輝、谷正綱、黃少谷、俞國華、倪文亞、袁守謙、沈昌煥、李煥、邱創煥、吳伯雄共十二位先生組成「革新小組」討論今後的國家重要問題，包括大陸政策、黨禁、解嚴、中央民代調整和地方自治等。

我在隔年初出任中央社工會主任，每次常會我都要去，每次在常會和黨的重要集會，經國先生的發言都讓我感到他一直非常關心這塊土地上的人民，他有一點像前美國總統雷根，想要把人心振奮起來。我覺得在振奮人心這一點上他成功了，那個年代臺灣的國際局勢很差，但臺灣民眾的信心並沒因為這樣隨之崩潰。推動十大建設時期，他全省工地到處跑，這等於是給民眾一個希望。而且相較於中共當時的文革運動和文革後的江青四人幫事件，臺灣的政治社會安定、經濟發展和外匯存底一直遠遠超過中國大陸。

回想起來，臺灣經濟起飛是從蔣經國主政時期開始的，那時候人民開始有錢。而且跟大量開放外匯一樣，一九七九年臺灣開放觀光也是在他任內完成的。開放觀光是一個很好的政策，臺灣人民走出國門後，發現跟別的國家比，我們並沒有輸給他們。除了西歐和美國之外，到過東南亞及其他地區的臺灣人都會發現無論是政治、經濟等方面，臺灣都遠遠超過這些國家，光就這一點，大家就會以臺灣和中華民國為榮，我認為這是他領導臺灣成功的地方之一。

一九八六年十月十五日，經國先生在國民黨中常會講過一句話：「時代在變，環境在變，潮流也在變。」他以後的作法為這句話作了註腳，他解除戒嚴（一九八七年七月十四日），解除報禁（一九八八年元旦），開放臺灣民眾赴大陸探親（一九八七年十一月二日）。在沒有正式解除黨禁之前，他放手讓民進黨成立（一九八六年九月二十八日），民進黨成立是在還未正式解嚴開放黨禁之前，這表示他已經知道世界在變、人民的想法在變，他不變不行。換句話說，用現代的話來講，他能掌握到變的趨勢，中國大陸的用語叫「勢頭」，這一點是我覺得經國先生作為國家領袖最了不起的地方。他不會墨守成規、不會不求變只為保持傳統和保持自己的權力。經國先生覺得必須變的時候非變不行；而且，在追求變革時，他會激發人們一種片刻也不能等待、片刻也不能浪費的急迫感。

走入群眾的「走動式管理」

一九八七年七月二十七日經國先生在會見民間友人的時候提到：「我是臺灣人，也是中國人。」他知道中華民國在臺灣已經那麼久了，如果不能得到臺灣民眾的支持，中華民國政府就失去合法的基礎，沒有合法性等於沒有法統；因為法統不是靠終會完全凋零的老國代、老立委來支撐。在他執政後期，由於反對勢力的茁壯和批判，中央民代機構的權威幾乎已全然褪色。這時候執政者必須得到民眾的支持，這就是為什麼他會深入民眾、走入民眾，和農民、礦工、勞工、漁民以及家庭主婦在一起的原因。最主要就是他懂得掌握群眾的脈動，用現代話來講就是「走動式的管理」。他把政府帶給民眾，而不是民眾去找政府。

經國先生的領導作風對當年被他提拔的人都有很大的影響。一個好的領導人就是要讓人家自動去效法他、學習他，以他為榜樣，這才是好的領導人。這點經國先生做到了，他在無形中影響大家。在他的帶動下，每一位縣市長、部會首長、廳處長無不都是勤於下鄉，大家奉公守法，為施政奔波、為人民奔波。一九七六年，在經國先生擔任行政院長任內，嘉義縣長陳嘉雄先生去世，他跑了好幾趟，到他家慰問，甚至親自送到墳上。為了一個地方首長，行政院長可以做到這種程度，這表示他的確真心關心他。你說大家不會因此感動嗎？而且他做得很自然，你不會覺得他在表演。

對經國先生的評價

今天紀念蔣經國先生百年誕辰，任何有權力的從政者都必須體會到：

第一，經國先生敢變、能變，而且以變應變、制變、導變，順著潮流改變。國家領導人要有「vision」，也就是「願景」，該變的時候就非得變不行。

第二，經國先生對於改革說到做到。為什麼我敢寫〈摒棄落伍觀念，加速革新進步〉這篇文章？因為我覺得這位政治領袖有心想變革，當時國內外改革的呼聲非常強烈，政府也力倡行政革新，作為讀書人，我們有責任響應，至少我們要支持他，這是我當時的心態。《中央日報》國是論壇海外版就是給歸國和留居海外的學人抒發胸臆的地方，這篇文章代表我的一點心聲，以及對他革新的支持。一九七二年剛好推動十大革新，包括生活的十大革新，例如婚喪喜慶不得鋪張，宴客不能超過十桌，內政部有一位做過警政司長的官員就因此被免職（警政署成立於一九七二年七月）。另外，為了表示政府重視民眾的生活，財政部鹽糧司司長張清治，因為鹽漲價問題處理不力，也因此下臺，這是一九七六年五月底的事情，當時連帶主管鹽務的財政部常務次長王紹堉先生也因此一併被記兩大過免職下臺。足見對於變革，他是大刀闊斧，說到做到。

經國先生有願景，而且政策說到做到，懂得貫徹。他在十大建設最常講的一句話就是「今天不做，明天會後悔」。換句話說，該做的事情就一定要突破萬難，貫徹到底，這也是為政者應該要有的心胸和氣魄。

第三，我覺得他也是一個很細心也十分關心部屬的人。一九八〇年十二月，有一次我們跟經國先生餐會，剛好我就坐在他旁邊，那時候他在講話，他桌前有一張寫著「主席」的牌子，那張牌子不知道為什麼倒下去了，那時候他身體還不錯，視力也還沒受到糖尿病的影響。當時我坐在他右邊，我不好意思把手伸過去把牌子擺正，但他自己看到那張牌子倒了，而且等一下就要拍照，主席牌倒了拍照就不好看。所以他趁著談話之餘，非常自然的用一個手勢，順勢就把那張牌子扶起來，一切看起來都非常自然，完全沒有刻意之處。他這個動作讓我覺得他真的是一個很細心而且觀察入微的人。

另外我要講一件軼事，有一次他召見我，那時候我才三十出頭，比現在還瘦，當時流行穿青年裝，我愛漂亮，青年裝上下的顏色故意穿的不一樣，看起來更苗條。他跟我聊天，過程都聊得很愉快，結束後我跟他敬禮正要離開，他忽然說：「趙守博！趙守博！為什麼你那麼瘦？」那時候外交部長蔣彥士先生對我很好，他曾告訴我，總統很關心我的健康。經國先生這樣問我，一定是他對我的健康情形有所擔心。事實上我的身體並沒有什麼問題，但我想他那麼忙，我不能作太多解釋，於是我靈機一動，就回答他：「報告總統，家祖父比我還瘦，但他今年已經九十高壽，而且身體很好。」總統聽了連聲說好。我就是要報告經國先生，我瘦是因為遺傳。我祖父九十幾歲才過世，一直到過世之前都還耳聰目明，最後是因為器官老化衰竭在睡夢中去世。我見經國先生的時候，家祖父剛好九十歲，身體還好的很。後來很多人引用這個對話來稱讚我的危機處理能力，其實這應該叫「臨機應變」。經國先生對細節真的很注意，而且也很關心部屬的身體健康。

我聽老救國團的人告訴我，經國先生雖然在行政院長和總統任內穿著比較隨便，所謂「隨便」是指他下鄉和民眾在一起時可能只穿一件夾克。但當他在正式場合的時候，他非常懂得穿著的禮儀跟搭配，他知道什麼顏色的西裝應該搭配什麼顏色的襪子。在老救國團時期，當時仍然很年輕的經國先生還曾教過這些主管應該如何穿著。從這些小地方可以看出來，他真的受過相當好的教育，這包括家庭教育和社會教育。

第四，他很重視廉能。經國先生對政府首長的要求有一點特別重要，他不大喜歡政府首長跟商人來往，你可以幫助商人，但不能跟他們在一起吃喝玩樂。這點他在十大革新當中並沒有明講，但我們可以從他任內的作法、作風看出來，如果官員和商人過份來往，超過一定的分際，大概都會被換下來。甚至於，首長的生活如果過份奢華，也同樣會下臺。所謂過份奢華是指生活開支超過薪俸所能提供的程度，例如某位官員的所得不足以買華廈，但他卻住在豪宅裡面就是。他很在意這種事情，而且他自己的生活也很簡單，以身作則。

經國先生很在意官商勾結和公務員操守，「己身不正，何以正人？」所以經國先生在操守上自持甚嚴，他自我要求的程度足以作為其他官員和未來國家領導人的借鏡。政府官員不是不能跟商人來往，也不是要壓制工商，他很清楚知道工商業是國家經濟的主流和命脈。但公務員不應該在生活上，尤其是吃喝玩樂上和商人太過接近，甚至毫無分際。如果有官員濫用商人給你的好處，這些人在經國時代都得走路。

因此，紀念蔣經國百年誕辰也應包括如何確立優良的政治責任風氣以及廉能的政治風氣。這個政治風氣是指官商可以來往、合作，但一定要制度化，必須遵循一定的規範。我必須要講，我從政那麼久，發現過去有十幾年的時光，臺灣已經變成官商打成一片，打成一片不完全不是為公，當然這也有，但謀私利的情況所在多有，而且佔大多數。這是我覺得很遺憾的事情。

我過去在經國先生的薰陶和影響之下，深深體會他很強調奉獻、犧牲、廉能，而且提倡該做的事情就要認真去做，就要認真去做好。這些也成了我從政和做事所一直努力遵循的重要原則。

謝東閔先生小康計畫的創意思維

謝東閔先生擔任台灣省政府主席期間最大的成就之一，就是推動一個廣受推崇的「小康計畫」。「小康計畫」的推出及其內涵，展現了東閔先生施政和人格的一個值得探討的特質和特色，即創意思維。

「小康計畫」係針對民國六十年代初期台灣社會仍存在的貧窮問題所擬訂的施政措施計畫。當時，台灣的經濟正逐漸由以農業為主轉化為走向工業化的道路，以改善台灣基礎工程建設（Infrastructure）為主要目標的十大建設工程正開始啟動，而台灣的經濟也剛剛要起飛。處在這樣一個經濟與社會正在急遽轉型的時刻，台灣仍有不少民眾生活於貧窮的環境之中。東閔先生也就於此時接任省主席的職務，他體認到貧窮問題的不容忽視，並且從美國詹森總統的「掃貧之戰」（War against Poverty）得到靈感和激發，乃提出了「小康計畫」，希望透過此一施政措施消滅當年可說相當嚴重的貧窮現象。事後證明，「小康計畫」推動得相當有績效，不僅大大減少貧戶和貧民的數量；更重要的是，此一計畫使台灣的社會福利走向一個具傳統文化特色又強調仁愛與自強美德的發展道路；並有助於開發和有效運用社會的人力資源；同時更帶動了農村家庭工廠的創業風潮。對於台灣社會的邁向均富之路頗具貢獻。現在就從幾個層面來探討「小康計畫」的創意思維。

「小康」之命名即極具創意

民國六十年代台灣海峽兩岸關係還是相當緊張，反共抗共也還是國家的基本國策。當時，對大陸的文宣戰場主要的訴求主軸之一，即在於強調台灣方面主義與生活的優越性。而「小康計畫」最重要的施政內涵之一即為消滅貧窮。既然要消滅貧窮，就表示有貧窮存在。所以，在當時的中央黨政負責人中就有人深不以為然。他們認為何必敲鑼打鼓地談什麼消滅貧窮，那豈不是在向中共「自暴其短」嗎？豈不是向中共承認台灣還存在著嚴重的貧窮問題嗎？他們認為這將不利於我們對大陸的文化宣傳戰。所以，東閔先生要消滅「貧窮」一開始並不是就得到各方面百分之一百的認同，還是有人持有保留意見。但是，東閔先生並沒有就此退卻。他經過研究之後就提出了「小康計畫」的構想，一方面將掃貧滅窮的工作範圍涵蓋到協助民眾生產、創業；一方面又強調均富的理想目標，另一方面將整個施政措施匯整成一個有體系的施政計畫，而且稱之為「小康計畫」。

為什麼叫「小康」呢？東閔先生曾多次有所闡釋。他提出大同世界的理想是人類社會的最高理想境界，而要走向「大同」，則必須經過「小康」。以「小康」為名可以顯示推動「小康計畫」是為實現「大同世界」理想做準備、奠基礎，表示其有一個明確而崇高的最終目的和理想。其次，他指出，當時擔任公教人員或者到企業機關工作上班往往必須填寫履歷表，而其中常有家庭經濟生活狀況的調查。絕大多數的人都會在這一個調查中填寫「小康」兩字。這表示大家都喜愛「小康」。他以「小康」為名，就是希望每個人都能過大家所喜愛的「小康」生活。「小康」既然有這樣深刻的正面意義，自容易獲得大家的認同，也能消除了當年若干黨政要員的宣傳疑慮。東閔先生能把一個施政計畫用兩個通俗易懂而又具有十分正面且非常重要含意的文字加以命名，的確是一個非常有創意的作法。

從基層做起，開透過「草根運動」解決福利問題之先河

「小康計畫」基本上運用了社區發展工作「自助人助」的精神，但更進一步以基層民眾的組合、參與和訓練來貫徹掃除貧窮、解決社會問題的措施。所以，「小康計畫」強調「從想法做起」、「從家庭做起」、「從社區做起」。目前，台灣城鄉地區各種由基層民眾所自發性組成的福利性、康樂性、聯誼性、保健性、服務性的社團，如雨後春筍，而且大多都非常活躍。但是民國六十年代初期，基層民眾組織社團的風氣並不盛，民眾各種福利上、服務上的需求，大多仰賴政府的直接提供。由於「小康計畫」的推動，基層民眾組成社團的現象才慢慢出現。在「小康計畫」的推行下，「媽媽教室」、「長壽俱樂部」之類的團體開始在基層民眾中成立了，啟發了基層民眾組織或參與社團及社團活動以改善生活、解決各種福利問題的想法與做法。而「媽媽教室」與「長壽俱樂部」的組織，對於台灣的社會而言，更是一種前所未有的創舉。「媽媽教室」著眼於教育訓練媽媽們現代化的持家和養兒育女的觀念和知能，亦即從想法上改變、導正治家、養兒和理財、營生之道。東閔先生認為家庭是社會的基礎，媽媽則是家庭的核心，教好媽媽就等於教好家庭，也就等於使社會有健全發展的良好基礎。東閔先生的此一看法與做法，相當具有原創性。而長壽俱樂部則是運用社區內老人的組合來提供老人休閒、聯誼乃至於學習的組織和場所，在民國六十年代老人及老化問題還不是十分嚴重的年代，能夠有此做法，不能不說十分有前瞻性。我們今天只要看台灣的社會，差不多村村里里、每一社區、每一大的寺廟都設有老人會、長壽俱樂部或類似的團體，而且老人們也都踴躍參與的情形，就可以體認出此一做法的必要性和當年推動此一組織的有眼光。「小康計畫」也在基層組織「自強工作隊」利用基層的力量協助貧窮民眾自立自強。「小康計畫」另有一個「消除髒亂」的措施，也是一個著眼於基層民眾參與的社會運動。所以，我們可以說，「小康計畫」實開以草根運動（Grassroots Movement）解決社會及福利問題之先河。

「消滅貧窮」，為解決貧窮問題找出一個積極的方向

貧窮問題每一個地方每一個年代都有。傳統對貧民只著眼於救濟，並沒有想到或者沒有辦法根本去解決。但是，「小康計畫」的做法不一樣，提出的主張是「消滅貧窮」，也就是不僅僅止於「救貧」、「濟窮」，而要做到「掃貧」、「滅窮」。亦即從根本來解決貧窮問題。「小康計畫」並不是一個孤立的施政措施，而是整個國家在政府整合力量加速工業化、加強經濟建設追求民眾生活富裕、品質提昇的總體施政中的一環。因此，「小康計畫」一方面配合國家經濟建設的推動，以建立一個安和樂利的均富社會，讓民眾可以享有一個能夠遠離貧窮創造財富的大環境，而避免新的貧戶、貧窮產生；另一方面則透過各種扶貧、幫助貧戶自強的措施，使已陷入貧窮的民眾可以早日脫離貧窮走向自立自強之路。同時運用諸如鼓勵民眾創業、就業訓練等協助輔導民眾可以憑藉自己的力量追求好的生活。如此的做法，與傳統處理貧窮的做法不太一樣，而是一個屬於有積極面意義的新措施。

「客廳即工場」為家庭代工的普遍化奠下基礎

當年東閔先生提出「客廳即工場」的運動時，意在推廣家庭副業，使農村中的婦女以及逐漸出現的剩餘勞動力可以投入生產，增加家庭收入，以實踐其「人無一個閒」的勤勞哲學。這也是「小康計畫」的一項重要措施。然而，這樣的一個在當時看來似乎沒有特別令人引人注意的做法，卻對台灣的經濟發生頗為深遠的影響。由於「客廳即工場」的倡導與推動，使原本農村家庭的用電裝置與收費可以比照工業用電的優惠，而在台灣外銷產業隨著十大建設的推動而蓬勃發展的時候，適時地鼓勵農村的民眾投入代工的行業，許多以代工為主的家

庭式工廠隨之如雨後春筍般地在農村出現；不但解決農村剩餘勞動力的出路，也繁榮了農村的經濟；更使台灣的出口產業在相當長的期間內持續為台灣賺取大量外匯，活絡了台灣的經濟。今天回顧起來，當「客廳即工場」剛推動之時，為了怕增加地下工廠，東閔先生還曾在一些公開場合解釋他的「客廳即工場」，是指「工作場所」的「場」，而非「工廠」的「廠」。但是，不管是「場」也好或「廠」也好，他的把副業帶進家庭的想法，卻啟發了不少家庭式代工工廠的在農村出現，農村經濟的繁榮得到了很大的刺激。我們不能不說，此一想法是相當具有創造性、啟發性的意義。

「公墓公園化」以新方法解決了老問題

東閔先生主持省政期間的另一個至今使人感念的措施，就是推動「公墓公園化」。喪葬問題一直是台灣社會一個令人感到難於解決的問題，因為這牽涉到民間的習俗，對風水的迷信以及孝道和公共環境的整理問題。在「公墓公園化」推動之前，台灣雖有很多人認為各地公墓濫葬和公墓的環境雜草叢生從無妥善規劃、整理等問題非常嚴重。但從沒人認真地去面對此一問題，更不用說提出具體辦法來解決。東閔先生是解決台灣公墓雜亂不堪、環境不佳、民眾濫葬問題的先驅者。他針對各地公墓民眾爭葬濫葬所造成有時墓墓相疊、並且因為沒有公共設施的規劃和設置以致於往往缺乏通路，同時，又沒有定期整理的雜亂情形，提出了公園化的構想和做法。他融合了整齊美麗的景觀設計和傳統的風水觀念以及現代化的公共設施理念，勾勒出公墓公園化的基本藍圖，供各個地方去做因地制宜地落實。他又以自己在彰化縣二水的祖墳做起，以為民表率引領風潮。今天台灣各地可以見到不少整齊美觀真正公園化的公墓，東閔先生當年的開創之功，實在不可抹滅。

學習東閔先生的創意思維解決新的社會福利問題

東閔先生的「小康計劃」事實上是源於禮運大同篇的大同世界理想，也就是要做到「故人不獨親其親，不獨子其子，使老有所終，壯有所用，幼有所長，矜寡孤獨廢疾者皆有所養，男有分，女有歸。」但是他運用現代社會工作的方法，從事消滅貧窮，進而要使民眾人人至少均生活在小康之中，從而均富社會的理想可以逐步達成。也就是融合傳統理論與現代思維，解決現代社會所面臨的問題。東閔先生是一位喜歡研究創新的政府領導人，也因此常常能提出一些頗具前瞻性、頗能突破傳統思想框架但又兼具固有文化之長處的構想。「小康計劃」就是這種構想的產物。今日我們在此探討「小康計劃」，探討東閔先生的施政理念、風格和貢獻，我們不可忽視「小康計劃」所包括的非常具有創意的措施。也因為其具有突破性的創意，故能完成實現其減少貧窮現象協助貧苦民眾走上自強自立的目標。

台灣在邁入二十一世紀之後，刻正面臨許多新的社會福利問題，諸如人口快速老化、少子化、貧富差距的拉大和社會結構的M型化、社會保險的整合及其財務的如何健全、外籍新娘的急遽增加及彼等的社會融合、失業問題的處理、婦女權益的保障和農村社區發展的強化等等即是。我希望我們在探討東閔先生「小康計畫」的創意思維之餘，應好好學習他敢於面對問題並努力解決問題的務實作風，及其創新研究的精神，以創意的思維來解決台灣所面對的新的社會福利問題。

（撰於民國九十三年三月，原載實踐大學《紀念謝創辦人東閔先生逝世三周年學術研討會論文集》，後收錄於國史館於九十四年三月出版之《謝東閔先生全集》）

談我首訪大陸與錢其琛的對話暨以後在廈大「南強講座」的演講

何以專談這兩次的大陸之行？

自二〇〇一年十二月我第一次訪問中國大陸之後，迄今我到大陸已有二十多次，除了廣西自治區未到之外，大陸卅一個省市自治區我都去過，有些地方還去了不只一次。我也參加了二〇〇五年四月連戰赴大陸的和平破冰之旅。那麼，何以本文只談我至大陸的首訪之行，以及應廈門大學之邀到該校作「南強講座」演講的經過呢？因為，第一次訪問大陸時，好奇心最強，所見所聞較有新鮮感，並於此次訪問中首次與中共的領導人和涉台事務負責人見面會談，所感所思，充分反映了我對中共及「中國大陸」的第一印象。至於廈大的南強講座呢？那是我多次訪問大陸並與各地不少中共黨政負責人士會面晤談，對大陸人、大陸黨政人士的思維、言行，和他們怎麼看待台灣，有了一定程度的瞭解之後，對大陸的大學生談兩岸關係，及介紹台灣的選舉與民主發展。我認為頗有意義。所以，特別提出來一談。我這二次的一些言論，應也可以相當程度地代表我對台海兩岸問題所持的看法和立場。

首訪之行對大陸的觀感

二〇〇一年十月間，淡江大學國際研究學院院長魏萼兄力邀我參加訂在十二月於上海，由淡大、上海國際問題研究所及上海台灣研究所共同主辦的「新形勢下兩岸關係發展趨勢與前景研討會」。十二月初，我辭掉國民黨中央組發會主委的職務，乃決定應邀前往參與，並順便應前此北京大學的邀請，到該校法學院作一演講。十二月十二日，我抵達上海，這是我首次踏上中國大陸的土地。我在上海停留至十四日，十五日轉往北京，十九日返台。

這次的首訪大陸，主要在上海與北京這兩個可說是大陸的首善之區和最重要的都市及其近郊活動。除了參加會議，發表演講之外，就是到處走走看看，主要的觀光景點和繁華地區，我都看過、到過。因為中國大陸一度被我們台灣方面形容為「匪區」，而在反共教育很盛時期，又被我們政府和媒體加諸很多負面的評價；我第一次到大陸，難免充滿好奇，並有對大陸這塊土地和其人民，盡量一窺其真相究竟的衝動和想法。我抱著這樣的態度，在前後八天的行程內，努力去接觸大陸各階層的人民，特別是基層民眾，尤其是農村和農民；也盡量走進城市中那些觀光客不會去的住宅區，和高樓大廈背後所隱藏的那些巷弄大雜院。在此次訪問中，我也接觸和見到了中共的高官、大陸的學者專家以及一般的大學生。

十二月十九日，我結束了這一次大陸首訪之行，並在日記上記下了我下列的綜合觀感：

一、中共的改革開放已有具體成果，經濟呈突飛猛進之勢；大陸到處大興土木，整個大陸像是個大工地。很值得我們注意。

二、大陸民眾的生活大有改善，人民享有相當程度的言論自由；各階層的人民談起文革的種種均不加隱諱，對毛澤東也有所批評，對文革幾乎人人痛恨，文革已對大陸的倫理和社會價值觀，產生很負面的影響。有不少學者專家，向我透露他們於一九五〇年代末期及六〇年代初，因自然災害及人民公社所造成的飢荒中的經歷，印證了當年我們台灣方面所指當時大陸人民面對飢饉，有人啃樹皮，吃觀音土等等，確有其事。

三、在大陸每一個層級，黨政都各有一套人馬在管；從中央到地方，每一層級的政府，都有黨與政的兩套人馬在出主意、在管事，實在浪費人力及國家資源，似不符組織精簡原則；而且連黨及一般社團的工作人員也由國家支薪，吃公家飯的人，實在太多，以後必成一項沉重的財政負擔，也會造成問題。大陸處處可見黨國不分、黨政不分，還是蘇聯列寧式的黨凌駕一切的體制。不知隨著改革開放後，會不會有什麼變化？

四、大陸黨政當局對「統一台灣」似乎念念不忘，與台灣人士談話時，常不忘提「祖國統一大業」；大陸有關當局對台灣的資料蒐集甚多，但對資料的分析與研判，仍有問題，對統獨的研析和看法，顯有一廂情願或囿於意識形態的偏頗。

五、失業及貧富不均，是大陸經濟快速發展中的兩大盲點和潛在危機，如不妥為因應處理，將會出事。

六、共產主義在大陸已名存實亡。大陸整個社會似乎「一切向錢看」，義利之間，利字當頭；而類似資本主義社會中的中產階級，資本家，工商企業所有者和經營者，在社會上日受尊重，也日益重要；年輕人對金錢財富的追逐，也漸漸成為一種風尚。中共考慮準備於十六全大會中接納工商企業經營者和所有者入黨，恐怕勢所難免。

七、大陸當局對觀光事業相當重視，導遊多受良好培訓，景點之推銷也很積極；對古蹟文物均加意維護，其於文革期間遭受破壞者，也依「修舊如舊」原則，用心修護，以招徠觀光客，增加收益。

八、大陸大學生用功之程度，似超過台灣的大學生；不過，他們對政治和社會議題的關切程度，則遠不如台灣的學生。

與錢其琛、陳雲林等的對話

我於上海開會期間，曾於十二月十四日在上海衡山賓館與與大陸的海峽兩岸關係協會（即海協會）前常務副會長，時任中共政協常委及海峽兩岸關係研究中心主任的唐樹備先生，會見晤談。於十二月十七日在北京釣魚台國賓館，會見了中共國台辦主任陳雲林先生並交換意見。並於十二月十八日上午在北京中南海與中共副總理兼中共對台工作小組副召集人（召集人為江澤民）錢其琛先生，會見及對話交談。

我與他們見面晤談的時候，都特別強調我下列的觀點與立場：

一、維持現狀，是台灣的主流民意。

二、中共如要改善兩岸的關係，應注意爭取台灣民眾的好感與信任，不宜以不當之言行傷害台灣人民的情感。例如，中共外長唐家璇於六月間在上海舉辦的亞太經合組織（APEC）貿易部長會議中，對台灣的經濟部長林信義的無禮表現，就傷害了台灣人民的感情。

三、中共應尊重台灣人民想在國際社會有一活動發展和參與空間的高度願望；如繼續一味在國際上對台灣打壓，只會促使兩岸漸行漸遠，最後可能導致台灣獨立。

四、中共應務實地，拋開主觀意識和政治立場框架，瞭解台灣的政治、經濟和社會發展情形，好好認識多數台灣人民內心的想法。

五、中共應展現誠意，至少應不阻撓台灣加入不具政治宗旨而與人民生活福祉息息相關的國際組織，例如世界衛生組織（ＷＨＯ）和國際勞工組織（ＩＬＯ）等。

我與錢其琛的見面和對話，很值得在這裡談一談。

作者在上海會見唐樹備主任（2001年12月）。

作者與中共國台辦陳雲林主任（右）晤談（2001年12月）。

他大談大陸的經濟發展

錢其琛與我會見時，先歡迎我的來訪，並問我在上海開會的情形。接著大談大陸的進步狀況。他說，整個大陸現在就是一個大工地，到處都在建設；他提到修路築路是大陸的重要工作，大陸高速公路的總公里數已經僅次於美國；世界五百大的企業，有百分之八十在大陸投資，其中還有不少將經營總部設於北京或上海。他又說大陸由於內銷市場大，每年經濟成長率可維持在百分之七以上。他也說兩岸的三通對台灣很有好處，目前透過所謂境外轉運的做法，實乃掩耳盜鈴。他說台灣此次準備派李元簇（前中華民國副總統）到上海參加十月間舉行的亞太經合組織高峰會議，係違反共同的理解與慣例，所以大陸加以拒絕；台灣因此沒有參加這一次的會議，是一種損失。

我除了向他提到我在前面所敘述的與唐樹備、陳雲林對談時所提觀點外，特別又增加或強調了三個重點：（一）中共應瞭解認識台灣的歷史背景和人民真正的想法；（二）兩岸應在外交上休兵；（三）對

作者（左一）與錢其琛（中）及李炳才（2001年12月）。

作者在北京會見中共錢其琛副總理（2001年12月）。

台灣之想重回聯合國及加入其他國際組織，中共應可考慮參考當年東德、西德以及目前南北韓均同為聯合國會員國的事例，來面對、處理。

我談台灣的歷史背景

在中共應瞭解認識台灣的歷史背景和台灣人民的想法方面，我強調，台灣有其獨特的歷史背景。我說，台灣曾受荷蘭人佔領卅八年，北部也被西班牙人盤據過十六年。鄭成功驅逐荷蘭人後，他本人及其家族為反清復明治理了台灣廿二年。滿清統治台灣二百一十二年。中日馬關條約將台灣割讓給日本，日本因而佔領並統治台灣五十年。台灣於一九四五年回歸中國版圖後，於一九四七年二月不幸發生二二八事件。接著國民政府於一九四九年遷移台灣，並將台灣做為一個反攻復國堅決反共的基地。有人因此說，從一八九五年日本統治台灣開始，到二〇〇一年長達一百零六年的期間之內，大陸與台灣，除了一九四五至一九四九年短短的四年之外，一直都是處於不相統合的分治狀態。我說，這些特殊的歷史發展背景和其對台灣人民所產生的影響，是中共要真正認識台灣政治和台灣人民，所不得不去認真研究和分析的重點。

誰是台灣人的祖先？

接著，我問錢其琛知不知道台灣人的祖先是誰？他說不都是來自福建、廣東一帶的中國人嗎？我說沒錯，但台灣人的祖先成分，除了原住民之外，非常值得重視。我向他指出，從成分而言，台灣人的祖先可以包括幾類：（一）被荷蘭人、西班牙人從大陸招募到台灣墾荒耕作的人。（二）跟隨鄭成功來台不肯接受滿清統治的明朝遺民。（三）滿清時代突破海禁冒生命危險到台謀生打拼的人。（四）不滿大陸政治社會現狀，到台灣另謀發展的人。（五）在閩、粵原鄉因貧窮而無法立足跑到台灣另謀生路的人。（六）冒險家、海盜、走私販。（七）滿清時代在大陸因科舉不順利不滿現狀，到台灣設館授徒另謀發展的人。（八）想在台灣開墾土地或利用台灣自然資源發財致富的人。以及（九）一九四九年隨國民政府遷移台灣的所有大陸反共菁英和軍公教人員，暨於一九四五年戰後自願或被派從大陸到台服務工作的人。我說，這些人和他們繁衍的子孫，大家融合在一起，背負著特殊的台灣歷史背景和宿命，形成了一種很特別的台灣情結和特性，那就是很愛台灣，很以台灣為榮，很重視現在台灣享有的民主、自由和繁榮；也有一種受尊重時連頭砍下來也願意，但受欺侮時一定反抗到底即使和對方同歸於盡也在所不惜的性格。我還舉了滿清時期，台灣「三年一小反，五年一大反」，以及日治時期抗日事件層出不窮的事實，加以說明。

外交休兵之必要

之後，我又以我自己當年曾應邀往訪過，而在台灣與大陸之間交替建交、斷交的西非國家塞內加爾，在這種一會兒承認台灣，一會兒又承認大陸而與台灣斷交的作為當中，從兩岸的政府得到不少援助和好處的事例，以及我在台灣「新新聞」雜誌所看到的一幅畫著兩個中國人（一指台灣、一指大陸）一在插秧，一在收割，而旁邊則有兩個外國人（一為拉丁美洲人、一為非洲黑人）高興地說：「中國人真好，一個幫我們耕田插秧，一個替我們收割」的漫畫，向錢其琛說明兩岸外交休兵的必要性。

兩德、兩韓與台灣走入國際的渴望

最後，我向錢其琛，說明了台灣人民想加入聯合國和其他國際組織，即在國際社會有更大參與和活動空間的渴望。我說當年東德和西德都曾同時是聯合國的會員國，最後還是統一了；而南韓、北韓現在也都是聯合國的成員，但也在接觸、談判和追求統一。台灣如以中華民國或其他適當的名義，重回聯合國，而中共不加阻撓，對兩岸的未來，應不會產生不利的影響；更能提升台灣人民對中共的好感與信任。當然，他跟我提及中共反對「兩個中國」的立場。但我說，對於這個問題，今後兩岸應還有很大的研究空間。

錢其琛對我的談話，很耐心地聽，幾乎沒有插嘴反駁。最後他對我說：「趙先生，你的道理，我聽到了！」然後，我們於大笑之中結束我們的對話。老實說，錢其琛的態度，頗得到我的好感。當天，我們對談時，中共國台辦副主任、現任大陸海協會的李炳才常務副會長也在座。

錢其琛以前有關對台的談話，一向頗為強硬。我與他對談不久，他於春節對大陸台商代表聚會的一次談話中，語氣和緩了很多，也相當感性。是否受我們對談的影響，我不知道，也沒有去求證。

不過，我始終認為，台灣各界人士到大陸與中共的有關領導人或各級黨政負責人會見談話時，應該據實地說明台灣的政治、經濟和社會現況，以及台灣人民對兩岸關係的真實看法，不要一味地去討好對方，或講些對方喜歡聽的話，才能對兩岸關係未來的正面發展，有所幫助。

從廈門看金門的感觸

二〇〇五年十二月廿八日，我應廈門大學之邀，到該校很重要的「南強講座」發表專題演講。我曾在廈大的行政大樓上很清楚地看到對岸的小金門；也在廈門濱海地區見到大陸面對金門所樹立的大的統戰宣傳標語牌「一國兩制統一中國」。並在那裡透過望遠鏡很清晰地看到了我們在小金門所做的面對大陸這邊的「三民主義統一中國」的巨大標語牌子。我不禁回想起在一九五八年金門砲戰期間，有一顆金門打過來的砲彈落在廈大校區，引起廈大一度考慮遷校而其師生群情激昂，對台灣嚴詞聲討的情形。我也想到了一九七〇年代，有一次我應邀到金門作學術演講，與當時的國防部總政治作戰部主任王昇將軍兩人，在蛙人持槍保護下乘坐登陸小艇由大金門前往小金門演講的往事；我們兩個人談的，當然是加強敵我意識，反共必勝之類的內容。而現在，我卻能被邀請到廈大演講。歷史的發展，真是讓人難於預料和想像。

我的此次廈大之行，使我深深覺得：（一）時空的改變，一定會導致政治情勢的變化。（二）任何一個國家、一個地區，沒有永遠的敵人；再怎麼嚴重的爭執和對立，總能找出和平相處之道。（三）和平才是人類共同的願望。（四）海峽兩岸不能再以兵戎相見，打來打去；應為兩岸人民的生活福祉的增進，經濟的繁榮，共同努力。

南強講座我講了什麼？

二〇〇五年十二月底，我到廈大南強講座演講。剛好十二月三日，台灣舉辦了一次縣市長、鄉鎮市長和縣市議員的三合一選舉，結果泛藍陣營大勝，泛綠政黨大敗。我就以「從台灣三合一選舉看兩岸關係」為題，針對台灣的選舉發展史，選舉制度，此次選舉的議題、過程和意義，以及兩岸現況及未來可能的發展，發表論述。

首先，我強調二〇〇五年年底台灣的三合一選舉，兩岸關係以及大陸政策，並非議題，也非選民關心之所在。因此，不能把此次選舉結果泛藍大勝和泛綠大敗，視為台灣人民對陳水扁政府的大陸政策和當前的兩岸關係，一種贊成或不贊成的投票。

台灣選舉的特色

接著，我詳細說明台灣的選舉有下列幾個特色：（一）台灣辦理選舉，歷史長久，自一九五〇年代就開始舉辦，已經超過了半個世紀。（二）台灣的選舉，是基於平等、自由的原則而辦理的，凡是具有法律所規定的選舉人和被選舉人資格（即年齡達到法定標準，沒有被褫奪公權者均有投票權；而年齡具被選舉人之要件，且無法律上禁止參選之情事者），不分種族、宗教、男女、身分、籍貫等皆享有同樣的選舉權和被選舉權；選舉人投票時完全憑個人意志自由投票；投不投票悉聽自由，並無強制規定。（三）台灣的選舉完全公正、公開，即秘密投票、公開競選，選務中立公正。（四）台灣之選舉，已成家常便飯，民眾習以為常，亦被視為作為公民所應享有的一項理所當然的權利。（五）台灣的選舉全面普遍，從最基層的村里長到國家元首的各級民意代表和政府首長，皆由人民直接投票選出。（六）台灣選舉的競選花招百出，亦和其他民主國家的選舉一樣，間也會出現譬如賄選之類的弊端和問

作者在廈門大學南強講座演講（2005年12月）。

題。以及（七）台灣的選舉，已使台灣人民堅信民主與人權為人類的普世價值。

我分析了二〇〇五年年底三合一選舉的結果，並綜合台灣歷次選舉選民投票的行為後，告訴廈大的師生：（一）凡是形象良好的侯選人常會當選。（二）政績或問政表現良好者，通常都會連任。（三）涉有貪瀆案件者，常會遭選民所唾棄。我並指出，二〇〇五年年底台灣三合一選舉，泛綠之所以失敗，是選民對於陳水扁執政後的政府，弊案連連，表現不佳，感到失望的結果。我並指出，這一次的選舉，打破了民進黨很會選舉無往不利的神話，也為二〇〇八年總統選舉泛藍的獲勝，奠下很好的基礎。

台灣的「遺民世界」和「無可如何之遇」

談到兩岸關係時，我首先引用了前清「欽差辦理台灣等處海防兼理各國事務大臣」，對台灣當年的開發建設甚有貢獻的沈葆禎，於台南延平郡王祠落成時所撰的對聯「開萬古得未曾有之奇，洪荒留此山川，作遺民世界；極一生無可如何之遇，缺憾還諸天地，是創格完人」；並謂其中的「遺民世界」和「無可如何之遇」，頗能反映和說明台灣的歷史發展和現況。

緊接著，我提到兩岸，從當年大陸方面的高喊「血洗台灣」、「解放台灣」，台灣方面的堅持「反攻大陸、解救同胞」，到今天台商在大陸各地投資設廠，大陸人士可以赴台，台灣觀光客成群結隊到大陸，以及連

作者在廈大南強講座演講後接受記者採訪（2005年12月）。

戰先生一行於二〇〇五年四月到大陸進行和平破冰之旅並與中共胡錦濤總書記會見對談，可說是一個很不容易但非常正面的發展。海峽兩岸雙方，都應加以珍惜。因此，我建議，為了今後更加良性的發展，以利人民之幸福，兩岸應加強民間交流、實施外交休兵、彼此應多對對方展現善意，而大陸方面尤其應體諒、包容和不阻撓台灣人民擴大參與國際活動和事務的需求與願望。

兩岸關係未來何去何從？

台灣海峽兩岸的關係發展到今天，當然有其相當錯綜複雜的歷史背景和影響，但也有非常不小的國際因素。所以以完全把它當做一個所謂「中國內政問題」，或純粹是台灣與大陸之間的問題，而全部排除美國等國際的因素和影響，不但不切實際，不符歷史和現實，更無助於兩岸雙方關係更穩定、更和平、更對人民有利的發展。譬如，假定美國與兩岸關係全無關聯，那麼中共領導人為何每次於和美國總統見面時，總要美方表示不支持台獨，要美方保證遵守與大陸一起發表過的三個公報呢？

那麼，未來兩岸關係應如何發展呢？

我以為：（一）馬英九總統的「不統、不獨、不武」的政策，為大多數的台灣人民所認同、所支持；現階段有續予推動的必要。（二）大陸方面所強調的「擱置爭議，求同存異，尋求發

作者接受廈門大學朱崇實校長（右）之宴請（2005年12月）。

展」的立場，切合實際，不宜改變。（三）所謂「外交休兵」，應說到做到，特別應落實到一般人民所能感受到的國際活動上；類似二〇一〇年十月東京影展大陸江姓導演所表現那種蠻橫刁難台灣的言行，應該要避免重演。（四）雙方已簽訂實施了「經濟合作架構協議」（ECFA），應在此一基礎之上，加強雙方的合作交流，並且應多經濟、多文化、多觀光、少政治、少統戰。（五）雙方應繼續努力，營造相互的合作與信任，盡量爭取簽訂雙方不以武力解決爭端的協議。中共國防部於今年三月卅一日在其發表的「二〇一〇年中國的國防白皮書」，首次提到兩岸可在軍事問題進行接觸交流，並探討建立軍事互信機制問題。我認為是一項良性的發展，和雙方可以努力的一個方向。

兩岸的問題，其發生並非一朝一夕，由來也已久。未來兩岸的關係，應往對增加雙方人民福祉有利的方向發展。這樣的發展，當然不能背離台灣人民的尊嚴、意志、福祉和權益。

我衷心期盼，大家齊為這樣的發展，共同努力。

人生七十又開始
——老人福利問題面面觀

七十又開始

民國四十年代，那時有一位國民黨的大老時任總統府秘書長的張群先生，在過七十歲生日時，可能為了表示他還不老還有活力，講了一句：「人生才開始」的話。從此，「人生才開始」常被引用來對老年人恭維、祝福和安慰。不過，如果說人生七十才開始要享福或放下生活重擔，邏輯上多少還說得過去。但如果說一個人的人生真的從七十才開始，那就不合情理、不符事實、不合邏輯了。因為，一個人的人生從出生那一天就開始了，而人的一生當中會有什麼表現，能有什麼成就，幾乎完全取決於在青壯年時期，也就是二十歲以後五十歲以前的這一段時期的作為了。更何況，目前大多數的國家都把退休的年齡訂在六十歲或六十五歲（公務員大多如此），而聯合國更把六十五歲以上人口佔總人口數百分之七以上的社會，訂為高齡化社會。

所以，無論如何，人生不是七十才開始。

但是，人生可以在七十又開始！

因為，人到七十，絕大多數都已經從工作崗位上退休了下來，而且很多人到了七十依然很有活力，相當健康；既已退休又還活得好好的，那麼人生就要另行啟動一個新的階段，另行規劃新的生活內容、新的生活節奏，因而又開始了。

這個又開始的人生，大多是一個年紀大了之後從職場退休下來的人生，通常就是一個老年人要過的人生；是一個不同於以往在職場上、在工作上拼死拼活力求表現的人生，而是一個必須重新規劃、重新開始的人生。事實上，就是一個也必須仰仗好的老人社會福利來支撐的人生。

因之，我要奉勸年快到七十的朋友，千萬不要以為人生七十才開始，而要做到人生七十又開始；亦即需要規劃於年老退休之後如何積極地去迎向另一個新階段的人生，使自己在這個「夕陽歲月」的日子中過得健康、快樂和充實。

依據上述的論點，我就來談一談老人福利的問題。

聯合國的老人福利原則

談老人福利，不能不談聯合國的老人福利原則。聯合國大會依據聯合國憲章維護人權、提升人類尊嚴和改善人類生活的精神，於一九九一年十二月通過一個U.N. Principles for Older Persons，我把它意譯為「聯合國老人福利原則」，呼籲各會員國在推動各項老人福利工作時，應落實以下五個重要原則：

（一）獨立（Independence）：就是要維護老人生活的獨立性，即老人應能從自己之所得、家庭或社會之支持下獲得食、衣、住、行、健康照護等需求之滿足；並應享有可賺取生活費用之工作機會及有機會可參與決定何時從職場退休的決策程序，也應享有可依其意願儘可能在家庭居住生活的權利。

（二）**參與**（Participation）：亦即老年人不應從社會正常生活與活動中隔離，而應享有參與正規社會生活與活動以及各種相關教育與訓練的權利；對任何影響其權益的政策的形成，也應參與；而各種社區服務亦需提供老人參與的機會；老人也必須享有可自行組成社團的權利。

（三）**照護**（Care）：老人在生活上、健康上等都應得到國家、社會、社區和家庭妥適的照護。

（四）**自我實現**（Self-fulfillment）：也就是要為老人提供可發揮其潛能和實現其自我目標的機會，並要讓老人可享有社會上的各種教育、文化、精神和育樂的設施與資源。

（五）**尊嚴**（Dignity）：老人應不分種族、性別、宗教、信仰和政治立場等受到應有之尊重，並應生活於有尊嚴而不在身心上受虐待的環境和氛圍之中。

聯合國這五個重要原則，很切合實際，也頗能全面性地照顧到老人實際的需求，是我們所有有關老人福利工作所應遵循的規範；所有老人福利措施，其規畫和落實，我認為都應該以這五個重要原則作為基礎。

從國民年金法談起

談我們台灣的老人福利，不得不先談於民國九十六年八月所制定公布，並於民國九十七年十月一日開始實施的國民年金法。這個法律的實施，使以前沒有參加公勞保、軍保和不能依法可在職場退休後領取退休金的我國國民，只要從二十五歲起，每個月繳交六百七十四元的保險費，經過四十年之後，年滿六十五歲起，就可以每月領取八千九百八十六元的老人年金，來維持晚年的生活，使其晚年獲得最起碼的生活保障。

一般談社會保險，基本上應該涵蓋健康保險、老人年金保險和失業保險。我們在民國八十九年，也就是政黨輪替之前，亦即我還在政府服務的時候，就已經先後開辦全民健保和失業保險。那時，原本規劃要在民國八十八年實施老人年金保險。不料當時發生九二一大地震，災後重建需要龐大經費，原本要在八十八年實施老人年金保險，就決定延至八十九年辦理。沒想到這一延，就延了七、八年，到民國九十六年才完成立法，九十七年才正式推動。不過，總算已經開始實施了。這一來，我們台灣的社會保險總算有了完整而符合現代社會保障、社會福利需求的制度和措施了。對於我們的社會福利，尤其是老人福利而言，國民年金法的通過與實施，是一個富有歷史意義、代表國家進步的大事和里程碑。

一般談老人的生活保障，有所謂三層保障說。第一層即國家所推動的社會保險，像國民年金法的老人年金、勞公保的老年給付等就是；第二層即企業或就業所提供的退休金，像勞基法的退休金或勞工退休金條例所規定的按月提撥的個人退休金帳戶就是；第三層保障，就是個人的儲蓄或個人投保的商業性老年保險。基本上而言，我們台灣所有的老人，從九十七年（二〇〇八年）十月起，在這三層保障中，至少享有一層的保障。這是很值得加以強調的事實。

何以談老人福利

老人福利在今天的台灣，之所以特別重要，是因為台灣的社會正快速地走向少子化和老化的境界。

台灣在民國七〇年代以前，一直是一個少年和兒童源源不斷而且遠遠超過六十五歲以上人口的社會。但在民國七〇年代開始，我們的年出生率（即新生兒童佔總人口的百分比）一直在下降；到民國七十二年，已經降到百分之二以下。這百分之二代表什麼意義呢？根據人口學家和經濟學家的推估，一個社會要維持當前人口數水準，也就是人口替代率要剛好和死亡率相等的話，則出生率至少要維持在百分之二。我們的出生率已經低於百分之二，而且逐年下降，這表示每年我們所生的嬰兒遠不及死亡的人數。照這樣發展下去，我們的總人口數會愈來愈少；我們的社會少子化的現象，會愈來愈嚴重。台灣的人口出生率，到二〇〇九年，也就是民國九十八年，已降為〇．八二％。逼得現在政府只好大力鼓勵大家多多生產、多多養育孩子，來「增產報國」。

台灣在民國八十二年年底，正式成為聯合國所謂的高齡化社會（即六十五歲以上人口佔總人口數在百分之七以上），因為那時我們六十五歲以上人口已佔總人口數的七．八三％。民國九十九年，老年人口已佔一〇．七％，約等於二百四十七萬多人。據推估，六年之後，即民國一〇五年，台灣六十五歲以上人口數將超過十四歲以下人口數；八年之後，即民國一〇七年，六十五歲以上的老年人口，將佔總人口數的一四．五二％，這時台灣將邁入一個老化型高齡化社會，也就是超級老人社會（即老人人口數佔總人口一四％以上）；十五年之後，即民國一一四年，台灣的老年人口將佔總人口數的二〇％以上。

由於老年人口的增加，及老人平均壽命的不斷提升（民國九十八年為男性七五．八八歲，女性八二．四六歲），而另一方面，新生嬰兒又愈來愈少，如果照目前的趨勢維持不變，則扶養老年人口的工作人口，將從民國九十四年的七．五個工作人口扶養一位老年人口，到民國一一四年變為只有三．五個工作人口養一位老人。可見下一代的負擔將愈來愈沉重。如果沒有妥善因應，未來老人的照顧、養護，就會出現嚴重的問題。

上面這些人口結構的改變趨勢，使我們對於老年人的福利問題，不得不要加格外重視。

高齡老人所面臨的問題與挑戰

談老人福利問題，我們當然也必須先瞭解高齡老人在生活上所可能面對的問題與挑戰。

依據我個人的觀察，老年人口至少有下列幾方面的問題與挑戰：

（一）健康情形日趨變壞：這是自然的法則，誰也改變不了。人老了，不問是心理的、精神的、生理的或肢體的健康情形，一定會愈來愈走下坡。也就是愈需要家人或外人的扶持與照顧，健康的問題，愈來愈嚴重。醫療照顧，就成為老年人非常重要的問題。

（二）退出職場不再積極參與生產：絕大多數的老人，一定會從職場上退休下來。換言之，一定會從經濟活動的第一線退到第二線，甚至完全退出。這代表不再是社會上的生產者，而成為純消費者或依賴者。生活上和精神、心理上一定要隨之而有很大的改變。

（三）所得與收入大幅減少：老人一旦從職場上退休，就意味著沒有正常的固定經濟收入，即使有退休金，也勢必要比工作時減少很多。所得與收入減少，如無其他收入，則生活方式也必須隨之調整。過去想用什麼就買什麼，或者自己想花錢自己可以完全做主的日子，可能就一去不復返了。這種改變，一定是很大的挑戰，而應該因此要做很大幅度的生活和心理調適。

（四）社會參與銳減：老人因健康日差及從職場退下來，社會的參與一定大幅減少、降低，與社會的主流活動也會愈來愈脫節。所以，如何使老人仍能維持一定程度的社會參與，而使他們不會離群索居，不會覺得社會與他格格不入，是一個非常值得大家重視的問題。

（五）生活自主性降低：老年人由於健康越來愈差的關係，以及多數不能在經濟上百分之一百的自給自足，所以在青壯時代所能享有的生活自主性必然會降低。換言之，想到哪裡去、想做什麼，已經不是自己完全能決定，並且能靠自己去做到的事了。這種轉變，也是所有老年人終於有一天會面臨的嚴酷挑戰。

（六）**家人離散、親友凋零**：人一旦老去，由於社會的改變，已無法享有以往那種五代同堂、四代同堂，甚或僅是三代同堂的天倫之樂了。現在的老人多數必須面對的是，兒孫不能承歡膝下，兒孫各自為生活、為事業而各奔東西。而另一方面，所有老人都必須面對的是老友舊識、親朋故舊一個一個都相繼往生或離散，心中一定無法避免會有愈來愈深重的孤獨感和寂寞感。

當前老人的社會保障及有關機制

對於我們社會的老人，目前到底有何種協助維護老人生活的社會保障及社會福利制度和有關的機制呢？概括而言，我們台灣的老人現在大概可以享有以下的社會福利保障機制：

（一）**退休制度**：即公教人員的退休、勞基法的退休、勞工退休金條例的退休、軍人的退休等等。

（二）**社會保險制度**：即公勞保、軍人保險的老年給付和於二〇〇八年開始實施的國民年金保險。

（三）**生活津貼與補助**：這方面包括各種敬老津貼、老農津貼以及低收入戶老人生活補助。

（四）**養老和養護機構**：各種公私立的老人之家（養老院）和照顧不能自理生活的各類老人養護機構與場所，以及行政院輔導會所設的榮家（榮譽國民之家）等。

（五）**個人儲蓄與投資**；老人不少在晚年憑藉個人平常的儲蓄與投資來維持生活，確保生活的不虞匱乏。

目前服務性的老人福利措施

我們台灣社會，經多年來政府與民間的共同努力，已形成、出現了不少現已廣為人知，並且也頗具績效的老人福利服務措施。這些包括：

（一）社區長壽俱樂部（及有關老人組織）：台灣目前各地的社區很多設有長壽俱樂部，提供老人一定的服務和聚會場所，並且使老人可以從事有關的育樂活動。也有些地方成立各種老人團體，或者推動相關老人福利工作或者專門照顧老人各種需求。

（二）社區大學（長青學苑）：愈來愈多的地方設有社區大學，而且多數社區大學主要以退休老人為對象從事協助老人進行終身學習；尤其是提供老人學習藝文和語文，例如繪畫、書法和外語，以使老人可以有意義地使用退休後的時間，並且可以使老人自我充實生活的內涵。有些地方，則設有專以老人為對象的長青學苑，供老人進修學習。

（三）托老服務：托老服務，意義與托兒服務相似，目的在於協助家有老人的家庭於家人工作、上班時照顧老人。此種托老服務，早在民國七〇年代，我個人在擔任省府社會處長時，就曾在台南市、彰化縣等地試辦過，效果還不錯。現在有不少縣市已提供此種服務。

（四）敬老活動：每年在重陽節前後，各地均辦有相關的敬老活動，一方面喚起社會各界體會和實踐敬老的作為，另一方面也使社會上的老人在精神上得到必要的慰藉。當然，敬老活動並不限於在重陽節辦理，不少民間社團平常也有各自的敬老做法。

（五）老人保健：政府衛生保健機構常有強化老人保健的服務，也可以算是一種老人的福利。

（六）**乘坐車船飛機之優待：**我們的老人福利法明文規定，在國內六十五歲以上老人享有乘坐車船飛機之半價優待的權利。這也是現有的一種增進老人福利的措施。

加強老人福利應有的做法

介紹了老人所可能面臨的挑戰與問題，當前有關老人的福利制度和措施之後，我深以為面對社會日益老化的今天，我們在老人的福利的作為上，還必須做大幅的加強。我認為在下列各方面，是今後我們在老人的福利工作上應該要特別注意強化和改進的所在：

（一）**人口政策的檢討修正與加強落實：**前面提到，台灣地區正快速走向少子化、高齡化。此種變化趨勢並不是無法加以扭轉改變的；而扭轉改變的目的，就是要使社會上工作人口與被扶養的老年人口不要成太小的比例，也就是千萬不能使台灣的社會在人口上成為「食之者眾，生之者寡」，而應使老年人口有合理比例的工作人口來照顧、扶養，使老年人口可以享有國家社會負擔得起的優質福利。所以有幾方面的人口政策值得思考：

1.必須加強鼓勵年輕一輩多多生男育女，以使工作人口能不斷有所增補。

2.考慮效法有關國家開放具高生產力之外國青年工作人口對台灣適度移民，以填充少子化所帶來的無法填補的工作人口的不足，增加生產人口，確保經濟的持續成長；為避免有關的外來移民所造成的諸如種族、宗教等差異的問題，開放移民時，可以考慮以與台灣居民在文化、種族較接近或相類似地區的青年為優先。

3. 對於可以增進台灣經濟生產力的外籍勞工，不要一味排斥；應冷靜考慮並接受凡國家社會之經濟發展進步到某一層次時，外勞必不可免的事實。必要時應大量開放有利於提高台灣經濟發展及國際競爭力的外籍人士來台工作，以使我們的社會繼續保有應有的競爭力和生產力，使我們有一個養得起老人的經濟。

（二）強化老人福利行政體系：老人問題今後一定愈來愈重要。但是我們的內政部社會司目前卻只有一個科在主管老人福利工作，經費與人力以及行政層次都極為不足。老人問題已經是一個國家政策層次的問題。我們現在為了兒童，設有兒童福利局；為什麼我們不能也設一個老人福利局呢？老人福利的行政，今後一定是愈來愈重要愈應加重視，因為老年人口的數量愈來愈增加，老年人口在總人口數的比例也會愈來愈大。老人問題也是國家社會所必須面對因應的重要問題。我的「老人福利局」的構想，政府有關方面實在應加認真研究考量。

（三）老人教育社區化：終身學習是一個為全球各地所接受、認同的理念。老人投入學習最能體現終身學習的理想。我個人長期以來一直認為，要判定一個人老或不老，可以看他是否停止學習新事物、新知識。如果一個人開始不再對新知識、新資訊、新事物產生興趣，不再對這些新東西要想方設法努力去探求、去研究、去學習，那麼他就開始步入老化的境界了。

學習可以刺激一個人腦力、體力的活化，可以強化一個人對生命、對世界的興趣，可以使一個人增加活力、動力和企圖心。這些都可以減緩老化的進程和趨向。老人能夠從事學習的好處實在很多。我個人早在二十多年前擔任省政府社會處長時代，在台灣各地走動，發現一些在社區長壽俱樂部活動、學畫、學歌、學舞、學英文的老先生、老太太們，特別顯得有精神、特別看起來生龍活虎、特別顯得熱心、幽默，就使我深深體會到學習對老人的重要性。

今天，政府也好，民間也好，都在高談終身學習。我認為，終身學習應在老人方面大為推廣，因此應該把終身學習社區化；讓每一個社區的老人，都有機會在終身學習的機制下，去學習新東西、新知識，去開創新的視野，充實生活內涵，為逐漸老去的生命，注入新的活水、新的動力。

（四）提升老人保健服務內容　強化長期照護服務：老人保健不應僅限於要老人打各種預防針。我在社會處長任內曾與中華日報合作編印出版過一套「長青叢書」，從生活、保健、理財、學習、育樂各方面由專家執筆探討及介紹老人在此等領域所面臨的問題和解決因應之道。在保健方面特別強調應從生理、心理兩方面著手。所以，我認為今後衛生保健行政單位應充實、強化老人心理諮商服務的工作，為老人及老人家屬解決老人心理方面的困擾。讓走向夕陽的老人，心理上不致於焦慮、恐懼、空虛，也讓家有老人的民眾，知道如何與老人相處，如何為家中的老人提供使老人覺得充滿溫馨親情的環境。老人醫療是一門在台灣不問是學理或臨床方面都亟待加強的科學。雖然台灣的老人日多，但國內從事老人醫學研究或老人醫學診療的還是有限。為因應人口的老化，充實老人福利的內涵，加強老人醫學的推廣也是非常必要的。

強化長期照護服務也是當前老人福利工作應加重視的重點。目前台灣社會不能自理生活的老人，包括失智老人、老年植物人、長期臥病或身體衰老、癱瘓中風的老人，愈來愈多。因而，所需的長期照護服務，也日益增加。所以，政府在推動老人福利時，應加強長期照護服務的質與量的提升，以應社會的需求，並使有此需求的老人都能獲得妥善的照顧。

（五）加強老人工商服務：老人由於儲蓄和退休金的關係，往往是一個不容小看的消費群。所以，美國已經有人看上老人消費這一塊，專門從事以老人為主要對象的商品銷售；例如旅遊、老人日用品等等，就非常有開發潛力。過去，很多商家做推銷廣告，往往是鎖定年輕人。但現在，已經有很多工商企業認為，以老人作為銷售對象更能獲利。所以，愈來愈多的商品推銷廣告，鎖定老年人口，因為他們認為老人大多有些餘錢，不像年輕人經濟基礎有限，只要不是太老太窮，都還是有能力自主地去從事消費。事實也證明如此。所以，應該加強指導老人消費的工商服務。老人的工商服務，還應包括對老人理財的指導與服務。老人很多有退休金，有個人儲蓄。特別是我們台灣地區的老人，很多辛苦了一輩子之後，都擁有土地和房產，如何有效而安全地處裡身邊的財產，對於老人能不能安度餘年非常重要。所以，未來的相關政府部門或民間機構、團體，也應特別注意為老人提供良好而實用的理財管理服務。

（六）擴大老人社會參與並考慮延長退休年齡：老人最怕的就是退出社會。一旦不再有社會參與，老人的生命就會快速萎縮，就會很快退出生命、退出世界了。聯合國的老人福利原則之所以強調參與，原因在此。所以，老人福利工作，一個很重要的重點，應該是強化、擴大老人的社會參與。

從二十世紀九十年代開始，由於人口老化和人類平均壽命的延長，很多國家開始思考並且實際著手退休年齡的往後推延，也就是提高退休的年齡。

換句話說，不再認為人一到六十或六十五歲就應從職場上強迫退休。此一做法，一方面是認為退休不宜太早，一方面也是肯定即使到了六、七十歲，有人還是可以繼續投入生產，參與經濟生活的行列。事實上，由於知識經濟和資訊社會的來臨，職場上很多工作不再完全依賴體力，而是以腦力、知識和經驗為主要要求條件。這樣的轉變，對於老人的就業，非常有利。非常值得我們做為考慮應否延長退休年齡的參考。我個人是傾向贊成退休年齡可加延長的。

擴大老人的社會參與，還應包括鼓勵退休老人投入各種義工行列，以他們的熱誠、經驗為社會繼續服務。這也就是今後老人福利工作應加強化的一項。

外國有所謂老人人力再開發，也就是為老人提供新的職業訓練，使願意繼續就業的退休老人有適合其退休後的體力和生活環境的工作，讓他們可重新投入職場，重又投入社會參與。這樣做法，也是非常值得我們台灣參考借鏡的。

「五個老有」與「五老」

老人福利的工作，我一直認為，就是至少要做到「五個老有」，即「老有所養、老有所樂、老有所用、老有所安、老有所終」。「有所養」，就是老了之後，生活有保障；「有所樂」，就是老了之後還能過得快快樂樂；「有所用」，就是老了之後，還能參與社會，對社會有所服務、有所貢獻，而不是只是社會的負擔、兒孫的負擔；「有所安」，就是老了之後，能安安心心過日子，生病有人可以照顧，走不動了有人可以扶持；不能自理生活了，有人幫忙；而「有所終」，則是一旦到了生命終點，可以有尊嚴地從生命舞台退出、謝幕。上面，我所提到的老人福利應加強、充實的重點，目的就是要達成上述的目標。我很希望社會朝野、政府與民間各有關方面都能攜手同心共同為此一老人福利的目標的充分實現而努力。

按照法律的定義，現在的我，也是老人福利法中的老人了，我也享有乘坐車船飛機半價優待的權利了。然而，今天談老人福利，我在心情和感受上，不像以前我擔任省社會處長、國民黨中央社工會主任或行政院勞委會主委時談老人福利、談退休制度時那樣的心境。現在，一方面，固然談的是與自己有切身相關的問題，一方面則頗有光陰似箭、時間實在太快的感慨，另一方面則覺得今天的自己，不問心理上、生理上都不像當年我在青壯時代所感受到的老人那樣地老。而事實上，今天的老人，遠比十年前、二十年前、三十年前的老人，要「年輕」很多、健康很多。所以，對現在的「老人」而言，要過的日子還是相當地漫長，因此要好好地去「過」它，要要好好地去發揮「它」。

談到這裡，我就想到我當年在推動老人福利工作時，經常鼓勵老年朋友應該自立自強的一些話，今天我認為這些話，還是可以適用。我曾鼓勵老年朋友，千萬不要做「等吃飯、等睡覺、等死亡」的「三等國民」，而要保持活力、保持對生命、對生活、對社會的熱忱和興趣。今天我還是要重複這句話，與所有「老朋友」共同勉勵。

我也曾提到人老了，要特別珍惜四老：即（一）「老身」，就是注意身體的保健。（二）「老伴」，就是疼愛自己的另一半；沒有「另一半」的人，只要健康和經濟許可，不妨再找個談得來的「另一半」；因為有伴，可使老年生活更有依靠、更有情趣，更能發揮和體會「牽手」的好處。（三）「老友」，就是珍愛一路走來相知相惜的老朋友，也要結交可以閒聊一起遊樂談天說地的新朋友；更要認識一些年紀比我們輕的「小朋友」；因為，沒有朋友，就會像無所歸屬的漂泊者，就會與世隔絕，就會陷入孤獨。而且，如果只有年紀相仿的朋友，沒有年紀輕的朋友，就不可能吸收新知、新看法，就會與年輕人有代溝，同時，一旦老友凋零了，就完全沒有朋友了，當然是很不好的。（四）「老本」，就是身邊要確保要用錢時有錢可用。台灣人有句俗話說「沒有錢就像沒有腳」，什麼地方也去不了，就會寸步難行。今天，我要再加一老，就是（五）「老好」；「好」就是「嗜好」，指的當然不是有害身心的嫖賭、大吃狂飲之類的不良嗜好，而是可以陶冶身心、調劑生活、結交朋友的嗜好，像種花、養蘭、登山、旅遊、寫作閱讀、繪畫、書法之類等等。我的意思是人老了之後，特別是退休之後，應該要有個「嗜好」，這樣就會精神有所寄託、生活有個重心，而不會只能去做「三等國民」了。

我衷心希望，我們社會上的所有的老朋友，所有的「資深國民」，大家都能有一個平安、快樂、無所憂慮、無所恐懼的晚年生活；大家都能本著「不服老」、「不想老」也「不怕老」的心理，享受「夕陽無限好」、「夕陽紅不讓」的日子。

（於中華民國愛盲協會二〇〇七年會員大會演講全文並登載於其刊物，二〇一一年元月修正）

從全球金融海嘯的衝擊談兩岸社會福利與就業安全的保障

前言

二〇〇八年以美國次級房貸（Subprime Mortgage）為引爆點的全球金融海嘯（Global Financial Tsunami），雖然沒有像一九二九年開始的經濟大恐慌（The Great Depression）那樣造成全球性銀行到處倒閉、工人極大量的失業、搶領救濟金的人處處形成人潮，但仍舊為全球在經濟發展、人民就業以及社會保障上帶來了極大的衝擊與挑戰。在已開發國家，除了暴露金融秩序的嚴重失控和形成經濟衰退外，更使民眾的失業率急遽上升。根據經濟合作及開發組織（Organization for Economic Co-operation and Development, OECD）的估計，在其三十個會員國中，此次的金融海嘯，已使一千五百萬人喪失了工作，整個ＯＥＣＤ組織的失業率已高達八．五％。又ＯＥＣＤ於二〇〇九年九月所發布的ＯＥＣＤ二〇〇九年就業展望報告（OECD Employment Outlook 2009），更指出儘管景氣已稍有復甦，但失業情勢及其所帶來的貧窮現象，並未好轉，在二〇〇九年七月ＯＥＣＤ國家的失業率已達到八．五％，至二〇一〇年很可能上升為一〇％。國際勞工組織（International Labor Organization, ILO）更預測在今年全世界的失業人數將高達二億一千九百多萬至二億四千一百多萬之間，比二〇〇七年增加了三千九百萬到六千一百萬之多。也因此，國際勞工組織於今年九月的世界大會中，通過了一個「全球工作盟約」（Global Jobs Pact），旨在透過各國和國際間的努力合作振興經濟、開創就業、救助和消除貧窮。而美國眾議院更於九月間通過了一項延長失業給付（Extension of Unemployment Benefits）的法案，凡失業率超過八．五％的州，其民眾可加領十三個禮拜的失業津貼；在此法案之下，一個失業者最高可領到七十九週（約等於一七．七五個月）的失業給付；美國參議院也已提出類似法案，應可通過，並完成正式立法。這些均顯示，金融海嘯的影響與衝擊，依然相當之大。

台灣海峽兩岸，在金融海嘯的衝擊之下，都各自採取了因應對策。不過，由於兩岸在經濟之發展方向及規模上，在社會、經濟制度上，在就業安全及社會福利保障的周延性上，以及人口、面積等，存在著相當程度的差異；在因應金融海嘯的措施和政策也免不了有所不同，尤其在強化人民就業安全和社會福祉的保障上，也有不盡相同的做法。因此，兩岸在就業安全和社會保障領域的人士，大家聚集一堂，各發己見、交換經驗與心得，必能發生相互激盪、互相啟發、彼此交流，進而相互借鏡的作用。基於此一認識，本人願以一個曾長期主管社會福利，也長期主持台灣勞工行政，並且也在相關大學、研究院教授與人力資源、社會福利及勞動政策、勞資關係有關課程的研究者身分，就金融海嘯下美國與台灣有關就業安全和社會福利的一些做法，加以闡述，並談一談今後兩岸應如何努力，來為人民建構一個健全、穩定、可長可久的優質就業安全和社會福利保障機制，供研討會與會人員的參考。

全球金融海嘯之衝擊及各國因應之道

對全球經貿及勞動社會情勢之衝擊

金融海嘯對全球之衝擊，至為明顯而嚴重，具體而言，至少有下列四項：

（一）**經濟成長下滑**：由於金融海嘯的影響，世界銀行（World Bank, WB）預測二〇〇九年全球經濟成長率將只有〇·九％，國際貨幣基金會（International Monetary Fund, IMF）則認為僅有〇·五％，聯合國則估計最高達一·六％，最低為負〇·四％，均較以前下滑很多。

（二）**貿易及工業生產之急遽萎縮**：依據國際貨幣基金會的推估，全球貿易量成長率將從二〇〇八年的四·一％降至二〇〇九年的負二·八％；世界銀行則認為將從二〇〇八年的六·二％下降至二〇〇九年的負二·一％。而工業生產，不問美國、日本及歐元區都呈現從二〇〇八年就快速萎縮的情景。

（三）**金融體系之失控及股市之劇烈震盪**：在金融海嘯的衝擊下，全球股市無不呈現劇烈震盪的現象，美國、日本、中國大陸及台灣都大大減少了股票的市值，全球股市在二〇〇八年損失總值超過了二十九兆美元。至於各地金融體系，尤其是美國及若干歐洲國家，都發生了嚴重失控的情形，必須由政府的公權力強力介入予以改善。

（四）**失業及貧窮現象之加劇**：如前所述，不問已開發國家或開發中國家，在金融海嘯的影響下，都出現了失業潮，失業率一直在攀升。中國大陸的失業人口，由於農民工的喪失城鎮裡的工作，有人估計應該會超過二千四百萬人。美國全國失業率在今年八月間達到九·七％，而有二十七個州的失業率則超過八·五％。

ＯＥＣＤ更警告說未來年輕的一代，可能淪為「職場中失落的一代」（Lost Generation of Employment）。失業帶來了收入的減少，因而新貧、近貧人數顯著增加，例如美國生活在貧窮線以下的人口，從二〇〇七年的三千七百三十萬人增至二〇〇八年的三仟九佰八十萬人，而貧窮率更達一三．二％，為一九九七年以來之新高。

對台灣形成之衝擊

台灣在此次金融海嘯的衝擊之下，呈現了經濟衰退、出口萎縮、產業不振的現象，因而造成了失業率的上升，和低收入戶的增加。台灣一直以低失業率著稱並自豪，但從二〇〇八年十一月開始，失業率就從四．六四％，升到十二月的五．〇三％，至二〇〇九年一月升至五．七八％，到今年七月又升為六．〇七％，為台灣之失業率首度突破六％，到了八月又升為六．一三％。失業人口雖只有六十七萬多人，但總是一個令人不得不重視的警訊。至於低收入戶人口，在台灣這樣一個一直講究「均富」的社會裡，任何低收入戶人口的增加，都是一個非常值得重視的現象。根據內政部最近的統計，二〇〇九年第二季，低收入戶家庭數，自從去年秋金融海嘯以來，急速升高，已升至九萬九千三百五十九戶，直逼十萬大關。若依戶內人口計算，一九九九年的低收入戶人口僅有十三萬六千人，到今年第二季已倍增至二十四萬一千人，佔總人口數的比率，首度突破一％，達到一．〇五％。

各主要國家對金融海嘯的因應之道

金融海嘯的起源國為美國，其因應之道稍後再談，其他各國為因應金融海嘯所採取的辦法，不外是擴大公共投資、刺激景氣復甦以及想方設法增加就業機會、加強社會保障措施，以及強化失業救助和給付等。

大陸提出兩年內對內投資四兆人民幣的擴大內需方案，同時大力推動汽車和家電下鄉，以求經濟成長率保八，即維持在八%甚或上升至九%。

日本也提出了總規模達十一兆七千萬日圓（相當於新台幣三兆四千萬）的經濟振興方案。

台灣對於此一來勢洶洶的金融海嘯，由行政院統合各部會，採行一個「全球金融海嘯台灣因應對策」，主要內容有：（一）穩定金融及「三挺政策」：包括加強中小企業融資措施、推動非中小企業專案貸款暨信用保証、推動獎勵不減少員工之企業的愛心企業專案融資、持續辦理優惠房貸，以及「政府挺銀行、銀行挺企業、企業挺勞工」的「三挺政策」等做法；（二）擴大內需、刺激消費：對每一國民發放新台幣三千六百元之消費券，持續執行「加強地方建設擴大內需方案」，振興經濟擴大公共建設投資，補助購置節能減碳家電、設備及低污染車輛；（三）振興出口，提升企業競爭力；（四）促進就業，加強勞工培訓；（五）積極照顧弱勢；及（六）減稅措施。此一對策實施以來，已產生了一定的功效。

美國的經濟復甦方案及羅斯福新政之啟示

從布希「緊急經濟安定法案」到歐巴馬的「美國復興暨再投資法案」

二〇〇八年秋爆發金融海嘯之後，美國金融市場即岌岌可危，有走入一九二九年經濟大恐慌銀行連環倒閉之勢，當時仍在位的總統布希在其財政部長柏森（Henry Paulson）主導下，提出了緊急經濟安定方案並獲國會於十月通過而成為緊急經濟安定法案（Emergency Economic Stabilization Act of 2008），以七千億美元，來挽救美國金融機構，穩定金融市場，進而安定人心，紓解可能爆發的經濟大危機。此一法案雖使美國金融機構和金融市場免於陷入崩潰之危機，但也引發了很大的爭議，即政府似無必要用納稅人的金錢去收購不良債權及接管長期經營、管理不善而貪婪成風的銀行、金控公司和投資公司。

今年元月就任美國總統的歐巴馬，面對金融海嘯帶給美國經濟的創傷，於接事之後即推動相關的經濟復甦方案，並經國會於二月通過並由他簽署生效為美國復甦暨再投資法案（American Recovery & Reinvestment Act of 2009）。這是一個旨在刺激經濟景氣的方案，主要有四大部分：（一）減稅；（二）協助失業者及低收入戶；（三）維護及創造就業機會；以及（四）加強公共投資。公共投資所涵蓋的範圍極廣，包括交通、住宅、健康照護、能源發展及改善、教育建設、科技發展、社區改善等等。此一方案總共經費達七千八百七十億美元。由於推動不久，是否能達到預期的目標，有待觀察。

史上面對經濟危機、大恐慌而使經濟復甦民生脫困最成功的案例，應該是美國於一九三〇年代所推動的羅斯福（Franklin D. Roosevelt, 1882~1945）的「新政（New Deal）」了。在探討金融海嘯對就業及社會保障的衝擊之時，有必要重溫羅斯福的「新政」，以吸取教訓和尋求啟發。

羅斯福的「新政」，以擴大公共投資、刺激景氣、創造就業機會、改革金融工商制度、創立社會安全制度、制定保障工會以及確保合理勞動標準的勞動法等為最主要的內容。因之，史家認為他的「新政」可以三個R來代表，即Reform（即改革，對金融、工商、政府及社會保障、勞動法制作了改革），Recovery（即復甦，亦即經濟的復甦，人民之再投入就業，和正常安定生活之復原），以及Relief（即救助，對失業者、窮苦者和農民的救助）。

「新政」最值得稱道的成功措施之一，即擴大公共投資創造就業機會，一九三三年羅斯福就任總統時，美國全國失業率高達二五％，他先後推動幾個旨在創造就業的公共投資計劃如聯邦緊急救助局計劃（Federal Emergency Relief Administration, FERA）、民眾護育團計劃（Civilian Conservation Corps, CCC）、工程發展局計劃（Works Progress Administration，WPA）、民間工程局計劃（Civil Works Administration, CWA）、國家青年計劃（National Youth Administration, NYA），以及田納西河域管理局計劃（Tennessee Valley Administration, TVA），以短程和長程的各種工程為民眾創造短期和長期工作機會，因應當時頗為嚴重的失業問題。擴大公共投資從此成了一個刺激經濟復甦、加強創造民眾就業機會的典型政府對策。

「新政」另一個值得重視的做法，就是在追求經濟復甦、尋求經濟繁榮與成長的同時，也兼顧到弱勢族群的照顧，和勞動者權益的加強以及社會保障的制度化。因之，在推行「新政」時，美國通過了社會安全法（Social Security Act）建立了迄今對美國人依然非常重要的社會安全制度；另一方面制定了保障工會的組織權和團體協商權的國家勞工關係法（National Labor Relations Act，又稱 Wagner Act，華格納法）以及確保合理工時和工資的公平勞動標準法（Fair Labor Standards Act）。

所以，經濟的發展、成長、復甦，必須也注意到社會福利的保障和勞動者的權益；沒有做好合理的就業安全、社會福利暨勞動者的保障工作，經濟的成長和復甦，也就不完全，甚至於會變得極為困難。這是我們從美國「新政」所得到的一個相當寶貴的教訓和啟示。

台灣就業安全體系及因應金融海嘯之加強就業保障措施之檢討

當前台灣就業安全體系及措施

台灣的就業安全體系，主要以四個重要立法為依據：就業服務法、職業訓練法、大量解僱勞工保護法，和就業保險法。

就業服務法建立了中央至地方的協助求職者和求才者相互媒合的就業輔導體系，同時訂定了促進國民就業，尤其是對失業者、中高年齡者、原住民（少數民族）、婦女、身心障礙者的就業促進機制。職業訓練是在學校的職業教育之外的另一個協助民眾取得所需就業技能的機制，由勞動行政機關主管，主要在推動養成訓練、技術生訓練、進修訓練、轉業訓練和身心障礙者訓練，並推廣技能檢定制度。對於大陸而言，較具參考價值的是台灣的大量解僱勞工的保護以及失業保險制度。台灣於一九九九年先以行政命令「事業單位大量解僱勞工保護措施」，對於被大量解僱或可能被大量解僱的勞工，提供了保護的辦法，嗣以二〇〇三年透過立法制定了大量解僱勞工保護法，確立對此等勞工的保護機制。在此一機制之下，雇主擬大量解僱勞工時，應先向主管機關及工會等提出解僱計畫，相關機關及人員如知有事業單位在經營上出現異常現象而可能進行大量解僱勞工時，有告知有關主管機關的義務；事業主違反有關大量解僱勞工保護法情節重大者，政府可以禁止其出境；勞工因受大量解僱致權益受損而進行訴訟或因而生活困難者，政府應給予必要的協助。此一保護機制，在因金融海嘯造成產業呈現困境時，更可對勞工發揮一定的保護功能。

台灣的失業保險，是強制性的全面性社會保險，適用於所有受僱者。失業保險提供的給付除了失業給付之外，還包括提早就業獎助津貼、職業訓練生活津貼、失業之被保險人及其眷屬全民健康保險費補助。所以，是一個著眼於促進失業者加速回歸就業的制度。失業給付內涵為按失業人失業之月起前六個月平均投保薪資的百分之六十給付，最長發給六個月。

因應金融海嘯之加強就業安全保障措施

全球金融海嘯為台灣帶來仍然相當嚴重的失業問題，為因應此一問題，台灣有關主管機關相繼推出了幾個重要的對策，即：（一）三挺政策：也就是政府挺銀行，銀行挺企業，企業挺勞工；要求接受銀行團紓困的企業不得裁減員工；（二）二〇〇八—二〇〇九年短期促進就業計畫（含立即上工計劃）；（三）二〇〇九—二〇一二年促進就業方案；（四）充電加值計畫：補助企業辦理在職員工之培訓；（五）培育優質人力促進就業計畫；及（六）增加失業給付之內涵。

所有因應對策目的在於：（一）創造更多就業機會，（二）防止事業單位裁減人員，（三）輔導新投入就業市場者找到適當之工作機會，（四）加強在職者及失業者之職業訓練，以及（五）加強對失業者之照顧。

上述這些措施，對於紓緩失業所帶來的負面影響有一定的效果；但似仍未能有效遏阻失業率的繼續上升。這當然有賴於刺激經濟復甦成長的治本對策的落實。

台灣的社會福利體系及因應金融海嘯之加強社會保障措施之檢討

台灣的社會福利體系

台灣於一九五〇年代即先後開辦勞工保險、公教人員保險及軍人保險，為受僱及職業工人、漁民、公教人員、軍人提供了包括醫療、生育、傷病、殘廢、老年和死亡等的給付保障，對社會的安定，經濟的發展，發揮了相當大的積極功能。

一九七〇年代，台灣推動「小康計畫」以消滅貧窮、建立小康和諧社會為目標，對於促進社會的均富，起了很大的作用。一九七〇年代起，台灣相繼完成了有關照顧老人、青少年、身心障礙者的立法，並制定了社會救助法，基本上完成了一個相當健全的社會福利和救助體系。一九九四年，台灣開辦全民健康保險，使所有民眾享有一個方便、普及、優質而保費相當低廉的醫療照顧；同時又推動勞工保險、公教保險等老年給付的年金化，而就業者的退休制度，也有很大的變革，另又推動老農津貼，每一老年農民每個月可領新台幣六千元生活補助；同時也自二〇〇八年十月開始開辦國民老年年金制度，使沒有任何社會保險照顧的國民年滿六十五歲之後每個月至少可領新台幣三千元的生活津貼。如前所述，台灣早自一九九九年起就辦理全面性的失業保險，因而，我們可以說台灣的民眾每一個人自出生至死亡，都有很健全的社會安全網（Social Security Net）在照顧。換言之，台灣的民眾，目前享有生育、醫療、傷病、職災（工傷）、失業、老年、死亡等各種基本而有效的保險照顧。就以一個受僱的勞工為例，他可享有在生活上及工作上所有必須的就業安全和社會福利的一切保障；如果他退休了，他一方面可以從事業單位依法領取一筆退休金（新制可選擇以年金方式按月支領）和勞工保險所給予的老年給付（也可用年金方式按月領取）。

不過，整個全球和台灣的經濟社會情勢不斷在改變，台灣在社會保障上也出現了例如貧富差距擴大、新貧出現、近貧有待救助等等問題，這些都有待於大家設法儘快予以解決。

因應金融海嘯之強化社會保障措施

由於基本上台灣社會安全保障，應該算是周延，因而金融海嘯在一般人的社會保障上的衝擊不是很大。不過因失業或減少收入所帶來的貧窮問題，還是很值得重視。因而，在行政院所擬定的「全球金融海嘯台灣因應對策」中，特別有一個積極關懷弱勢的重要項目，其中包括了（一）工作所得補助方案，對於所得較低者給予現金的補助，以減少新貧的出現；（二）持續推動照顧弱勢措施：推動馬上關懷專案、建置高風險家庭篩檢轉介及資料庫、調增低收入戶生活補助、補助中低收戶兒少健保費、補助低收入戶健保費，以及擴大補助營養午餐等措施，以減少此一海嘯所帶來的衝擊。

建構就業安全與社會福利之優質保障機制

此次全球金融海嘯帶給我們最大的教訓，就是我們應該要有一個非常健全的經濟發展環境來確保經濟的持續而穩定的成長，同時，也顯示出各國的社會安全保障體系仍必須再加強化。所以，今後我們應在下列各方面加緊努力，俾建構一個可長可久的優質就業安全和社會福利保障機制。

確保經濟之健全持續成長

面對當前的全球金融海嘯，國際勞工組織在提出「全球工作盟約」之時，強調應建立一個更具綠色觀念（greener）（也就是更重視環保）、更平衡發展（more balanced）、更公平（fairer）和可持續成長（sustainable）的全球經濟（global economy）。OECD的一個諮詢組織，則呼籲OECD各國要致力於營建一個更堅強（stronger）、更乾淨（cleaner）和更公平（fairer）的世界經濟。兩者意旨可說非常接近，都是希望經濟要能更健全地持續成長和發展，也唯有如此，才能使各國儘速擺脫金融海嘯的不利衝擊，並走出失業遽增、貧窮惡化的陰霾。如何達成此一目標呢？我認為就兩岸的現狀而言，下列的努力是必要的：

（一）金融管理制度之健全化：全球金融海嘯儘管對兩岸的金融體制，並未帶來值得重視的不利衝擊，這也說明兩岸的金融管理制度還算健全。但美國所引發的金融海嘯及其暴露的金融管理制度的缺失，卻應該引為前車之鑑，作為一個警戒和教訓，在政策與做法上，萬不可走上一切「鬆綁化」、「寬鬆化」、「自由化」的道路，要做到嚴密管理，切實檢查，以保障金融制度的健全而公平的運作，確保所有投資者和儲蓄者的權益，以防止民眾一夕成貧的現象。

（二）貪婪之風應予有效遏止：兩岸多年來由於經濟的快速成長，以及過分強調物質生活的追求，特別是大陸近年來對財富的過分重視，加上來自於歐美的影響，貪婪之風日形普遍。美國所造成的金融風暴，貪婪也是一個重要的原因。所以，兩岸都應設法致力於遏止貪婪之風的蔓延與滋長。

（三）全球化接軌與思維之必要：兩岸的經濟都是以出口為主要導向；大陸甚至被稱作世界工廠，雖有廣大的內銷市場，但主要還是有賴於歐美和其他地區國家對大陸產品的消費與購買，因而，大陸的經濟與世界其他國家特別是大陸產品主要出口國如美國和歐洲國家等的經濟發展，可說息息相關。是以，大陸亦如同台灣一樣，在經濟發展上，應該有全球化（globalization）的思維，而且要與全球化有所接軌。在此一方面，有幾點值得提出來特別予探討：

1.「競趨底線」（Race to the bottom）及「使鄰居行乞」（Beggar-thy-neighbor）現象之防止。

所謂「競趨底線」，指的是在國際經濟競爭上，一個國家為了提升其產品的競爭力或吸引外來的投資，刻意地把工資、勞動條件、環保要求等儘可能地壓低；而「使鄰居行乞」的做法，意思差不多，目的在損人利己，例如對自己產品給予津貼而對外來產品課予重稅，或者將自己本國的有關環保、勞動條件、社會保障的規定及要求，盡量降低要求或故意不去執行，以確保本國的產品佔有較大的競爭優勢。這兩種做法，都是保護主義（Protectionism）的表現，在國際上已廣受責難與批判。不問台灣或大陸，今後經濟要真正具有競爭力、真正能走上健全化和受人敬重的國際化，都應在政策上及做法上防止此兩種現象。

2.OECD的「跨國企業指導綱領」（OECD Guidelines for Multinational Enterprises）之落實。

OECD為了倡導跨國企業的良好商業倫理及企業的社會責任（Corporate Social Responsibility, CSR），並使跨國企業對其企業所在地或投資地，不問在經濟或社會發展上，都能扮演著一個正面的推手角色，特於一九七六年通過一個跨國企業指導綱領，此一綱領並於二○○○年六月修正。綱領內就環保、防止賄賂、消費者權益、科技發展、財務金融以及勞資關係和勞動條件等，都列出了相關政府及企業應有的規範，是旨在導引跨國企業之正派經營，也就是要建立一個能永續發展而健全、穩定又成長的世界經濟。

兩岸都有外資投入，也都積極對外招商引資，同時，也都對外有愈來愈多和規模愈來愈大的投資。對於此一綱領，應加重視，一面使在本國經營的國內外企業都能合理照顧所僱勞工、注意環保、遵守法令，而能健全經營，對創造就業、刺激成長、改善生活、提升福利，均有積極的貢獻；再者使在外投資的企業，符合國際有關企業倫理及勞資關係和環境保護的標準。

3. 國際勞工組織之「關於跨國企業及社會政策的規範原則之三方性宣言」（ILO Tripartite Declaration of Principles Concerning Multinational Enterprises & Social Policy）的實踐。

此一宣言，制訂意旨與上述ＯＥＣＤ之指導綱領相類似，不過，其重點則在於提升勞工之權益及強化社會保障之功能，係於一九七七年十一月提出，並於二○○○年再加修正。主要內容包括就業（Employment）、訓練（Training）、工作及生活條件（Conditions of Work & Life）以及勞資關係（Industrial Relations）。今天我們談就業安全與社會福利之保障，尤其應該注意落實此一宣言所宣示的做法與目標。

4. 聯合國全球盟約（U.N. Global Compact）

此一盟約係一九九九年一月由當時之聯合國秘書長所倡議，並於二○○○年七月正式啟動，意在透過一個論壇機制，以溝通、對話、研究、協商等方式，鼓勵全球之工商企業採行有助於永續發展並具社會責任之營運政策（sustainable and socially responsible polices）。盟約共有十個條文，包括人權、勞動標準、環境保護以及反貪污等內容。此一盟約有助於工商企業經營之正常化、健全化，不僅有利於經濟之發展成長，也對於勞工工作及生活條件之改善以及社會保障制度之落實，有所幫助。應該也是兩岸相關方面應予注意推動的優良規範。

（四）兩岸經貿合作互補的推展：自從大陸推動改革開放以來，兩岸就有相當頻繁而規模相當龐大的經貿互動關係。根據相關方面的估計，截至目前為止，台商在中國大陸的投資總額應已高達美金三千億元之多，創造了大約五百萬個工作機會。另一方面，台灣對大陸的出口也日益增加，約佔台灣總出口金額的四分之一，例如在二〇〇八年，台灣對大陸的出口金額，即高達九百九十六億美元，占總出口的三九％，相當於ＧＤＰ的四分之一，也創造了大約一百八十萬個就業機會。此外，台灣每年有超過四百萬人次的人到大陸旅遊、交流，對大陸經濟也起了相當程度的強化作用。可見兩岸經貿的互動互補，對兩岸的經濟發展與成長，都有很大的助益。為兩岸人民生活的福址，我們應該經由妥慎的安排，在照顧到兩岸特殊的關係的情形下，進一步強化兩岸在經貿上有來有往的合作與互補。

（五）整體競爭力提升之加強：兩岸經濟發展的環境、速度、幅度及時間雖存有差異，但追求成長、永續發展和提升整體競爭力，暨不斷改善人民生活、強化人民福利保障的目標則相同。為了保證經濟的永續發展，競爭力的提升應是今後兩岸在確保人民就業安全及社會福利保障方面，也應特別注意的地方。下面的幾個圖表，顯示出兩岸為提升競爭力，今後應各自格外努力的重點與方向：

一、世界經濟論壇（World Economic Forum, WEF）之各國競爭力評估

	整體競爭力（總指標）	效能促進	創新	效能促進（高等教育）	基礎建設	總體經濟穩定性	健康與國小教育
台灣	12	17	8	13	16	25	15
大陸	29	32	29	61	46	8	45
新加坡	3	2	10	5	4	35	13
韓國	19	20	16	16	17	11	27
日本	8	11	2	23	13	97	19
印度	49	35	28	66	76	96	101
美國	2	1	1	7	8	93	36
俄羅斯	63	52	73	51	71	36	13
	瑞典第1	美國列第1	美國列第1	芬蘭列第1	德國列第1	文萊列第1	芬蘭列第1

資料來源：WEF, The Global Competitiveness Report, 2009-2010

二、美國商業環境風險評估（Business Environment Risk Intelligence, BERI）

	投資環境風險評比（總指標）	營運風險	政治風險	匯兌風險
台灣	5	3	11	5
大陸	17	24	17	8
新加坡	2	2	1	4
韓國	20	26	23	9
日本	6	15	15	1
印度	31	27	40	31
美國	12	8	8	20
俄羅斯	27	40	30	21
附註	瑞士(1)	瑞士(1)	新加坡(1)	日本(1)

註：上表為2008年12月之評估。BERI的2009年4月（2009年第一次評估）之評估，台灣之排名除營運風險降為第七名外，餘均與前述之評估同。

三、瑞士國際管理學院（International Institute for Management Development, IMD）之世界競爭力總排名

	2007	2008	2009
台灣	18	13	23
大陸	15	17	20
新加坡	2	2	3
韓國	29	31	27
日本	24	22	17
印度	27	29	30
俄羅斯	43	47	49
美國	1	1	1

四、英國Economist Intelligence Unit（EIU）之世界創新力評比

國家或地區	創新績效（創新產出）		創新驅動力（創新投入）		創新效率*（創新產出高於創新投入之排名差距）
	評比指數	全球排名	評比指數	全球排名	
日本	10.00	1	9.20	11	+10
德國	9.49	4	9.56	5	+1
美國	9.44	5	9.47	6	+1
台灣	9.44	6	9.05	14	+8
南韓	9.05	11	8.81	17	+6
新加坡	8.75	16	8.76	18	+2
大陸	5.98	46	6.30	41	-5

1. 評比指數滿分為十分。
2. 創新效率係指在創新產出排名高於創新投入條件下，兩者的排名差距愈大，表示創新效率愈高。

資料來源：EIU (2009), A new ranking of the world's most innovative countries, April

社會保障制度之普遍化及全面化

全球金融海嘯之襲擊，的確造成了在社會保障制度上的一個極大的挑戰。由於就業機會的喪失或者工作型態改變所造成的所得減少，使依賴社會救助維生的人口大為增加。兩岸都出現了此一現象。

因應之道，就是將社會保障制度提供的保障更加普及和全面化，也要針對金融海嘯引發的新的社會福利問題如近貧、新貧現象的嚴重化和失業保險常態性的給付難以應付長期失業工作難尋的現象，妥擬對策。

台灣經過長期的努力，以及均富政策落實之後所形成的堅強而穩定的中產階級的出現，一般而言，社會保障網或社會安全網應該還算普及和全面。就社會保險而言，如前所述，我們有涵蓋全民普受國際稱許的全民健康保險，為所有人民提供了方便而極其廉價但品質不錯的醫療照顧；有保障生育、傷病、殘廢、職災（工傷）、老年和死亡的勞工、公教和軍人保險；有保障退休人員生活的勞工退休、公教人員退休、軍人退休、私立學校人員退休制度；有保障所有受僱者失業的失業保險；有保障未受勞工、公教和軍人老年保險保障之國民晚年生活的國民年金保險和農民老年年金保險。不過，我們認為這些還不夠，所以，最近又在研議辦理長期照護保險。而所謂「以房養老」的逆向抵押貸款構想，也在研討之中；另外對長期失業者的延長失業給付期間和對新貧及近貧者，甚或對於所謂「勤貧族」（Working Poor，有人譯為窮忙族）應如何加強救助照顧，也是政府當局研議的重點。目的就是在於使對於人民的就業安全與社會福利的保障更加普及、深入、全面和合理化。

大陸方面，在社會保障方面，自改革開放以來，已有很大的進步，根據大陸人力資源和社會保障部發表的資料，大陸十三億人口中，截至二〇〇九年九月為止，已有二億二千四百一十三萬人參加城鎮基本養老保險、三億三千六百七十九萬人參加基本醫療保險、一億二千三百三十九萬人參加失業保險、一億四千零七十四萬人加入工傷保險、九千七百九十四萬人有生育保險。另外，全國有一〇%的縣（市）開始實行新型農村養老保險試點，探索建立個人繳費、集體補助、政府補貼相結合的新農保制度，保障農村居民的老年基本生活。二〇〇八年十一月大陸舉行第三屆中國社會保障論壇，中共中央代表張德江特別在會上強調要「採取更加有效的政策措施，大力發展社會保障事業，加快完善中國特色社會保障體系。」並表示要確保在二〇二〇年基本建立覆蓋城鄉居民的社會保障體系。

另一方面，由大陸二百多位專家學者和二百多位各級官員及社團負責人，針對大陸社會保障事業之現況檢討以及未來應如何規劃發展，而共同集思廣益所完成的《中國社會保障改革與發展戰略》一書，也指出大陸有關方面，早在二〇〇四年就要求應「建立健全同經濟發展水平相適應的社會保障制度」，中共也於二〇〇七年表示要「加快以改善民生為重點的社會建設」使「學有所教、勞有所得、病有所醫、老有所養、住有所居」。該書又指出：「中國社會保障改革在整個改革事業採取漸進式推進的大背景下，也只能循序漸進，摸著石頭過河，……亦留下許多深刻教訓。例如實踐中的效率優先取向與過分強調個人責任回歸，直接損害了這一制度的公平性，公共投入不足和制度體系的殘缺，留下了巨大的安全漏洞與保障空白。」「因此，通過建設覆蓋城鄉居民的健全的社會保障體系……實現國民經濟與整個社會的協調、持續、健康、和諧發展……顯然具有必要性、重要性與緊迫性。」

社會保障機制，尤其社會保險體系，必須要全面化、普及化，才能有效發揮使全體人民均受保障、均能於遭遇生、老、病、死、意外事故以及失業時，獲得最起碼的照顧的功能，以維護其尊嚴，免除其恐懼。

我們相信也期盼，有上述的這些認知、努力和呼籲，大陸在社會保障方面的強化可隨著其經濟力和國力之提升，儘早實現，讓每一個大陸的人民，至少都可以過著「免除所有人的生存危機、疾病恐懼與解除所有人的養老後顧之憂」的「二免除一解除」的生活。

民間力量之擴大動員及運用

社會福利之推動，民間一直扮演極重要的角色。在歐美國家，事實上，民間力量，不問非政府組織（NGO）、非營利事業團體（NPO）、宗教機構或民營事業，一直是社會福利工作非常重要的贊助者、支持者和推動者。台灣在社會福利方面的民間參與，一向也相當活躍與積極，不少殘障、老年安養和育幼暨培訓機構，都是由民間所辦理。大陸於改革開放之後，出現了愈來愈多、規模也日益加大、資本更加速雄厚的民間企業。換言之，民間參與社會福利的潛力，也是愈來愈大。

在探討強化社會福利及就業安全保障之際，我們應研究如何在兩岸各自努力去營造更好的機制、更好的環境、更可行的法令，來加強動員和運用民間力量參與社會保障的建設工作。

勞動條件之合理化與勞資關係之和諧化

近年來國際勞工組織一直倡導推動「好工作」（Decent Work）（有譯為「體面工作」、「尊嚴工作」或「優質工作」者）的理念，也就是受雇者的工作不僅要有好的待遇、具穩定性並且其勞動條件也要合理化；換言之，即勞動者應有的勞動權，例如組織權、協商權、爭議權等等均要有合理的保障。國際勞工組織認為「好工作」理念也是確保經濟永續發展成長以及建立「更公平的全球化」（Fairer Globalization）所必需。

台灣從一九八〇年代訂定實施勞動基準法開始，即致力於充實修正相關的勞動法規，也不斷強化勞動者的權益，並且注意勞資和諧關係之加強和促進。此一做法，對於台灣經濟之持續發展和成長，以及社會之安全均富，有很大的幫助。

大陸自從推動開放與改革的政策，注入了市場經濟的理念，加強引進大量的外資之後，勞動市場和勞資關係也隨之有很大的改變。對於勞工的各種保障的法律也相繼出現，這是經濟發展與成長後所必須要走的道路。去年，大陸推出勞動合同法、勞資爭議調解仲裁法及就業促進法，應是此一道路必然的產物。

任何健全而可永續發展的經濟，必須植基於健全的勞資關係及合理化的勞動條件。希望兩岸在謀求因應全球金融海嘯所引發的各種社會、經濟問題時，必須牢記此一道理。

就業安全體系之再強化

就業安全主要依賴於將就業輔導、職業訓練與失業保險等三項重要支柱做好並強化。此次全球性的金融海嘯之突然襲擊，各國普遍的因應對策之一，就是強化就業安全體系，也就是將上述三大支柱進一步予以強固和充實。

如前所述，台灣為因應此次金融風暴，推出了不少加強就業保障的措施，其中特別值得一提的是台灣的失業保險制度的強化，在把握其確保就業安全、鼓勵就業及創造就業的積極立法意旨的前提下，今年五月又增訂對中高年齡失業者、身心障礙失業者以及有扶養家屬之失業者的延長失業給付期限，即（一）失業勞工已滿四十五歲以上或為身心障礙者，其失業給付期間由六個月延長至九個月，（二）失業勞工必須扶養無工作收入之配偶、未成年子女或身心障礙子女者，每一人可加發失業給付一〇％，最多加計二〇％。同時又新規定「中央主管機關於經濟不景氣致大量失業或其他緊急時，於審酌失業率及其他情形後，得延長失業給付期間至少九個月，必要時得延至十二個月」。

大陸方面的失業保險，仍未全面普及化，應有很大的加強空間；雖然，大陸經濟發展，年有成長，但失業問題還是相當嚴峻，尤其農民工以及農民的就業與失業問題，更是不容忽視。如何解決這些問題，是大陸在加強就業安全體系工作上的一個挑戰。

台灣在強化就業安全體系之時，應特別重視、因應愈來愈多的人被逼從事臨時性就業、部分工時、人力派遣等「非典型工作」（Informal Employment）的現象。

職業訓練，不問職前訓練、在職訓練，多能工訓練或失業後之再訓練均非常之重要，都必須加強辦理，以強化人民的就業安全保障。

結語

國際勞工組織所通過的「全球工作盟約」強調要從當前所面臨的國際金融海嘯危機中復原，必須（一）加速創造就業機會、失業者再就業以及確保工商企業的持續發展（Accelerating employment creation, jobs recovery and sustaining enterprises），（二）確立社會保障制度並保障人民（Building social protection systems and protecting people），（三）強化對國際勞動標準的尊重（Strengthening respect for international labor standards），以及加強勞、資、政各方的社會對話（Social dialogue），也就是強化勞動者表達意見與參與決策的機會。這些其實也是各國於金融海嘯之後所採行也是必須採行的政策重點和方向。我們必須在這幾個方面加強落實、大力推動。

當然，我們不要忘掉，就業安全也好，社會福利（或社會保障）也好，一定要依賴一個堅強、持續、穩定和公平的經濟發展和成長。這也是金融海嘯所給予我們最大的啟示和教訓。台灣刻正大力推動觀光旅遊、醫療照護、生物科技、綠色能源、文化創意、精緻農業等六大關鍵新興產業，目的就是要在此國際大環境不佳的情況下，突破困境、提升競爭力，恢復經濟不斷提升和成長的榮景。

台灣在推動社會安全也就是就業安全和社會保障的工作時，一直以孔子禮運大同篇所揭櫫的「故人不獨親其親，不獨子其子，使老有所終，壯有所用，幼有所長，鰥寡孤獨廢疾者皆有所養，男有分，女有歸；貨惡其棄於地也不必藏於己，力惡其不出於身也不必為己」的理想境界為追求的目標。孔子在與他的弟子們言志時又講過：「老者安之，朋友信之，少者懷之。」這又是一個多麼有社會保障的境界！

兩岸有共同的文化淵源，我深信只要我們能切實將上述孔子所描述的理想社會實現，不問風暴也好，海嘯也好，我們必能為民眾提供一個非常完善的就業安全和社會福利的優質保障制度。

（二〇〇九年十一月講於「金融海嘯下兩岸社會福利與勞動保障之展望研討會」）

本文主要參考資料

（一）中文部份

1.人力資源和社會保障情況發布會實錄，http://news.sina.com，二〇〇九年九月八日，鳳凰衛視。
2.內政部，內政統計年報（二〇〇八）、內政概要（二〇〇八）、內政統計月報（二〇〇九年十月），台北。
3.中國的社會保障狀況和政策白皮書，北京，二〇〇四年九月。
4.中國社會保障論壇第三屆年會文獻，北京，二〇〇八年。
5.行政院勞工委員會，二〇〇九勞動情勢統計要覽，台北，二〇〇九。
6.行政院經濟建設委員會，台灣經濟指標月刊，台北，二〇〇九年十月。
7.行政院經濟建設委員會、行政院勞工委員會、內政部有關因應金融海嘯對策之簡報及統計資料；台北，二〇〇八—二〇〇九。

8. 門倉貴史著，龔婉如譯，《窮忙族——新貧階級時代之來臨》，台北聯經出版事業股份有限公司，二〇〇八年十一月初版三刷。
9. 林毅夫，《解讀中國經濟》，台北時報文化出版企業股份有限公司，二〇〇九年。
10. 曹可安主編，《中華人民共和國勞動合同法實施條例——釋義與條文解讀》，京華出版社，二〇〇八年。
11. 趙守博，《勞工政策與勞工問題》，台北中國生產力中心，一九九三年。
12. 翟志俊，《中國失業保險歷史回顧及其思考》，上海社會科學院出版社，二〇〇九年。
13. 鄭功成主筆，《中國社會保障改革與發展策略——理念、目標與行動方案》，北京人民出版社，二〇〇八年。

（二）英文部份

1. Council for Economic Planning & Development, Executive Yuan, Statistical Data Book, Taipei, 2009.
2. International Labor Organization, Recovering From The Crisis—A Global Jobs Pact , Geneva, 2009.
3. International Labor Office, Tackling the Global Jobs Crisis, Geneva, 2009.
4. Krugman, Paul, The Return of Depression Economics and the Crisis of 2008, W.W. Norton & Co, 2009.
5. Organization for Economic Cooperation & Development, 2009 OECD Employment Outlook, Paris, 2009.
6. U.S. Emergency Economic Stabilization Act of 2008.
7. U.S. American Recovery & Reinvestment Act of 2009.
8. World Economic Forum (WEF), The Global Competitiveness Report, 2009-2010, Geneva, 2009.

趙宋文史發展的探討

趙宋簡史

我們趙族傑出的先祖趙匡胤（西元九二七—九七六在世；九六〇—九七六在位）所創建的大宋王朝，在中國歷史上並不算是一個被後人所稱道的強盛帝國；其所統治的疆域不如漢、唐，也遠遜明、清。而且，終北宋之世（西元九六〇—一一二七），在北方先後有遼國（契丹人所建，九〇七—一一二五；全盛時期佔有今中國東北、河北、山西、內蒙古及新疆之一部）、金國（女真人所建，存在於西元一一一五—一二三四）與其對峙，並對其構成極大威脅，且因而被迫輸銀納貢，使其飽受屈辱；在西北方面則有西夏（為黨項人於西元一〇三八年所建，一二二七年滅亡；其統治區域包括今之寧夏、甘肅、新疆、青海、內蒙古及陝西部分地區）的不時騷擾；最後北宋為金人所滅。南宋（一一二七—一二七六）一朝偏安於現在的中國東南，軍事武功上遠不如北宋，且一直受到北方強鄰金國的武力威脅，甚而被迫稱臣納貢，最後為蒙古人所滅亡。因此，在中國歷史上，有人一提到宋朝，總有「積貧積弱」的印象，更有人稱之為「弱宋」。

不過，儘管在武功表現、國防力量和對抗外侮、外患之作為上，有宋一朝，應算是中國歷史上相對比較「積弱」、「弱小」、「無力」、「少有作為」、「平凡遜色」的朝代，然在文明和文化發展上，卻有相當輝煌、卓越的成績和表現。台灣有名的宋史學者宋晞曾謂中國歷史淵遠流長，「論武功，當推漢唐；論學術文化，則以兩宋為先。」也有不少學者，認為宋朝為中國文化的又一輝煌時期。身為趙宋後裔或與其淵源深厚的我趙族子弟，當以此為榮。所以，特利用我們世界趙族集會懇親之際，就個人粗淺研究所得，試撰「趙宋文史發展的探討」一文，分別從趙宋（南北兩宋）帝國時期的文學、史學、理學、詞、繪畫藝術和科技等方面，來探討在趙宋時期文化、文明發展的興盛和輝煌的表現，俾就教於諸位趙族宗長，並供我趙氏子孫參考且自我惕厲而不忘先祖先賢治國之成就，及其對整個中華民族乃至於人類文明和文化發展的貢獻。

唐宋八大家與宋朝的文學

中國文學史上有所謂「唐宋八大家」之說。唐宋八大家指的是在唐宋期間，其文章義理為人所稱道的八位文學大師、大家；他們是韓愈、柳宗元、歐陽修、曾鞏、王安石、蘇洵、蘇軾和蘇轍。他們八人之中，除了韓愈、柳宗元為唐代人之外，其他六位都是生長、成名於北宋期間，可見在北宋時期文學之興盛。

宋太祖建國時期，定了「重文治」、「興文教」的崇文貶武的基本國策，很多人都認為這是導致宋朝武力積弱、外患不斷的原因。但此一政策也大大提高了讀書人的地位，刺激了文教的發展，使宋朝文學創造了輝煌的成績。到現在所有中國知識份子所必讀的「古文觀止」一書，其所蒐集的中國歷史上「至情至性，說理透闢之佳作」中，宋代大師的創作，佔了極大的篇幅，而且廣受喜愛。

宋文當中，有很多是中國大陸和台灣，乃至於海外華人地區的中學生必讀之作。

例如范仲淹「岳陽樓記」的「居廟堂之高，則憂其民；處江湖之遠，則憂其君……然則何時而樂耶？其必曰：『先天下之憂而憂，後天下之樂而樂』」；司馬光「訓儉示康」的「由儉入奢易，由奢入儉難」；歐陽修「瀧岡阡表」的「祭而豐，不如養之薄」、「吾兒不能苟合於世，儉薄所以居患難也」；其「朋黨論」的「君子則不然，所守者道義，所行者忠信，所惜者名節。以之修身，則同道而相益；以之事國，則同心而共濟；始終如一；此君子之朋也。故為人君者，但當退小人之偽朋，用君子之真朋，則天下治矣！」；蘇軾「賈誼論」的「非才之難，所以自用者實難」、「夫君子之所取者遠，則必有所待；所就者大，則必有所忍」；蘇洵「辯姦論」的「事有必至，理有固然」、「凡事之不近人情者，鮮不為大姦慝」等等作品，無不是深含為人處世的至高哲理，和明白易懂而又極具說服力的偉大佳作，很多人至今都耳熟能詳，而且也隨時可加背誦引用。

北宋初期，文學創作上頗受晚唐五代時期之影響，社會上流行講求華麗、重視詞藻而內容則空洞貧乏的文風。很多有識之士，如歐陽修等，對於唐代韓愈「文以載道」、「言之有物」的文風，十分欣賞，乃大力模仿推廣；為文寫作，力主文筆流暢，說理透徹，不尚華麗之文字辭藻。於是開啟了宋朝時期散文、論說文平實順暢、說理清楚的風氣，而成就很多流傳千古的偉大創作。這是宋朝對中國文學的一大貢獻。

史學大興與資治通鑑

宋朝是一個歷史研究和著作頗為豐盛的朝代。中國現代有名的歷史學者陳寅恪曾指出：「中國史學，莫盛於宋」、「宋賢史學，古今罕匹」。

事實上，宋代王朝，官方就非常重視史籍的整纂及史料的搜集、史事的紀錄。宋代有一學者曾謂：「本朝國書，有日曆，有實錄、有正史、有會要、有敕令、有御集；又有司專行指揮典故之類；三朝以上，又有宝訓；而百家小說私史與大夫行狀、志銘之類，不可勝記。」

宋代官方所設的修史機構甚多，計有起居院、日曆所、實錄院、國史院和會要所等。

宋代史學編纂與研究，其對中國史學最大的貢獻，莫過於由司馬光領銜編著的「資治通鑒」。

資治通鑑之編著起源於北宋英宗皇帝（西元一〇六三—一〇六七在位），為了編寫一本有關歷代君臣事蹟的書，以供後世帝王借鑑和仿效，於一〇六五年下令司馬光負責編撰的。司馬光採用「左傳」編年記史的方法，從戰國開始寫到秦二世時期，計完成了「周紀」五卷、「秦紀」三卷，共八卷，合稱「通志」，於一〇六六年進呈英宗。英宗閱後十分肯定，鼓勵司馬光繼續編寫，並且還設置崇文院以專其事；司馬光於是帶領著范祖禹、劉恕、劉攽等一批歷史學者共同進行蒐集、編輯和評論的工作，先後費時十九年之久，終於在一〇八四年編撰成功一部上溯周威烈王二十三年（西元前四〇三年）下至五代周世宗顯德六年（西元九五九年），共計涵蓋一千三百六十二年史事的編年史大著作；包括有二百九十四卷，當時在位的宋神宗（一〇六七—一〇八五在位），並將之命名為「資治通鑑」，意思是希望這部歷史大著作，能夠幫助皇帝治理好國家，也能使皇帝借助其中所記載的歷史事件的是非成敗和功過及得失利害，來獲取啟發和教訓，作為決策和用人取捨的參考。可惜的是，南北兩宋的皇帝及參與決策的權貴謀臣，似乎沒有從這部專門寫給皇帝看的鉅著學到教訓和得到任何的啟示，宋朝國政終於日益敗壞，北宋、南宋也終於先後為來自北方的少數民族所滅亡。實令人感嘆。

但無論如何，資治通鑑的完成，是趙宋王朝對中國歷史和史學的一大卓越貢獻。

宋代不僅官方重視修史、編史，私人和民間編纂史書的風氣，其流行和興盛，更是為中國歷代所未曾有，可謂屬於空前。官修者，除前述的資治通鑑外，還有薛居正奉詔編修的「梁唐晉漢周書」（概稱《五代史》，後因歐陽修撰有《新五代史記》，該書乃被俗稱為《舊五代史》），以及歐陽修與宋祈共同奉詔編修的《新唐書》。民間和私人所編撰的史書不少，比較有名的除前述歐陽修的《新五代史記》外，還有王溥私撰的《唐會要》和《五代會要》；以及鄭樵所撰的《通志》二百卷，這是一部融會群書，包羅萬象的通史，被稱之為一部偉大的史學著作，它與唐朝杜佑所撰《通典》和元朝馬端臨所著《文獻通考》，合稱為中國史書上的「三通」，可見其重要性。

地方誌的編撰，其興起和体例，也始自宋代。比較有名的有《太平寰宇記》、王存的《元豐九域志》、范成大的《吳郡志》；而以一州一郡為記載研究重心的志書，其體例之完整，也是起源於宋代學者的創作。

兩宋理學的興起及影響

談宋朝的文化、文史，不能不談於兩宋大放光彩的理學。所謂理學又稱為義理之學或道學，其創始人是北宋周敦頤、邵庸和張載，之後有號稱「二程」的程顥、程頤兄弟等人繼續發展，最後由南宋的朱熹集其大成，因此也被稱為「程朱理學」。

理學又稱為新儒學，是因為理學雖以儒家禮法、倫理思想為核心，但其主張和弘揚的孔孟之道，已在融合流傳於民間的佛、道兩教的思想精神中而有所改造。這個學派自認繼承了中國堯、舜、禹、湯、文、武、周公和孔子一脈相傳的道統，因而又被稱為「道學」；他們致力於重建以人的倫常秩序為本體軸心的孔孟之道，認為理是宇宙萬物的起源，所以萬物「之所以然」，必有一個「理」，而通過推究事務的道理，就是「格物」；可以達到認識真理的目的，即為「致知」。

在朱熹看來，「宇宙之間，一理而已，天得之而為天，地得之而為地，而凡生於天地之間者，又各得之以為性。」而人世間的倫理綱常便是「理」的具體化，所以「天理流行，觸處皆是；暑往寒來，川流山峙，父子有親，君臣有義之類，無非這理」，「天理，只是仁義禮智之總名，仁義禮智便是天理之件數」。理學最為人所熟知的便是「存天理，滅人欲」，並特別突出「致知、格物、誠意、正心、修身、齊家、治國、平天下」的修身公式，而且大大強調倫常禮教的重要性。理學經前述幾位學者的闡釋推廣，成為宋朝思想的主流，並極大地影響了宋以後中國人的為人處世的思想和作為。

所謂以家族倫理為重心的倫常觀念，所謂寡婦「餓死事小、失節事大」的氣節和貞潔觀念等等禮教，無不深含理學影響的作用。而中國社會在民國初年五四運動以前的講究禮治秩序、注重禮教綱常人倫和宗法社會之形成，及傳統重義輕利觀念的強固，都是受到理學思想的影響；而中國人尤其讀書人之注重氣節、講究道德和歷史使命和個人社會責任的民族文化性格，也是理學思想長期培育出來的產物。

我們可以說，在趙宋王朝的治理之下，因為學術思想蓬勃發展，才有理學的出現。

在這裡特別值得一提的是，宋朝是一個非常重視教育的朝代。除了官方積極興學，在中央設有國子監、大學、武學、律學和廣文館之外，中央各有關主管部門，也分別設立書學、醫學、算學和畫學等教育機構；地方則設立州縣兩級的學校。同時，政府也對私人興學、辦學大為鼓勵，於是書院之設蔚為風氣，很多中國歷史上有名的書院如石鼓書院、白鹿洞書院、嵩陽書院、岳麓書院和茅山書院等，都是創立和興盛於宋代。由於教育事業的發達，乃有學術和思想的蓬勃發展；文學、詞學和畫學等及其專家於有宋一代，乃能興盛發達、人才輩出。

婉約含蓄的宋詞

唐詩宋詞一向被認為是中國文學的瑰寶和傑出的特色。是任何談論傳統中國文學者所必須特加強調和格外重視的偉大創作的集合名稱。

詞在中國文學上是一種配合音樂的詩歌，它不是詩，但它是詩的發展，有詩的意境，它表現了比詩更加濃厚的感情；有一般民歌的色彩，但它有樂府的聲律。詞是中國文學史上一種相當獨特而重要的文學表現形式，它產生於中唐時期，繁殖於五代；大盛於兩宋。所以，會有「宋詞」與「唐詩」在中國文學地位上，相提並論，並駕齊驅。

談到詞，大家一定會想到五代時南唐的亡國之君李後主（李煜）破陣子一調中「四十年來家國，三千里地山河；鳳閣龍樓連霄漢，玉樹瓊枝作煙蘿，幾曾識干戈？一旦歸為臣虜，沈腰潘鬢銷磨。最是倉皇辭廟日，教坊猶奏別離歌，垂淚對宮娥。」所表達的感嘆和無奈；以及其虞美人中那種「春花秋月何時了，往事知多少？小樓昨夜又東風，故國不堪回首月明中。雕欄玉砌應猶在，只是朱顏改。問君能有幾多愁？恰似一江春水向東流。」所流露出的傷感與悲憤。

中國的詞這樣富於感情，這樣容易憾人心弦，為何在兩宋時期如此興盛而大為流行呢？

北宋初創時期，如前所述，訂下了一個偃武修文的基本國策，使文人雅士地位大為提高，紛紛躋身於權力核心或享有各方之敬重，同時因王朝初建，治國者銳意經營，造就了一時的太平盛世。又唱又歌，於酒酣耳熱之中最容易表露出各種感情的詞，就成了上至帝王公卿，下至市井百姓所喜愛的一種娛樂；於是詞便風靡一時。宋詞也就成為中國文學史上的一朵奇葩，燦爛無比地綻放。兩宋的詞，從現在的詞集來看，詞人達二百多位，詞牌（韻律）有八百七十多個，可見其發達之盛況。

宋詞雖有蘇軾（東坡）所開創，而以辛棄疾為代表人物的豪放詞風。但是據後人的研究，宋詞的特性，主要還是在表現柔美鍾秀、香艷婉媚、細膩精緻的意境。所以，它以婉約含蓄為主要的格調，而在於塑造一個陰柔雅美的世界。其題材更涵蓋了天象裡的斜風細雨，淡月疏星；山河中的清溪幽壑、平湖曲岸；以及個人心坎上的銳思靈感、深懷幽怨。因而宋詞在中國文學史上大放異彩，貢獻出許許多多千姿百媚的柔美作品。

我們先來看看不被視為宋詞主流的豪放作品：岳飛的滿江紅，可謂是代表作之一。當我們唱起「怒髮衝冠，凭欄處、瀟瀟雨歇。抬望眼、仰天長嘯，壯懷激烈。三十功名塵與土，八千里路雲和月。莫等閒，白了少年頭，空悲切！」、「駕長車，踏破賀蘭山缺。壯志饑餐胡虜肉，笑談渴飲匈奴血。待重頭，收拾舊山河，朝天闕！」我們無不熱血奔騰，慷慨激昂。我們讀了蘇東坡以赤壁懷古為題的念奴嬌一詞中的「大江東去，浪滔盡，千古風流人物。故壘西邊，人道是三國周郎赤壁。亂石崩雲，驚濤拍岸，捲起千堆雪。江山如畫，一時多少豪傑。」「遙想公瑾當年，小喬出嫁了，雄姿英發。羽扇綸巾，談笑間，檣艣灰飛煙滅。」不禁會被他引進到一個英雄豪傑競相角逐而意氣風發的世界。

可是，更多的宋詞將我們帶入感傷、弔情、懷舊、痛逝等等細膩而婉約的情感世界。因此，我們有晏殊「一曲新詞酒一杯，去年天氣舊庭台，夕陽西下幾時回？無可奈何花落去，似曾相識燕歸來，小園香徑獨徘徊。」（浣溪沙）的傷流光之不再；有歐陽修「庭院深深深幾許？楊柳堆煙，簾幕無重數。」、「雨橫風狂三月暮，門掩黃昏，無計留春住。」（蝶戀花）的傷春和無奈；有蘇東坡「十年生死兩茫茫，不思量，自難忘；千里孤墳，無處話淒涼。縱使相逢應不識，塵滿面，鬢如霜。」（江城子）的弔妻感傷；有秦觀「韶華不為少年留，恨悠悠，幾時休？飛絮落花時候一登樓。便做春江都是淚，流不盡，許多愁？」（江城子）的懷人傷別；更有李清照「尋尋，覓覓，冷冷，清清，悽悽，慘慘，戚戚。乍暖還寒時候，最難將息。」「守著窗兒，獨自怎生得黑！梧桐更兼細雨，到黃昏點點滴滴。這次第，怎一個愁字了得！」（聲聲慢）所表現出的悽涼哀傷情懷。

所以，感傷的濃濃深情，可說是宋詞一個很重要的特色。不管如何，詞的盛行和滿懷感情，是宋代對中國文學的一個卓越貢獻。

清明上河圖與宋畫

有不少人看過在台北故宮博物院的「清院本清明上河圖」，這是清乾隆間由清宮畫院五位畫家陳枚、孫祜、金昆、戴洪、程志道合作仿宋之原作而畫成。其最初的原作，係北宋徽宗時畫院畫史張擇端所畫，氣勢磅礡，是一幅享譽中外的皇皇偉大藝術創作。這幅屬於現實主義的風俗史畫，全長五百二十八公分，高二十四．

八公分，主要係在描繪十二世紀初北宋末年宣和年間都城汴京（今之開封）府清明時節的景象，反映出當年京城東半部沿汴河一帶經濟的繁榮和人民生活的富裕，充分表現出那時我趙宋皇朝統治下的中國的國泰民安、歌舞昇平的一面；一直以來，被視為是孟元老所撰描述當年汴京繁華盛況的《東京夢華錄》一書的圖解與補充，是中華畫史上的不朽傑作。

「清明上河圖」的最初原作真跡，歷經數百年來的戰亂與風雲變幻，幾度易手，可說飽經滄桑，至明朝為暴雨所損，從此消失，實在可惜。現存於中國北京故宮博物院的「清明上河圖」，則是原作者張擇端於北宋滅亡南渡之後，因思念故園所重新繪製。而如前述，台北故宮博物院那幅較為世人所知的畫作，則屬於清宮畫院所仿作的「清院本清明上河圖」。

清明上河圖以長卷形式，採散點透視的構圖法，畫中有人物八百一十四位、牲畜六十多匹、船隻二十八艘、房屋樓宇三十多棟，車二十輛、轎八頂、樹木一百七十多棵；人們往來衣著各不相同，神情互異，栩栩如生，令人欣賞之餘，不禁會嘆為觀止。宋朝有此畫作證明中國的繪畫，到了宋代確已臻於前所未有的藝術高峰。

宋畫一向被視為是中國藝術的精品。很值得強調的是，我趙宋歷代皇帝，對於繪畫特別重視；在宮廷設立了翰林畫藝局、翰林圖畫院與畫學。並且還出了一位史上非常有名的皇帝書畫家北宋徽宗趙佶（一一〇〇—一一二五在位）。以皇帝為主的中央政府，如此提倡畫藝，無怪乎宋朝繪畫藝術非常之興盛與發達。

宋畫主要可分為山水畫、人物畫、花鳥畫三大分類。山水畫家中以米芾、米友仁父子最為突出，他們成功地將文人畫與山水畫風格相融合，後人難望其背。其他山水畫名家還有北宋的范寬、郭熙以及號稱為「南宋四家」的李唐、劉松年、馬遠和夏圭等。文人畫與花鳥畫互相融合，讓宋朝花鳥畫也顯得格外清麗脫俗。徽宗時期，院體畫中的花鳥畫大盛，徽宗本人即係一花鳥畫大家；現存有被視其代表作的「芙蓉錦鷄圖」和「寫生珍禽圖」，就是徽宗有名的花鳥畫精品。宋朝人物畫的宗師為李公麟，他繪畫體裁廣泛，無所不工無所不能。以建築物比例構圖的界畫也在宋朝勃興，郭忠恕和前述「清明上河圖」原作者張擇端是其代表。南渡以後，歷史人物題材畫更開始興起。

後人對宋畫評價甚高，他們認為，概括而言，宋畫如宋詞，非常注重「雅」之意境。所以，一提起宋畫，無不以「品味高雅」加以形容。

前面提到的「文人畫」，是宋畫中的一個特色，所謂「文人畫」即指「以繪畫為士大夫所有，而刻意表現出士大夫的面目。」係泛指中國傳統士大夫文人所做的畫，以別於宮廷繪畫或民間繪畫。「文人畫」的畫家講究文化素養，認為做為士大夫文人，其人品、才情、學問和思想，缺一不可；其畫作也必須表現出此種特質，因此強調作品要有氣韻和筆墨情趣，注重意境的締造，多為抒發「性靈」「思想」之作。所以，「文人畫」具有濃厚的詩意和書卷氣；「畫中帶有文人情趣，畫外流露文人思想」，就是對宋朝「文人畫」最好的描寫。

「文人畫」又稱為「士人畫」。在宋代文人士大夫以一種自覺的群體意識投入繪畫，把繪畫納入文人生活圈之中，「文人畫」因而大為興盛。「文人畫」一般有三大特質，即（一）詩、書、畫一體，（二）格調雅緻，（三）神韻高超。在宋朝一代，「文人畫」在此三個特點上，更加發揮到淋漓盡致的境界。這也難怪宋畫常常表現出詩畫合一，且常予人畫中有詩的感受，而宋畫所描繪展現的意境，大多是超脫凡俗、氣韻十足。

綜上所述，可知宋畫是中國繪畫藝術中的精華，也難怪史家肯定宋朝在藝術文明上的貢獻極大，而我們所看到的宋畫，無不是可圈可點的傑出創作。

科技發展

談宋代文史發展，也不能不一提學術藝文發達所不可缺的研究創新的精神與風氣。

宋代由於有很好的研究創新風氣，固為文史的突破與成就，提供了非常肥沃的發展土壤；加上強調「格物致知」的理學興起，刺激了人們鑽研探究的興趣，也使宋朝成為一個科技發展有相當卓越表現的朝代。

另外，還有一個因素，也激起了宋代的科技發展。那就是宋代，尤其是南宋期間，商業金融十分發達，對外國際貿易拓展十分迅速，社會累積很多財富，為當時的科技的躍進騰飛，提供極為雄厚的物質基礎。

英國有名的科學技術史學家李約瑟（Joseph Terence Montgomery Needham，一九〇〇—一九九五）認為宋代是中國歷代科技進步最快速、最有成就的朝代。中國古代有所謂四大發明，即造紙、指南針、活字印刷和火藥，其中除了造紙係東漢人蔡倫所發明外，活字印刷為北宋人畢昇所發明，指南針與火藥在宋代做了重大改進並開始廣泛應用。火藥在北宋期間曾被用以製造火箭、火球、霹靂炮，南宋則用以製造鐵火炮、突火槍和火銃等新式武器。所以，也有人說，指南針和火藥，也是宋代人的創造。

宋代的算學非常之發達，北宋數學家賈憲提出的「開方作法本源圖」（又稱賈憲三角），比西方學者所提出的同樣成果早了六百多年；南宋秦九韶完成的「秦九韶程序」——增乘開元法，將中國高次方程數值解法，提升到一個新的階段，也比西方學者同樣解法的出現，早了五百多年；另外，有一位數學家楊輝著有「楊輝演算法」和創有「楊輝三角形」。也是了不起的創作。

在天文學方面，宋代也有卓越表現，北宋科學家沈括（一〇三一—一〇九五）著有《夢溪筆談》（內容在敘述當時宋代的科技成就），記載許多他在天象觀測方面的成果；他在天文儀器上的製造，尤其頗有貢獻。中國傳統的天文儀器漏壺、圭表、渾儀、渾象等在宋代都發展到新的高峰。北宋蘇頌和韓公廉還發明創造了水運儀象台，是一部構造精密而複雜的日月星辰觀測儀器。

宋朝政府對醫學的發展也非常重視，在中央設有太醫局與翰林醫學院，官修的醫方有《太平聖惠方》等，官修本草有《開宝本草》等。中醫的婦科與兒科在宋朝正式成形；而針灸學、解剖學與法醫學在宋代尤其進步神速。宋朝人宋慈所著《洗冤集錄》是中國史上很偉大的法醫著作。宋代也出現了中國第一部建築學專著，且對後世的建築設計，頗有深遠的影響，即李誡所著的《營造法式》。

其他諸如地質學、植物學、園藝學等，在宋代也都有很多著作和研究成果。

發揚重視教育與經濟之傳統

南北兩宋在中國歷史上，從政治武功和國防軍事的整體表現看，並不特別出色，可說是一個被史家公認是「外侮頻仍，國力積弱」的朝代。然而，從上面的介紹和探討，可以看出，它在文治方面，也就是在教育、思想、文學、藝術，乃至於科技發明上，卻是一個成果輝煌而燦爛的王朝。何以故呢？個人認為可歸功於下列幾個因素：（一）偃武修文的基本國策的刺激；（二）政府的提倡與鼓勵；（三）雖有外患，但社會相對仍屬安定而開放；（四）學術研究基本上享有自由，教育事業又發達；（五）商業經濟和金融事業相當活絡；以及（六）對外貿易十分發達。

所以，治國者要深切體會，只有自由開放、安定繁榮和重視教育與經濟，才能導致文學藝術、歷史研究和科技文明的發達與進步。

我們身為趙族的一份子，應記取趙族在文史科技的偉大成就與貢獻，不問人在何處，身處何時，都應發揚光大重視教育與經濟的趙宋王朝的優良傳統，俾不斷對人類文明的創新與發展有所貢獻。

（二〇〇七年九月講於美國舊金山世界趙族第四屆懇親大會，並刊於二〇〇七年九月「世界趙族通訊」第十二期）

本文主要參考文獻

一、傅樂成著，《中國通史》，台北大中國圖書公司，一九八六年再版。
二、馮天瑜、何曉明及周積明著，《中華文化史》（中冊），台北桂冠出版社，一九九三年。
三、陶晉生著，《宋遼金元史新編》，台北稻鄉出版社，二〇〇五年十一月再版。
四、宋晞著，《宋史研究論叢》（第五輯），台北中國文化大學出版社，一九九九年。
五、朱鷹編，《讀史有故事——宋朝（昨夜西風凋碧樹）》，北京燕山出版社，二〇〇五年。
六、清趙翼撰，《二十二史劄記》（上下冊），台北世界書局，二〇〇一年初版十三刷。
七、鄭岩編著，《宋朝十講》，中國哈爾濱出版社，二〇〇六年。
八、汪盛鐸著，《兩京夢華——宋代卷》，香港中華書局，一九九二年。
九、蔡東帆撰，《宋史通俗演義》（上下冊），台北世界書局，一九八〇年九月六版。
十、宋司馬光原著、司徒博文編譯，《資治通鑒》，北京當代世界出版社，二〇〇六年第三刷。
十一、台南大夏出版社，《唐詩宋詞欣賞》，一九八八年。
十二、高政一、吳紹志註譯，《古文觀止》，台南西北出版社，一九九二年。
十三、馮國超著，《中華文明史》（上下卷），北京光明日報出版社，二〇〇二年。
十四、游彪著，《正說宋朝十八帝》，台北聯經出版公司，二〇〇六年三月初版第二刷。
十五、趙守博著，《四海龍岡親義情》，台北世界龍岡親義總會，二〇〇六年。

NGO、活路外交與童軍

NGO的興起

NGO是Non-Governmental Organization的簡稱，即非政府組織。這種組織，顧名思義，指的是不屬於任何政府組織體系之內，也不受政府直接管理且基本上不完全受政府資助的民間團體。它通常具備法人資格，有自治性、自主性和公益性。現代意義的NGO的出現，最早應該是在十九世紀的歐美地區；那時有不少歐美熱心社會發展和進步的人士，為了反對奴隸制度、爭取婦女平等權（特別是使婦女享有選舉權），或為了改善勞工的待遇增進勞工的工作權益，或為了促進世界的和平，分別組成這種那種的民間團體，來宣揚並實現它們的組織宗旨和奮鬥目標。到了二十世紀，NGO，不管是國際層次的、國家層次的或地區或社區性質的，紛紛出籠，而種類更是非常之多；有為增進人權者，有為加強同一行業、同一學術領域之人士交流聯繫者，有為提升弱勢族群之地位權益者，有為促進不同國家、文化之交流者，有為反對戰爭促進和平者。

至一九四五年聯合國成立時，更有不少國際性的NGO參與工作，因此聯合國憲章的第十章明文提到了NGO的組織。該憲章第十章第七十一條明白規定，聯合國經濟暨社會理事會（Economic and Social Council）就其管轄之事項，可以透過適當之安排分別與國際性或任何國家之國家級的NGO進行諮商（consultation）。

也因此，在聯合國相關事務中，ＮＧＯ具有諮商的地位（consultative status）。ＮＧＯ在國際上及世界各國之內，目前之發展有如雨後春筍，相當地昌盛蓬勃。有些國家的國家級ＮＧＯ更高達數千個甚或近萬個；有人更估計，目前組織健全活動積極的國際性ＮＧＯ，業已超出四萬個之多。

NGO、WTO、WSF和WEF

隨著全球化（globalization）的日益強化和深化，不同國家的民間交流愈來愈便捷和頻繁，國際性的ＮＧＯ活動也愈來愈活躍，其重要性也愈來愈顯著、愈來愈受到各方的重視。當世界貿易組織（World Trade Organization, WTO）成立之後，一些國際和國家層次的有關人權、勞工權益和環境保護的ＮＧＯ，便不斷地提出反對ＷＴＯ的抗議和舉行各式各樣的示威活動。一九九九年十一月三十日，在美國西雅圖舉行的世界貿易組織從事新一輪貿易協商的部長級會議，由於來自美國及世界各地的勞工、環保、人權等等ＮＧＯ團體超過四萬人的抗議、包圍而草草收場，沒能達成任何的協議。但此也顯現了ＮＧＯ的影響力。近年來有一個由ＮＧＯ所主辦和參與的「世界社會論壇」（World Social Forum, WSF），自二〇〇一年元月在巴西召開以來，參與人數不斷增加，最多時曾達到十五萬人之多；是一個標榜建立更公平、更團結、更民主的世界的大會，參加者都是屬於ＮＧＯ團體和其成員，也有一般的熱心人士。這個論壇頗有要和在瑞士達弗士（Davos, Switzerland）每年元月召開的世界經濟論壇（World Economic Forum, WEF）別苗頭、分庭抗禮，以提出從不同角度看世界問題的意見的味道。因此，也愈來愈受到重視和關注。

日本、南韓對NGO的善用

當然，並不是所有NGO都只是在進行示威、抗議。事實上，有更多的NGO正積極地在世界相關國家地區和國際上，從事諸如改善人民生活、協助建設社區、推廣社會福利、改善公共衛生、強化文化教育、改進青少年福祉、幫助弱勢族群，和維護勞工權益等等之類的有意義的工作和服務，而且非常有績效。這也是為何NGO在解決人類共同問題、建設更美好的世界上，其功能、貢獻和重要性，愈來愈受到肯定和重視的原因。

因此，不少國家對於參與國際層級的NGO，或運用國際或國內NGO從事外援的工作以提升其國際參與、聲望和能見度的做法，極為重視也相當積極。在此，我就以我們鄰近的日本和南韓做為例子，來加說明。

我因為以前長期從事與社會福利有關的政府工作，因而自一九八〇年代起我就非常積極地參與了國際上一個有關社會福利頗為有名而又有績效的NGO，即國際社會福利協會（International Council on Social Welfare, ICSW）的活動，並且曾任其中華民國總會的理事長和東北亞地區的主席。日本是這個國際組織的最強而有力的支持者、贊助者（自然是日本政府出錢）之一，因而它在此一NGO內便非常有發言權；儘管日本的代表（首席代表大多為退休的相關部長），也許是民族性使然，在公開場合發言不多，但在關鍵時刻，便常發揮了應有、想有的影響力。而其在日本國內的對應組織，更長年受日本政府的委託（當然由日本政府提供所有經費），出面向一些開發中國家提供必要的社會福利方面的協助，也因而為日本贏得了這些國家和人民的感激和友誼，和在必要時於國際場合中給予日本所需的支持。

南韓為提升其國際地位，在國際上更是極高度地的運用NGO。韓國從一九八〇年代以來，就不斷爭取主辦各種國際活動和會議。例如在一九八六年它主辦了漢城亞運，一九八八年主辦漢城國際奧運，二〇〇二年辦理釜山亞運，二〇一四年又行將主辦仁川亞運。二〇一〇年十一月，韓國為G-20的東道國。我近年來參與較多的國際社會福利和童軍運動的ＮＧＯ，韓國就常常爭取擔任主辦國，從而在相關的ＮＧＯ中取得了重要的職位及影響力，使他們國家在國際上獲得非常不小的能見度、知名度和受尊敬度。

就拿童軍運動來講，在二〇〇八年夏天，韓國在濟州島辦理了一個不論接待、規模和活動內容都可列為一流也使所有參與者留下相當好感的世界童軍領袖會議。韓國所推出競選世界童軍委員會（World Scout Committee）這一個世界童軍組織的最高決策機構的委員的候選人，因此不只以最高票當選委員，而且也獲選為此一委員會的副主席。這位韓國人士並在二〇一一年元月在巴西舉行的世界童軍領袖會議所改選的世界童軍委員會中當選為委員會的主席。依我個人觀察，其所以能當選，應歸功於韓國在國際童軍活動所投下的資源和因此所建立的人脈關係和所獲得的影響力。又如在二〇一〇年十一月，韓國童軍會又會同韓國的國會在首爾召開世界童軍國會議員聯盟（World Scout Parliamentary Union ,WSPU）的第六次大會，一方面為此一幾乎陷於停頓狀態的國際性的國際童軍組織重新注入生命力，另一方面也使韓國在此一組織中取得了主導權。果然，就在此次大會中，韓國的國會副議長鄭義和（Chung Ui-Hwa）就當選為新任的世界童軍國會議員聯盟的主席。韓國童軍之能在二次的國際童軍活動中，以大氣魄大手筆主辦了令參與者留下美好而深刻的印象，其背後的最大支持者，就是韓國政府。

日本與韓國，在國際外交上，沒有我們中華民國所面臨的困境，不存在我們所面臨的無法循正式外交途徑辦外交拓關係的艱困局面。然而，他們還是非常積極、巧妙和有效地運用ＮＧＯ來拓展他們的國際關係，強化他們的國際影響力和能見度。他們這種方式的努力和做法，實在值得我們這個只有二十三個正式邦交國、必須大力依賴以強化實質關係為主軸的「活路外交」來增強國際地位的國家，予以深思和反省。

活路外交與ＮＧＯ

所謂「活路外交」（Flexible Diplomacy），一個重要的意涵，就是跳脫我們在正式外交關係方面的困境，以靈活、機動和務實的思維和做法，來開拓我中華民國在國際社會的活動空間，並提高我們國家和國民的能見度，以增進我們在國際社會應有的尊嚴、地位和權益。所以，我們以「中華台北」名義參加如國際奧會和亞太經濟合作組織（ＡＰＥＣ）等的活動；我們雖仍無法參加世界衛生組織（ＷＨＯ），但我們參與了二次的世界衛生大會（ＷＨＡ）。而我們不少的國家級ＮＧＯ，更分別以中華民國、台灣、中華台北等名義積極參加了國際上相關的ＮＧＯ活動和會議。為國家在國際上的尊嚴和地位，做出了不少貢獻。

然而，無可諱言地，有不少國際上的文教、科技、青少年、社會福利、婦女、青少年和學術類的ＮＧＯ會議和活動，我們國內相對應的ＮＧＯ組織，因為限於經費，而無法經常有計畫而具規模地出國去參加、或出面去角逐相關國際ＮＧＯ的領導性職務，或者邀請他們來台灣參加相關活動，或由我們的ＮＧＯ在台灣主辦有關的活動或會議。這是相當令人感慨的一個現象。我們政府既然與中共大談外交休兵，顯然應可節省以前為了應付與中共在外交領域上的廝殺爭奪所投下的無謂的巨額開支。這些節省下來的經費，應可用來支持贊助我們國內具國際性質或關係的ＮＧＯ去強化國際關係，相信其所產生的效益一定相當之大。我們的外交部設有一個ＮＧＯ委員會，我認為政府在ＮＧＯ相關的工作，應編列充裕的預算，讓在國際社會ＮＧＯ活動愈來愈普及、ＮＧＯ影響力愈來愈不容小看的今天，我們的ＮＧＯ，也能在國家提供足夠資源支持的條件下，代表國家，發揮功能，使我們的國家在國際上能更有氣勢地走出去站起來，而一顯身手，有所作為，有所貢獻。

何以活路外交也需童軍

童軍運動是有百年以上歷史的國際ＮＧＯ組織和活動。我們中華民國童軍是國際童軍運動組織頗受肯定和尊重的成員。過去在政府的大力支持下，也曾主辦過幾此次頗受稱許的國際活動。然而，最近五、六年來，由於少數主管官員和民意代表的誤解，儘管我們鄰近國家和地區，如日本、韓國、香港、菲律賓和新加坡等等，他們的政府對童軍運動的支持，依然不餘遺力、依然非常積極，我們政府用於支持童軍活動的資源卻愈來愈少，實在令人遺憾。我們中華民國童軍，是目前國內極少數能在國際活動上大大方方升上我們中華民國國旗、在會議場合中掛上我們國旗、而我們的參加人員又可穿上繡有青天白日滿地紅國旗的制服去參與的ＮＧＯ。而且，多年來，我們有不少童軍的團隊或人員，到海外提供諸如醫療、社區等之類的國際服務，並頗受好評。像我們中華民國童軍這樣的ＮＧＯ，在國際上對於政府的「活路外交」，當然只有加分的作用。事實上，我們童軍不僅可在世界童軍和青少年相關領袖會議或活動中，就青少年和童軍議題，為我們國家發聲，替我們國家爭取權益；也可以代表國家去從事國際上的青少年的交流；更可選出優秀的志工人員和青年童軍，到國外提供各種必要的服務去幫助友邦國家的人民，以配合、參與暨強化政府的活路外交。換言之，我們中華民國童軍，也是一支政府可以運用、應該運用而必然會有不小績效的活路外交生力軍的堅強隊伍。

所以，我們誠懇希望政府對於我中華民國童軍的國際活動，能夠好好地給予贊助，好好地給予支持。相信我們童軍，也會對活路外交更為投入、更有貢獻。

（原載「童軍月刊」九十九年十二月，第四十七卷第十二期；一百年二月補充修正）

第四篇

國是建言

關於發展文化創意產業之我見

發展文化創意產業，應將藝文、影視及運動產業的工作者之保障，列在振興經濟創造就業的措施之中

目前政府正致力於振興經濟，有不少刺激消費、擴大內需、活絡經濟的政策性措施，紛紛出籠。一般談振興經濟，大多著重於具有形經濟價值的產業，所以，像增加就業機會、加強融資以及強化對就業者之保障及對失業者之輔助，也大多以此種產業為對象。今天，我們談文化創意產業，我要特別建議政府應仿效當年美國羅斯福總統實施新政（New Deal）以解救美國經濟大恐慌的做法，也對藝文工作者，包括演員、運動員等，採取為他們創造就業機會、保障他們生活並使他們即使在經濟大蕭條的環境下，也得以繼續為文化、藝術、運動產業效力的措施和政策作為。我認為當此全球性金融海嘯帶來經濟發展停滯，甚或負成長，而人民之工作及就業岌岌可危之際，千萬不要忘掉其對文化創意產業，尤其是藝文影視和職業運動員的衝擊，要為這些從業人員，確立增強就業與生活的輔導與保障。

應利用台灣自然及人文特色，發展有國際性而有台灣特色的競賽和節慶

台灣四面環海，又是一個四季如春的所在，同時又是自行車生產王國，復有不少極具文化底蘊和特色的節慶，我們應把握這些特點，發展相關文化創意產業，我想到可先在下列幾方面努力：

（一）以台灣為自行車生產王國為號召，開辦一個類似「環法自行車賽」的「台灣環島自行車國際大賽」：由政府、自行車生產業者與自行車運動愛好者共同合作，初期政府負經費及宣導之大部分責任，將此一大賽辦成另一個可吸引國際頂尖自行車賽好手一起來參與的大競技活動，並配合辦理自行車賽業餘愛好者的國際比賽。相信一定可使台灣在自行車生產的王國地位確保，並提高台灣的國際能見度，也會帶動國內此種既可健身、休閒並可減炭節能之作用的運動和產業。

（二）發展近海國際性龍舟競賽、潛水和海釣產業：台灣近海沿岸風光美麗，不少地區且有很優良之海灘，我們應善用此一自然資源，發展國際性龍舟年度大賽，爭取確立龍舟王國之地位；另應好好利用近海海域及海灘發展潛水、海釣等相關休閒產業。

（三）將台灣燈會辦成與北海道及哈爾濱冰雕一樣舉世聞名並極具吸引力的國際觀光盛事：日本北海道以及中國東北哈爾濱的冰雕節，每年固定舉行，而且一年勝過一年。我們每年元宵前後所辦的台灣燈會以及平溪天燈和鹽水蜂炮，均極具特色而且很富觀光及文化價值。政府應與民間相關團體和廟宇，共同研究予以精益求精，並且擴大國際宣傳，邀請重要國際媒體及各國觀光事業主管前來觀賞，使其成為可與北海道及哈爾濱之冰雕節齊名的文化觀光大節慶，將其產業化、國際化。也是當前發展文化創意產業不可忽視的一個努力方向。

應研訂相關法律促進文化創意產業之興盛發展

文化創意產業，包括運動產業在內，目前在國內都還不是有利可圖的事業；而文化創意產業要能生根、發展，不能只靠政府在經費上之投入，更應有民間之參與。所以，本人要藉此機會再度呼籲政府，應訂定相關的法律，採取有效的稅負優惠及其他贊助措施，來鼓勵民間人士和企業對文化創意產業（包括運動產業）的投資、贊助和經營。在目前台灣的文化創意和運動產業的生存和營運環境下，民間人士和企業有能力者，實在找不到可使他們投入參與此等產業之經營或予以資助的誘因。政府應正視此一現象，對症下藥，立即著手立法，來推動此等產業在台灣之發展。

在職業棒球運動產業方面，依本人在中華職棒之體會，如要真正振興此一被公認為台灣之國球的棒球的職業運動，則政府在下列等方面上應劍及履及地拿出具體辦法並切實去執行

（一）修改有關刑法規定，切實發揮公權力，掃蕩和防止黑道及不法簽賭之介入職棒賽事：台灣職棒目前所遭遇到的困境，最重要的就是簽賭打假球事件之發生。球員之所以會打假球，主要是受黑道之脅迫和利誘，而介入職棒不法簽賭之黑道人物，很多不是本身為民意代表，就是有民意代表在背後支持、撐腰。而現行法令，對不法簽賭之處罰過輕，不足以發生遏阻功能，同時有些執法人員對於防止、取締不法職棒簽賭或者敷衍了事，或者不很積極，而法院對不法簽賭者又不速審速決，以致不

法之徒有恃無恐。因之，政府如要振興職棒，就應馬上修法，並且切實執法，來清除不法黑道對職棒的介入。

（二）研訂鼓勵和資助職棒產業發展的法律和制度，及研訂保障職棒選手退休後的就業及生活：如何透過法律鼓勵包括職棒在內的運動產業之發展，前已詳述，茲不再重複。

目前國內職棒運動員，一旦因退休或其他原因離開職業棒球生涯（此種生涯平均頂多十幾年），其就業和生活，很多人往往就會遭遇困難。所以，政府宜與職棒各有關方面，共同研擬輔導離休職棒選手轉業的辦法，增加他們的生活保障，並可避免他們受到外界的不當引誘而走入歧途。

（三）中華職棒之賽事應僅早列為運動彩券之投注標的，而目前之運動彩券應有專法規範；如有贏餘並應本諸「取之於運動、用之於運動」之原則，用以贊助職業運動產業之發展：政府早於運動彩券發行之前，就向中華職棒允諾，一旦運動彩券開辦，中華職棒之賽事必同時列為投注標的。然運動彩券發行已近一年，中華職棒始終未列入彩券之投注範圍，此種違背承諾之作為，實令人遺憾，請速加補救。又目前運動彩券之發行，依附於公益彩券之法令，縱有贏餘，亦無法用以支援運動產業，殊不合理。故擬議中之運動彩券發行專法，應早日完成立法，以資發展國內職業運動產業，特別是職業棒球產業。

（四）政府應大力發展三級棒球：棒球為國球，但基層棒球之發展已遇瓶頸。國小、國中、高中職之棒球運動限於經費，絕大多數之學校無法組成棒球隊，很多缺少棒球運動場、缺少棒球器具。因此，建議政府撥出專款（最少十億）補助地方政府，普設可供中小學生及社區青少年使用的簡易棒球場，並且協助中南部及東部較不發達地區的中小學校成立棒球隊，以使國球的棒球運動可以向下紮根，往上發展。

文化及運動創意產業，關係國家文化及運動體育之發展，亦為強化國力，使國民物質與精神生活可平衡發展、國民之氣度及體能可不斷精進改善的產業。應該要生根、普及和與各主要已開發國家並駕齊驅，至少不可有太大的落差。因之，努力振興生產性、營建性的產業，固然重要，而偏向於精神和休閒與運動層面的文化及創意運動產業，其發展和興盛，也不能忽視。希望政府實事求是，趕快採行具體的措施，與民眾共同發展及提升台灣的文化和運動創意產業。

（二〇〇九年二月十八日於國家文化總會有關發展文化創意產業及運動產業之座談會發言全文）

附記

立法院於二〇一一年元月完成修正「運動彩券發行條例」，前述加重刑罰以防止不法介入職棒簽賭之建議，已獲採納，盼能切實執行；惟中華職棒之賽事，現雖已列入為運動彩券之投注標的之一，但因投注方法過於繁複，不切實際，未能發揮吸引投注之效果，應予改善。至於有關獎助、鼓勵運動產業之立法，則仍應繼續努力。

（二〇一一年三月）

給馬英九總統關於八八水災救災問題及內閣改組的建議信

總統鈞鑒：

台灣南部不幸遭逢嚴重水災，時值非常，鈞座刻正忙於推動救災與重建工作，本不應有所打擾。惟鑒於民怨四起，國際媒體又多負面批評，守博掛名國策顧問，實難緘默，且有長期在省府服務暨於九二一大地震直接在第一綫參與救災及重建工作之經驗，特就此次水災之救助與重建等相關問題，提出下列建言，敬請參考指正。

在無緊急命令下如何加速推動重建工作

總統多次表示此次救災重建工作，不必頒布緊急命令，現行災害防救法已足以應付。對此，守博另有不同之看法，理由如下：（一）就民眾感受而言：遭此重大災害，民眾所期盼者乃係政府能有危機意識而採非常之做法。政府如發布緊急命令應可喚起全民之危機感、急迫感，並可向民眾宣示政府「急民所急」、即將盡一切力量並突破所有現行法令之限制，儘快完成救災與重建工作；如此可在第一時間安定民心，並顯示政府「斷然處置」之擔當與決心。（二）就實際效用而言：災害防救法只授權災害防救之政府主管機關於災害發生時，可徵用民間相關資源及採行例如限制人民進入災區之措施等而已。至於大型災害之救災重建所需之人民權益變動事項，以及諸如為加速並突破障礙立即進行重建及救災所採措施之免受「公債法」、「預算法」、「都市計畫法」、「國有財產法」、「區域計畫法」、「水土保持法」、「建築法」、「環境影響評估法」等等之限制和規範，甚至將地方選舉甚或國家選舉之全部或局部延期辦理，以及災民子弟之兵役問題等等必要之突破做法，顯非現行災害防救法所能涵蓋，而必須憑藉緊急命令作為依據。再者，有政府首長曾公開表示只有戰爭時才用得上緊急明令，此種看法實在有誤；憲法增修條文第二條第三項明訂：「為避免國家或人民遭遇緊急危難或應付財政經濟上重大變故」得發布緊急命命，並未限制只能於戰爭時使用。因此，建請總統立即強化有關應付危機及緊急事故之法制幕僚團隊，俾能為總統分勞分憂並作適當之建言。（三）目前既無緊急命令，則似可考慮將若干必須突破諸多法律限制之事項，於擬議中之重建條例中予以明訂，俾使重建工作得以加速完成；同時建請參考九二一大地震時所頒之緊急命令之規定，並考慮連日來民眾及社會之各種意見及反映，以充實該重建條例之內容。

應如何究責？究何責？

此次災害政府之反應被批判為「慢」與「亂」，主要原因係在於未能於第一時間確實掌握災情，以及救災時之手忙腳亂。因此：（一）應請追究何以政府有龐大之國防軍事力量（有先進之通信及衛星空照等設施）、消防體系（花鉅款購有災情蒐集及災害防救設備）、警察體系（可深入各村里、民間社區基層）以及民政體系（由村里而鄉鎮市而縣市），暨交通通訊體系，何以未能及時、正確而完整地蒐集彙整全部資訊以供決策及採行必要應變措施之依據。如不就此究責清楚，並即予改進，則下次如不幸再遭逢類似災害時，恐仍會出現「慢」與「亂」之現象。需知如政府必須依賴媒體才能獲知災情實況，實在令人擔憂。災害防救法所訂所謂之自地方以至於中央之防救體系真的發揮作用與功能嗎？顯然沒有。如能發揮應有之功能，則此次不致於如此之受人詬病。何以會如此？應嚴加探究。特別應追究相關設備有無效用？相關人員是否受過必要之訓練？（例如有鄉長竟不知、不會使用衛星電話求救、救災，顯示相關人員沒有受過必要訓練）；也應請探究中央主管部門是否確實握有全國公私機關團體所擁有之防救設備與資源之完整資訊？（顯然沒有，否則不會在國內有搜救犬、不少公私機關有相關探測器之情況下，仍讓國軍士兵弟兄必須使用鼻子去聞屍味來找尋罹難者大體之情事）？為何未能有此資訊，應予查明究辦、改進。（三）應追究何以災害防救法明明規定內政部應設置「消防及災害防救署」，何以事經多年只設了「消防署」？總統說要設「災害防救署」來取代「消防署」，則將把災害防救法之規定置於何地？又如何與總統所堅持「災害防救法」已足以應付此類災變之立場不自相矛盾？均請詳予深思熟慮。消防業務隨時隨地都需要，而且火災發生之頻率遠遠高於重大災害，其所造成之損失亦極大，政府對於消防業務萬不可等閒視之。將來之「災害防救署」如何安置民眾平日賴以維護財產生命安全之消防業務，必須向民眾明確交代。

回憶當年發生九二一大地震時，守博在中興新村了解附近之災情後於第一時間（地震後不到十分鐘）即以手機報告行政院蕭萬長院長，蕭院長除指示進一步蒐集災情外，並指示守博立即連絡國防部唐飛部長，是以軍方即迅速投入救災工作。九二一當天晚上政府即由總統召開國安會議，隨後並多次舉行類似會議且決定頒佈緊急命令（於二十五日正式發布），而組合屋之建材、冷凍屍體之冰櫃及各種救濟物資等於九二一當天就開始陸續湧進；政府並即決定每一受災鄉鎮市由一相關部會負責統合救災及重建事宜，並且於災民收容處所設置相關服務站（由政府基層人員充當服務工作）協助災民辦理請領各種救助之手續以及提供各種必要之服務。此所以，九二一之救災與重建不僅未受災民指責，反普遍受各界肯定之原因。重建期間守博復擔任三位重建委員會之副執行長之一（另二位一為經建會主委江丙坤，一為軍方代表陳鎮湘將軍），是以有關九二一之救災與重建情形，至今仍歷歷在目。一併在此提供總統參考。

總統表示對此次救災失職人員及單位要嚴加追究。此一究責，建請透過一客觀、超然之機制去進行調查，以求公平並昭公信。再者，山坡地之過度開發及生態之保育暨國土之保安，已屬刻不容緩應即予重視之重大問題；建請立即組織一涵蓋專家學者、民眾代表、政府官員等在內之專案小組或委員會進行研究並提出具體建議，俾據以執行改進。

連日來有內閣行將改組之傳聞，當此人民望治求變之際，非改組實難於符合民眾之期待及挽回民心，建請以大魄力、大格局儘速改組，並延攬有執行力、能擔當而瞭解民間疾苦之有為人士入閣。

以上所陳，可謂野人獻曝，但句句本諸肺腑，至盼政府早日做好重建工作，恢復民眾對政府之信任與信心。

耑此　敬頌

鈞安

趙守博　敬陳　九十八年八月十九日

（副本並抄陳蕭副總統，另送總統府詹秘書長春柏及國安會蘇秘書長起）

重視「兩岸外交休兵」政策所引發之問題暨氣候暖化問題之對策

兩岸外交休兵問題及強化我國在重要國際非政府組織（NGO）之活動

兩岸外交休兵，以我國當前之國際處境及兩岸關係之發展而言，為一頗符實際又可減少兩岸遭受外交勒索之威脅，避免浪費人民之血汗錢，復有助於兩岸關係之穩定發展，為一正確而可行之政策。惟此一政策涉及我對外關係及海峽兩岸之互動，亦關係我國之國際發展，在政策層面及執行層面，均應有具體而明確之論述及規範，故：

（一）建請總統及外交部針對「兩岸外交休兵」政策之意涵、原則及適用範圍、執行要項做一指導性、綱要性的闡釋，供我所有駐外人員及涉外工作人員遵循，以免使外交及涉外人員陷入「不知為何而戰、為誰而戰」及「不知要戰或不戰」的迷惘和感嘆，而可據以了解何謂休兵？如何休兵？休兵至何一程度何一範圍，並在工作上有明確之目標，而不致於養成「得過且過」的習氣，並可繼續保持旺盛的工作企圖心。尤其應就下列各項有一明確的政策上指導規範和細緻之行為準則或執行要點：

1.今後在有邦交及無邦交國家之外交工作的重點何在？

以往在有邦交國家，努力之重點在於鞏固正式的外交關係，防止中共挖牆腳；在無邦交國家，則重在強化雙方關係，並進而提升至建立正式邦交。外交休兵後，有邦交者似仍可繼續維持，無邦交者似不必爭取建交。那麼今後對這些國家，我們的外交工作重點在哪兒？政府應明確予以指示規範。本人以為，外交部應就現有每一邦交國及每一無邦交國依其國情、我國之需求、雙方交往之現況及未來可能之發展，分別訂定工作目標、工作要求，才能使一百多個駐外單位個個保持高昂的工作士氣，而使我駐外人員都有「用武之地」。

2.在外交休兵政策下，我方與中共之駐外人員應如何互動？

在外交休兵的政策下，我與中共雙方之駐外人員似已不必再像以往一樣處處時時爭鋒相對、劍拔弩張，但也不是就此如膠似漆親密來往，因為到底我們雙方為各自獨立的政治實體，而大陸不但不放棄統一的主張，而且不承認我享有國際法上的國家主權。在這樣的情況之下，我方駐外人員今後應如何與中共之駐外人員互動，實應有一原則性的規範和較為詳盡的實施要點（因為在外交工作上，一言一行都有意義，握個手、吃頓飯、一起拍個照都有其涵意）。例如，我方人員可否應邀參加對方之活動？我方可否邀請對方參加我方之活動？那種活動我方可參加，那種活動可邀對方參與？以及如雙方均被駐在國或僑社、僑團或有關國際組織或團體邀請參加相關活動，則我方應如何與對方應對互動；這些本人以為都應詳予規定，俾一以維護我國國格，一以避免為對方所矮化。

3.是否繼續爭取重返聯合國？

此為一相當敏感之問題。國內民眾希望爭取重返聯合國者仍佔大多數。在兩岸外交休兵之政策下，政府對此一問題應妥慎處理，尤應顧及國內民眾之意願及感受；更應透過兩岸對話及談判之機制，爭取中共之理解，而我方多年來在此一方面之投入，不可輕言放棄而應合理地持續努力。

（二）建請政府加強鼓勵、協助國內非政府組織及團體積極參與有關的國際非政府組織的活動、會議並盡量爭取該等組織或團體的領導職務。兩岸既外交休兵，則我方應可避免以往被迫不得不做之所謂「凱子外交」、「金錢外交」或投入大量經費去穩固邦誼、爭取邦交。換言之，外交之經費必有大量之節省。建議政府將可在外交休兵政策下節省之外交或援外經費，有效運用，適當地移作補助、鼓勵國內相關的非政府組織或學術、體育、文化等團體積極去參與各自有關的國際非政府組織或國際學術、文化、體育等團體，投入各種相關的國際活動，爭取在台灣辦理有關的國際會議或活動，並且設法盡量去爭取擔任此等國際非政府組織或學術、文化、體育團體的領導職位，以提升我國國際形象及能見度，擴大我國的國際參與。國內非政府組織之經費大多非常拮据，政府應寬列預算作必要之補助，而不可依制式而不盡合理之規定只作象徵性的支助，才能發揮效果。我國鄰邦如日本、韓國及新加坡等其政府在此一方面即投入可觀之經費，實值得借鏡。此一工作外交部及我駐外單位，均應列為業務重點並積極推動。

（三）建請透過兩岸的對話及談判機制，與中共達成具體的協議，對於我國參與相關國際組織的會議或活動，不要一味阻撓、打壓，對於台灣申請參加與科技、民生、健康、勞工、社會福利與人權等有關的聯合國附屬機構（組織）或重要國際非政府組織，不僅不應刻意阻碍，且應抱著樂觀其成甚或從旁促成的態度。當然，雙方應研擬出在目前兩岸情勢下彼此可以接受的方式來達成。當前，我們應積極爭取參加世界衛生組織（WHO），世界氣象組織（World Meteorological Organization, WMO）及國際勞工組織（ILO）等之類的機構。

建請政府重視氣候暖化問題，將有關氣候變遷及暖化所已形成或可能形成之自然災害列為國家安全會議應注意之重大變故事項

亦即將氣候暖化問題之因應處理，提升為國家安全層次，同時並應積極爭取參與國際節能減碳防止暖化之機制。

甫於九十八年十二月十八日結束，於丹麥哥本哈根舉行之第十五屆聯合國氣候變化綱要公約會議，雖未通過具拘束力之協定，但由主要國家所形成之協議，已決定今後全球暖化應控制在兩度C以內，並且將成立在二〇二〇年以前每年由已開發國家捐助一千億美元之氣候基金，以協助開發中及貧窮國家進行節能減碳、發展綠色能源等防止暖化之措施。也將在下個月決定各地區、各國之降低二氧化碳排放目標。此一會議關係人類之未來，我國雖非聯合國之會員國，但不能置身事外。因此，本人建議：

（一）我國目前關於節能減碳及相關能源有效管理以防止氣候暖化的法律，有再生能源發展條例及能源管理法，應加強貫徹切實執行；另研擬中或在立法院進行審議中的有能源稅條例及溫室氣體減量法，應儘快完成立法程序付諸實行，以有效的法律機制來做好節能減碳、防止氣候暖化的工作。

（二）建請爭取參加世界氣象組織（WMO）及政府間氣候變遷研討會（Intergovernmental Panel on Climate Change, IPCC）暨相關國際組織會議，以使我們台灣能有效地成為世界防止氣候暖化及節能減碳的一環，一方面有所貢獻，另一方面也能有所受惠。

（三）碳權交易的推動與實施。由京都議定書衍生出來的碳權交易理念，有助於降低溫室氣體的排放，政府應鼓勵國內相關重要企業如台電、台塑、中鋼等進行以國內為主、國外為輔的碳權交易，俾對全球防止暖化有貢獻，也可對國內節能減碳發揮積極促進的功能。

（民國九十八年十二月二十五日於總統府座談會發言全文）

外勞不得與基本工資脫鉤　暨加強綠能與醫療產業之發展

外勞不得與基本工資脫鉤

據行政院有關負責人表示，未來開發自由貿易港區時，將考慮區內所僱用之外籍勞工，其所得薪資與基本工資脫鉤，亦即外勞所得可低於基本工資。相關行政院負責人並表示，如此一構想，可付諸實現，則因產業創新條例通過後所預期的產業「鮭魚返鄉」，將演變成「不只是鮭魚，甚至連鯨魚都可能返鄉」。此一說法及想法，實令人詫異，本人完全不能苟同。因為不問從基本人權觀念、台灣走向國際化之需要、保護本國勞工之立場，或促使我國產業發展及升級之觀點而言，外勞之薪資皆不應也不宜與基本工資脫鉤。理由如下：

一、**從基本人權與勞動人權而言**：全世界凡自稱為文明法治國家者，皆反對任何形式之歧視（Discrimination），皆主張法律之前人人平等。所謂基本工資，即凡在我國法律效力所及之地區，所有應適用勞動基準法行業之勞工，不問本國或外國受僱者，其所得均不得低於法定之基本工資。如我國竟立法規定，基本工資之保障不適用於在我國自由貿易港區工作之外籍勞工，則無異明白表示我國之法律對外勞有所歧視，如此不但顯然違背基本工資立法之原意，亦有違「反歧視」及「法律之前人人平等」之基本人權觀念。二〇〇九年五月，馬英九總統鄭重其事大張旗鼓地代表我國簽署參加聯合國公布的「公民權利和政治權利國際公約」及「經濟、社會和文化權利國際公約」，對於「法律保護平等權」及「同工同酬」之工作權均有明文規定。所研擬實施之所謂外勞與基本工資脫鉤顯與上述兩公約之精神及規定有所牴觸，不知將來政府如何就此來自圓其說？

再者試問如日本或美國之法律特別規定，凡我台灣之國民在日本或美國工作，不受其基本（最低）工資之保障，則我國政府能坐視不管嗎？我國國民願意接受嗎？由此一淺顯道理，即可知，外勞與基本工資脫鉤之想法，根本不合理，也不可行。

國際勞工組織（ＩＬＯ）關於外勞之保護，訂有移民就業公約（一九四九年）及移民工人公約（一九七五年）；聯合國則於一九九〇年通過一個於二〇〇三年開始生效之「聯合國保護所有移民勞工及其家屬成員之權利公約」。上述三個國際公約均保障外籍勞工在外國工作就業時享有「同工同酬」及「受法律平等保護」之權利，此並已成為國際上所接受之基本法則，如我國竟然立法通過外勞不必受基本工資保障，等於明白表示在我國，外勞與我國工人「同工而不同酬」，在法律之前並不平等。此顯然違反國際上所已接受之基本法律理念，也嚴重違背國際勞工組織與聯合國有關外勞之規定，不但使台灣很可能在國際社會上成為眾所攻擊的眾矢之的，特別是極可能引發國際勞工團體的抗議和聲討，此對於極為重視在國際上拓展活動空間，提高能見度及提升受人肯定接納和尊重度的我們台灣而言，將造成嚴重損害國家形象的結果。

二、從保護我國勞工權益而言：當年開放外籍勞工並非在求以較低廉之外勞取代我國勞工，而係引進外勞以補充我國勞力之不足，故不損及本國勞工就業權益一向為我國所標榜的重要外勞政策原則之一。如果在所謂自由貿易港區竟以法律允許外勞可不受基本工資之保障，則外勞之工資必遠較本國勞工之工資為低，雇主必將選擇僱用外勞，而不僱用本國勞工，如此一來，此種脫鉤政策，勢將嚴重損及本國勞工之就業權益。政府怎可採行呢？

三、從促進產業升級及強化我國產業競爭能力而言：所謂基本工資多年來均僅佔實際之平均工資的百分之四十五左右。換言之，基本工資與職場上絕大多數受僱者所賺取之工資有頗大之差距。如立法將外勞與基本工資脫鉤，此等於宣示雇主可以與國內平均工資有相當大差距之工資雇用外勞，並以此來作為吸引在外之產業返台投資之誘因，此無異於表示政府鼓勵低工資產業，鼓勵產業從低工資中去賺取利潤，也必將使產業更將依賴廉價勞動力。試問如此怎能促使我國產業以提升產品品質、提升產業層次、提升產業高競爭能力為目標呢？因此，外勞與基本工資脫鉤，必將有損於我國產業之升級及競爭力。

基於上述分析，外勞與基本工資脫鉤實在萬萬不可行。如政府執意進行所謂外勞與基本工資脫鉤之立法，本人深恐產業回鄉者不是鯨魚，而是低工資、低技術、低競爭力之小蝦小魚的產業；而台灣也必然會承受來自國內外勞工團體、人權人士之批判與責難。

更積極加強推展綠能產業

政府刻正推動六大新興產業，其中之一為綠色能源產業，即綠能產業。在全人類一致重視氣候變遷、節能減碳之今天，發展綠能產業為應走可走而必走之經濟發展之路。為加強我國產業競爭能力，因應兩岸無可避免之既合作又競爭之經貿關係新局，並先行搶佔國際商機，政府應以建立綠色能源產業大國為國家經建目標之一。

目前我國在綠色能源產業發展上已具下列優勢：（一）資訊產業（ＩＴ）在我國已有相當厚實之基礎，可以此基礎及在ＩＴ產業中所擁有之製造和管理經驗，來推動綠能產業。（二）在薄膜平面顯示器及半導體方面，我國已有相當優秀之人才優勢，而此一優勢容易移轉作為發展綠能產業之用。（三）與綠能產業相關之電子控制、機電、金屬及複合材料等產業，我國具有充裕之人力及製造能量。

是以，建議政府大幅編列必要之預算投入綠能產業之研發，建立關鍵技術；同時加強綠能產業發展相關資訊的蒐集分析與應用；並成立應有的產業發展服務，提供廠商投資及開拓國際市場的服務；也應該努力建立自有品牌。特別是在電動車的發展及ＬＥＤ照明和太陽能板等我國已具相當基礎的綠能產業上，尤應更加積極的推動。

發展高級精密醫療器材

我國醫療器材，即可用於診斷、治療、減緩疾病，或直接用於預防疾病、促進健康，或改善身體結構及機能之有關儀器、器材、用具及其附件、配件、零件等的出口值年有增加，目前已超過了新台幣二百多億元。所以我國醫療器材產業，也是一個值得重視和拓展的產業。

醫療產業不受經濟景氣的影響，而全球性人口老化，更使醫療產業尤其是醫療器材產業的重要性與日俱增。台灣醫學研究及醫院產業相當發達，而電子、機械和資訊及金屬工業又有很好的發展基礎，且在人才和研發上也有相當的績效，為醫療器材產業的提升，建構了不錯的優勢。因此政府應重視和積極推動精密高級的醫療器材產業。

為發展高科技精密醫療器材產業，政府應（一）投入充足的研發經費，運用台灣的醫療人才、醫學研究，結合資訊產業的人力和技術，從事高級精密醫療器材的研發。（二）輔導現有醫療器材產業升級。（三）吸引國外先進醫療器材產業來台投資設廠並且爭取高級技術的移轉。

台灣的醫療器材，已從以往生產出口塑膠製檢驗手套、手動輪椅、助聽器、理療按摩器具等為主，轉化為出口隱形眼鏡、糖尿病試紙、手術檯、手術燈、電動輪椅、血糖計、治療用呼吸器具等佔大宗。不過，我們在上述器材中，很多關鍵性零件還是要仰賴進口。而且絕大多數產品均出售給專賣醫療器材的商店，而非直接出售給醫院。顯見我們醫療器材還未打通國外的醫院通路，也未能生產比較高級的如手術用的精密器材；而此等器材又均頗昂貴，獲利較大，實應努力去開發拓展，為我國產業發展開闢另一個有發展基礎且具高競爭力的產業。

（民國九十九年四月三十日總統府產業領域座談會所提書面意見）

關於振興國球棒球的幾點建議

訂定類似振興棒球發展條例之特別專法

（一）研訂專法之必要性：

1. 突顯總統、政府及全民真正關心國球之發展。

2. 以法律為依據，可使中央及地方政府在發展棒球運動之推動上，不問編列預算或實際進行各有關推動措施，可有一較為有力之法律保障及後盾。

3. 棒球問題，目前國人普遍關心，政府近年來亦多次開會研擬對策，但成效不彰；缺乏明確之法律依據，應為重要之原因之一。如能立一專法，則可以顯示政府之魄力與決心，更可在「民氣可用」之情況下，以此一專法所訂定之實際行動在全民支持下來加強發展棒球運動。

（二）專法之內容：

1. 以目前行政院推動之振興棒球計畫為基礎。

2. 加入對興辦、投資棒球運動或職棒之公司、行號及社團、財團法人之相關租稅優惠措施（可訂落日條款）。

3. 加入鼓勵國公營事業投資或贊助棒球運動及職業棒球之有關措施。

4.強化對三級棒球發展之推動、資助及輔導。
5.加入對「棒球人」離開棒球生涯後之就業輔導。
6.訂定對職棒不法簽賭之防範、取締及處罰辦法。
7.妥訂促進棒球運動之獎勵辦法。

（三）專法可仿行政院前於九十二年一月為解決失業問題所訂經立法院通過之「公共服務擴大就業暫行條例」之立法例，並訂定落日條款，於施行期限屆滿後，改適用擬議中之獎助運動產業發展條例。

加強防賭措施

（一）檢討修訂下列相關法律，務使罪刑對幕後組頭、所有簽賭莊家及不肖教練、球員等確有遏阻功效：
1.刑法之賭博罪、詐欺背信暨恐嚇罪。
2.組織犯罪條例。
3.運動彩券發行條例第二十一條。

（二）檢警單位應確實負起防賭職責。
（三）強化檢警單位與職棒聯盟、各球團之聯繫合作，務使以「防患於未然」為最主要之目標。
（四）政府主管單位應協調與棒球有關之公私機構、團體協調一致、以同一標準制裁打假球之球員。
（五）切實貫徹速查速辦速審之司法承諾。
（六）加強國中小學生之法治、品德及生活教育。

以國公營事業支持棒球運動

（一）由產業性質較大眾化之國公營事業投資、興辦或認養一、二個職業球隊以資倡導。
（二）由國公營事業大力支持業餘球隊。
（三）由國公營事業協助推動三級棒球運動。
（四）由國公營事業以類似購買廣告、購買球票贈送國中小學生等方式支援職棒。

研修相關法令俾對棒球事業經營者予以具實際誘因之租稅優惠及獎勵措施

大力推動三級棒球運動

中央政府應協助地方政府有計畫地推動三級棒球運動，以使棒球運動之球員及球迷可源源不絕，並使棒球國球可生生不息向下一代傳承。

加強並普及棒球運動之硬體設施

對於現有球場，其設施不足者應予改進；並請普設簡易棒球場，以利棒運之向下紮根。

加強推動兩岸及國際間之棒球賽事，並爭取多在台灣主辦

檢討現行運動彩券對國內職棒之影響，並對其發行方法及投注方式，協調做必要之修正

（二〇〇九年十二月一日於總統府馬英九總統主持之棒球國是會議提出）

強化工作安全、檢討環評制度；激發企業社會責任意識暨重視貧富差距拉大之問題

前言

我國之經濟發展近半年來已有復甦增長之良好趨勢，實在可喜。惟目前在經濟及產業發展上，仍有若干應加重視之現象與問題。馬英九總統於二〇一〇年五月就職二週年前夕，提出黃金十年及「創新強國」、「文化興國」、「環保救國」、「福利安國」、「憲政固國」和「和平護國」的六國論，為國家的建設與發展勾勒了一個值得肯定、讚許和支持的努力方向和藍圖。馬總統最近在今年國慶慶典的講話中提到了經濟發展的重要性，亦強調在追求經濟發展的同時，也應重視失業問題、環保問題、財富分配問題；總統有兩句話特別令本人留下深刻印象，即：「貧窮在那裡，政府就到那裡！」及「如果經濟發展對環境有嚴重不良影響或危害，那就應以環境為優先」。

今天本人特就最近針對產業發展之所見、所感，及參酌馬總統上述兩次講話，所指出的國家努力方向和政府的施政抱負及優先順序，提出下列意見供政府相關主管單位參考。

工作安全措施之加強及澈底落實

（一）工作安全措施，在於為從業人員建立一個安全而衛生的工作環境，亦即使從業員工不致於因工作而罹患職業病或遭受職業災害

政府多年來對此固已訂有可循法制及推動相關措施，但是我國之職災問題依然不容忽視，即以二〇〇九年為例，因職災而領取勞保相關給付者，即達三萬八千兩百零六人次，而勞保局在職災給付方面，同一時期即給付新台幣近三十九億元，如以外國職災專家之估計，因職災所造成之間接損失約為勞保給付之五、六倍而論，則去年我國之職災所造成之間接損失即達二百四十億元左右（即包括因職災所造成之工時損失、生產損失、社會福利救濟支出及商譽損失等等）。而今年七月間雲林六輕兩次發生場區大火、十月間南亞嘉義二廠又發生引起社會重視之火災，而九月三十日在南投國道六號之公共工程又有造成七位工人（其中六名為非法外勞，其所暴露之問題也應檢討改進）不幸死亡和三名工人受傷之工安事件；凡此皆使我們對於工業安全及勞工之安全衛生工作不得不應加特別予以重視。本人希望類似一九八四年十二月發生於印度波帕省（Bhopal）死亡人數超過一千人的Union Carbide農藥工廠毒氣外洩案，永遠不會再發生，更不會在我們台灣這個化工產業相當發達的地方出現。

（二）因此建議政府相關主關單位應在下列方面格外重視加強

1.對於特別具危險性之行業應即做一全面性、深入性之工作安全及衛生普查：化工、營造業為目前在國內發生職災較多之行業，而其他如放射性等較具危險性之行業，所具發生職災及職業病之潛在危險也較大。從六輕和南亞嘉二廠及國道六號之工安事件可以看出，危險性行業之工安問題已出現了紅燈。因此建議政府相關單位應即就全台灣所有具高危險性之行業作一全面性之澈底檢查，其有問題及缺失者應立即督導改進。

2.應督促事業單位切實做好工安的自我檢查、自我管理：職災之發生不外由於(1)不安全之設施，(2)不安全之動作，或(3)不安全之設施及動作。要預防職災，就應該要求事業單位做好勞工安全衛生的自我管理和自動檢查。荷蘭向以環保和工安成績優良而著名於世，其國土面積及經濟環境與台灣相差無幾，該國化工產業雖特別發達，然幾乎很少聽說荷蘭之化工業發生過重大工安事件。原因就是荷蘭的化工業業者非常重視ＨＳＥ的工作。ＨＳＥ的Ｈ即Health，健康也；Ｓ就是Safety，即安全之意；而Ｅ即Environment，就是環境。亦即事業單位在工安、衛生和環保工作上極其嚴謹地做好自動檢查、自我管理。

3.應再擴大推動安全衛生的宣導和教育工作並應強化推動五S和零災害運動之類的措施：工安問題、職災的預防，必須從業員工、事業主、社會和政府一起來全力推動，方能達事半功倍的效果。要如此，就應做好此一方面的教育和宣導工作。日本在這個面向上，有一個頗受國際重視和認可的五Ｓ運動，即整理（Sorting，日語叫Seiri）、整頓（Setting on order，日語叫Seiton）、清掃（Sweeping，日語叫Seiso）、清潔（Standardizing，日語叫Seiketsu）和修身（Self-disciplining日語叫Shitsuke）。台灣在工安方面一向也注意到五Ｓ以及類似零災害的運動。希望五Ｓ的推動和相關職業災害預防及工業安全方面的宣導及教育工作，今後要更加積極全面而持續地進行和落實。

4.應增加政府的勞動檢查人力：台灣的產業一直在成長，亦即事業單位不斷在增加，但是負責擔任工安檢查的勞動檢查人力並未相對增加；而且目前的勞動檢查除了工安檢查外，也必須作相關勞動條件、勞保和外勞僱用等的檢查，所以顯然當前政府所擁有的勞動檢查人力已不足以負荷確保工安所應擔負的責任。因之，建議政府應設法儘快充實所需的勞動檢查人力。

產業發展與環保要求的平衡問題

最近發生的高等行政法院關於中科三期、四期開發案的裁定、彰化國光石化園區的開發爭議，以及中研院擬在原台北二〇二兵工廠舊址設置生技園區所引發環保人士的抗爭等，再度突顯產業發展與環保要求如何求取平衡的重要性。

環保非常重要。馬總統提到「環保救國」，並強調經濟發展如對環保有重大不利影響或危害，則應以環保為優先。因之，本人以為面對時有所聞的環保爭議，我們應在下列各方面特別注意：

（一）對當前的環評制度應加檢討

每一次重大的開發案發生環評爭議之後，正反雙方對於政府的環評工作都有不少意見，反映出環評工作之內在困難性、爭議性，但也說明環評制度仍有檢討空間。因此，對於目前社會上若干學者專家所提到的現制第一階段環評是否資訊不足、公開不夠及民眾參與有待加強等問題，以及有人建議環評似可交給目的事業主管機關去做，暨預審制度應否加強運用等等，相關主管單位實應虛心加以檢討，如有必須改進改變之處，就應儘速加以改進更改；如無必要就應主動出擊、強力明確說明，以確立環評應有之權威和可信度。

（二）對於易引起環保爭議的重大開發案，政府應把握機先主動明確宣導、釋疑、協調、溝通；政府在決定從事重大開發案於宣布和確定地點前應做好初步環評工作

台灣多年來重大開發案常遭遇到不少環保團體的反對抵制，有些開發案如原訂在彰濱工業區設廠的杜邦案和本擬設於台中縣的拜耳公司案，都因環保團體的反對而作罷。最近彰化國光石化園區案更形成了正反兩方面的對峙和抗爭。而中研院之使用原台北二〇二兵工廠設置生技園區的開發案，也引發了極大的爭議。因此環評如何做到避免無謂的爭議極為重要。

本人建議政府，在從事重大開發案於決策之前，應透過諸如預審等的制度先行初步做一可信的環評，以事先防止造成情緒化的環保爭議事件。

本人也建議，凡是事先已做好環評工作的開發案，相關政府主管單位，應把握機先主動積極明確地做好應有的環保及開發說明和溝通，俾避免在經濟發展上應推動而對環保事實上不會造成危害的開發案，遭到不必要的阻礙和延宕。

激發產業界的企業社會責任意識

產業界為社會提供了必要的服務與商品，創造就業機會，促進經濟成長，功不可沒。但產業界也由於廣大社會的消費者的消費而獲取了很大的利潤，故對於社會的進步，也有無可旁貸的責任。近年來企業社會責任（Corporate Social Responsibility, CSR）問題之所以一再為各界所提起和重視，原因在此。

國際上非常重要的一個經濟組織即「經濟合作暨發展組織」（Organization for Economic Cooperation & Development, OECD）就訂有一個「跨國企業指導綱領」（The OECD Guidelines for Multinational Enterprises，一九七六訂定，二〇〇〇年修正），其目的即在於提倡和落實企業的社會責任。在此一指導綱領中，要求跨國企業應重視協助其投資設廠之所在國消除貧窮，培育人力資源，而且也應確保勞工權益、勞動條件和環境保護的提升。

國際勞工組織（ＩＬＯ）也有一個類似的準則，叫「關於跨國企業及社會政策的規範原則之三方性宣言」（Tripartite Declaration of Principles Concerning Multinational Enterprises & Social Policy，一九七七年十一月通過，二〇〇〇年十一月修訂），同樣地在掃貧、勞資關係、人力資源培訓和環境保護等方面訂下了跨國企業在其投資地所應善盡的社會責任和應遵循的營運規範。

聯合國於二〇〇〇年七月在其秘書長的推動下，啟動一個叫做「聯合國全球盟約」（U.N. Global Compact）的機制，以期透過溝通、對話、研究和協商等方式鼓勵全世界之工商企業採行永續發展並具社會責任之營運政策（Sustainable & socially responsible policies）。這個盟約並針對人權、勞動標準、環保、防止貪腐提出十項原則，希望工商企業在營運時一起遵守。也是在激發和督促產業界一定要擔負起高標準的社會責任。

同樣也是在聯合國的策動之下，於二〇〇五年決定推動一個叫「責任性投資原則」（Principles for Responsible Investment, PRI），簽約之企業保證在環保、社會政策和公司治理等方面符合社會發展之目標，也就是要從事負責任的投資和營運。

最近在美國電腦產業鉅子比爾蓋茲（Bill Gates）和大投資家華倫巴菲特（Warren Buffett）的推動和奔走下，國際上許多工商鉅子和富豪加入了一個叫「捐贈保證」（Giving Pledge）的運動，承諾將把他們所擁有的財富的大部分捐贈給公益事業，這也是在推動、鼓勵工商界人士善盡社會責任。

我們台灣產業界固然以中小企業居多，但也有不少跨足於台灣、大陸和東南亞及美國的大企業。我們的企業界中能夠有社會責任意識和作為的當然不少，但總體上在社會公益事業上的投資和捐獻方面，一直給人做得不夠、做得不大的感覺。事實上，在此一方面，企業界有待加強努力的空間還是很大。因此，本人建議：

（一）政府應以監督者和決策者的身分，大力倡導產業界應有「企業社會責任」的意識和作為。政府應教育企業經營者應善盡社會責任，多做公益事業的捐贈和投資，做好勞工權益的保障和環保工作，並協助消除社會的貧窮問題，及關懷弱勢團體和族群，同時更要努力去協助端正社會風氣。

（二）政府應在稅法和相關法令上，做到使企業主能夠主動切實投入公益和社會福利事業，並應避免企業主借公益之名行自肥之實。

（三）政府應勸導企業主不要從事炫耀財富（如舉辦奢侈的年終晚會等）等有害社會勤勞儉樸善良風俗之作為，尤應引導企業主注意個人之言行，不要為社會做不良之示範，而破壞社會之健全發展。

（四）政府對於文化、體育之事業應在法令及行政措施上鼓勵企業主投資；特別是應設法防杜企業主動機純粹出於「利己」的大量政治獻金和宗教捐獻，使其捐款能大量用於公益事業。

重視貧窮問題和貧富差距拉大之現象

貧富差距拉大以及貧窮問題，又再度引起了社會的廣大關注。依據行政院主計處及內政部公布的資料，台灣總人口中，最高收入的五％，較最低收入的五％，已從一九九八年的相差三十二倍，增加到二〇〇九年的六十六倍；而如將國民所得五等分，則最上一層（即佔人口總數二〇％之最高所得者）較最低一層（即總人口數的二〇%而所得佔最低者）的比例，已從二〇〇八年的七．七三倍（扣掉社會救助所得），增為二〇〇九年的八．二二倍。另低收入戶數和人數，也從民國八十一年的四萬三千七百八十戶、十一萬五千二百八十四人，增為民國九十年的六萬七千一百九十一戶、十六萬兩千六百九十九人，再增為民國九十八年（二〇〇九）的十萬五千兩百六十九戶、二十五萬六千三百四十二人（佔總人口數的一．一一%）。凡此均說明台灣社會的M型化傾向及貧窮問題的不容忽視。因此，本人建議：

（一）儘快提前完成修訂社會救助法並付諸實施：政府已決定修訂社會救助法，將可享受低收入戶救助之人數戶數增加，亦即降低收入戶之門檻，此一做法頗為適當。惟政府決定二〇一一年始完成修法，並訂在二〇一二年實施。建請修法及實施期限提前儘快完成，俾使必須接受救助的民眾可早日獲得救助。

（二）前內政部於二〇〇八年所推出的「工作所得補助方案」可考慮再實施：此一方案對於近貧族及所謂「勤貧族」（或窮忙族，即英文所謂Working Poor），也就是有工作但收入仍偏低難於維持正常生活者，頗有助益。目前此種人口為數仍不少。建請政府考慮再予推動實施，以減緩貧窮所帶給社會的壓力。

（三）請政府就全國之貧戶、貧民辦理一清查普查工作，俾不少仍處於貧窮死角的民眾可以得到應有的照顧與救助：台灣之貧窮並非已到了無法控制的地步，只是不少貧戶和貧民自己本身不能確知和運用社會及政府所提供的救助管道，而又處在不易被外界察覺的社會死角，故貧窮問題不能有效全面解決。建請政府即運用社工人員、村里幹事全面而深入地進行清查工作，使社會不存在和出現貧窮和貧民的死角，並使貧窮問題全面地得到應有之關注和解決。

（四）請重視非典型就業之日益普及和經濟成長未相對地降低失業率之現象：工時不足、部分工時制以及勞動派遣等非典型就業（Informal Employment）之現象，近年來在台灣有口增及漸形普及之情事；而政府為因應金融海嘯之若干短期就業方案於方案期限屆滿後，不少依此等方案暫時就業者立刻又回復失業之事實，又時有所聞；政府亟應謀求對策，以免引發失業者之生活問題。例如政府前曾為獲高學位（博碩士）而未能找到工作者，辦理一年為期之暫時安置方案，使彼等免於失業之苦。但此等方案屆滿後，多數原受安置者仍未能獲得正式之就業機會，以致又面臨失業危機。建請政府繼續再辦理此類對高學歷者之短期安置方案，並努力設法為彼等找到正式長期性之工作，以免社會產生「高學歷無工作」的不幸現象。

今年以來，我國經濟發展漸入佳境，經濟並有良好之成長，實為可喜。但如細加分析，可以發現經濟之成長並未相對地降低失業率，也就是經濟成長並未適當地、合理地創造和增加就業機會。此為我國產業結構，以及製造業的發展方向，有待改進的結果。本人深信無人希望經濟成長只是造就了財團，和只增加企業主的財富，而無法使平民百姓也能分享其成果。此一現象，務請政府重視並提出對應良策。

（五）加強進行實施資本利得所得稅制的改革，落實社會財富分配的合理化：社會輿情對政府之稅制改革仍存有「向富人傾斜」之反映和說法；一般民眾亦存有稅制不盡公平之印象。政府為消除民怨，並求社會財富之分配公平化，應加強進行稅制改革，使資本利得負其應有之稅負，對一般薪水階級的稅負亦應力求其合理化。

（民國九十九年十月十五日於總統府產業領域座談會發言全文）

趙守博重要紀事年表

民國一百年（二〇一一）四月製作

時間 民國（西元）	重要紀事
三十年（一九四一）三月	在彰化縣鹿港鎮草港九甲村出生。
三十六年（一九四七）九月	進入鹿港鎮草港國民學校（今草港國民小學）就讀。
四十二年（一九五三）七月	以第一名成績自草港國民學校畢業。
九月	經參加入學考試及格進入省立台中第一中學（現國立台中一中）初中部就讀。
四十五年（一九五六）七月	自台中一中初中部畢業。
九月	經參加高中入學聯合招生考試及格進入台中一中高中部就讀。
四十八年（一九五九）七月	自台中一中高中部畢業。
八月	台灣中部地區（含彰化縣）發生「八七」大水災。
九月	參加大專聯合招生考試，經錄取考上國立台灣大學理學院動物學系。
	參加中央警官學校（現改制為中央警察大學）入學考試考上正科廿八期（四年制大學部）。
	因家境清寒及八七水災影響，為減輕父母負擔放棄進台大就讀機會，改進入中央警官學校就讀。
五十年（一九六一）十二月	代表中央警官學校參加第一屆全國青年代表會議。

五十一年（一九六二）	三月	當選全國大專青年慶祝青年節籌備會副總幹事。
	十月	參加全國文武青年學藝競賽獲「匪情問答」論文競賽組冠軍。
五十二年（一九六三）	七月	以第一名成績自中央警官學校畢業並獲頒法學士學位。
	七月	獲分發至台灣省政府警務處外事室實習。
	九月	參加五十二年乙等警察人員特考獲優等及格。
五十三年（一九六四）		參加五十三年軍法官乙等特考獲優等及格。
		參加五十三年全國性公務人員高等考試獲優等及格。
		七月入伍服預備軍官役擔任少尉軍官一年。
五十四年（一九六五）	三月至六月	在軍中擔任三民主義巡迴演講教官，深入各部隊及民間進行宣講。
	六月	自軍中退伍，以外事巡官缺回台灣省警務處外事室服務。
	十二月	參加五十四年中山獎學金公費留學考試以第一名成績及格，獲錄取為法律學門留美。
五十五年（一九六六）十二月		赴美留學。
五十六年（一九六七）二月		進入美國伊利諾大學（University of Illinois）法律學院攻讀碩士學位。
五十七年（一九六八）六～七月		在美國德州參加「美國法及國際法學院」（Academy of American & International Law）之國際律師及法律工作者研習活動。
五十七年（一九六八）十月		獲美國伊利諾大學比較法學碩士學位，旋繼續攻讀博士學位。
五十九年（一九七〇）	二月	當選擔任伊利諾大學中國同學會會長。
	六月	獲選以外籍學生領袖身分至美國首都華盛頓參加「外國學生服務總會」（Foreign Student Service Council）為在美外籍學生領袖所辦理之「當代美國研討會」活動。

六十一年（一九七二）	二月	通過美國伊利諾大學法律學院法學博士學位口試。
	六月	獲美國伊利諾大學法學博士（J. S. D.）學位。
	九月	由美經歐洲返台服務。
六十一年（一九七二）八月至六十三年（一九七四）七月		擔任行政院國家科學委員會國家客座副教授（在中央警官學校任教）。
六十二年（一九七三）五月		在中央日報發表「摒棄落伍觀念、加速革新進步」長文，引起廣大回響；其後行政院長蔣經國將之印交全國公教人員閱讀。
六十二年（一九七三）八月至六十四年（一九七五）元月		擔任中央警官學校副教授兼編譯處處長。
六十三年（一九七四）二月		與呂妙慎女士結婚。
六十三年（一九七四）三月		率首次辦理之中華青年友好訪問團訪美，遍訪美國東部、中西部及南部五十餘所大學及各地僑社、留學生。
六十三年（一九七四）八月至六十四年（一九七五）七月		擔任中央警官學校專任副教授。
六十三年（一九七四）十月		率中華民國綜合藝術團赴美國華盛頓州參加世界博覽會。
六十四年（一九七五）元月至六十五年（一九七六）六月		擔任中國青年反共救國團總團部學校青年服務組組長，致力於加強對大專學生社團暨各級學校之連繫服務。
六十四年（一九七五）七月		率中華民國代表團參加在挪威舉行之第十四屆世界童子軍大露營並訪問歐洲十國。
六十四年（一九七五）八月至六十五年（一九七六）六月		擔任中央警官學校專任教授。
六十四年（一九七五）八月		著作《置身事內》一書出版（黎明文化事業公司印行）。

六十五年（一九七六）二至五月	參加革命實踐研究院國家建設研究班第一期研習。
六十五年（一九七六）七月至六十八年（一九七九）十月	擔任台灣省政府新聞處處長，加強政府與民眾之雙向溝通。
六十五年（一九七六）九月	著作《國際私法中親屬關係的準據法之比較研究》一書出版（台灣學生書局出版）。
六十六年（一九七七）五月	甲等特考法制人員最優等及格。
六十六年（一九七七）七月	代表中華民國赴加拿大蒙特婁（Montreal）參加第廿六屆世界童軍領袖會議。
六十六年（一九七七）九月至八十七年（一九九八）十二月	先後應聘擔任國立中興大學農產運銷系，東海大學政治系、社會系及法律系，國立台灣師範大學工業教育研究所，暨國立政治大學外交系及勞工研究所兼任教授。
六十七年（一九七八）十二月	奉派參加國民黨蔣經國主席為因應台灣與美國斷交後之變局而成立之國民黨革新小組，與沈昌煥、王唯農共同為「文化宣傳組」之召集人。
六十八年（一九七九）元月至三月	代表我國赴美與楊西崑、程建人共同參與中華民國與美國雙方斷交後新關係調整之官方談判。
六十八年（一九七九）六月至七十年（一九八一）十二月	擔任台灣省政府委員。
六十八年（一九七九）七月	赴英國伯明罕（Birmingham）代表中華民國參加第二十七屆世界童軍領袖會議。
六十八年（一九七九）九月	獲選為十大傑出青年。
六十八年（一九七九）十月至七十二年（一九八三）三月	兼任中國國民黨中央文化工作會副主任。
六十九年（一九八〇）三月至九十二年（二〇〇三）三月	連續當選第十二屆至十六屆中國國民黨中央委員。
六十九年（一九八〇）八月	著作《法治與革新》一書出版（幼獅文化事業公司印行）。

七十年（一九八一）十二月至 七十六年（一九八七）三月	出任台灣省政府社會處處長兼台灣省政府勞工檢查委員會主任委員，致力於台灣省社政、勞工行政暨勞工檢查工作之革新。
七十一年（一九八二）八月	至英國布來頓（Briton）參加第二十一屆國際社會福利協會（International Council on Social Welfare, ICSW）全球社會福利會議（Global Conference on Social Welfare），會後至丹麥、荷蘭及西柏林考察社會福利，並進入東德之東柏林，首次訪問共產國家。
七十三年（一九八四）八月	在加拿大蒙特婁參加第二十二屆國際社會福利協會全球社會福利會議，因十二指腸潰瘍出血在加拿大海利法克斯（Halifax）緊急住院治療。
七十五年（一九八六）十月	赴比利時夏拉瓦市（Charleroi）參加國際社區發展協會（ＩＣＡＤ）主辦之國際社區發展研討會，發表「中華民國台灣地區人力資源動員與社區之改善」論文。
七十五年（一九八六）十一月	著作《Social Policy, Family Welfare & Community Development》一書出版（台灣省社會處社會福利研習中心發行）。
七十六年（一九八七）三月至 七十八年（一九八九）三月	於國民黨在勞工職業團體立委及國大代表選舉大敗後，受命擔任中國國民黨中央社會工作會主任，任內強化國民黨對工商界、勞工及農漁民團體暨各種社運團體之對話、連繫服務及動員結合工作。
七十七年（一九八八）十至十一月	應美國國務院之邀赴美國考察勞工及社會福利措施暨總統大選。
七十八年（一九八九）二月至 八十三年（一九九四）十二月	擔任行政院勞工委員會主任委員，任內致力於勞動法制之現代化，勞工權益之增進、勞資合作之加強並改進就業安全體系、強化勞工安全衛生及制訂外勞政策。
七十九年（一九九〇）九月	著作《社會問題與社會福利》一書出版（中華日報出版部印行）。
八十年（一九九一）四月	以行政院勞工委員會主委身分率團赴蘇聯、奧、法、瑞士等國考察勞工行政，會見各國勞工行政部會首長，為中華民國政府遷台後唯一訪問蘇聯之部會首長。

八十一年（一九九二）二月	應南非政府之邀請與夫人率團訪問南非並會見南非總統戴克拉克（F. W. de Klerk）、國會議長及人力部長；且與戴克拉克總統、我國駐南非大使陸以正共同會見記者，戴克拉克總統重申與中華民國之外交關係不會改變。
八十一年（一九九二）六月	著作《勞工政策與勞工問題》一書出版（中國生產力中心印行）。
八十二年（一九九三）七月	接待並陪同南非國大黨主席諾貝爾和平獎得主曼德拉（Nelson Mandela）參觀台中勞委會所屬中區職訓中心。
八十三年（一九九四）元月	率團赴阿曼、約旦推動職訓外交，與兩國洽商實施職業訓練合作事宜，並訪問德國、瑞典及芬蘭之勞工安全衛生研究機構研商加強安全衛生工作之合作及相關資訊之交換。
八十三年（一九九四）十一月	獲選為美國伊利諾大學法律學院傑出校友。
八十三年（一九九四）十二月至八十六年（一九九七）八月	擔任行政院秘書長，襄助行政院長連戰推動政務。
八十四年（一九九五）至九十年（二〇〇一）六月	當選擔任中華民國水上救生協會理事長，推動水上救生運動。
八十五年（一九九六）八月至八十九年（二〇〇〇）六月	獲選為中國國民黨第十四屆及第十五屆中央常務委員。
八十五年（一九九六）十二月	在總統府舉辦之跨黨派「國家發展會議」上發言主張精簡政府層級、凍結省級選舉，即所謂「精省」，引發廣泛重視與討論。
八十六年（一九九七）五月至八十六年（一九九七）八月	擔任行政院政務委員兼行政院秘書長。
八十六年（一九九七）九月至八十七年（一九九八）十二月	專任行政院政務委員。

八十六年（一九九七）九月	應西非洲塞內加爾政府之邀赴該國訪問，會見其總統狄伍夫（Abdou Diouf），並順道訪問考察義大利及西班牙。
八十六年（一九九七）十月至八十八年（一九九九）二月	兼任財團法人二二八事件紀念基金會董事長，致力於撫平二二八事件所引致之創傷。
八十七年（一九九八）五至六月	以行政院政務委員身分率相關部會及國營事業有關主管赴英、荷、法考察公共安全及核廢料之處理。
八十七年（一九九八）七月	以國際社會福利協會中華民國總會理事長身分率團赴以色列參加第二十八屆全球社會福利會議，會後並訪問土耳其及希臘。
八十七年（一九九八）十二月至八十九年（二〇〇〇）五月	擔任台灣省政府主席，負責推動精省業務。
八十八年（一九九九）九月	台灣中部地區發生九二一集集大地震，災情慘重，尤以南投縣、台中縣傷亡損失最大，為處理災後重建，政府成立「行政院九二一震災災後重建推動委員會」，以省主席身分兼任該委員會副執行長，參與救災重建工作。
八十九年（二〇〇〇）三月	以省主席身分應邀訪問新加坡及印度，在印度會見新德里省省長、執政黨之負責人及達賴喇嘛。
八十九年（二〇〇〇）四月至八十九年（二〇〇〇）十月	三月總統大選，國民黨大敗；臨危受命擔任中國國民黨中央組織工作會主任，執行黨之改造工作。
八十九年（二〇〇〇）八月	以國民黨中央組工會主任身分代表國民黨赴美國賓州費城參加國際民主政黨聯盟（IDU）會議及觀摩美國共和黨提名小布希為總統候選人之全國代表大會。
八十九年（二〇〇〇）十一月至九十年（二〇〇一）十二月	擔任國民黨改造後重組之中央組織發展委員會首任主任委員。

八十九年（二〇〇〇）十月	創立「財團法人博觀致遠文教基金會」並當選為首任董事長。
	有關趙守博之兩本著作《牧童、博士、火車頭》（汪鑑雄編、流傳文化出版事業公司出版）及《另類省主席趙守博》（端木惟平著、晨星出版社發行）出版發行。
八十九年（二〇〇〇）十一月	當選國際社會福利協會（ＩＣＳＷ）東北亞地區主席暨續任該協會中華民國總會理事長。
九十年（二〇〇一）元月	以國民黨中央組發會主委身分代表國民黨赴美參加美國總統小布希就職典禮。
九十年（二〇〇一）十月	主持籌備在台舉行之「第三屆世界趙族懇親大會」並擔任大會主席。
十二月	台灣地區縣市長改選，國民黨頗有斬獲，表現不錯；但同時辦理之立法委員改選，國民黨席次減少，為示負責，辭去國民黨中央組織發展委員會主委職務。
	首度應邀訪問中國大陸，在北京大學法學院發表演講；並會見中共領導人錢其琛等人，向彼等強調台灣之主流民意非統非獨，而係維持現狀，中共應努力瞭解台灣民眾內心真正在想什麼，同時籲請中共不要企圖干預或影響台灣之選舉，更不宜一味在國際上打壓台灣，否則台灣與大陸將漸行漸遠。
九十一年（二〇〇二）三月至九十五年（二〇〇六）二月	擔任中國廣播公司董事長。
九十一年（二〇〇二）六月	率團至荷蘭鹿特丹參加國際社會福利協會（ＩＣＳＷ）第三十屆全球社會福利會議，會後並訪問比利時、捷克及匈牙利。
九十一年（二〇〇二）九月起	受聘擔任國立彰化師範大學工業教育系博士班暨國立台灣海洋大學海洋法律研究所兼任教授。
九十一年（二〇〇二）九月	父親趙維祥先生逝世，享壽八十二歲。
九十二年（二〇〇三）二月	應聘擔任國立台灣大學國家發展研究所兼任教授。

九十二年（二〇〇三）九月起	應聘擔任高雄義守大學管理研究所講座教授。
九十二年（二〇〇三）十月至九十五年（二〇〇六）十二月	當選出任世界龍岡親義（劉、關、張、趙四姓宗親）總會主席。
九十二年（二〇〇三）九月	赴挪威、波蘭、俄國、德、奧考察廣播事業並在波蘭會見諾貝爾和平獎得主波蘭前團結工聯主席及前總統華勒沙（Lech Walesa）。
九十二年（二〇〇三）	獲世界童軍運動組織（WOSM）頒發世界童軍運動最高榮譽之銅狼（Bronze Wolf）獎章。
九十二年（二〇〇三）十二月	主持籌備「第三十屆亞太地區國際社會福利會議」在台之召開並擔任會議主席。
九十三年（二〇〇四）元月	著作《贏的人生管理》一書出版（正中書局發行）。
九十三年（二〇〇四）五月	著作《置身事內——我的留美觀感今昔談》一書（增修訂版．正中發行）出版。
九十三年（二〇〇四）六月	赴馬來西亞吉隆坡率團參加第三十一屆國際社會福利協會全球社會福利會議，旋前往美國紐約參加美洲龍岡親義會會員大會。
九十三年（二〇〇四）九月	遊西藏並至海拔五千一百九十公尺之納木錯湖附近之那根拉山口。
九十四年（二〇〇五）四月	參加國民黨主席連戰率領赴中國大陸之和平破冰之旅，會見中共總書記胡錦濤等大陸領導人。
九十四年（二〇〇五）八月起	受聘擔任中國國民黨中央評議委員會主席團主席。
九十四年（二〇〇五）十一月	著作《歐洲日記——三十年十三次歐洲行腳的我見我思》（城邦文化發行）及《與青年有約——趙守博與名人對談青年問題》（幼獅公司發行）出版並於十二月十一日舉行新書發表會。
九十四年（二〇〇五）十二月	應廈門大學之邀於該校「南強講座」發表專題演議。

九十五年（二〇〇六）二月	出任中華職業棒球大聯盟會長。
	發起成立「中華民國趙族懇親協會」並當選為首任理事長。
九十五年（二〇〇六）六月	長子世聰台大畢業後赴北京大學法學院攻讀獲法學碩士學位。
九十五年（二〇〇六）十月	著作《四海龍岡親義情》一書出版。
九十六年（二〇〇七）三月	母親趙黃尉女士逝世，享年八十八歲。
九十六年（二〇〇七）五月	當選中國童子軍總會（後改為中華民國童軍總會）理事長。
九十六年（二〇〇七）七月	率中華民國代表團赴英國參加慶祝世界童軍運動創始　百年之世界童軍大露營，並訪問愛爾蘭及葡萄牙。
九十七年（二〇〇八）五月	獲選為台中一中第二屆傑出校友（公共服務類）。
九十七年（二〇〇八）七月	率中華民國代表團出席於韓國濟州島舉行之第三十八屆世界童軍領袖會議。
九十七年（二〇〇八）十一月	率團攀登台灣最高峰玉山。
九十七年（二〇〇八）十二月	次子世琦與陳彥安小姐結婚。
九十八年（二〇〇九）元月至九十九年（二〇一〇）十二月	獲聘擔任總統府國策顧問。
九十八年（二〇〇九）五月	女婉寧於在美國密西根大學公共衛生研究院進修一年後在印地安那大學獲科學教育碩士。
九十八年（二〇〇九）五月	應邀赴安徽合肥分別在安徽大學及中國科技大學發表專題學術演講。
九十八年（二〇〇九）七月	以台灣「中華兩岸企業發展協進會」榮譽理事長身分會同理事長張晁祥率同該協會理事、監事代表至北京拜訪「中國企業聯合會」、「中國國際貿易促進委員會」及「中國全國工商業聯合會」並與各該團體負責人洽商合作事宜。
九十八年（二〇〇九）九月	長子世聰當選為國民黨第十八屆中央委員。

九十八年（二〇〇九）十月	於馬來西亞舉行之第二十三屆亞太童軍領袖會議當選為亞太童軍會委員，於二〇一〇年以該委員身分分別前往斯里蘭卡及孟加拉邦考察評鑑當地之童軍運動。
九十八年（二〇〇九）十二月	參加馬英九總統主持之棒球國是會議謀求振興台灣棒運之道。
九十九年（二〇一〇）八月	八月赴美國德州參加次子世琦於德州理工大學獲觀光暨餐旅管理博士學位之畢業典禮；三月，次媳陳彥安亦自該校獲藝術博士學位。
九十九年（二〇一〇）九月	兼任國立中山大學人力資源管理研究所教授。
一百年（二〇一一）元月	獲聘出任總統府資政。
一百年（二〇一一）元月	率團赴巴西參加第三十九屆世界童軍領袖會議。
一百年（二〇一一）三月	主持中華民國童軍創始一百年之慶祝大會及童軍百年慶祝餐會。
一百年（二〇一一）四月	由學生及舊屬編印之《刑事司法、社會公平暨勞動正義——趙守博教授七秩華誕祝壽論文集》（元照公司發行）及自撰之《任憑風浪急——趙守博人生回顧暨論述、散文自選集》（城邦文化出版）二書出版。

國家圖書館出版品預行編目資料

任憑風浪急：趙守博人生回顧暨論述．散文自選集／趙守博著. -- 初版. -- 臺北市：商周出版：城邦文化發行, 2011.04
面；　公分
ISBN 978-986-120-734-6（平裝）
1. 趙守博　2. 臺灣傳記　3. 回憶錄
783.3886　　100005366

商業ICON人物　BP1038

任憑風浪急－趙守博人生回顧暨論述．散文自選集

作　　者／趙守博
總 編 輯／陳美靜
責任編輯／簡伯儒
行銷業務／莊英傑、蘇魯屏、周佑潔、何學文、林詩富
總 經 理／彭之琬
版　　權／黃淑敏

發 行 人／何飛鵬
法律顧問／台英國際商務法律事務所　羅明通律師
出　　版／商周出版
臺北市中山區民生東路二段141號9樓
電話：(02) 2500-7008　　傳真：(02) 2500-7759
商周部落格：http://bwp25007008.pixnet.net/blog
E-mail：bwp.service@cite.com.tw
發　　行／英屬蓋曼群島商家庭傳媒股份有限公司　城邦分公司
臺北市中山區民生東路二段141號2樓
讀者服務專線：0800-020-299　　24小時傳真服務：02-2517-0999
讀者服務信箱E-mail：cs@cite.com.tw
畫撥帳號：19833503　　戶名：英屬蓋曼群島商家庭傳媒股份有限公司城邦分公司
訂購服務／書虫股份有限公司客服專線：(02) 2500-7718；2500-7719
服務時間：週一至週五上午09:30-12:00；下午13:30-17:00
24小時傳真專線：(02) 2500-1990；2500-1991
畫撥帳號：19863813　　戶名：書虫股份有限公司
E-mail：service@readingclub.com.tw
香港發行所／城邦（香港）出版集團有限公司
香港灣仔駱克道193號東超商業中心1樓
電話：852-2508 6231　　傳真：852-2578 9337
E-mail：hkcite@biznetvigator.com
馬新發行所／城邦（馬新）出版集團
Cité (M) Sdn. Bhd. (45837ZU)
11, Jalan 30D/146, Desa Tasik, Sungai Besi, 57000 Kuala Lumpur, Malaysia.
電話：603-90563833　　傳真：603-90562833　　E-mail：citekl@cite.com.tw

封面、內頁設計／黃聖文
印　　刷／韋懋印刷事業股份有限公司
總 經 銷／聯合發行股份有限公司　　電話：(02) 29178022　　傳真：(02) 29156275
行政院新聞局北市業字第913號

■2011年4月初版一刷　　Printed in Taiwan

定價450元

ISBN　978-986-120-734-6

廣　告　回　函
北區郵政管理登記證
台北廣字第000791號
郵資已付，免貼郵票

104台北市民生東路二段141號2樓

英屬蓋曼群島商家庭傳媒股份有限公司

城邦分公司　收

請沿虛線對摺，謝謝！

書號：EP1038	書名：任憑風浪急	編碼：

請於此處用膠水黏貼

商周出版

讀者回函卡

謝謝您購買我們出版的書籍！ 請費心填寫此回函卡，我們將不定期寄上城邦集團最新的出版訊息。

姓名：＿＿＿＿＿＿＿＿＿＿＿＿＿＿＿＿＿＿ 性別：□男 □女

生日：西元＿＿＿＿＿＿年＿＿＿＿＿＿月＿＿＿＿＿＿日

地址：＿＿＿＿＿＿＿＿＿＿＿＿＿＿＿＿＿＿＿＿＿＿＿＿＿＿

聯絡電話：＿＿＿＿＿＿＿＿＿＿＿＿ 傳真：＿＿＿＿＿＿＿＿＿＿＿＿

E-mail：＿＿＿＿＿＿＿＿＿＿＿＿＿＿＿＿＿＿＿＿＿＿＿＿＿＿

學歷：□1.小學 □2.國中 □3.高中 □4.大專 □5.研究所以上

職業：□1.學生 □2.軍公教 □3.服務 □4.金融 □5.製造 □6.資訊

□7.傳播 □8.自由業 □9.農漁牧 □10.家管 □11.退休

□12.其他＿＿＿＿＿＿＿＿＿＿＿＿＿＿＿＿＿＿＿＿

您從何種方式得知本書消息？

□1.書店 □2.網路 □3.報紙 □4.雜誌 □5.廣播 □6.電視

□7.親友推薦 □8.其他＿＿＿＿＿＿＿＿＿＿＿＿＿＿＿＿

您通常以何種方式購書？

□1.書店 □2.網路 □3.傳真訂購 □4.郵局劃撥 □5.其他＿＿＿＿

您喜歡閱讀哪些類別的書籍？

□1.財經商業 □2.自然科學 □3.歷史 □4.法律 □5.文學

□6.休閒旅遊 □7.小說 □8.人物傳記 □9.生活、勵志 □10.其他

對我們的建議：＿＿＿＿＿＿＿＿＿＿＿＿＿＿＿＿＿＿＿＿＿＿

＿＿＿＿＿＿＿＿＿＿＿＿＿＿＿＿＿＿＿＿＿＿＿＿＿＿＿＿＿＿

＿＿＿＿＿＿＿＿＿＿＿＿＿＿＿＿＿＿＿＿＿＿＿＿＿＿＿＿＿＿

＿＿＿＿＿＿＿＿＿＿＿＿＿＿＿＿＿＿＿＿＿＿＿＿＿＿＿＿＿＿

＿＿＿＿＿＿＿＿＿＿＿＿＿＿＿＿＿＿＿＿＿＿＿＿＿＿＿＿＿＿

請於此處用膠水黏貼